国家古籍保护中心 编

古籍保护研究

第二辑

中原出版传媒集团
大地传媒
大象出版社
·郑州·

图书在版编目(CIP)数据

古籍保护研究. 第2辑 / 国家古籍保护中心编.— 郑州：大象出版社, 2016.12
ISBN 978-7-5347-8335-7

Ⅰ.①古… Ⅱ.①国… Ⅲ.①古籍—图书保护—中国—文集 Ⅳ.①G253.6-53

中国版本图书馆CIP数据核字(2016)第280296号

古籍保护研究(第二辑)
国家古籍保护中心　编

出 版 人	王刘纯
责任编辑	吴韶明
责任校对	裴红燕　马　宁　牛志远　安德华
装帧设计	付锒锒

出版发行	大象出版社(郑州市开元路16号　邮政编码450044)
	发行科　0371-63863551　总编室　0371-65597936
网　　址	www.daxiang.cn
印　　刷	郑州新海岸电脑彩色制印有限公司
经　　销	各地新华书店经销
开　　本	787mm×1092mm　1/16
印　　张	22.75
字　　数	367千字
版　　次	2016年12月第1版　2016年12月第1次印刷
定　　价	48.00元

若发现印、装质量问题,影响阅读,请与承印厂联系调换。

印厂地址　郑州市文化路56号金国商厦七楼
邮政编码　450002　　　　电话　0371-67358093

编辑委员会

顾　问：李致忠　史金波　王刘纯
主　编：韩永进　李　培
副主编：张志清　李国庆
编　委：艾俊川　陈红彦　马辛民
　　　　孙　彦　王红蕾　王雁行
　　　　张廷银　胡艳杰

目 录

古籍保护综述

中国古籍保护协会一届二次理事会议工作报告 ………………… 刘惠平 001
图书馆作为古籍保护中心基地之天职 ……………………………… 丁原基 009
学用合一、供需相求与产官学合作
　　——谈古籍保护中心可落实之具体工作 ………………… 张高评 025
山东省古籍保护工作现状分析与战略对策研究 ………………… 李勇慧 030
云南省古籍保护工作探索 ………………………………………… 计思诚 038
黑龙江省古籍保护现状分析及思考 ………………… 金　凤　杨　帆 045
2015年"中华古籍保护计划"出版品介绍 ……………………… 赵洪雅 052
国家古籍保护中心简报变迁史述略 ……………………………… 赵银芳 057

古籍普查与编目

宋刻颜体《妙法莲华经》略考 …………………………………… 李致忠 064
眼见不一定为实
　　——《八史经籍志》版本说略 …………………………… 鲍国强 070
灵隐书藏与寺院藏书 ……………………………………………… 王红蕾 079
《苗蛮图》文献的收藏、研究与保护 …………………………… 李德龙 084

《中华古籍总目·天津卷》子部编目札记 …………………… 张　磊 096
梵蒂冈图书馆藏明清刻本易学典籍叙录 ………………… 谢　辉 106
鲍廷博研究文献目录 ………………………… 彭喜双　陈东辉 113
安徽师范大学图书馆藏《诗本义》钤张雨印考 ………… 李永卉 137
美国汉庭顿图书馆新见《永乐大典》初探 ……… 王　斌　国　威 140
古籍书目四角号码索引编制过程的文字校对和处理 …… 王永华 149
古籍目录索引的自动编制
　　——以"中华古籍索引库"为例 ……………………… 包菊香 153

古籍定级与《名录》

《赐题备选》略考 …………………………………………… 郭　晶 161

古籍人才培养

对古籍保护学学科建设的思考 …………………………… 陈红彦 166
古籍保护学纲要 …………………………………………… 杨光辉 178
中国社会科学院研究生院古籍保护学科建设基本情况 … 刘　强 183
中山大学文献保护教学项目建设 ………………………… 周　旖 189
天津地区古籍修复与出版方向专业硕士培养方式概述
　　…………………………………………………… 顾钢　付莉 194
多措并举　建立古籍保护人才培养长效机制
　　——国家古籍保护中心人才培养工作综述 ………… 庄秀芬 199
1981—1983年的张士达 …………………………………… 臧春华 206

古籍存藏环境

鞣酸铁油墨侵蚀纸张研究进展 …………………………… 闫智培 214
永久保存纸质文献的适宜湿度探讨 ……………………… 易晓辉 222
延长纸寿的科学研究 ……………………………… 余辉　黄艳燕 230

古籍修复

纸质藏品发霉的预防与处置 ··· 刘家真 236
蝴蝶装金镶玉新技法的创制及其操作步骤 ······················· 万　群 251
重庆图书馆藏明拓本《七佛圣教序》修复案例心得 ············· 许　彤 256

古籍再生性保护

影印出版通行本《宛委别藏》拟目
　　——以"二礼选本"为基础 ···································· 李国庆 261
浅谈古籍再生性保护成果的应用
　　——以"华严阁毛晋父子校刻佛典研究"为例 ············· 胡艳杰 300

古籍数字化建设

中国古籍特藏资源数字化述略 ·· 曹菁菁 319

古籍标准规范化建设

我国古籍保护标准体系建设的成果与思考 ··························· 赵文友 329

海外中华古籍保护

海外古籍回归与利用的模式及思考 ························ 李　伟　马　静 336

古籍保护推广

北京师范大学图书馆藏古籍的源流、特色及整理出版情况
　　··· 程仁桃　杨　健 343
孔府文物档案馆藏古籍的来源、特色及整理情况 ········ 张丽华　孔　燕 350

中国古籍保护协会一届二次
理事会议工作报告

刘惠平

(2016年5月6日)

各位理事：

大家上午好！在这充满蓬勃生机与美好希望的人间四月天，我们在这里举行中国古籍保护协会一届二次理事会，首先对各位于百忙之中莅临参会表示热烈欢迎和衷心感谢！现在，我代表协会向大会做工作报告，请予审议。

一、过去一年工作回顾

中国古籍保护协会于2015年1月23日在北京筹备成立。一年来，在国家民政部、文化部高度重视下，在国家图书馆、国家古籍保护中心精心指导下，在全体会员支持帮助下，本会依照《中国古籍保护协会章程》（以下简称《章程》）开展了一系列工作，迈出了扎扎实实的第一步。

（一）搭建工作机制，完善协会运行管理秩序

1.完成协会成立登记的全部工作。中国古籍保护协会一届一次代表大会召开之后，协会由筹备成立阶段进入成立登记阶段。本会与国家民政部民间组织管理局、文化部社团办紧密联系，积极跟进办理各项手续。截至2015年12月3日，完成了国家民政部成立登记、社会团体法人登记、机构组织代码登记、国税地税登记、开立银行账户等全部手续，自此协会全面进入面向社会依法办会的工作阶段。

2.加强学习,建立内部工作运行机制。从学习调研入手,扎扎实实地开好局、起好步,是协会初创阶段的基本工作要求。一年来,本会从认真学习民政部、文化部关于社团管理运行系列政策文件入手,力求各项工作在法治框架下运行;其间走访了多家兄弟社团单位,开展了行业调研,就协会工作机制、分支机构、会员发展、组织活动等,学习汲取成熟的工作经验;逐步完善内部运行机制:建立秘书处工作例会制度、与国家古籍保护中心办公室定期工作交流制度、常务理事通信会议制度,起草了协会工作规章制度,搭建内部工作审批流程和会员通信联络网络,完成了协会筹备成立全部档案的整理归档。

(二)积极开拓创新,探索协会建设发展路径

协会成立初始,组织既能推动古籍保护工作,带动社会化参与,又能体现办会方向,增加号召力、影响力的活动,是推动协会工作起步的重要切入点。2015年主要完成了两项工作:

1.策划开展了"中华古籍普查志愿服务行动"。为推动中华古籍保护计划之全国古籍普查工作,在国家图书馆、国家古籍保护中心和其他社会力量支持下,2015年我会在河北省古籍保护中心积极配合下,组织开展了"中华古籍普查志愿服务行动"试点。通过公开招募,组织京津冀8所高校76名大学生文化志愿者,利用暑假(一个月),帮助河北省6家古籍存藏单位开展古籍普查,共清点登记古籍约1.5万种,19万册(件),该省于当年基本完成了全省的古籍普查工作,得到业界一致好评。《中国文化报》派出记者全程跟踪报道了活动情况。古籍普查志愿服务行动的意义,不仅在于推动中华古籍普查进程,培养古籍保护后备力量,更重要的是通过倡导奉献社会的责任意识和担当精神,对在青年学生中培育社会主义核心价值观有着非常积极的意义,这也是协会发挥行业组织作用,探索调动社会力量参与文化建设较为成功的案例。

2.编纂《海峡两岸中华古籍保护论文论著索引(2011—2015)》。2015年4月,应台湾古籍保护学会邀请,国家图书馆副馆长、中国古籍保护协会会长刘惠平率团赴台参加了"第四届古籍保护与流传学术研讨会"和"第一届海峡两岸古籍高峰论坛"。与会期间,海峡两岸专家学者一致认为,为推动中华古籍保护工作,加强两岸在该领域的交流合作,应该策划一些实质性的合作项目。会议就共同编纂《海峡两岸中华古籍保护论文论著索引(2011—2015)》达成了共识。7月,我会秘书处在京召开编纂工作专题研讨会,来自国家图书馆、国家古籍保护

中心、上海图书馆、复旦大学图书馆、天津图书馆、中国古籍保护协会和台湾古籍保护学会的专家学者就编纂目的、收录范围、编纂体例、著录项目等进行了充分研讨并确定了相关原则。之后，协会秘书处牵头组织编纂工作，天津古籍保护中心具体组织实施。《海峡两岸中华古籍保护论文论著索引（2011—2015）》已于2015年底完成资料收集和初编工作，目前正处于编审阶段，可望于近期出版。

（三）面向未来发展，探索社会化合作途径

中国古籍保护协会是公益性社会团体和行业组织，是动员社会力量参与公共文化建设、促进古籍保护工作交流与合作的桥梁纽带。按照党的十八大和十八届三中、四中、五中全会精神，未来五年是协会凝聚全国古籍保护社会力量，促进中国古籍保护事业发展的机遇期。2015年，本会在拓展社会化合作途径上做了一些有益的探索。

在国家图书馆领导和国家古籍保护中心办公室支持下，经过10个月的认真调研、审慎论证、友好协商，协会与松岭（上海）股权投资基金管理有限公司就在古籍保护领域开展战略合作，发挥各自优势，资源互补、合作共赢，达成基本共识。其间，本会认真学习研究了国家有关政策法规，组织相关人员对公司拟投资建立的古籍保护创新基地和松岭（上海）股权投资基金管理有限公司进行了实地调研，最终按程序报请审核批准，签署了战略合作框架协议书。中国古籍保护协会在加强古籍保护行业建设，探索引入社会力量参与古籍保护工作上迈出了重要一步。

此外，配合国家古籍保护中心和中国图书馆学会，2015年协会参与了"册府千华——珍贵古籍雕版特展""册府千华——民间珍贵典籍收藏展""'我与中华古籍'摄影大赛优秀摄影作品巡展""抗战时期古籍抢救保护史迹研讨会""2015年中国图书馆年会"的协办，列席了全国古籍保护工作部际联席会议，通过这些重要活动，进一步扩大了协会的社会影响力。

一年来，本会坚持积极探索、稳中求进的工作基调，各项工作实现了良好开局，工作中行之有效的思路和做法，要在今后的实践中继续坚持、不断探索与完善。协会起步之年各项成绩的取得，离不开国家民政部、文化部部委领导的悉心指导，离不开国家图书馆、国家古籍保护中心的支持帮助，更离不开各位理事及广大会员的同心协力，在此，对大家的辛勤付出再次表示衷心感谢。

二、2016年主要工作任务

各位理事,过去一年的工作实践使我们更加深刻地体会到,中国古籍保护事业大有可为。如今党和国家高度重视古籍保护工作,强调"要构建中华优秀传统文化传承体系,加强文化遗产保护,振兴传统工艺,实施中华典籍整理工程"。早在2013年,习近平总书记就指出,要"让收藏在禁宫里的文物、陈列在广阔大地上的遗产、书写在古籍里的文字都活起来"。前不久,中共中央政治局委员、中央书记处书记、中宣部部长刘奇葆同志到国家图书馆调研,强调要深入学习贯彻习近平总书记关于传承弘扬优秀传统文化的重要指示精神,用时代精神激活优秀传统文化生命力,推动中华文化现代化。刚刚颁布的《中华人民共和国国民经济和社会发展第十三个五年规划纲要》(以下简称《纲要》),中华古籍保护计划、民国时期文献保护计划、国家文献战略储备库建设项目,被明确纳入"十三五"规划。《纲要》第十六篇"加强社会主义精神文明建设"中"专栏25 文化重大工程"第六项"中华典籍整理"中的要求:"实施中华古籍保护计划。基本完成古籍普查工作,推动古籍原生性和再生性保护,推出300种国家重点古籍整理出版项目,建设国家古籍资源数据库。支持《中华续道藏》《大藏经》等宗教典籍整理抢修。""实施民国时期文献保护计划。系统整理出版近代以来重要典籍文献。"

今年是"十三五"规划开局之年,各种推动中华古籍保护事业大发展、大繁荣的有利条件正在不断汇聚,在党中央高度重视下,古籍保护事业正在迎来蓬勃兴盛的美好春天,协会自当站在新的历史起点上,为推动中华古籍保护事业发展迈出更加坚实的步伐。

2016年协会工作总体要求是,认真学习贯彻党的十八大和十八届三中、四中、五中全会和习近平总书记系列重要讲话精神,围绕《纲要》和"十三五"期间中华古籍保护计划、民国时期文献保护计划的实施,秉承协会章程,积极稳妥地开展各项工作,创新工作思路,完善工作秩序,拓展工作领域,扩大协会影响,团结引领行业和社会力量,为推动中华古籍保护事业和国家公共文化事业的建设发展做出新的贡献。主要工作任务分为两大方面:

(一)围绕古籍保护工作重心,努力开创协会工作新局面

1.促进全国古籍普查工作如期完成。始于2008年的中华古籍保护计划之全国古籍普查,是新中国成立以来进行的第一次全国性古籍普查工作,实施意义十

分重大。该项工作已明确列入国家"十三五"规划,并要求基本完成,这是当前实施中华古籍保护计划的重中之重。去年以来我协会在方方面面配合支持下,组织开展了"中华古籍普查志愿服务行动",有力促进了全国古籍普查工作的实施。今年2月,文化部公布了2015年基层文化志愿服务活动典型案例,"中华古籍普查志愿服务行动"榜上有名,受到表彰和奖励,这对协会工作是一个极大的鼓舞。2016年要继续扩大"中华古籍普查志愿服务行动"范围。目前实施该项工作的经费筹集还存在较大困难,希望在各位理事的关注下,继续引导和发动社会力量支持开展此项公益活动,协助搜集和整理全国古籍数量、保存和分布情况等基本数据,摸清古籍家底,为实现"十三五"时期"古籍普查工作基本完成"的工作目标做出贡献。

2. 开展古籍保护研讨培训交流。围绕古籍保护事业建设发展中的战略性、前瞻性、综合性问题,推动专项研究,指导开展行业培训交流等,是协会的重要职能之一。今年起,我会将在国家古籍保护中心和行业内相关企事业单位支持下,根据古籍保护行业发展状况,尝试摸索古籍文献原生性保护技术如"文献脱酸""文献修复""收藏鉴定"等,古籍文献再生性保护技术如数字化和文献再造等,举办各类研讨会、交流会、培训班。通过上述活动,切实促进古籍保护学科建设和业务提升,为行业交流和技术推广搭建平台。同时,在国家古籍保护中心支持下,通过组织全国古籍普查志愿服务相关培训,为古籍保护专业队伍建设储备人才,形成多层次、多渠道、社会广泛参与的古籍保护人才培养机制。

3. 探索古籍保护行业标准研制工作。研制行业标准对古籍保护标准规范体系的建立具有重要意义,这也是未来古籍保护工作有序发展、持续发展的关键。在国家图书馆研究院、国家古籍保护中心办公室、国家图书馆古籍馆帮助下,2016年新年伊始,由协会牵头向全国图书馆标准化技术委员会申报了两项行业标准:一是由浙江图书馆、山西省图书馆参与的"中小型古籍库房达标建设规范",二是由广东省立中山图书馆、珠海市利高斯发展有限公司等参与的"古籍文献虫霉防治标准"。目前,古籍保护国家标准正由国家古籍保护中心牵头组织并陆续研制,而古籍保护行业标准的研制尚有缺位,中国古籍保护协会成立后,由协会发动行业内单位开展研制工作应该是责无旁贷。古籍保护行业标准涉及面广,内容极为丰富。我协会各理事单位、会员单位有着丰富的实践经验和专业积累,希望大家积极建言献策,联手参与申报制定古籍保护行业急需的标准规范及研究项目,推动本行业的标准化、规范化发展。

4.推动古籍保护的行业合作。应该看到,古籍保护行业自身建设比较薄弱。协会成立后,在整合行业力量,凝聚发展共识方面,逐步显现了其行业影响力。但从实践层面看,完善行业管理、协调行业关系、强化行业自律、维护行业利益,提升古籍保护工作科学化、规范化水平还处于初始阶段,需要我们在深化古籍保护行业合作,营造良好公共关系,搭建共同发展平台上下功夫。今年年末,为配合"中华古籍保护计划十年回顾"活动,我会将要承办"古籍保护技术会展",届时全国古籍公私收藏机构、文化企事业单位,以及与古籍保护工作相关的各类生产研究单位均可报名参展。会展期间将同步举办研讨会,搭建交流空间,达到"为用户找产品,为产品找用户"的互动双赢目的,为大家登上行业合作平台提供机会。此外,在继续深化与松岭(上海)股权投资基金管理有限公司战略合作的基础上,要不断创新工作思路,谋求更多的合作发展,通过凝聚更多社会力量,支持和参与中华古籍保护事业,进而实现传统文化创造性转化和创新性发展。

5.深化海峡两岸古籍保护交流合作。今年3月,台湾古籍保护学会到访北京,向国家图书馆捐赠王伯沆先生"冬饮丛书"14函54册,向协会捐赠林庆彰先生《经学研究论著目录》9册,同时就开展人员培训、专项古籍修复等进行了洽商。今年4月,台湾古籍保护学会举办了"第二届海峡两岸古籍保护高峰会谈",会上,李国庆理事应邀代表我会介绍了《海峡两岸中华古籍保护论文论著索引》编撰情况。深化海峡两岸古籍保护交流合作大有可为,我会要在总结之前交流合作的基础上,不断拓宽与港澳台地区古籍保护业界交流合作的渠道,丰富合作交流内容,形成两岸四地共同推进中华古籍保护事业的良好局面。此外,协会还要谋求在更加宽阔的国际舞台上,开展古籍保护交流与合作,围绕传承弘扬中华优秀传统文化,发挥社会组织在国家文化建设中的积极作用。

(二)完善机制与管理,不断提升自身建设的能力和水平

1.完善工作机制,筹建分支机构。沟通顺畅、科学合理的工作机制,将助力提高协会工作效率,促进协会议事决策的民主化、程序化、规范化。今年我会将继续坚持和完善会长办公会、常务理事会、理事会议事机制,以及与国家古籍保护中心办公室定期工作交流制度,加强协会日常办事机构建设。协会分支机构建设,是协会发展的基础。近期秘书处在调研的基础上,提出了设置分支机构的初步建议方案。今天会上要审议的新订制度,最重要的也是《中国古籍保护协会分

支机构管理办法》。昨天常务理事会就此事进行了专门讨论,大家发表了非常好的建设性意见。我们要认真研究和吸收这些意见,从实际出发,依据国务院《社会团体登记管理条例》(已修订)、《民政部关于贯彻落实国务院取消全国性社会团体分支机构、代表机构登记行政审批项目的决定有关问题的通知》,做好制度设计,争取今年内推出一批试点。各位理事在本地区、本行业具有相当的影响力,希望各位充分利用自己的资源优势,为协会分支机构的框架设计、制度设计及具体实施出谋划策,身体力行。

2.继续推进会员发展工作。发展会员、壮大协会力量,是协会的重要工作任务。中国古籍保护协会是由古籍收藏、保护修复、整理出版研究等有关企事业单位、社会团体和相关机构及个人自愿组成的全国性、行业性、非营利性社会组织。截至目前,我会会员只有去年招募的第一批,总数124个,其中单位会员77个,个人会员47个。这是一个小众团体,对于更好地调动引导全国古籍保护行业参与中华古籍保护工作,力量还是单薄的。4月29日,本会已面向社会正式发布招募启事,开始第二批会员招募工作,目标会员是尚未加入协会的全国重点古籍保护单位、地市级古籍存藏单位,以及从事古籍保护工作或与此相关的企事业单位,本会门户网站也正式启用了会员注册管理系统。第二批会员招募工作同样需要各位理事大力协助,希望大家做好宣传推广工作,群策群力,让更多的古籍保护机构和有识之士加入协会大家庭,壮大力量,共同发展进步。

3.制定和完善各项规章制度。规章制度建设是协会科学管理的重要组成部分,也是协会有序运行的体制框架,对本会的长远发展意义深远。本次理事会将请各位理事对《中国古籍保护协会理事会职权及工作规则》等9项拟建规章制度进行审议。去年12月初,在我会办齐各类合法运营手续后,启动2015年单位会员会费收缴工作已时值年末,但在各会员单位的积极配合下,至12月底单位会员会费缴纳数量已经过半,截至今年4月底,所有单位会员2015年会费全部缴齐。在此,我代表协会秘书处,对大家认真履行会员义务,积极支持协会发展表示真诚的感谢。下一步,我会还将依照国家相关法律法规和文化部要求,建立本会财务资产管理制度。通过加强和规范制度建设,为协会全面开展工作构建相对完善并适合自身需要的制度体系,提升办事效率,促进健康发展。

4.加大宣传,全面提升协会的号召力、影响力。宣传推广工作是社会公众了解协会的重要渠道,也是弘扬古籍保护理念、展示协会良好形象的窗口。2016

年,我会将本着内宣与外宣、传统媒体与新兴媒体并重的原则,着力构建全方位、立体化、覆盖面广的多媒体宣传体系。今年3月,由协会秘书处编辑的电子会刊《行业之声》正式创刊,并向会员推送;4月1日,中国古籍保护协会门户网站(www.chinaabp.cn)上线试运行;4月12日,中国古籍保护协会微信公众号创立,通过微信关注形式发布相关文化资讯。这些宣传渠道在协会与公众之间、协会与会员之间搭建了一座古籍保护、文化资讯、行业联动、业务推广、学术研究、交流合作的宣传互动平台。下一步,秘书处还将承蒙各会员单位的支持,建立通讯员网络,更多地发掘各地、各单位的相关信息,加大宣传推广力度,最终形成导向正确、配合有力、形式多样、内容丰富、资源共享的古籍保护宣传机制,为推动工作营造良好的舆论氛围。

各位理事,社会组织参与国家公共服务是社会文明进步的重要体现,是国家治理体系和治理能力现代化的重要标志。立足国情,发挥好协会促进发展的积极作用,是具有开创性和挑战性的工作。卷帙浩繁的古代文献典籍是中华民族的宝贵文化遗产,是我们共有的精神家园,保护古籍,传承文明,也是每位古籍保护工作者义不容辞的责任与使命。2016年已时过近半,希望大家充分利用自己在本地区、本行业的影响力,充分利用协会这一社会组织的平台优势,积极发挥作用,不辱使命。让我们携起手来,秉承协会宗旨,求真务实,攻坚克难,团结奋进,为推动中国古籍保护事业在"十三五"时期迈上新的台阶而努力。

谢谢大家!

(作者:刘惠平,国家图书馆副馆长,中国古籍保护协会会长)

图书馆作为古籍保护中心基地之天职

丁原基

图书为知识之泉源,学术之宝库。书籍之所在,文化亦随之。任何国家,任何民族,没有不珍视他们的固有文献的。保护和传承文献,实质上就是保护和传承几千年的中华文明。一个不重视历史与文化的国家或民族,是不会有前途的。

我国的藏书,在古代虽无"图书馆"之名,却有藏书之实,如汉代的东观、隋代的嘉则殿、唐代的集贤院、宋代的馆阁等等。宋代以后,随着私人刻书业的发达和交通的方便,图书流通容易,私家藏书风气日盛,据光绪年间叶昌炽著《藏书纪事诗》,收录五代到清代的藏书家约六百人。藏书家对社会文化有正面的意义:一是私人藏书可补官府藏书不足;二是在少有公共图书馆的古代,私人藏书楼或多或少地为当地人提供了读书的机会。但自清末以来,社会几经动荡,私人藏书多为公家图书馆所网罗。

开始认识到图书馆的重要性,始于甲午中日之战以后,当时尚无图书馆的名称,只有藏书楼或藏书院。至光绪末年,湖南、湖北、直隶、浙江、江苏和山东等省,均已设有藏书楼。宣统元年十二月(1910年1月),学部公布《京师及各省图书馆通行章程》二十条,这是我国第一次的图书馆立法。该章程第二、三条规定京师及各直省省治设图书馆。于是次年成立京师图书馆(1912年正式开馆,1928年改名国立北平图书馆),各省藏书楼亦纷纷改称。而四川、广西、云南、陕西等地亦相继创立图书馆。

民国成立,教育部内设社会教育司,掌管图书馆及通俗图书馆巡回文库等事项。1929年9月1日,国立北平图书馆与北海图书馆合并,藏书达三十余万卷。

这是我国有现代式国立图书馆之始①。

周骏富《中国图书馆简史》，举出抗日战争前的图书馆，其能具规范而有代表性的，计有国立北平图书馆、国立中央图书馆、江苏省立国学图书馆、浙江省立图书馆、上海东方图书馆、国立北京大学图书馆、国立中山大学图书馆与北平故宫博物院图书馆等八个，它们分别代表着或是国家经营，或是地方政府经营，或是学府经营，或是私人经营，成为中国图书馆事业发展的典型②。

1937年至1945年因抗日战争，我国公私立图书馆均受到极重大之损失，幸赖有识之士高瞻远瞩，及时维护日渐流散的图书文物，使邦邑文献不至沦亡。兹举台北"中央研究院"历史语言研究所傅斯年图书馆、山东省立图书馆与"国立中央图书馆"略作说明。

傅斯年图书馆

"中央研究院"历史语言研究所系傅斯年（1896—1950）先生于1928年10月在广州成立，次年3月迁移至北平。1960年12月20日是傅先生逝世十周年纪念日，夫人俞大彩（1904—1990）女士，将傅先生遗书一万两千余册，全部捐赠史语所，史语所为纪念傅斯年先生大我为公的精神，将新建的图书馆定名为"傅斯年图书馆"。

史语所创立初期，虽受限于经费，仍大力购置善本图籍。笔者曾阅读过一封1929—1930年间傅斯年致李济先生的信札（信札原件今藏傅斯年图书馆），略云：

> 济之兄
>
> 　　近来出现了许印林一大批稿子，皆为研究所得之。第一次，《筠清馆金文》（全批并及吴海丰之四代手迹）价八十。第二次，《印林遗稿》，二十九册（内手稿四册，清本十余，有陈簠斋校记）价五百五十。第三批为《攈古录》之稿本（此书妙极，大可做文章）价二百六十。此皆在他人全不知晓之状态中为我们买到，其价又廉，真自研究所买书以来第一快事也。此君地位，与孙仲容伯仲之间，乃最早之金文大师，而其著作不传，可恨！（中略）弟一星

---

① 参屈万里：《中国图书馆事业的现况及其问题》，《屈万里先生文存》第3册，第1013~1042页，台北：联经出版事业公司，1985年。

② 周骏富：《中国图书馆简史》，收入王国良、王秋桂合编：《中国图书文献学论集》，第47~111页，台北：明文书局，1986年。

期中每日看到上午一二时,为之精神不支。此外朱彭寿君一批当中,为研究所择去不少。第一次九百元许,已于旧年前办妥。第二批中有稀见及奇□(注:字体潦草无法辨识)文集丛书及史学书,亦约千元。以上二事,共约两千元,此次请款之因也。

弟斯年顿首

这封信不仅证说史语所勤于搜访善本古籍,也看到傅先生究心治学的精神。史语所因有这样的传统,且持续至今,才有蜚声国际的古籍典藏与学术成果。

七七事变后,史语所的全部图书文物西迁,由长沙而昆明,后迁移至川西的李庄,才不用再顾虑敌机轰炸。1949年史语所来台,珍贵的图书文物又全部搬到台湾。

依据傅斯年图书馆网页提供的《珍本古籍特色简介》,分为善本书、古籍线装书、整理与利用等三部分。兹引善本书的介绍如下:

> 傅斯年图书馆为国际重要的汉学图书机构,馆内最为珍贵且具特色之典藏,首推三千八百余部,计四万四千余册的善本书。主要来源是:
>
> (1) 民国二十三年院方拨存,购自南京邓邦述氏"群碧楼"的藏书,共四百三十余种。
>
> (2) 民国三十五年接收日本北平东方研究所之善本书,共一千三百余种。
>
> (3) 购自江安傅增湘"藏园"的部分藏书。
>
> (4) 1968年洽购李宗侗(玄伯)散出的善本百余种。
>
> 这四万余册的善本书,以罕见的秘籍居多,复本较少。主要为宋、元、明及清初刊本、稿本,以及名人之批校本、手钞本、绘写本等,是国内外研究者所重视的典籍。

2008年8月问世的《傅斯年图书馆善本古籍题跋辑录》三册套书,是历史语言研究所为庆祝建所八十周年,特将傅斯年图书馆珍藏的古籍题跋辑录成编,内容分叙论、题跋释文及图版,体例周延,印刷精美,使内外学者得以方便地利用古籍题跋文献资源。

傅斯年图书馆的珍本古籍,学者可远程利用"傅斯年图书馆珍藏善本图籍书目资料库"及"傅斯年图书馆全文影像资料库",获得需求的珍贵文献,但若无前贤辛勤搜罗而奠定此丰富的善本珍籍典藏基础,傅斯年图书馆又何以成为学术之宝库！

山东省立图书馆

山东省立图书馆创建于清宣统元年(1909)，并附设金石保护所，每月经费仅四百元。1929年8月，王献唐(1896—1960)出任山东省立图书馆馆长，适值"五三惨案"之次年，馆舍与藏书遭日军炮火劫余后，但见藏书"东堆西积，漫无伦次，册卷纷杂，颠倒满屋"①。献唐先生接任馆长，获教育厅厅长何思源氏支持，经费渐增至一千七百元，始能添购若干普通文物。次年(1930)6月，晋军攻鲁，侵占图书馆，王献唐被迫离职。晋军去后，先生复职，又遇大雨，各室藏书多渍湿浥损，于此不利情况下，仍组织人力，尽力抢救、修补、整理，同年9月即对外开放阅览。至抗战前，山东省立图书馆完成了从古代藏书楼到近代图书馆的历史性转变，从典藏不丰、管理落后之图书文物收藏单位，成为现代化图书文物荟萃之综合性图书馆，亦为北方文献之重镇。梁启超由北京过济访之，除了赞许王献唐著述的《公孙龙子悬解》一书，并云："中国图书馆除北京外，以山东为最佳。"②

当时政局动荡，书商及藏书家急于将藏书脱售图书馆，先生不顾战火危急，大量搜书。先生云："估客日盈于门，甚至中夜风雨，亦或挟书而至。最初，成交之时，即付书款，久或积至半月清算，亦有一月一清者。"③又如献唐先生叙说购置海源阁藏顾千里校《说文系传》一书云：

> 此书在晋军占据济南时即已发现，适本馆正在交代，外债累累，势难再为本馆增加一层债务购买此书。但由书友处辗转借来，录入校语抉录中。及余交代完毕，欲离济他去，终念此书失之交臂可惜，即告贷亲朋，从而购之。④

此则说明王献唐忧虑名椠珍籍散失，不惜向亲友借贷为图书馆购藏。

海源阁是清道光年间山东聊城藏书家杨以增的藏书楼，清末四大藏书楼之一。瞿氏铁琴铜剑楼、陆氏皕宋楼、丁氏八千卷楼均为江南藏书家，北方则为杨氏海源阁一家而已。

---

① 见《一年来本馆工作之回顾》，载《山东省立图书馆季刊》第1集第1期，1931年3月。
② 王仲裕：《宗弟献唐事略》，载《王献唐先生诗文书画集》，台中莲社印赠，1998年8月再版。
③ 见《一年来本馆工作之回顾》，载《山东省立图书馆季刊》第1集第1期，1931年3月。
④ 王献唐：《海源阁藏书之损失与善后处置》，载《山东省立图书馆季刊》第1集第1期，1931年3月。

杨以增（1787—1855）于道光年间官江南河道总督，多收长洲汪士钟艺芸书舍之精帙。同治年间，以增仲子杨绍和（1830—1875）服官京师，续得清宗室端华乐善堂藏书，因而南北藏书家之精者，荟萃山左。海源阁蜚声海内，编有《海源阁书目》六册，著录明清刻本及抄本，计经史子集四部，书三千二百三十六部，二十万八千三百卷有奇。另有《海源阁宋元书目》一册，著录宋元秘本、名校精抄，计书四百六十四部，一万一千三百廿八卷。两目所录，即杨氏藏书之总计。

杨氏藏书于咸丰十一年（1861）二月在捻军起义中略有毁损，而损失最惨重则为1929—1930年间之迭遭军阀土匪劫掠，图书流失不少。王献唐奉省府委派亲赴聊城，组成"海源阁藏书清查委员会"，并撰文呼吁抢救。其后献唐先生撰《聊城海源阁藏书之过去、现在》及《海源阁藏书之损失与善后处置》二文①，详记其事。

1931年，平津人士潘复、常朗斋、王绍贤及当时之天津市市长张廷谔等组织"存海学社"，以八万元将杨敬夫（1900—1970，杨保彝子）运存天津之海源阁精帙中之九十二种珍本，购存于天津盐业银行。抗战胜利后，时行政院院长宋子文视察平津，将全书作价一千五百万元，购藏于北平图书馆（今中国国家图书馆）。

1932年，杨家将劫余之书收装五十箱，运抵济南，亟求托售。王献唐闻知，以职责所在，疾呼云：

> 省立图书馆以保藏全省文献，为公共图书总汇。海源阁又近在境内，以地位言之，有预事防护之必要；以责任言之，有委曲求全之可能。若或漫不理察，自忝厥职，设有不虞，则图书馆之设立，又所司何事？非特无以对全省民众，而四千年来全民族文化之重大损失，亦不得辞其咎！此在职责方面，万不得已。②

王献唐乃向杨氏提出三种方案：一为杨氏委托图书馆代为保藏，一为半捐半卖，一为平价收买。其后杨氏同意第二种方案，但要价三十万元，图书馆无此财力，只得作罢。唯先生护书爱书之精诚，已感召时人。1943年，杨氏将存放济南之五十箱明清版本运至北平出售，消息传到济南，辛铸九、苗兰亭、张蔚斋等乃集资三百万元（伪"中国联合准备银行"发行钞票）购妥，并运回济南存放。迨抗战

---

① 王献唐：《海源阁藏书之损失与善后处置》，载《山东省立图书馆季刊》第1集第1期，1931年3月。
② 王献唐：《海源阁藏书之损失与善后处置》，载《山东省立图书馆季刊》第1集第1期，1931年3月。

胜利后，三位先生将所购之书悉数捐赠山东省立图书馆，实现献唐先生之夙愿，海源阁图书免于全部散亡。

1937年抗战开始，山东首当其冲。先生惧馆藏善本图书与文物精品陷于敌手，或毁于兵燹，乃请于当局，将书迁出济南。当局未暇及此，而战事迫近，即选善本及金石书画精品装为十箱，谋迁诸曲阜。当时馆中同事多已请假，且津浦火车日遭敌机轰炸，异常危险。王献唐乃对当时任职编藏部主任的屈万里先生说："本馆为吾山东文献所荟萃，脱有不测，吾辈将何以对齐鲁父老？拟就力之所及，将比较珍秘者十箱，移曲阜至圣奉祀官府。顾此事重要，可以肩其任者，惟余与子耳。津浦车时遇敌机轰炸，往即冒险，然欲为吾鲁存兹一脉文献，又不容苟辞。子能往，固善，否则余当自往。"①屈先生闻此语，慨然请行，愿与此累累十箱文物共存亡。1937年10月12日晚，屈先生及工友李义贵冒敌机轰炸津浦路之险，将十巨箱运至兖州，继转曲阜，妥存于至圣奉祀官府；其后又捡得书籍、砖瓦二十一箱，运至曲阜奉祀官府。

时南京已陷，津浦路北部日寇将南侵，曲阜无日不闻敌机轰炸声，王献唐等三人乃从先运之十箱中精选五箱，搭乘省立医院改编之重伤医院专车南行，过铜山，行程八日，三遇空袭，运抵武汉。行将装船入川时，运费不足。适遇山东大学在汉口奉命迁校四川万县（今重庆市万州区），先生接受山东大学教职，馆中得随山大并偕入川。在宜昌，先生等三人险丧于敌机轰炸；至万县，山东大学奉教育部令结束，幸得中英庚款董事会资助学术研究，研究地点规定在嘉定。献唐先生争取到教育部经费，获准馆中书物并移乐山，乃再度西上。在重庆以小舟运书至火轮时，屈万里先生失足跌下驳船，幸身体健捷，得以攀缆而幸免于难。船行八日抵乐山，决意不再远徙。自1937年10月12日载书离稷下，至翌年11月24日流徙至乐山，行程七千余里。所迁运的文物，计有金石器物734品、图书438种2659册又183卷、字画138件。

王献唐守书避难川中，图书馆经费已断，靠其于中学教书之收入，以维持保护图书之开支，生活虽清苦，然其与书共存亡之决心弥坚。时乐山常有敌机轰炸，每遇空袭警报，众人分散防空，唯先生独守书籍文物，或劝其暂时走避，则笑

---

① 屈万里：《载书播迁记》，《屈万里先生文存》第3册，第1205~1273页，台北：联经出版事业公司，1985年。

谓:"这些东西是我的生命,一个人不能舍了自己的生命。"并将其书室命名为"那罗延室"。佛典"那罗延"为金刚不坏义,即誓为牢守齐鲁图书文物之决心。胜利后,全部珍籍文物复完好无损运回济南。三位先生为保护齐鲁文献,抛家别子,旷达八载,终至完璧归里,其功绩,其人格,实无能以言喻。

山东大学出版社自2007年印行《山东文献集成》,共分四辑,精装十六开二百册,全书搜集山东先贤著述一千种,主要收入流传未广而又价值较高的稿本、抄本、刻本等,影印出版。该书《前言》云:"这次影印的不少文献,就是王献唐先生带到四川又运回山东的,许多书上都留下献唐先生的题跋,是我们认识和研究山东文献的重要向导。在国破家亡、战火连绵的年代,王献唐先生辑印《山左先哲遗书》的计划难以实现。在社会安定,经济发展,文化受到高度重视的今天,我们有条件把这些珍贵文献影印出版。可是,如果没有前辈们的薪火传灯,我们今天无论如何也无法创造出这些文献。前人对于我们是这样,我们对于后人也应该是这样。保护和传承文献,实质上就是保护和传承古老的中华文明,这才是我们编纂出版《山东文献集成》的初衷。"立论铿锵、掷地有声,是学者重视传统文化,保护古籍文献的不刊之言。

"国立中央图书馆"

"国立中央图书馆",1933年于南京筹设。抗战军兴,辗转西迁,经汉口、长沙、宜昌到重庆。1940年8月1日,国民政府明令正式成立"国立中央图书馆",1948年再由南京来台北(以下简称"台图")。

台图最宝贵的资产,就是收藏善本书逾12000部、12万册,可谓为民初江南地区藏书家的总汇。抗战期间,长江下游各省都已沦陷,江浙一带许多著名藏书家因生计困难,所珍藏的古籍都流散出来。当时的馆长蒋复璁先生得到政府支持,潜赴上海筹设"文献保存同志会",用中英庚款会拨给的建筑费150万元,在上海等地冒险秘密抢购江南藏书家累世珍籍,计购得善本古籍4864部48000余册,普通本线装书11000多种,奠定图书馆善本特藏的基础,保存了国家重要文献。胜利之后,复接收汪伪内政部部长陈群"泽存书库"的大批图书,收藏善本图书达12万册,其中有宋刊本201部3079册、元刊本230部3777册、明刊本6219部78606册、稿本483部4537册、批校本446部2415册、抄本2586部15201册。另外有朝鲜古刻本和活字本、日本古刻本和活字本,以及安南古刻本等。

自 1948 年 12 月至 1949 年 2 月，在傅斯年先生策动之下，12 万多册善本图书连同故宫博物院的古物、书画、图书，以及史语所所藏的古物和图书，先后分三批由海军总司令部与招商局所派船舰，全数运到台湾。

这些数量可观的善本书，就学术价值来说，有许多没经过传刻的稿本，有许多刻本已经失传而仅存旧抄本，有许多较一般刻本的内容多了很多资料的刻本、稿本和旧抄本，在史料和校勘上自然都有其无法估计的价值①。

清代洪亮吉（1746—1809）在《北江诗话》中，将历代藏书家依其藏书目的、藏书特色而划分成考订家、校雠家、收藏家、赏鉴家、掠贩家五类。叶德辉（1864—1927）于《书林清话》则分为著述家、校勘家、收藏家、赏鉴家四类。在历代藏书家中，能被后人称颂者多是胸襟开阔的藏书家，如周永年和桂馥合办的"借书园"，定时开放，供人阅读抄写，发挥类似公共图书馆的功能；又如鲍廷博的《知不足斋丛书》，系把家藏秘籍刊刻流传，造福学林。

近代新式图书馆出现后，图书馆收录的不仅是宋版元椠和以抄稿校本为主体的中国古代文化典籍，其他中、西文的书籍和报刊及非图书资料（录音带、缩微胶卷和 CD、DVD）大举登堂入室，加上近年利用新科技制作的数字化资料库充斥，许多无识之徒轻忽整理古籍图书的价值，此类专业人才日渐星稀。期待藏有古籍善本的公家图书馆，除达成构筑防火防潮环境以妥善典藏古籍，邀请专家编制善本书目、书志，争取经费将孤本秘籍制成缩微影档这三项基本课题外，也应积极整理出版罕见的善本古籍。所谓孤本秘籍，即是传本不多，学者利用甚为不便，若整理出版，亦是达成保存文献之功绩。

1949 年以来，台图有系统、有计划地将馆藏珍本汇集成丛书印行，计有：

1.《明代艺术家集汇刊》，"中央图书馆"编（台北："中央图书馆"，1968 年）

台图收藏明代书画家诗文集多达数十种，其中甚多罕见的秘籍，该馆特选七种，辑为此编。七种书为：

《石田先生集》十二卷《诗余》一卷《文钞》一卷《附事略》一卷，（明）沈周撰，明万历四十三年（1615）长洲陈仁锡刊本

《石秀斋集》十卷《画说》一卷，（明）莫是龙撰，万历三十二年（1604）潘焕宸

---

① 参屈万里：《"国立中央图书馆"》，《屈万里先生文存》第 3 册，第 1071~1087 页，台北：联经出版事业公司，1985 年。

刊本,《画说》据《宝颜堂秘笈》本

《杜东原集》不著卷数,(明)杜琼撰,康熙十六年(1677)虞山王乃昭手写本

《甫田集》三十五卷《附录》一卷,(明)文徵明撰,明嘉靖原刊本

《容台集》(《文集》九卷《诗集》四卷《别集》六卷),(明)董其昌撰,明崇祯三年(1630)原刊本

《徐文长三集》二十九卷附《四声猿》一卷《补篇》二卷,(明)徐渭撰,明万历二十二年(1594)商濬刊本

《雅宜山人集》十卷,(明)王宠撰,明嘉靖十六年(1537)原刊本

各书均撰有《叙录》,分别由昌彼得、乔衍琯撰写。

2.《明代艺术家集汇刊续集》,"中央图书馆"编(台北:"中央图书馆",1971年)

此为前编的续辑。共收五种:

《恬致堂集》四十卷,(明)李日华撰,明刊本

《何翰林集》二十八卷,(明)何良俊撰,明嘉靖四十四年(1565)原刊本

《芻荛集》六卷,(明)周是修撰,万历十八年(1590)周应鳌刊本

《杨孟载眉庵集》十二卷《补遗》一卷,(明)杨基撰,明新都汪汝淳校刊本

《输寥馆集》八卷,(明)范允临撰,清乾隆修补本

各书均撰有《叙录》,由乔衍琯、刘兆祐、张棣华等撰写。

3.《元代珍本文集汇刊》,"中央图书馆"编(台北:"中央图书馆",1970年)

台图收藏元人诗文集甚备,其中不乏罕见秘籍。此编所收,均是其版本较《四库全书》本为善者。收书十种:

《桐江集》四卷,(元)方回撰,抄本

《养蒙先生文集》十卷,(元)张伯淳撰,抄本

《闲居丛稿》二十六卷,(元)蒲道元撰,旧抄本

《侨吴集》十二卷,(元)郑元祐撰,抄本

《清閟阁全集》十二卷,(元)倪瓒撰,清康熙五十二年(1713)曹氏刊本

《安雅堂文集》十三卷,(元)陈旅撰,抄本

《程雪楼文集》三十卷,(元)程巨夫撰,清宣统二年(1910)至民国十四年(1925)阳湖陶氏景刊洪武廿八年(1395)刊本

《吴正传先生文集》二十卷《附录》一卷,(元)吴师道撰,明蓝格抄本

《滋溪文稿》三十卷,(元)苏天爵撰,朱墨合校抄本

《申斋刘先生文集》十五卷,(元)刘岳申撰,抄本

各书均撰有《叙录》,由昌彼得、乔衍琯、刘兆祐撰写。

4.《杂著秘笈丛刊》,屈万里编(台北:台湾学生书局,1971年)

此编所收,都是台图所藏善本。其目如下:

《野客丛书》三十卷,(宋)王楙撰,明嘉靖四十一年(1562)刊本

《古今考》一卷,(宋)魏了翁撰,明万历十二年(1584)刊本

《续古今考》三十七卷,(元)方回撰,明万历十二年(1584)刊本

《升庵外集》一百卷,(明)杨慎撰,明万历刊本

《正杨》四卷,(明)陈耀文撰,明隆庆三年(1569)刊本

《剡溪漫笔》六卷,(明)孙能传撰,明万历四十二年(1614)刊本

《思问初编》十二卷,(明)陈元龄撰,明天启六年(1626)刊本

《丽事馆余氏辨林》五卷,(明)余懋学撰,明万历刊本

《名义考》十二卷,(明)周祈撰,明万历十二年(1584)重刻本

《徐氏笔精》八卷,(明)徐𤊹撰,明崇祯五年(1632)刊本

《槎庵小乘》四十一卷,(明)来斯行撰,明崇祯四年(1631)原刊本

《授书随笔》十七卷,(清)黄宗羲撰,旧抄本

《古今释疑》十七卷,(清)方中履撰,旧抄本

《艺林汇考称号篇》十二卷,(清)沈自南撰,清初刊本

《海外全书》二卷,(清)杨慎庵撰,旧抄本

《松崖笔记》三卷,(清)惠栋撰,旧抄本

《九曜斋笔记》三卷,(清)惠栋撰,旧抄本

《强识篇》八卷,(清)朱士端撰,著者手定底稿本

《管窥》六卷,(清)平浩撰,抄本

每书卷前有刘兆祐所撰《叙录》。

5.《明清未刊稿汇编初辑》,屈万里、刘兆祐同编(台北:联经出版事业公司,1976年)

台图所藏稿本,多数是明清人的著作,约五百部。这些稿本,除具备极高的学术价值外,又能使后人亲睹前代学者的遗墨,兼具美术价值。本编系就台图所藏的稿本中选择十书,整理出版。其目如下:

《萧山王氏所著书》不分卷,(清)王绍兰撰,著者手定底稿本
《爕庵遗书》四十七卷,(清)余邦昭撰,清雍乾年间清稿本
《寿阳祁氏遗稿》不分卷,(清)祁寯藻撰,汇辑手稿本
《张介侯所著书》不分卷,(清)张澍撰,稿本
《方忍斋所著书》不分卷,(清)方濬颐撰,清稿本
《通斋先生未刻手稿》不分卷,(清)蒋超伯撰,著者手稿本
《江都李氏所著书》不分卷,(清)李祖望撰,清咸同年间著者手稿本
《砚山丛稿》不分卷,(清)汪鋆撰,清光绪年间著者手稿本
《冶麓山房丛书》不分卷,(清)陈作霖编,清末编者手稿本
《竹里全稿》不分卷,(清)王宝庸撰,清光绪年间著者手定底稿本

书前有屈万里所撰《前言》,每书卷前有刘兆祐所撰《叙录》。

6.《明清未刊稿汇编二辑》,屈万里、刘兆祐同编(台北:联经出版事业公司,1979年)

此编收书一种:

《全唐诗稿本》七百一十六卷,(清)钱谦益、季振宜递辑稿本

此书系抗日战争胜利后,在上海购得。为清康熙四十二年(1703)所辑刊《御定全唐诗》(九百卷)所依据的底本。此编卷前有屈万里所撰《〈明清未刊稿汇编〉弁言》及刘兆祐所撰《御定全唐诗与钱谦益季振宜递辑唐诗稿本关系探微》。每一册有新编目录,以便检索。

以上简述三家图书馆皆为古籍最佳保护的基地,但古籍能无胫而至,多是经过卓有见识的文献学者和图书馆工作者辛勤搜罗所致,此乃地利人和之胜事,非一般图书馆皆有此机缘。

大学图书馆对古籍的态度——以台北"东吴大学"图书馆为例

大学图书馆为大学所附属的图书馆,其主要功能在于支持教学研究与学术发展,建立其学术价值之馆藏特色。一所大学是否杰出,从它的图书馆藏书的质量与数量即可看出;每年的世界大学排名,其评量的参考指标中有一项即是大学图书馆的藏书量。然而一般大学的图书馆受制于经费与空间等条件,以及学校"领导"的态度,最低限度能配合学校科系,置备丰富的相关书籍,已属可喜可贺。而有博士班的系所,尤其要强化馆藏的深度,即力求学门相关主题深入与完整,

才能真正有助于学术研究与发展。

　　古籍对从事文史研究工作者的重要性,自不待言,但并非每个大学图书馆都典藏孤本秘籍①,且典藏秘籍又未必为从事学术研究者所需,因此收购整理出版的"丛书""丛刊""集成",或订购与古籍有关的资料库,亦不失为两美之策。盖通过购置古籍"丛书""丛刊""集成",为学子们提供了打开了解中华悠久文化宝库的钥匙,协助研究生撰作高质量的研究成果;同时也让图书馆丰富的珍籍典藏,为大学本身增加厚重的文化底蕴。

　　兹以笔者执教的台北"东吴大学"为例,说明该校典藏古籍与购置古籍丛书的情形。东吴大学为美国基督教监理会(The Methodist Episcopal Church,South)于1900年在苏州天赐庄设立,也是20世纪初中国第一所民办大学。抗日战争时期,东吴大学师生辗转迁徙,弦歌未辍。1945年抗战胜利,东吴大学师生纷纷自各地返回上海及苏州校园,展开复校的艰巨工作。1949年秋,东吴大学在台校友倡议复校,1951年筹组董事会,于台北市汉口街借屋设东吴补习学校,设法政、商业、会计及英文四科②。1954年教育主管部门以东吴补习学校办学绩效卓著,核准先行成立"东吴大学"恢复法学院,为台湾第一所私立大学。1957年购得士林外双溪土地,1961年全校由台北市汉口街迁到外双溪现址。1969年恢复大学建制。1981年城中校区第二大楼及中正图书馆完工。

　　"东吴大学"图书馆于1952年设立,白手起家,没有任何古籍方面的积累。其后自1968年起,校长端木恺先生陆续将所藏的重要书籍捐赠给图书馆,前后十余年间,所捐赠的大部头丛书有《四部丛刊初编缩本》《四部丛刊续编》《四部丛刊三编》《四库全书珍本别辑》及《四库全书珍本》1~12集。最重要的是,端木恺先生1983年12月1日捐赠的大批线装书,经、史、子、集都有,其中以古典戏曲最多,多属台湾其他图书馆未见收藏。据陈美雪《东吴大学图书馆所藏珍本戏曲目录》一文整理,计有丛书类14种、剧作合集11种、明代传奇4种、清代杂剧3

---

①　台湾的各大学图书馆存有古籍的以台湾大学较多,其次是台湾师范大学、东海大学。2011年6月台湾大学出版、经周骏富先生审定《国立台湾大学图书馆增订善本书目》,著录善本古籍1899部。赵飞鹏教授撰《书林录略增新书——〈国立台湾大学图书馆增订善本书目〉评介》一文可资参考。

②　1952年院系调整,东吴大学在上海的法学院并入华东政法学院,会计系并入上海财经学院;在苏州的文理学院部分学系就地移交苏南师范学院,1952年12月苏南师范学院改名江苏师范学院,1982年改制为苏州大学。

种、清代传奇 28 种、民国剧作 2 种及曲论、曲谱 12 种①。2007 年与 2010 年,广州中山大学骆伟教授、上海复旦大学吴格教授和北京中国科学院图书馆古籍部主任罗琳先生分别来访,图书馆趁机恳请专家将馆藏线装书一一鉴定,得明刻本 4 种、清刻本 44 种②。

"东吴大学"中国文学研究所于 1977 年成立博士班,特购置《百部丛书》《丛书集成》,继购置上列台图影印之《明代艺术家集汇刊》《明代艺术家集汇刊续集》《明清未刊稿汇编初辑》《全唐诗稿本》等等,则台图典藏之罕见秘籍,亦化身而藏于东吴,供师生从事学术研究之用。

目前东吴图书馆馆藏古籍丛书颇是丰富,如前文所举之《山东文献集成》四编,图书馆几乎是与山东大学出版社发行时间同步取得,东吴中文研究所师生利用《山东文献集成》收录文献,已对冯琦、李文藻、许瀚分别完成多篇论文。

图书馆采购古籍丛书的目的,主要是配合教学研究与学术发展,东吴中文研究所成立近 40 年,设博士班亦有 35 年,培养出的研究生,无论是在经学、小学、诗词、戏曲、小说或现当代文学,皆有优秀的表现,尤其受到屈万里、昌彼得、刘兆祐、吴哲夫、张锦郎、郑恒雄等师长的教导,文献学领域的学术成果在台湾各大学中首屈一指。图书馆为给研究所师生提供丰富完整的研究素材,除购置各类完整的工具书与电子资源供师生检阅,在纸本书籍采购方面,多依据下列原则:

(一)保持图书馆特色典藏之完整

例如多年前有研究生对敦煌文学有兴趣,其后黄永武、潘重规、金荣华等先生来校执教,图书馆应中文系要求,购置大英博物馆与巴黎国家图书馆所藏的《敦煌遗书微卷》。其后《敦煌宝藏》《上海图书馆藏敦煌吐鲁番文献》《俄藏敦煌文献》《法藏敦煌西域文献》《敦煌丛刊初集》等陆续上架,有关敦煌学之原始文献堪称丰富。又如在古文字学领域的甲骨文与金文方面的文献、佛学文献、经学

---

① 陈美雪:《东吴大学图书馆所藏珍本戏曲目录》,《书目季刊》第 30 卷第 3 期,1996 年 12 月。
② 参魏宇萱、李明侠:《东吴大学图书馆珍善本古籍书志初稿》,《东吴大学图书馆馆讯》第 31 期,2010 年 10 月。

文献、小说文献,皆因配合师生研究,较其他大学图书馆的收藏丰富而完整①。

(二)多购置新出"丛书""丛刊""集成"等套书

近年出版套书的风气颇盛,买一套丛书可以得到相关文献,对图书馆服务读者言,确实省事方便。但有部分套书所收内容资料重复,因此采购时必须了解各丛书编纂成员的态度,肯定所收是属于重要文献与罕见的书籍才是。目前东吴图书馆能够为读者提供研究所需的四部古籍丛书,除抗战前张元济主编,商务印书馆出版的《四部丛刊》1~3编,与中华书局辑编印行的《四部备要》1~5集,尚有可介绍的如下:

1.《四库全书珍本》1~13集,4800册

2.《四库全书荟要》(摛藻堂),500册

3.《文渊阁四库全书》,精装1500册

4.《四库全书存目丛书》,精装1200册

5.《四库全书存目丛书补编》,精装100册

6.《四库禁毁书丛刊》,精装300册

7.《四库未收书辑刊》,精装300册

8.《文津阁四库全书》,精装500册

9.《续修四库全书》,精装1800册

馆藏丰富的四库全书系列,足以为读者提供宽广的阅读长廊。一部《四库全书》,可以了解清中叶以前学术流变;《四库全书存目丛书》《四库禁毁书丛刊》,则开拓学术的眼界,为研究明末清初文史的学者提供丰富的材料;《续修四库全书》《四库未收书辑刊》,广及中国传统学术,反映存世典籍概况。再益以《四库全书珍本》《四库全书荟要》《文津阁四库全书》,尚可开展"四库学"研究领域。

10.《民国时期经学丛书》,林庆彰主编,1~4集,240册

11.《民国文集丛刊》,林庆彰主编,150册

---

① 《东吴大学图书馆馆讯》分别登载《学问的渊薮——〈四库全书〉系列》(徐小燕,第19期,2004年10月)、《古文字学之二大"显学"——"甲骨学"及"金文学"系列》(杨志团,第20期,2005年4月)、《震烁中外的"敦煌学"——敦煌文献简介》(钟慧如,第21期,2005年10月)、《浩瀚法海的佛学文献》(黄素莲,第26期,2008年4月)、《批沙拣金读小说——小说研究相关书目》(张天惠,第27期,2008年10月)、《致用以通经——中正图书馆藏经学文献的检索与利用》(陈韦哲,第29期,2009年10月),可资参考馆藏状况。

12.《民国诗集丛刊》,王伟勇主编,120册

以上是文听阁图书公司印行的"民国学术丛刊"六种中的三种。另有《民国时期语言文字学丛书》《民国时期哲学思想丛书》《民国小说丛刊》,尚未购藏,美中不足。"民国学术丛刊"由林庆彰教授规划,对民国时期的文献进行了较为系统的整理。"民国学术"指1912—1949年间学者的著述文献,这些文献分散于各地,多是线装书,有铅印本、刻本、石印本、排印本及稿抄本,是研究民国学术发展的珍贵文献,尤其绝大部分是台湾各图书馆未收藏的,因此置备完整,对充实图书馆馆藏之民国时期图书文献大有帮助。

13.《晚清四部丛刊》,1~10编,1200册

此套《晚清四部丛刊》搜罗清代道光二十年(1840)以降道光、咸丰、同治、光绪、宣统五朝尚未出版过的洋装书的资料,是林庆彰与林登昱两位先生规划,仿《四部丛刊》方式编辑的。林庆彰先生亲自负责经部,并邀请赖明德教授负责史部,刘兆祐教授负责子部,张高评教授负责集部。编辑本丛刊目的之一是保存现有文献,因此力求与《四部丛刊》《续修四库全书》《丛书集成》所收所编之书不重叠,资料搜集煞费苦心,遍及国内外图书馆和私人收藏,因此购藏此10编1200册,对充实图书馆古籍典藏不言而喻。

14.《山东文献集成》,1~4辑,精装200册

15.《清代稿钞本》,1~3辑,精装150册

《山东文献集成》收集山东先贤著述一千种,影印出版流传未广而价值较高的稿本、抄本、刻本,参加助编的图书馆有山东省图书馆、山东省博物馆、山东大学图书馆、山东师范大学图书馆、济南市图书馆;《清代稿钞本》史料丛书,系从广东省立中山图书馆、中山大学图书馆现藏的7000多种清代文献中遴选出各类日记、诗文、论著、传记、年谱、书信、咨议局报告、警务档案、公文、电稿、政书、账册等影印出版。是则置备此两编,上列各图书馆典藏的珍稀文献,顷刻入我图书馆,岂不快意哉。至于是否立即有学术论文产出,应分别观之。

对从事人文学术研究者,当其辗转知道天地间存有某书,但又得知属于稿本、抄本等未刊稿时,心中之焦虑,确实难以释怀。将心比心,因此许多前辈在掌理现代图书馆事业时,格外用心于古籍保护整理与推广,前文曾列举的蒋复璁、王献唐、屈万里先生是典范;溯自民国以来,若王重民、陈训慈、顾廷龙等前辈大师对古籍文献的维护整理,保存文化一脉传统,名垂青史,亦当之无愧。

文听阁主事者惨淡经营图书事业,令人至感钦佩。他们放下自我学术成长,以其深切知晓古籍文献价值的学养,成全他人学术研究之赤忱,近年风尘仆仆,穿梭在各图书馆与藏书私家间,饱尝人情冷暖,为人所不为,才有《晚清四部丛刊》问世。此种征稽古籍文献之功德,已获学界肯定,期待继有续编印行,让更多被埋没的前贤遗稿得见天日,启迪后学;也让藏存晚清学术典籍的校园,文化底蕴更加厚实。

(作者:丁原基,台北"东吴大学"中国文学系教授)

学用合一、供需相求与产官学合作

——谈古籍保护中心可落实之具体工作

张高评

为了传统古籍之保护与流传,台中文听阁图书有限公司与北京文津书店合作,共同发起"古籍保护中心"之设立。文化传播继往开来,文化使命任重道远,可喜可贺。中心成立伊始,有待落实之具体工作必多,今借箸代筹,为实事求是计,不妨就本末先后,缓急轻重,进行妥善之规划。

一、学用合一、供需相求、产官学合作

首先,古籍保护成为一个议题,是因为古籍的生存发展已受到危害,还是因为它的存在价值受到怀疑或否定?古籍所肩负的文化传承,所提供之人文素养,所汇集之无上智慧,所积累之不朽文明、软实力,是立身处世之宝鉴,经国济民之基石。为什么社会大众认知不深,体会不够?这固然是国家教育政策之走向问题,更是当今时代崇尚功利、导向实用使然。

我们既无法左右教育政策,促其剑及屦及有效倡导珍视古籍,利用古籍;但是因应时代脉动,当前崇尚功利之趋势,社会价值观注重实用之风气,也促使古籍保护必须实事求是,与时俱进。基于上述考虑,就学界、业界量身定制,提出三大建言:其一,推广"学用合一";其二,落实"供需相求";其三,致力"产官学合作"。述说如下:

(一)推广"学用合一"

笔者承乏成功大学文学院院长时,曾主办两届"大学人文学术联盟"。2007年5月18日,响应《中国时报》《中华日报》记者问"何谓人文素养"时,曾言:立

身处世、待人接物之际，举凡谈吐、思辨、美感、创新、器度、洞识、反思、前瞻，以及融会贯通等能力，都属人文素养。人文学院所修读之文学、哲学、历史、语言、艺术、宗教等课程，都是教养杰出领袖人才的法宝和秘籍。受过高等教育的知识分子，毕业进入职场，的确凭借专业能力；之后五年、十年，谁能脱颖而出，谁能领袖群伦，谁能独当一面，谁可平步青云，就不再是专业能力挂帅，而是人文素养决定了态度和高度。所谓"科技源于人性，创意来自人文"，人文之创意成为化鹏的利器，既能左右格局，自然也影响了结局①。但是，社会一般人都等闲视之，实在可惜。人文学科到底具备哪些优势？有待学界与政府之大力提倡！

每年7月至8月，为大学生与研究生毕业进入职场之热季。台湾的104、Yes123等人力银行调查发现：毕业后能学以致用的系、所、院生，平均月薪可多一成五。换言之，"学"与"用"是否合一，决定了职场的好恶取舍，薪资之优劣高下②。人文学门之属性，或为求真，或为求善，或为求美，皆疏远功利，脱离实用，这是边缘化之主因。人文学科，尤其是传统经、史、子、集之研究，果真不具职场竞争优势？基于上述"创意来自人文"之认知，笔者向来不以为然。如果人文学门师生能体认时代风向，多方尝试作转型与调整，相信情势将会改观。倡导人文"学用合一"之优势，也应该是"古籍保护中心"之工作要项之一。自助而后人助之，这是不易之理。

(二)落实"供需相求"

供需相求，是宋代以来商品经济之不二法则。当今以消费为导向之市场经济，尤其如此。产品供应，主要在满足消费市场之需求；市场需求冷淡，或供过于求，自然造成滞销。以宋代图书流通而言，为因应科举考试拔取人才之多，达到"空前绝后"之荣景③，刻书印卖有利可图，因此，"天下未有一路不刻书"④。雕版图书得浙江、江西、福建、四川四大刻书中心书坊之刊刻，配合崇儒右文之政策，与科举考试相呼应，雕版印刷成为日本京都学派内藤湖南、宫崎市定所倡"唐宋

---

① 张高评：《数位科技，期待创意人文》(代序)，载张高评主编：《典范与创意学术研讨会论文集》，第1页，台北：里仁书局，2007年。
② 钟丽华：《毕业后学以致用，薪水多15%》，《自由时报》2010年7月20日第A10版。
③ 张希清：《北宋贡举登科人数考》，载北京大学中国传统文化研究中心编：《国学研究》第2卷，第393~412页，北京大学出版社，1994年。
④ 张秀民：《中国印刷史》，第44~71页，浙江古籍出版社，2006年。

变革"之推手,"宋代近世"之触媒①,很能说明商品经济"供需相求"之原理。一般人认为:古籍文物,除当作善本、古董外,本身似乎欠缺商业利益。其实不然,运用之妙,存乎一心而已。《宋元学案·安定学案》载北宋胡瑗对神宗问,称:"圣人之道,有体、有用、有文。君臣父子,仁义礼乐,历世不可变者,其体也。《诗》《书》史传子集,垂法后世者,其文也。举而措之天下,能润泽斯民,归于皇极者,其用也。"②晚清曾国藩论传统学术,分义理、辞章、考据外,又加上利用厚生之"经(国)济(民)"。传世古籍所载,大抵不离胡瑗所谓"有体、有用、有文"之圣人之道;"历世不可变"之"体",已寓存于"垂法后世"之"文"中,古籍之值得珍爱保护,其理在此。唯古籍保护若只做到这地步,则国家级图书馆已善尽庋藏之职责;所可惜者,"举而措之天下,能润泽斯民,归于皇极"之"用",未能作有效之推广,以及成功之发挥。先秦以来所谓经世致用,沦为阔论;利用厚生,流于空谈。古籍保护中心大可担任图书庋藏流通与文献利用厚生之桥梁,搭建"供需相求"之平台,促成其文可以"措之天下,润泽斯民",则借力使力,功德无量。

(三)致力"产官学合作"

中国大陆教育部,设有"古籍整理与规划小组",全国设立古籍整理或古文献研究所88个,而台湾只有两个相关之研究所。相形之下,台湾设置古籍保护中心,可供利用之资源极其有限。因此,产业界(出版界)最好能与学术界合作,以亮丽的绩效,促使官方释放资源给古籍保护中心。

产、官、学的合作,应立足于人文学在未来市场之竞争优势。以学用合一为指南,以供需相求为策略,以致力产官学合作为目标,古籍保护中心方能日起有功,可大可久。

二、古籍保护中心可落实之具体工作

推广"学用合一",落实"供需相求",致力"产官学合作",为古籍保护中心中长期发展之建议与规划。如此,方能可大可久,永续经营。至于近期、中期规划,大抵有下列六大重点:

---

① 王水照:《重提"内藤命题"》,《鳞爪文辑》,第173~178页,陕西人民出版社,2008年。
② (清)黄宗羲:《文昭胡安定先生瑗》,见《宋元学案》卷一《安定学案》,第25页,中华书局,2007年。

（一）成立学术咨询委员会

遴聘前瞻、创意、专业、热心之海内外学者专家若干人，针对古籍保护与流传之应兴革事务，提出建言，以便作规划与执行方案之参考，协助"古籍保护中心"（以下简称"本中心"）运作顺利。

（二）创立《古籍保护与流传学术通讯》

本中心参考《汉学研究通讯》《复旦大学文史研究院学术通讯》及北京大学国际汉学家研究基地《国际汉学研究通讯》等，创立《古籍保护与流传学术通讯》。内容有专题论坛、文献天地、学术交流、出版研究、中心纪事等，以利营销推广与信息交流。

（三）掌握古籍存藏状况

除对传世古籍进行普查、品题外，对于域外汉籍，如美国国会图书馆、越南汉喃研究院、日本与韩国传世之古籍，乃至于台湾流传于民间之典籍，都值得察访甄别，作为出版或研究之参考，如美国国会图书馆藏《和刻汉籍》，复旦大学文史研究院《越南汉文燕行文献集成》《韩国汉文燕行文献选编》等。

（四）数字化典藏古籍

古籍之流通与利用，为本中心成立之最大目的。除出版纸本图书外，因应数字科技之来临，将古籍进行数字化典藏，建构古籍数据库，甚至与文化创意产业结合，发行有声读物，执行在线数字课程推动之经典导读与数据库建置计划，成为保护与流通古籍之当务之急。

（五）古籍之创意化、实用化

管理学常言："态度决定高度，格局影响结局。"人文之素养，可以美善态度；而人文之创意，足以提升格局。如何活化古籍，促成古籍传播之创意化与实用化，促成人文学科之"学用合一"？如何居中协助，令文、史、哲师生发挥职场竞争优势，譬如跨学科、跨领域之整合，激荡出"梅迪奇效应"（The Medici Effect）[1]？如何从文学、历史、哲学、宗教、艺术中，提炼创意思维[2]，提供经营管理、产品开发

---

[1] Frane Johansson 著，刘真如译：《梅迪奇效应》（The Medici Effect: breakthrough insights at the intersection of ideas, concepts & cultures），第1~268页，台北：商周出版社，2005年。另见[美]弗朗斯·约翰松著，刘尔铎、杨小庄译：《美第奇效应》，商务印书馆，2006年。

[2] 张高评主编：《典范与创意学术研讨会论文集》，台北：里仁书局，2007年；张高评主编：《人文与创意学术研讨会论文集》，台北：里仁书局，2008年；张高评主编：《传统文化与经营管理研究论文集》，台北：里仁书局，2009年；张高评主编：《文学艺术与创意研发学术研讨会论文集》，台北：里仁书局，2011年。

之参考？这些问题都值得我们认真思考。与文化创意产业合作，从史传、小说、戏剧编写创作剧本、动漫等，皆值得尝试。

（六）促进学术交流

两岸"古籍整理学术研讨会"，各自轮办一届之后，十余年来未再续办。为现身说法，分享心得，应再续前缘。另外，大陆"全国古籍整理出版规划领导小组"指导下之多个古文献或古籍整理研究所，经验宝贵，成果可取者多，为集思广益，切磋增益，宜多方进行学术交流。

三、结语

"古籍保护"，兹事体大，笔者以为：权责在国家级图书馆。唯古籍之流传与利用，业界可以居中协助，促成有功。古籍涉及古代文学、历史、哲学、宗教、美术、书法、音乐，科技与文明亦在其中。中心若能建构一个平台，让功利挂帅、实用导向的现代人，也能正确认知和接受古代学术之优长，则功德无量，意义深远。

（作者：张高评，台南成功大学中文系教授）

山东省古籍保护工作现状分析与战略对策研究

李勇慧

自2007年国务院办公厅在全国启动"中华古籍保护计划"以来，山东省古籍保护工作在各级政府和全社会的共同努力下，逐步摸清了全省古籍家底，并在原生态保护、再生性保护方面，取得了显著成绩，多项管理措施与保护方法在全国得到推广。但同时也面临诸多客观上的困难，暴露出管理方法上的不少问题，需要我们从文化战略高度进行分析与研究，提出有效对策，以保证我省珍贵文献的安全，使其在中国特色社会主义核心价值体系建设、山东经济文化强省建设中发挥重要作用。

一、山东省古籍保护工作取得的成绩

（一）率先颁布全国第一份省级古籍保护纲领性文件，提供政策支持和经费保障

1.政策支持。2007年省政府下发《山东省人民政府办公厅关于进一步加强古籍保护工作的意见》（鲁政办发〔2007〕81号），2009年下发《山东省人民政府关于同意公布第一批山东省珍贵古籍名录和山东省古籍重点保护单位的批复》（鲁政字〔2009〕72号），明确了我省古籍保护工作的指导思想、基本方针和总体目标，对保护工作的具体方法和机制做出了安排。

2.成立专门机构。先后成立古籍保护领导机构"全省古籍保护工作厅际联席会议"、专家机构"山东省古籍重点保护单位"及《山东省珍贵古籍名录》专家委员会、工作机构"山东省古籍保护中心"。济南、青岛、烟台等大部分地市也相

继成立了市级古籍保护中心。

3.加大经费投入。2008—2015年省财政年均拨付省图书馆古籍保护经费150万元,济南、青岛的专项经费年均20万元。文登市图书馆、慕湘藏书馆等每年投入10万元。全省20多家图书馆的古籍书库条件得到较大改善。

4.山东省古籍保护中心发挥作用。2008年省编办下发《关于山东省图书馆挂山东省古籍保护中心牌子的批复》(鲁编办〔2008〕26号),山东省古籍保护中心正式成立。省古籍保护中心统筹规划、全面协调全省古籍保护工作,有效地行使了全省古籍普查、业务培训、学术研究等职能,在带头示范、连接枢纽、业务辅导等方面发挥了重要作用。

(二)摸清家底,整体推进,形成普查、修复、展示、研究、利用"五位一体"的保护模式

1.通过普查,绘制了《山东省古籍收藏单位分布图》《山东省古籍统计表》,基本掌握了我省古籍分布广、存量大、来源多、时代全等特点。全省17市皆有古籍,收藏单位共279个,占已知全国古籍收藏单位数量的17%,涉及各级公共图书馆、博物馆以及教育、文物、宗教、民族、书店等多个系统。其中,各收藏单位地域分布情况如下:济南58家、潍坊39家、烟台28家、淄博24家、济宁22家、菏泽22家、青岛18家、泰安14家、东营10家、滨州10家、威海5家、日照6家、聊城6家、枣庄6家、临沂5家、德州4家、莱芜2家。存量前五位的地区依次为:济南150万册、青岛39万册、济宁17万册、烟台11万册、泰安6万册。其中济南地区存量最多,约占全省总数的50%。公共图书馆64家100万册、博物馆73家(含文管所、纪念馆)30万册、大中学校与党校30家70万册、档案馆62家、出版社2家、文化馆2家,另有山东文物总店、济南清真南大寺等6家。全省共藏古籍逾300万册。存量前四位的行业依次是公共图书馆、大中学校与党校图书馆、博物馆、档案馆。另外,已知私人藏书者60人。藏书来源主要有政府移交、购买、私人藏书家捐赠、皇家颁赐、出土等。古籍的版本时代涵盖先秦两汉、魏晋南北朝隋唐五代、宋辽夏金元、明代及清代等各个时期。

2.强化管理与调研督导,率先在全国形成了国家、省、市三级名录保护体系。一是结合国家标准制定了《山东省古籍普查标准》《库房建设标准》与《库房管理规范》。二是通过三级督导,管理水平、库房条件得到了提高与改善。现在,我省符合"全国古籍重点保护单位"最低收藏数量申报条件的14家单位全部达标并

入选"全国古籍重点保护单位"。全省47家单位945部古籍入选《国家珍贵古籍名录》,入选数量名列全国第二名(见表1)。三是在全国率先开展省级、市级名录评选,形成国家、省、市三级名录保护体系,并分别于2008年、2011年、2014年组织开展了三批省级名录评审工作,7614部古籍、40家单位进入省级名录。烟台、潍坊等地也开展了市级名录评选。四是"珍宝"频现。新发现古籍收藏单位191家,并新发现海内孤本元刻《四书辑释》等一批珍贵古籍。

表1 "全国古籍重点保护单位"与《国家珍贵古籍名录》统计

地域	全国古籍重点保护单位(个)	占比(%)	《国家珍贵古籍名录》(部)	占比(%)
江苏省	20	12	1211	10.6
山东省	14	8.4	945	8.3
浙江省	10	6	706	6.2
全 国	166	100	11375	100

3.传统修复技艺与现代科学管理检测相结合,打造"国家级古籍修复中心"。在20世纪60年代成立的山东省图书馆古籍修复室基础上,利用财政拨款300余万元,改造设施,购置智能型古籍字画清洗装置、纸浆补书机、拷贝台、压平机、切纸机、晾纸架、活动木墙、裁纸机、纸张纤维测试系统、超声乳化装置、修复除尘机等10余台(套),引进并培养人才,于2008年成立了全省唯一的古籍修复专业机构——山东省古籍修复中心,这也是我省古籍修复人才培养的中心。指导山东艺术学院、山东工艺美术学院"古籍鉴赏与修复"专业教学计划安排等工作。2009年被文化部评为12家"国家级古籍修复中心"之一,2014年被文化部评为5家"国家级古籍修复传习所"之一,被命名为"国家级古籍修复技艺山东传习所"。2015年,山东省图书馆"古籍修复技艺"被山东省政府批准为"第四批省级非物质文化遗产项目",被山东省文物局授予"纸质文献修复资质"。

4.重视科研,形成一批古籍保护研究成果。一是以重点项目为带动,进行古籍修复技艺与科学管理研究与实践,提升修复水平。2010年启动宋刻本《文选》修复重点项目,引入专家论证会制度,先后召开"修复宋刻本《文选》专家论证会""宋刻本《文选》装帧形式专家论证会";运用项目管理的理念,获得全省艺术科学重点课题立项;建立试修本制度,选择破损程度、纸张与待修古籍类似的古籍作为试修本,按照宋本修复的流程进行修复;建立完备的修复档案,保留影像、照片、文字三种资料；以科学检测为依据，运用高科技的检测仪器对纸张进行初步检测和跟踪检测，为修复工作提供科学依据；建立科学报告制度，形成了《山东省图书馆珍贵古籍保护与修复研究报告——山东省图书馆藏宋赣州州学刻本〈文选〉保护与修复研究报告》。该项工作为国内进行科学管理修复一级古籍开了先河，成为国家古籍修复的经典案例，在全国推广。二是先后与山东省丝绸研究所、山东省纸张研究所、济南市产品质量监督检验所等部门联合进行技术研究，与山东大学、山东师范大学等高校的专家进行目录学、版本鉴定、山东地方文献的理论研究。出版《十三经古注》《山东省珍贵古籍名录》《山东省古籍重点保护单位》《山东省图书馆古籍善本书目》《山东省珍贵古籍叙录》《王献唐师友书札精选》，参与国家级基金资助项目《子海》《山东文献集成》《中国珍贵古籍史话》《丛书人物传记资料类编》等。三是主办、承办"王献唐、屈万里、路大荒学术研讨会""中国历史文献学第35届年会暨山左先贤与齐鲁典籍学术研讨会"，来自中国大陆、港澳台及国外高校、科研院所、图书馆、博物馆的专家学者220人参会，提升了我馆古籍从业人员的学术水平与工作能力。

5.古籍保护成果嘉惠社会。一是省图书馆采取机构公藏与民间私藏相结合办展的方式，着力打造国内第一个公益性古籍保护成果专题展厅"册府琳琅"，公藏与私藏相结合多方展示。联合各市举办"《论语》国际知识大赛"；仅山东省图书馆就与国家图书馆在孔子研究院举办了"《论语》回故里——历代《论语》珍本展""抗战时期孔府保护山东珍贵文献特展""民间古籍鉴宝""走近古籍体验日""中华传统印刷技艺体验""传拓技艺体验"等活动，向公众展示古籍瑰宝，普及古籍保护知识，使尼山书院建设更具传统文化内涵，获国家古籍保护中心颁发的"中华优秀传统文化示范基地试点单位"称号。二是通过巩固传统阵地、积极影印出版、数字化三种手段，不断加大古籍的开发利用力度，使古籍再生性保护成果全民共享。如影印出版了《山东文献集成》《趵突泉志》《圣谕像解》等；借鉴美国等向全世界公开珍贵文献的做法，山东省图书馆、济南市图书馆分别筹建古籍珍本数据库和古籍地方文献数据库，在官方网站逐步地公开馆藏珍品文献原本，可使读者在家中即可免费浏览，社会效益凸显（见表2）。

表2 山东省"全国古籍重点保护单位"古籍数字化建设统计

收藏单位	数据库名称	数字化进展
山东省图书馆	山东省图书馆古籍珍本数据库	1000余种10万余拍
山东博物馆	无	196种31831拍
山东大学图书馆	CADAL数字资源管理系统	11686册1701744页
山东师范大学图书馆	无	10余种约1500拍
济南市图书馆	济南市图书馆古籍地方文献数据库	420种300GB
烟台图书馆	无	5种60GB
淄博市图书馆	无	10余种100余拍
泰安市博物馆	无	26种1万拍

(三)古籍管理、普查、修复三支队伍同步建设,重点打造高素质专业人才队伍

1.积极争取"走出去"培训。与国家古籍保护中心联系,为山东省争取国家级培训班名额180余人次,参加全国古籍鉴定、编目、普查登记平台、分省卷、碑拓、修复等各类培训。

2.坚持举办"基地型"培训。山东省古籍保护中心以山东省图书馆为基地,以山东大学文史哲研究院等优势资源为依托,坚持每年至少举办一次古籍培训班。9年来,自主或合作举办古籍普查、版本鉴定、编目、普查登记平台、修复等各类培训班12次,累计培训650余人次,全省古籍从业人员基本轮训一遍。山东省古籍保护中心还支持济南、烟台、淄博等地自主培训。

3.恢复传统授业方式"师带徒"等培训方法。以省馆"国家级古籍修复中心""国家级古籍修复技艺山东传习所"为平台,聘请有50年修复经验的国家著名修复专家潘美娣任专家,通过8年培养,1人成为全省唯一的古籍修复"高技能人才",5人达到三级以上修复师水平。2016年,将在全省启动古籍修复站点建设。

经过9年的培训班、"师带徒"、引进等多种方式的人才队伍建设,我省古籍保护专门人才队伍数量由2007年的不足20人,增加到2015年的近200人;全省70%以上的古籍大馆及各市古籍保护中心能独立有效地开展工作;专门古籍修复人员由2人增加到10人;山东省古籍保护中心专兼职人员从11人增加到22人,平均年龄35岁,博士数量从无到6人,是全国省级公共图书馆中,唯一在学

历层次、学科背景等方面与国家古籍保护中心接近的工作队伍,1人被评为"山东省有突出贡献的中青年专家",山东省图书馆2014年被文化部评为12家"国家级古籍保护工作人才培训中心"之一。

(四)古籍保护工作走在全国前列,多项经验全国推广

山东省古籍保护中心的"古籍重点保护单位督导"、山东省图书馆的"珍贵古籍修复管理模式""古籍保护成果专题展厅"、青岛市图书馆的"古籍寄存制"等四项经验获国家推广;2010年在全国古籍保护工作会议上作典型发言;《中国文化报》于2012年5月4日、2013年7月26日分别刊发《保护古籍,守望文明——山东省图书馆"四位一体"创新古籍保护模式》《掌握馆藏家底,提高民众意识,保护讲求科学——多重呵护令津鲁古籍遗珍重光》等文章。2014年,山东省2个单位、6人分别被文化部评为"全国古籍保护工作先进单位"和"全国古籍保护工作先进个人",是被表彰最多的省份之一。至此,山东省图书馆成为全国唯一一家拥有文化部等颁发的全部六项荣誉的单位。

二、山东省古籍保护工作存在的问题与原因分析

(一)存藏现状堪忧,古籍生存面临严峻挑战

历经千百年风雨沧桑幸存于世的中华珍籍,不仅面临着随时间推移带来的诸如自身老化等潜在问题,亦面临着因环境恶化、污染严重带来的诸如纸张糟朽、絮化、粘连、原装帧结构解体等生死考验,同时还面临着因文物价值与精神价值增长时带来的生存危险,以及世界各国间矛盾冲突加剧带来的安全隐患,古籍抢救性保护迫在眉睫。

(二)专业人才严重不足,管理水平亟待提高

山东省藏有古籍300余万册,古籍从业人员仅约200人,人均管理1.5万余册。特别是古籍修复人才匮乏。以省馆为例,现有30万册古籍需装订,40万册古籍需修复,但全馆仅有8名修复人员,若完成修复任务需要数百年。山东省其他13家全国古籍重点保护单位均无专门修复人员。更令人忧虑的是,由于现有古籍管理人员水平不高,造成在保护古籍的同时又出现新的损坏。如有的馆在搬入密闭安全的新馆时,因不知恒温恒湿的重要性,致使古籍函套生长霉菌;有的馆在进行数字化建设时,使古籍的原生态装帧形式遭到破坏;有的馆未按"修旧如旧""可逆性"等修复原则,聘请社会上水平一般的修复人员进行珍本修复,

反而使损坏加剧。

(三)重视程度有待加强,经费投入普遍不足

山东省14家国家级古籍重点保护单位,大部分未安装水灾报警系统,近一半单位无空气净化设备。已评选出的两批全省古籍重点保护单位,大多没有得到专项经费支持;全省开展古籍普查9年来,多数未按《山东省人民政府办公厅关于进一步加强古籍保护工作的意见》(鲁政办发[2007]81号)拨付全省的古籍普查费。

三、山东省古籍保护工作的战略构想与发展对策

文明因智慧而流传,历史因文字而永续。历代典籍中蕴含的文化,既是"精神之父",也是"体制之母"。明清时期,江浙为我国"文化渊薮"。时过数百年,江浙两省的学术研究、文化事业与文化产业仍独领风骚,发展势头强劲,经济与文化建设水平在全国持续领先,他们靠的就是丰厚的文化底蕴。而山东省落后于江浙两省的重要原因之一,就是对古代文献保护和开发利用得不够。积极探索山东省古籍保护的战略对策,对于经济文化强省建设具有重要的理论价值和现实意义。

(一)启动顶层设计,使古籍保护法制化、规范化和可持续发展

应从全局上完善古籍保护的内在机制与统一规划,通过科学合理的政策与规范指引,形成古籍保护的长效机制,激发古籍保护的内在动力,增强古籍保护的实力。古籍保护顶层设计应以"保护为主、抢救第一、合理利用、加强管理"为目标,着眼全局,立足长远,对我省古籍保护策略与方法进行统筹规划。一是制定《山东省古籍保护工作规划》,将古籍保护工作列入各级政府工作考核体系,将古籍保护经费列入各级财政预算;二是加强古籍保护法规和标准建设,建立健全古籍保护责任制和责任追究制度;三是建立古籍保护工作协调机制,充分发挥"全省古籍保护工作厅际联席会议"作用,互相配合,互相支持,形成合力;四是成立省级专家委员会,进行古籍保护工作的咨询、论证、评审和专业指导,促进全省古籍保护工作的全面开展;五是建立古籍修复机构资格准入与修复人员资格认证制度,避免"利用的破坏",杜绝将"创新"搞成"闯祸";六是建立有效的激励机制,调动各方面的积极性;七是积极开展国际与地区间的交流与合作,相互借鉴,合作共赢。

（二）充分发挥山东省古籍保护中心的重要作用，探索人才培养、古籍管理新路径

1.在机构性质、机构规格、领导职数、事业编制、所需经费来源等五方面，给山东省古籍保护中心及各市古籍保护中心有力的政策支持，使其发挥更大的作用。

2.由学术理论丰富的大学与实践经验丰富的省古籍保护中心强强联合，联合办学，通过学历教育培养古籍人才，扭转山东省古籍保护后继乏人的现状。

3.由省古籍保护中心牵头建立省级古籍保护重点实验室，为古籍保护提供实验场地和检测环境。古籍修复是一门融合人文历史、材料科学、环境学与修复技艺的专门知识与学科，应集中我省多方人才攻坚克难，共同探索科学有效的古籍原生性保护办法。

（三）启动山东省数字战略等项目，重振齐鲁雄风

随着第三次工业革命的到来，世界已进入大数据时代，其核心是基于互联网技术与可再生资源结合并构建的一种系统的、开放的、网络的强大基础建设。我省可借鉴美国国会图书馆开发的包括美国与世界各地文献在内的数字项目"美国往事"等模式，充分挖掘我省深厚的文化资源，并启动"海外山东文献回归"项目，开发"山东往事""齐鲁记忆"等大型数据库。对山左先贤珍贵手稿、全省历代方志、聊城海源阁旧藏、《易经》专藏等山东省在海内外独占鳌头的优秀文化资源进行数字化建设和再生性仿真复制，使珍贵古籍化身千万，"让古籍里的文字活起来"，走出"深闺"，推动全民阅读，将齐鲁文化推向世界，让世人了解我们既是"好客山东"，更是中华优秀传统文化重要源头之一的"文明山东"，重振齐鲁雄风。

总之，古籍保护工作使命光荣、责任重大、工作艰巨、情况复杂、任重道远，需要全省各级政府与全社会的共同努力。

（作者：李勇慧，山东省图书馆副馆长、山东省古籍保护中心主任，历史学博士，二级研究馆员）

云南省古籍保护工作探索

计思诚

2008年7月云南省古籍保护工作会议在昆明召开,会上在云南省图书馆挂牌成立云南省古籍保护中心。省古籍保护中心成立以来,在文化部、国家古籍保护中心的帮助、指导和支持下,在云南省文化厅的正确领导下,云南省图书馆暨云南省古籍保护中心认真贯彻落实国务院、云南省政府有关意见精神,充分发挥省级古籍保护中心在全省的业务指导作用,扎实做好全省古籍保护工作,取得成效,为云南省古籍保护事业做出了贡献。

一、加强领导协调,推动古籍保护工作顺利开展

为了做好古籍保护的各项工作,省古籍保护中心先后于2008年、2012年组织召开了全省古籍保护工作会议和全省古籍保护工作远程视频会议,明确了目标、任务和方法步骤,分阶段安排部署了全省古籍保护工作,及时在云南省图书馆挂牌设立省级古籍保护中心,组建专家委员会,成立云南省古籍保护工作厅际联席会议,为做好古籍保护工作提供了强有力的领导和组织协调保障。根据文化部的统一部署,结合我省实际,精心制订了云南省古籍保护工作实施方案,逐步形成完善的全省古籍保护工作体系。2015年7月6日上午,云南省委副书记、省长陈豪深入我馆进行调研,省长在历史文献阅览室认真阅览馆藏珍贵古籍,了解我馆古籍修复工作的情况,希望进一步加强重要历史文献和民族文化遗存收藏、整理、修复和保护工作,为弘扬民族文化做出积极贡献。

同时,省古籍保护中心积极沟通、协调、指导各级各系统古籍管理和收藏单

位,充分发挥各单位在古籍保护工作中的功能和作用。昆明、曲靖、大理、楚雄、临沧、昭通、红河等7个州市相继成立了古籍保护分中心,玉溪、普洱、迪庆、德宏等4个州市则成立了专门的古籍保护机构;云南省少数民族古籍整理出版规划办公室、省社科院图书馆、云南大学图书馆、丽江东巴文化研究院等单位积极开展古籍普查工作,为全省古籍保护工作的整体推进做出各自的贡献。

二、开展普查工作,硕果累累

为做好古籍普查工作,省古籍保护中心主任王水乔提出全省每个县都要有一名古籍普查员,为此省古籍保护中心分别在曲靖市图书馆、楚雄彝族自治州图书馆、石屏县图书馆举办了3期"云南省古籍普查登记工作培训班",来自16个州市129个县区的187名古籍保护人员参加了培训,参训人员中有45名馆级领导,为推动全省古籍普查的顺利开展打下了坚实的基础。同时,为提高普查水平,省古籍保护中心又协助国家古籍保护中心在泸西县图书馆举办了"第八期全国古籍普查管理人员培训班",对来自四川、贵州、重庆、云南等4省市的83名古籍普查人员进行了全面的专题培训,为西南地区开展古籍普查工作注入了新的活力。

古籍普查是一项繁重而艰辛的工作,特别是搜访抢救少数民族古籍文献更是难上加难。

2010年9月,迪庆藏族自治州图书馆民间古籍考察组从一名采药人口中得到一个消息——位于迪庆州香格里拉西北部的纳格拉崖洞里有文献。这条线索令古籍考察人员兴奋不已,他们立即打点行装,带上所需器材动身赶往香格里拉。考察之路异常艰辛,那里高山耸立、峡谷深邃、森林密布、地形险恶,仅有一条崎岖的人马驿道与外界相连,每年冬季大雪阻断道路,至少有3个月与外界隔绝,一到雨季,泥石流、山体滑坡等自然灾害频发。在采药人的帮助下,古籍考察组历时9天,徒步240千米,多次攀爬于倾角70度的悬崖之间,坚硬的山石、带刺的植物让参与发掘的队员个个伤痕累累,他们却无一人退缩。无数次的险象环生换来了累累硕果。古籍考察组从崖洞发掘出的藏经有12种,2009张,其中较完整的1153张,残片856张,全部入藏于迪庆州图书馆。

迪庆州还以各种方式开展古籍普查搜访工作,发现了一批有特色的古籍文献,如维西傈僳族自治县档案馆的傈僳竹书创始人哇忍波手迹、迪庆州博物馆珍藏的藏文蓝锭本《般若经》(手写本)、东竹林寺和塔城私人收藏的雕版印刷藏文《金光明经》、德钦县图书馆和燕门乡私人收藏的19世纪欧洲天主教传教士遗留下来的西文古籍和部分笔记、迪庆州博物馆和三坝乡私人收藏的纳西东巴文古籍等。德宏傣族景颇族自治州图书馆古籍普查组在普查搜访工作中获悉缅甸南坎私人家有一批傣文古籍要出售，他们第一时间聘请了专家前往南坎鉴定甄别这批古籍，在确定了其价值后，从馆内紧张的资金里挤出17万元购买了这批傣文古籍，这批古籍包括象牙经1种、贝叶经1种、棉纸经25种。

同时，积极组织全省各古籍收藏单位，按照《全国古籍普查登记目录》编纂方案的要求，对古籍进行普查登记，摸清了全省古籍藏存的基本情况，并组织专业人员对各单位提交的数据进行认真审核，全省现有69家单位提交普查数据，已完成古籍普查登记21545部。其中15个单位已经完成了初步的普查工作。

在开展古籍保护工作的过程中，积极组织全省各古籍收藏单位开展《国家珍贵古籍名录》和"全国古籍重点保护单位"的申报工作，截至第五批评审结束，全省共有235部古籍入选《国家珍贵古籍名录》，云南省图书馆和云南省社会科学院图书馆被评为"全国古籍重点保护单位"。

三、创新培训方法，为古籍保护提供人才支撑

为实现"县县有古籍普查员"的人才培训目标，省古籍保护中心采取"送出去"与"走出去"等多种方式培养古籍保护人才。

集中培训，共举办了27期各类型全省古籍工作培训班，受训人员约1960人次；积极协助国家古籍保护中心在我省举办了6期全国古籍普查、古籍修复培训班，来自全国的参训人员达398人；"送出去"培训，选送了30批次、170人次参加国家古籍保护中心组织的各类古籍保护培训班；"走出去"培训，由省古籍保护中心积极组织专家深入省内古籍收藏单位进行现场培训和业务指导，帮助基层解决各种疑难问题；网络培训，组建了"云南省古籍保护中心"和"云南古籍修复"两个QQ群，由省古籍保护中心工作人员在线开展业务指导，目前群成员共有328人，覆盖全省各州、市、县。同时，大力支持基层图书馆开展古籍培训，派出业务骨干帮助10多个州市县图书馆举办了古籍培训班，参训人员约300人，为推动我省古籍保护工作奠定了强有力的人才梯队。

创新培训方法，在学中干，在干中学，让参训学员回到单位就能开展普查、上

手修复,同时也帮当地完成一定数量的古籍普查和修复,得到了当地政府的称赞。在办古籍普查班的时候,只用一天时间让学员学习编目和分类,其余的时间就让学员上全国古籍普查平台对培训地的古籍进行普查,教师分组教授指导。学员从普通古籍入手,进行实际操作,老师对学员的普查数据现场审核,有问题及时讲解,学员通过培训掌握了普查的基本方法步骤,学会了用普查平台进行古籍普查数据的录入。

通过 7 年的培训,我省已经形成了约 40 支普查骨干队伍。2015 年中心会合三方力量,即云南省图书馆古籍普查人员、高校志愿者和州市县图书馆古籍普查骨干,通过举办培训班的方式,集中突破,最大限度地完成全省古籍普查、审核工作。2015 年 1 月,用短短 5 天的时间,在曲靖市完成了麒麟区图书馆馆藏的全部 366 部古籍、沾益县图书馆馆藏的全部 91 部古籍的普查,同时还为曲靖市图书馆完成普查 74 部,完成分类 130 部。2015 年 9 月,用 7 天的时间,完成了昭通市昭阳区图书馆馆藏的全部 614 部 6688 册古籍的普查及数据著录,掌握了该馆的古籍基本情况。2016 年 5 月,用 5 天的时间完成了华宁县图书馆馆藏的全部 529 部古籍、澄江县图书馆馆藏的全部 77 部古籍的普查和数据录入。在办修复培训班的时候也同样如此,一开班就在导师和助教的指导示范下,进行修复技术的实际操作训练和学习,边学边干,在哪里办班,就为当地修复一批破损古籍。2014 年 10 月在腾冲县图书馆举办的"第一期少数民族古籍修复技术培训班",经过 14 天的培训,修复彝文古籍 5 册、汉文古籍 3 册、民国时期的腾冲地方报纸《腾越日报》91 页;2015 年 6 月在迪庆州图书馆举办的"第三期全国少数民族古籍修复技术培训班",历时 17 天,共修复藏文古籍 793 页;2016 年 4 月在澜沧县图书馆举办的"第四期全国少数民族古籍修复技术培训班",经过 15 天的培训,修复了 39 册汉文古籍(共 1600 页)、12 册彝文古籍(共 260 页)。这样的办班模式,既培养了一批古籍保护人才,又形成了一批保护成果。

四、设立传习所,传承古籍修复技艺

云南省图书馆是文化部命名的首批国家级古籍修复中心之一,也是国家文物局确定的全国首批唯一具有二级可移动文物修复资质的图书馆。2014 年 10 月 21 日在"第一期少数民族古籍修复技术培训班"开班仪式上,国家图书馆副馆长、国家古籍保护中心副主任张志清和云南省图书馆馆长、云南省古籍保护中心主任王水乔为国家级古籍修复技艺传习中心云南传习所揭牌，这是国家古籍保护中心继天津图书馆、辽宁省图书馆之后揭牌的第三家传习所。揭牌仪式上，王水乔和张志清共同签署了任务书。国家古籍保护中心选定了杨利群为古籍修复技艺传习导师，在云南开展古籍修复师带徒活动。

加强古籍修复队伍建设，着力发挥修复中心和传习所的作用。省图书馆专门设立了古籍修复组，组员8人，其中，有已从事40年古籍修复及字画装裱的修复组组长杨利群，其余7位修复人员从事古籍修复均已达6年以上，这样一支老中青结合、技术精湛的古籍修复队伍，在全国而言也是屈指可数的。

首先，打牢汉文古籍修复的基石，对汉文古籍善本、碑帖拓本、舆图、档案文书等各种纸质文献进行修复，截至目前共修复古籍文献约3万多页，装裱字画550余幅。同时，充分发挥业务指导作用，加强对西南各省和云南各州市县的业务指导，有序进行全省古籍破损登记，全面掌握了全省珍贵古籍的破损情况。近年来，古籍修复中心为云南省图书馆抢救修复了2000余册破损古籍文献。对入选《国家珍贵古籍名录》的珍本进行修复，如抄本《肇域志》，稿本《钱氏族谱言行纪略》，刻本《雪山庚子稿》《雪山始音》《仙楼琼华》，套印本《梁昭明太子文集》《韦苏州集》《苏长公小品》等汉文古籍。

在开展汉文古籍修复的同时，针对云南丰富的少数民族古籍资源这一优势，近年来古籍修复中心工作人员重点研究少数民族古籍的修复技法，加紧对少数民族古籍的修复。2012年修复中心首次对彝文古籍进行了试验性修复，其中两部修复好的彝文古籍被选送到国家图书馆举办的第四批国家珍贵古籍特展——中华古籍保护成果展参展。在此基础上，2013年、2014年分别在曲靖、楚雄举办了两期"云南省彝文古籍修复技术培训班"，2014年10月在腾冲举办了"第一期全国少数民族古籍修复技术培训班"，2016年4月在澜沧县举办了"第四期全国少数民族古籍修复技术培训班"，为我省乃至全国培养了一批彝文古籍修复人才。

为了探索藏文古籍修复技艺，2014年9月在香格里拉召开了"藏文古籍修复技术专家座谈会"，会上国家古籍保护中心领导张志清、王红蕾，国家知名古籍修复专家杜伟生老师，西藏自治区图书馆领导奴木、边巴，西藏自治区藏文专家尼夏、白张等前来座谈指导。在他们的指导下，云南省图书馆在迪庆州联合西藏自治区图书馆成功举办了藏文古籍修复培训班，来自云南、西藏、四川的33名学员参加了培训，初步形成了一批懂藏文古籍修复技术的队伍，为下一步培养藏文古籍修复队伍打下了一定的基础。

　　培训班结束后，为了深入研究藏文古籍修复技术，突破常用的挖补、接补技艺，省古籍保护中心首先从寻找藏文修复的最佳用纸入手，由杨利群导师带队，前往鹤庆、丽江、腾冲、香格里拉和贵州丹寨、安徽潜山、福建连城县姑田镇、西藏尼木县等地实地考察手工造纸。经过比较筛选，省古籍保护中心请安徽的有关造纸厂按照迪庆州收藏的藏文古籍的用纸特点，定制了培训班的修复用纸。找到了最佳的用纸，杨利群大胆创新古籍修复技艺，试验性采用手工纸浆补书法和夹接法对藏文古籍进行修复，取得了较好的效果。2015年6月1日至17日，由国家古籍保护中心主办，云南省图书馆、迪庆州图书馆承办的"第三期全国少数民族古籍修复技术培训班"在迪庆州图书馆举办。本次培训班历时17天，来自西藏、青海、甘肃、重庆、云南的30名古籍修复工作者参加了培训。本次修复的是迪庆州图书馆从纳格拉崖洞抢救回来的藏经。培训班以技能实践为主，由省古籍保护中心杨利群导师及其三位助教全程授课，根据迪庆州图书馆藏文古籍破损情况分别采用了清洗展平、接补、挖衬、夹接、人工纸浆修复等修复方法。经过17天的培训，学员掌握了藏文古籍修复的基本技法，尤其是夹接修复和人工纸浆修复得到了充分的实践和应用。培训班共修复了793页藏文古籍文献，经修复后的藏文古籍书页平整，字迹清晰，无洇化，无褪色。在修复班开班期间，国家图书馆和国家古籍保护中心的领导和专家前来考察我中心对藏文古籍采取人工纸浆修复方法的情况，并于6月15日上午，在迪庆州图书馆举行了座谈会。座谈会上，国家图书馆古籍馆馆长陈红彦对云南省古籍保护中心近年来的古籍保护工作给予充分的肯定，尤其对云南省古籍保护中心近年来在少数民族古籍修复方面取得的成绩给予高度评价。

　　由于云南的少数民族古籍修复始终走在前列，2013年云南省图书馆的"抢救修复云南民族古籍文化志愿者行动"被列为文化部试点项目。省古籍保护中心成立了志愿者工作领导小组及办公室，在馆内吸收了16名古籍保护工作人员作为志愿者，为开展好民族古籍抢救项目提供了有力的组织保障。依托专业人才优势、修复技术优势和设备优势，及时组织志愿者利用休息时间加班加点，免费为云南民族古籍整理办公室、曲靖市民宗委、楚雄州彝族文化研究院等单位和个人修复了一批破损较为严重的彝文古籍。"抢救修复云南民族古籍文化志愿者行动"项目也于 2014 年被文化部评为"文化志愿者基层服务年"示范项目。

五、云南省古籍保护中心古籍再生性保护成绩单

1.编辑出版了《云南省图书馆馆藏珍品图录》《云南省图书馆馆藏善本书录》等古籍文献研究专著。其中,《云南省图书馆馆藏善本书录》获云南省哲学社会科学优秀成果三等奖。《云南入选国家珍贵古籍名录》将于近期出版。

2.成功申报多项课题,其中与云南大学联合申报的"《云南通志馆征集各县资料》暨各县《地志资料》整理与研究"课题获云南省哲学社会科学规划重大项目立项,《明代云南少数民族汉文古籍整理与研究》获云南省哲学社会科学规划项目立项。

3.对历史文献进行整理出版。《护国运动文献史料汇编》《云南抗战历史文献资料选编》正式出版发行。

4.影印比李时珍《本草纲目》早 140 多年的《滇南草本》(明代兰茂撰,清光绪十三年昆明务本堂重刻本,2 册)。

5. 2012 年,将馆藏的 2779 种 7652 册地方文献进行扫描加工,制作成电子书,对读者免费开放使用。从 2014 年开始,对馆藏有历史价值、艺术价值和史料价值的善本进行扫描加工,目前已经扫描古籍 139 种 727 册,完成数据图片 95496 张,约 6.5TB 数据总量。积极对云南省图书馆入选《国家珍贵古籍名录》的古籍进行数字化建设,共向国家古籍保护中心上报 46 种 249 册、图像 18693 幅的珍贵古籍的数字化加工项目。

(作者:计思诚,云南省图书馆历史文献部主任、副研究馆员)

黑龙江省古籍保护现状分析及思考*

金 凤 杨 帆

自2007年"中华古籍保护计划"实施以来,各级政府对文化事业日益重视,古籍保护工作迎来了良好的发展机遇,出现了前所未有的繁荣局面。黑龙江省古籍保护中心在文化部、国家古籍保护中心、省文化厅的领导下,积极开展古籍普查、《国家珍贵古籍名录》申报、"全国古籍重点保护单位"申报及改善古籍保管条件等一系列的古籍保护工作,现已基本摸清全省公共图书馆、高校图书馆的古籍存藏、保护现状,但也从中看到了存在的一些问题。如何从黑龙江省实际情况出发,"将大的原则与本地实际紧密结合,求真务实,探索一条符合所在地区地域特点和满足本地需求的古籍保护之路"[①],是目前的紧要任务。

一、因地制宜,做好古籍分级保护

(一)古籍保管现状分析

国家对古籍保管条件的要求是:图书馆古籍特藏书库应单独设置,并自成一区。库内不应设置其他用房及通道,有相应的恒温恒湿系统,有防火、防盗、防虫、防紫外线等相关保护措施[②]。自"中华古籍保护计划"实施以来,各图书馆对古籍的保管纷纷加大投入,单独设立书库,购置古籍保护装具,改善古籍保管条

---

* 此文为黑龙江省社科研究规划项目"黑龙江省古籍善本书录编纂研究"(14B050)阶段性成果之一。
① 童圣江:《古籍保护工作应注重地域特点和需求——以浙江省为例》,《图书馆研究与工作》2014年第4期。
② 文化部:《图书馆古籍特藏书库基本要求》(WH/T24-2006)。

件。根据对全省23家收藏单位古籍保护现状的调查,齐齐哈尔市图书馆、牡丹江师范学院图书馆申请专项经费,购置樟木箱、樟木书柜;牡丹江市图书馆购买了裁纸机、压书机等专业修复设备,筹备设立古籍修复室;黑龙江大学图书馆、哈尔滨商业大学图书馆还量身定做古籍用函套;黑龙江省图书馆、哈尔滨市图书馆、哈尔滨师范大学图书馆、黑龙江大学图书馆、黑龙江社科文献信息中心的古籍书库设有空调系统;所有古籍书库均有灭火设施和防虫、防尘措施。

(二)科学设置省级古籍重点保护单位评审标准

全国古籍重点保护单位评审条件中,古籍藏量设定的标准是总藏量10万册以上或善本藏量3000册以上,且库房达到相应的标准[①]。黑龙江省地处祖国边疆,开发较晚,古籍积累和收藏相对内地而言,无论是在数量上还是在质量上都有一定差距,现仅有4家单位成为全国古籍重点保护单位。这4家单位的古籍收藏量约占全省总量的67%,但收藏单位数量仅占总统计量的18%。古籍保护工作是所有古籍收藏单位均需参与的一项系统工程,因此我们要从本省的实际情况出发,因地制宜,制定黑龙江省古籍重点保护单位评审标准。根据我省的实际状况,笔者浅见认为,评审标准可以设定为总藏量1万册以上或善本藏量500册以上。符合这一藏量标准的省内单位还有4家,我们可以按此标准在全省内开展省级古籍重点保护单位的评审工作,由政府对达标的单位进行专项经费补助,加强古籍库房建设。

按照标准化库房的建设要求,基础设施的建设及相关设备的配置耗资巨大,而省内绝大多数古籍收藏单位的藏量相对较少,经费不足,因此要依据实际建立一套行之有效的可操作性标准。古籍库房要求是一个相对独立密闭的空间,北方天气干燥,相对较冷,书库内要具备可以控温的空调设备、灭火设备,此外,库房中要有防光措施,如加挂厚窗帘、粘贴防紫外线玻璃膜,以及安装监控探头、消防报警系统等安防措施,在库房安装温湿度计进行监测,这些设备和措施既便于操作又经济可控。相比较而言,北方的书库加湿工作不易操作,要在库房安装恒温恒湿系统的成本相对较高,可以采用人工加湿等方式替代。

---

① 文化部:《文化部关于印发〈全国古籍普查工作方案〉等文件的通知》(文社图发〔2007〕31号)附件4。

（三）实现古籍分级保护

"分级保护"这一概念在档案系统有较深入的研究，档案管理的"预防性分级保护"与"治理性分级保护"值得我们借鉴。预防性分级保护就是出于预防目的，对档案的保护级别做出区分，从而采取相应的保护和监管措施的过程；治理性分级保护，就是根据被抢救档案的特殊状况，给出缓急各异的处理方案的过程①。对于古籍而言，预防性分级保护就是指根据古籍的定级级别，不同的级别采取相应的保护、保管措施，是对古籍的原生态保护；治理性分级保护就是依据古籍的破损程度，提出不同的修复处理方案，是对古籍的再生性保护。

黑龙江省共有79种古籍入选《国家珍贵古籍名录》，除1种为民间收藏外，其余78种古籍存放于7家收藏单位。古籍的原生态保护要求采取分级保护的措施，对入选《国家珍贵古籍名录》的古籍要重点予以保护和监管。北京大学教授朱凤瀚就目睹过出土的汉简因保存条件落后而遭严重破坏。他认为，"对于重点古籍，国家应给予财政保障，并设立专款或专项基金，以切实保护古籍"②。对定级二级以上的古籍，有条件的单位要设立专库，确保库内恒温恒湿，避免因古籍保管条件恶劣造成珍贵古籍加速老化。

实现古籍分级保护，就要对古籍保管条件差的单位和个人所收藏的珍贵古籍实行"托管"。古籍收藏量大的图书馆保管条件较好，保护设施先进，而很多小馆由于经费受限，藏量较少，没有符合条件的古籍库房，可将其所存藏的珍贵古籍委托给有条件的大馆代为保管。古籍"托管"提法几经讨论，至今未广泛实行，多是由于古籍拥有者对其所有权的诸多考虑，以及古籍存放单位对"托管"古籍的安全、空间、经费的诸多担忧。虽然古籍"托管"是一个行之有效的方法，但还需政府、业界的共同努力，方可达成共识，真正实现古籍分级保护。

二、加强人才培养，实现古籍保护的长效机制

（一）古籍人才现状分析

古籍保护工作是一项专业性较强的工作，工作人员必须具备一定的古汉语基础；涉及古籍的定级、版本鉴定时，则需要更多的阅历和积累，非一时一日之功

---

① 王成：《馆藏档案分级保护实现方式的研究》，《北京档案》2011年第2期。
② 梁爱民：《关于古籍分级保护的思考》，《图书馆学刊》2012年第9期。

所能完成;古籍修复者、保护者不仅要有基本的身体条件和较强的动手能力,而且还要有丰富的知识储备和对新仪器、新设备的操作能力,同时还要广泛涉猎物理、化学、造纸学、古籍装帧史等相关门类的知识,甚至还要对环境学有一定的了解①。黑龙江省23家古籍收藏单位从事古籍保护专职工作的人员只有30余人,平均每个单位不足2人,面对庞大的古籍总量,古籍人才显得捉襟见肘。

黑龙江省各图书馆在古籍专业人才方面均存在不同程度的短缺,不仅仅体现在从业人员的数量上,高水平、高层次人才的缺失、断档更加值得关注。经过参加国家古籍保护中心举办的各项古籍专业技能培训,培养了一批古籍人才,但相对于其他省的专业人才而言,我省更缺少有能力的古籍方面学科带头人。除省图书馆外,其他各馆均没有专职古籍修复师,也没有能力开展古籍修复工作。古籍修复人员和修复设备的缺乏,使得古籍线断、虫蛀、絮化等破损情况不断加剧,大量古籍已濒临无法修复的临界点,面临慢慢消亡、失传的危险。

(二)拓宽渠道,加强人员队伍建设

人才培养是顺利完成各项古籍保护工作的重要保障,我们必须借鉴先进馆的经验,拓展思路,探索具有本省特色的古籍保护人才培养方式,培养出一批高水平古籍鉴定专家、修复专家和整理专家。首先,积极参加国家举办的各项培训,与国家古籍保护中心联系,派本省专业素养高的古籍骨干人员到国家图书馆、上海图书馆、南京图书馆等先进馆进驻学习,培养古籍高层次专业人才。其次,根据工作特点,有针对性地办好古籍保护培训班。省古籍保护中心可根据工作需要,在全省范围组织各种专业、专项培训,培养基层馆的古籍队伍,使我省的古籍专业人员获得更多的学习机会,增长见识,全面提高业务水平。再次,积极推动与高等院校、科研院所合作,加强工作队伍的业务培训,联合开展人才培养。

目前,我省古籍老化、破损严重,修复手段落后,修复人才匮乏,修复经费短缺,修复任务繁重,可采取由省古籍保护中心修复专业人员代培公共馆古籍修复工作人员的方式,对破损的古籍加以修复,这样既完成了本馆的修复任务,又培养了省内其他古籍收藏单位的修复人才。

---

① 陈楠:《吉林省古籍保护现状分析与对策研究》,《图书馆学研究》2011年第12期。

三、区分重点,推进古籍研究开发

(一)古籍存藏现状分析

1. 古籍分布不平衡

根据黑龙江省古籍保护中心的调查和全国古籍普查平台用户单位登记情况,全省23家古籍收藏单位(黑龙江省商业大学图书馆、黑龙江省委党校图书馆、黑龙江中医研究院、七台河市图书馆、密山市图书馆、黑龙江博物系统、黑龙江寺庙系统均未在此统计范围之内)中,古籍收藏量在10万册以上的达5家,即黑龙江省图书馆、哈尔滨市图书馆、齐齐哈尔市图书馆、黑龙江大学图书馆、哈尔滨师范大学图书馆。这5个大馆的古籍藏量约占整个黑龙江省古籍总量的83%,而其余图书馆的古籍仅占17%。古籍收藏在1万册至10万册的有4家,1万册以下的有14家,数量分布严重不均衡。

2. 古籍收藏独具特色

黑龙江省古籍收藏与历史优久的中原地区及北京、天津等地相比较而言,藏量较小,但也涵盖了经、史、子、集、类丛各部。既有珍贵的唐人写经、宋元刻本、明清稿抄本,也有存藏较多的明清集部刻本;既有闵凌的多色套印本,又不乏留存下来的活字印本。黑龙江省收藏的宋元刻本中有6部天禄琳琅藏品,均为《钦定天禄琳琅书目后编》所收书,其中哈尔滨市图书馆4部,黑龙江省图书馆2部。

黑龙江地处边塞之地,生活条件艰苦,自宋代以来就有流人的记载,众多的中原名臣及学者名儒被流放到黑龙江各地,他们或记载黑龙江的山川地理、风土人情,或吟诗作赋,抒发情感,《秋茄集》《柳边纪略》《松漠纪闻》《绝域纪略》《渌水亭杂识》《黑龙江述略》《匈雅》《岱史》等黑龙江流人所遗存的著述是黑龙江古籍的另一特色收藏。齐齐哈尔市图书馆收藏有不少流人著作,该馆收藏的《龙沙剑传奇》,是清代程煐流放齐齐哈尔时所著的黑龙江最早的一部剧本。

3. 古籍督导深入基层单位

省古籍保护中心在对全省古籍收藏单位进行督导的过程中,还发现佳木斯大学图书馆、齐齐哈尔高等师范专科学校图书馆尚有部分未整理的古籍;近期应黑龙江省商业大学图书馆、黑龙江省委党校图书馆的邀请,对这两个单位收藏的古籍进行现场鉴定,也发现了一批此前从未登记过的线装古籍,数量达数百册之多。在实施"中华古籍保护计划",进行古籍普查登记时,我们对黑龙江省的古籍存藏现状做了一次大盘点,但对那些尚未进行普查登记、著录的古籍收藏单位,省古籍保护中心还要加大力度督促、帮助其进行鉴定、登记、普查,以便更好地掌握全省的古籍现状。

(二)开展省级古籍珍贵名录评审

《国家珍贵古籍名录》的评选,主要是从《古籍定级标准(WH/T 20—2006)》中的一、二级文献中遴选,收录具有一定文献价值和文物价值的珍贵古籍,而我省由于古籍收藏较少,入选数量有限。因而,将那些未入选《国家珍贵古籍名录》而有一定价值的古籍选入省级珍贵古籍名录,既是对国家级名录的有效补充,也是推进省级珍贵古籍开发的保证。黑龙江省级珍贵古籍名录的评选是我们即刻要开展的一项重要的古籍保护工作,通过对省级珍贵古籍名录的评选,可以挑选出具有本省特色的珍贵古籍,挖掘本省的文献资源。在进行省级珍贵古籍名录评选时,评选标准可较国家级的标准适当降低,不拘泥于古籍定级的二级标准以上,而更侧重于黑龙江省历史人物的遗存和具有地域特色的珍贵古籍。

(三)推进本省古籍开发研究,加快古籍数字化进程

随着古籍普查工作的深入开展,为进一步宣传我省的珍贵古籍和特色古籍,推动古籍的深层次开发与整理研究,省古籍保护中心成功地将编纂《黑龙江珍贵古籍要览》申报为黑龙江省艺术科学规划课题项目,主要内容是挑选全省各古籍收藏单位收藏的珍稀古籍,在全省范围内开展编纂工作,此项目现已接近尾声。《黑龙江省珍贵古籍要览》的编纂与出版,是黑龙江省古籍再生性保护与利用的阶段性成果之一。

《中华古籍珍本丛刊》项目启动后,陆续出版了海内外各图书馆、博物馆等藏书机构珍藏的善本文献。黑龙江也可对本省收藏的古籍善本进行查重、剔除,挑选具有地域特色的珍贵古籍,采用数字化的方式进行全文出版,提高古籍的利用率,开展珍贵古籍的全文检索服务。

(四)深入开展地方文献研究

地方文献是每一个地域的特色文献,近几年各图书馆对地方文献的关注度越来越高,而各馆对地方文献的研究受限于各自的收藏,往往简单地将地方文献分为线装古籍、外文、新善本三个部分。这无论是从地方文献的开发保护而言,还是从图书馆文献资源的整体建设而言,都是一种割裂,所以我们要打破馆际界

限,打破部门界限,共同合作,依据某一主题,对本省具有地域特色的不同语种、不同年代的文献进行共同的开发与合作。

(作者:金凤,黑龙江省图书馆特藏部副主任、研究馆员;杨帆,黑龙江省图书馆特藏部馆员)

2015年"中华古籍保护计划"出版品介绍

赵洪雅

为全面贯彻落实党的十八大、十八届三中全会和习近平总书记关于传承中华优秀传统文化的系列讲话精神，在全国古籍保护专家学者、各省级古籍保护中心和出版机构的支持下，2015年"中华古籍保护计划"形成了目录提要、教材与科研成果、再造影印及文化传播推介等系列出版成果，简述如下：

一、目录提要

（一）《全国古籍普查登记目录》

全国古籍普查登记是"中华古籍保护计划"的首要任务，也是我国历史上第一次由政府组织、收藏单位参与最多的全国性古籍普查登记工作。《全国古籍普查登记目录》是古籍普查工作的阶段性成果，旨在摸清家底、揭示馆藏、反映古籍的基本信息。随着工作的深入开展，截至2015年底，全国已完成170余万部古籍的普查登记工作，95家古籍收藏单位的21种47册古籍普查登记目录正式出版，共收录古籍数据411634条。

2015年完成了包括江苏省7家收藏单位、天津市19家收藏单位及国家图书馆等51家收藏单位9种24册古籍普查登记目录的出版工作，收录数据211922条。作为全国最大的古籍收藏单位，《国家图书馆古籍普查登记目录》（全十三册）在2015年内完美收官，使国家图书馆的古籍存藏情况得以全面、清晰地呈现给公众。天津图书馆、南开大学图书馆的古籍普查登记目录已于2014年与公众见面，随着《天津市十九家收藏单位古籍普查登记目录》的出版，天津地区已全部完成古籍普查登记及古籍普查登记目录出版工作。重庆市也已全部完成本市42家古籍收藏单位的数据登记工作，并于2014年出版了《重庆市三十三家收藏单位古籍普查登记目录》，其余9家单位的古籍普查登记目录计划于2016年出版。浙江全省的古籍普查登记工作也已进入收尾阶段，各单位古籍普查登记目录将陆续出版。此外，省馆普查登记目录已出版9种，包括天津、黑龙江、陕西、青海、湖南、北京、内蒙古、福建、贵州省馆。2016年，国家古籍保护中心将继续推进普查登记工作，有待出版的古籍普查登记目录约十几种。

（二）"海外中华古籍书志书目丛刊"系列

2015年，国家古籍保护中心在"中华古籍保护计划"框架下正式开展"海外中华古籍调查暨数字化合作项目"，调查海外中华古籍存藏情况，并将相关目录学著作汇集为"海外中华古籍书志书目丛刊"加以出版。2015年已出版3种，其中《文求堂书目》（全十六册）收录日本公共图书馆和私人藏家珍藏的文求堂书目共49种，书目出版时间从明治三十四年（1901）二月到昭和十七年（1942）二月，底本分别来自日本千代田图书馆、日本神户大学附属图书馆等。

二、教材与科研成果

（一）古籍保护系列教材

为应对古籍保护人才青黄不接、严重匮乏的现状，从根本上解决古籍保护人才不足的局面，建立人才培养长效机制，完善古籍保护学科体系，国家古籍保护中心特规划出版一套古籍保护系列教材，用以规范人才培养工作。2015年，首本教材——由武汉大学刘家真教授执笔的《古籍保护原理与方法》业已出版。该书由国家古籍保护中心顶层设计，主要围绕适宜古籍保存环境的选择及调控、虫霉防治以及天灾人祸的应对与抢救方法进行论述，既有针对不同藏品的不同保管方式、维护措施的论说，也有保存技术原理及技术评价的阐述。该书理念先进，作为古籍保护行业培训教材，具有通用性、科学性和规范性，有助于推进古籍保护科技的进步和人才的培养。

（二）《古籍保护研究》（第一辑）

2015年，国家古籍保护中心创办了古籍专业学术出版物《古籍保护研究》，旨在及时揭示"中华古籍保护计划"所取得的学术成果，为古籍工作者提供学术交流平台，推广先进经验，发布研究成果。《古籍保护研究》每半年出版一辑，一年出版两辑，共设有十二个栏目，涵盖古籍保护工作与研究所涉及的全部范围，包括"古籍保护综述""古籍普查与编目"等。在天津图书馆和古籍界同人的支持下，《古籍保护研究》（第一辑）已于 2015 年底正式出版。

（三）《融摄与传习——文献保护及修复研究》

2013 年，天津图书馆承办了"第一期全国古籍修复技术与工作管理研修班"，学员们对天津图书馆入选《国家珍贵古籍名录》的善本古籍进行修复，并在举行结业典礼之际，召开了"全国古籍修复技艺传习研讨会"，向专家学者展示研修班学习成果，交流古籍修复经验。为使研修班师生的研习经验得以集中分享，国家古籍保护中心和天津市古籍保护中心主持编写《融摄与传习——文献保护及修复研究》一书，收集该次研修班及研讨会上发表的论文。该书于 2015 年底正式出版，其针对性强、适用性广，在对修复对象、常见破损和修复技法进行认真总结的基础上，融会具体修复实践，具有较大的修复理论价值和实践指导意义。

三、再造影印

（一）"中国古籍珍本丛刊"系列

为使珍本文献化身千百，为公众和学界提供更丰富、全面的仿真影印本，国家古籍保护中心于 2015 年初正式将"中国古籍珍本丛刊"纳入"中华古籍保护计划"，陆续出版国内各藏书机构珍藏的善本，形成各馆文献丛刊。截至 2015 年底，已正式出版《中国古籍珍本丛刊·广东省立中山图书馆卷》（全六十二册）、《中国古籍珍本丛刊·澳门大学图书馆卷》（全十二册）、《中国古籍珍本丛刊·安庆市图书馆卷》（全二十八册）、《中国古籍珍本丛刊·天津图书馆卷》（全六十册）及《中国古籍珍本丛刊·西南大学图书馆卷》（全五十册）共五种。

除此以外，对具有重要史料钩沉线索和学术科研价值的文献整理成果予以出版资助，《衢州文献集成》（全二百册）、《清代家集丛刊》（全二百零一册）及《上海图书馆藏珍本年谱丛刊》（全十五册）三种已于 2015 年出版，既为珍本文献的再生性保护提供可能，同时也发挥了文献资源应有的学术价值。

（二）"海外中华古籍珍本丛刊"系列

为使流失海外的中华典籍能够以数字化影印出版的形式嘉惠学林、造福公众，国家古籍保护中心通过出版"海外中华古籍珍本丛刊"的方式，大力推动海外中华典籍的数字化回归，并取得了初步进展。美国芝加哥菲尔德博物馆所藏《宋游似藏兰亭本》、普林斯顿大学东亚图书馆藏《永乐大典》(全二册)、哈佛燕京图书馆藏《永乐大典》(全三册)、英国牛津大学博德利图书馆藏《永乐大典》(全十九册)、德国柏林国家图书馆藏《永乐大典》(全一册)已全部影印出版。此外，《哈佛燕京图书馆藏稀见方志丛刊》(全四十册)也于2015年底与公众见面。

四、文化传播推介

(一)"中国珍贵典籍史话丛书"

我国现存各类典籍堪称汗牛充栋，然而，为典籍写史的著作却少之又少，许多典籍所蕴含的历史故事鲜为人知，为此，2012年底，国家图书馆启动了"中国珍贵典籍史话丛书"项目，旨在"为书立史""为书修史""为书存史"。该项目选择《国家珍贵古籍名录》中收录的蕴含着丰富历史故事的珍贵典籍，用通俗的语言讲述其在编纂、抄刻、流传、收藏过程中产生的引人入胜、启迪后人的故事，力求为社会公众提供普及读物，为广大文史爱好者和从业人员提供学习资料，为专家学者提供研究参考。截至2015年底，国家图书馆出版社已正式出版十种史话，均由国内相关领域的知名专家撰稿，考证严密，学风扎实，且文字通俗易懂，图文并茂，受到广大读者的欢迎。

2015年11月20日，国家古籍保护中心与国家图书馆出版社组织召开"中国珍贵典籍史话丛书"出版座谈会，史话丛书的学术价值、社会价值受到了40余位专家学者的高度评价，认为其对于挖掘、整理、阐释和弘扬珍贵典籍文化，丰富人们的精神文化生活，提高公众的传统文化素养具有积极意义。

(二)《抗战时期古籍抢救保护史迹文集》

为纪念中国人民抗日战争暨世界反法西斯战争胜利70周年，缅怀图书馆和社会各界仁人志士在民族危亡之际抢救保护古籍的义举，揭露日本军国主义抢掠破坏中国文化典籍的罪行，国家古籍保护中心在全国范围内开展了"抗战时期古籍抢救保护事例文稿征集活动"，并于2015年8月19日召开"抗战时期古籍抢救保护史迹研讨会"，年底正式出版了《抗战时期古籍抢救保护史迹文集》。该书通过大量生动丰富的图片和翔实的数据，讲述了八路军保护《赵城金藏》、钱存训转运平馆善本、清华大学南运古籍等典型事例，展示了中华古籍饱经战乱的颠簸命运，记录了前辈先人守护文明的艰辛历程。该书记载了大量史料，引证精详、史实真切，是国内首次全方位、多角度地揭露日本军国主义破坏中国文化典籍、展示民众抢救保护珍贵古籍义举的著作,具有重要的历史文献价值。

(三)《书卷多情似故人——我与中华古籍优秀征文作品选》

2014年,国家古籍保护中心与光明日报社联合主办了"我与中华古籍"有奖征文活动。此次活动受到海内外各界读者的广泛关注,先后收到稿件1500余篇,经过严格的初评、复审和终审,最终评选出78篇获奖文章,并于"2014年中国图书馆年会"期间举行了颁奖仪式。获奖文章内容丰富、故事精彩,字里行间饱含着当代中华儿女有志于接续优秀传统文化血脉的拳拳之心,体现了民众对优秀传统典籍文化的关注与热爱。2015年,国家古籍保护中心从中选取优秀征文作品46篇,编纂出版了《书卷多情似故人——我与中华古籍优秀征文作品选》一书,旨在进一步加大古籍保护宣传力度,引导和鼓励大众参与古籍保护事业。

(四)"册府千华"系列展览图录

2015年6月12日,"册府千华——珍贵古籍雕版特展"正式开展,该次展览是国内珍贵古籍雕版第一次全面展示,共展出来自全国10余家单位和个人收藏的200余件展品。展览开幕当天,在国家图书馆召开了"古代珍贵雕版保护研讨会",50多位专家学者、古籍版片收藏单位代表和非遗技艺传承人与会,共商古代雕版的保护、传承工作。为配合展览,国家古籍保护中心出版了《册府千华——珍贵古籍雕版特展图录》,在展现古籍版片的同时,对版片内容予以揭示,梳理我国雕版的技艺内涵、艺术内涵及发展历史,具有较高的艺术价值和学术价值。

7月10日,"册府千华——民间珍贵典籍收藏展"隆重开幕,这是新中国成立以来对海内外民间珍贵古籍藏品进行的最大规模的集中展示。展览开幕当天还举办了"民间珍贵古籍保护研讨会",20余位参展的知名藏书家代表和来自文化部、国家文物局以及部分古籍收藏单位的领导及专家对如何规范和引导民间古籍收藏、促进民间古籍保护的科学化和规范化等问题开展研讨。《册府千华——民间珍贵典籍收藏展图录》也已正式出版,在展示民间藏书功绩,促进民间古籍保护,弘扬中华民族爱书、读书、治学的可贵精神等方面,具有积极的推动作用。

此外,自2007年以来,国家古籍保护中心共编制"中华古籍保护计划"简报、专报89期;2015年,创办内部刊物《古籍保护参考》,已刊发11期,用以传达国家古籍保护新政策、报道古籍保护行业新动态,受到各级文化主管部门、各省级古籍保护中心和古籍收藏机构的好评。

(作者:赵洪雅,国家图书馆助理馆员)

国家古籍保护中心简报变迁史述略

赵银芳

在古籍保护的宣传阵地上，有一份小报伴随古籍保护走过一个又一个春夏秋冬。尽管小报的名称和负责编印的工作人员几经变迁，但它依然坚守阵地，将保护古籍的心声传向四面八方。它，就是国家古籍保护中心简报。

国家古籍保护中心简报是古籍保护工作简报，肩负着上传下达，汇报古籍保护工作的大事、要事，及时传达业界动态的重要职责。它肇始于 2005 年，至今已历 11 年，共编印 84 期，是古籍保护工作的有效宣传者和忠实记录者。在简报中穿行，古籍保护深深浅浅的脚印跃然纸上，清晰地勾勒出"中华古籍保护计划"筹备、产生、发展的轨迹。中华古籍特藏保护计划项目书编写、"中华古籍保护计划"启动、历次全国古籍保护工作会议、四批《国家珍贵古籍名录》及"全国古籍重点保护单位"的评选与公布、国家珍贵古籍特展、西域遗珍——新疆历史文献暨古籍保护成果展、中华珍贵医药典籍展、古籍普查、人才培训、中华再造善本工程等汇集在一起，构成了《中华古籍保护计划简报》的洋洋大观。

国家古籍保护中心简报的产生和发展可归纳为三个阶段。2007 年，"中华古籍保护计划"正式启动，国家古籍保护中心随后成立。但早在 2005 年 6 月，这份小报就诞生了。当时，为筹备"中华古籍保护计划"这一宏大工程，在国家图书馆专门成立了一个临时性的中华古籍特藏保护计划前期工作办公室，人员由国家图书馆从事古籍相关工作的精兵强将组成，他们编印的《中华古籍特藏保护计划简报》即为《中华古籍保护计划简报》的前身，这是国家古籍保护中心简报的第一阶段，我们姑且称之为《中华古籍特藏保护计划简报》阶段。随着"中华古籍保护计划"的实施和国家古籍保护中心的挂牌成立，该简报迎来了它的第二个阶段，于2007年8月更名为《中华古籍保护计划简报》，由国家古籍保护中心办公室编印，即《中华古籍保护计划简报》阶段。2013年4月，为响应中央勤俭节约精神，《中华古籍保护计划简报》遵照国家图书馆、国家古籍保护中心指示，并入《国家图书馆简报》，由此进入它的第三个阶段——《国家图书馆简报》之中华古籍保护计划工作专报阶段。

在国家古籍保护中心简报的不同阶段中，它的外形稍有变化。《中华古籍特藏保护计划简报》为绿色报头，发行两期后，定格成红色，同时更名为《中华古籍保护计划简报》。如今的它，已并入《国家图书馆简报》中，相关稿件由国家古籍保护中心办公室组织撰写后，交由国家图书馆办公室定稿，严格按照《国家图书馆简报》的要求和标准进行编发。如果你留意，你会发现报头上有"中华古籍保护计划工作专报"字样。

自始至今，国家古籍保护中心简报的发放范围都按工作简报的要求，仅限于内部发行。但这个"内部"可不局限于国家古籍保护中心办公室内部，或是国家图书馆内部。随着"中华古籍保护计划"的深入开展，这个所谓的"内部"也经历了颇有意义的变迁。

《中华古籍特藏保护计划简报》阶段共编发两期，发放范围呈现出工程筹备阶段的痕迹，首期报尾赫然印有"文化部周和平副部长、文化部计财司、社会文化图书馆司、国家图书馆詹福瑞馆长、陈力副馆长、李致忠先生、参会专家、标准规范撰写人"。第2期报道的内容不同，印送范围也有细微调整。由此看出，除了印送给文化部相关领导、司局及国家图书馆相关领导、专家，也要向与此期刊发内容有关的单位和人员发放。

《中华古籍保护计划简报》阶段的发放范围相对固定，涵盖四个对象：其一为以文化部为首的全国古籍保护工作部际联系会议十个成员单位，其二为全国古籍保护工作专家委员会，其三为各省、自治区、直辖市文化厅（局）、古籍保护中心主任及古籍部主任，其四为图书馆大馆、要馆的相关领导。按通信地址统计，有300余条，这也就意味着每期有300余封信件发往全国各地。

《国家图书馆简报》之中华古籍保护计划工作专报阶段的主送、抄送单位有所调整。总的来说，兼顾了《国家图书馆简报》和原有的《中华古籍保护计划简报》的发放范围，剔除了重合的发放对象。由国家图书馆办公室和国家古籍保护中心办公室共同协作,一举两得,既节约了资金,又未缩减读者对象,对古籍保护工作的宣传没有实质性影响。

每期简报编印完毕,都会被第一时间送往各级领导、相关专家手中,古籍保护的最新消息也就由此传递出去。古籍保护工作逐步被人熟知,越来越多的人加入到古籍保护队伍中来。在网络、报纸、电视等各种媒体竞相绽放的今天,这份纸质的小报坚守着它的阵地,以它的严肃性、及时性、简洁性、持久性赢得了读者们尤其是老专家们的青睐。

附:**国家古籍保护中心简报一览表**(2005年6月—2015年11月)

名称	期数	主题	日期
《中华古籍特藏保护计划简报》	1	中华古籍特藏保护计划标准规范审稿会纪要	2005年6月
	2	尽快启动中华古籍特藏保护计划项目书编写工作	2005年6月
《中华古籍保护计划简报》	3	全国古籍保护试点工作会议在京召开	2007年8月8日
	4	周和平副部长实地考察北京地区部分古籍保护工作试点单位	2007年8月18日
	5	全国古籍保护督导工作会议在京召开	2007年8月25日
	6	全国古籍保护督导工作顺利结束	2007年10月12日
	7	中华再造善本第八次审稿会暨中华再造善本二期选目修订会议召开	2007年10月15日
	8	全国古籍保护督导工作顺利完成	2007年10月17日
	9	全国古籍保护评审会议在北京召开	2007年11月9日
	10	文化部公布《文化部办公厅关于公示〈首批国家珍贵古籍名录〉及"全国古籍重点保护单位"推荐名单的公告》并召开新闻发布会通报古籍保护工作重要进展	2008年2月1日
	11	国家古籍保护中心办公室、国家图书馆古籍馆与北京大学中文系古典文献专业"古籍鉴定与保护"课程开课	2008年2月26日
	12	国务院批准公布首批《国家珍贵古籍名录》及"全国古籍重点保护单位"	2008年3月18日
	13	江苏省举办第二期古籍保护(普查)培训班	2008年3月18日
	14	第二期全国古籍修复技术培训班学员作品展暨结业典礼在国家古籍保护中心举行	2008年5月18日

续表

名称	期数	主题	日期
《中华古籍保护计划简报》	15	全国古籍保护工作会议在京召开	2008年7月30日
	16	中华再造善本工程(二期)启动	2008年10月12日
	17	全国古籍保护工作人员培训工作全面铺开	2008年10月15日
	18	上海市、陕西省保护中心揭牌并开展培训	2008年10月18日
	19	国家古籍保护中心出版《国家珍贵古籍名录图录》	2009年1月20日
	20	关于法国、意大利古籍保护情况的考察报告	2009年2月12日
	21	中华再造善本(二期)民族文字部分选目调整	2009年3月6日
	22	中华古籍总目分省卷编纂体例专家讨论会举行	2009年3月12日
	23	国务院批准颁布第二批《国家珍贵古籍名录》和第二批"全国古籍重点保护单位"	2009年6月15日
	24	国家珍贵古籍特展成功举办	2009年7月15日
	25	国家古籍保护中心配发第一批古籍修复工具和材料	2009年10月15日
	26	全国古籍保护培训工作全面深入展开	2009年11月11日
	27	首批文献修复师考评人员培训及资格考试顺利完成	2009年11月27日
	28	中华再造善本续编工作座谈会在京召开	2010年1月30日
	29	全国古籍保护工作会议暨《中华古籍总目》编纂工作启动会议在京召开	2010年2月15日
	30	2010年全国古籍评审工作会议在京召开	2010年4月23日
	31	第三批全国古籍重点保护单位评审工作会议在京召开	2010年4月30日
	32	全国古籍保护评审工作委员会会议在京召开	2010年5月4日
	33	古籍保护 从我做起——第三批"国家珍贵古籍特展"在京举行	2010年6月12日
	34	国家图书馆(国家古籍保护中心)成功举办自然灾害与文献保护国际研讨会	2010年6月28日
	35	"新疆历史文献暨古籍保护成果展"在新疆开幕	2010年8月24日
	36	"全国古籍保护工作座谈会"在新疆召开	2010年8月30日
	37	《古籍定级标准》进行修订,将升级为国家标准	2010年10月13日
	38	"第十四期全国古籍修复技术培训班"在云南省图书馆开班	2010年10月20日

续表

名称	期数	主题	日期
《中华古籍保护计划简报》	39	全国古籍保护工作会议在北京召开	2010年12月27日
	40	"西域遗珍——新疆历史文献暨古籍保护成果展"成功举办	2011年4月22日
	41	新疆维吾尔自治区召开古籍保护工作领导小组会议	2011年5月20日
	42	"中华珍贵医药典籍展"在国家图书馆开幕	2011年5月24日
	43	国家古籍保护中心举行"国家级非物质文化遗产传统医药项目代表性传承人技能展示暨现场咨询活动"	2011年6月14日
	44	山东省古籍保护中心布置全省古籍普查和分省卷编纂工作	2011年7月7日
	45	"中华珍贵医药典籍展"圆满结束	2011年7月12日
	46	2011年全国古籍评审工作全面展开	2011年8月1日
	47	《中华再造善本》及续编工作相关专家系列文章	2012年1月31日
	48	《中华再造善本》续编编纂工作会议在京召开	2012年2月8日
	49	全国古籍评审工作委员会议在文化部召开	2012年2月22日
	50	国家古籍保护中心部署全国古籍普查登记工作	2012年3月22日
	51	全国古籍普查登记培训工作全面展开	2012年7月26日
	52	《中华医藏》编纂工作会议在京举行	2012年9月10日
	53	全国古籍保护工作会议在北京召开	2012年8月30日
	54	全国古籍保护工作部级联席会议工作会议在京举行	2012年9月11日
	55	浙江省加大古籍保护力度——省古籍保护工作联席会议联合下发《浙江省"中华古籍保护计划"实施方案》	2012年10月31日
	56	全国古籍普查工作座谈会在北京召开	2013年1月1日

续表

名称	期数	主题	日期
《国家图书馆简报》之中华古籍保护计划工作专报	57	第四批《国家珍贵古籍名录》暨古籍普查重要发现正式发布	2013年4月18日
	58	"国家级古籍修复技艺传习中心"在国家图书馆揭牌	2013年6月8日
	59	国家图书馆藏清宫"天禄琳琅"珍籍修复项目启动	2013年8月27日
	60	首部《全国古籍普查登记目录》——《天津图书馆古籍普查登记目录》正式出版	2014年2月24日
	61	第四批《国家珍贵古籍名录图录》出版	2014年4月16日
	62	第五批《国家珍贵古籍名录》、"全国古籍重点保护单位"申报工作积极开展 古籍版片首次纳入成亮点	2014年4月17日
	63	2014年省级古籍保护中心工作会议召开	2014年4月24日
	64	培训古籍数字化人才、加快"中华珍贵典籍资源库"建设	2014年5月29日
	65	全国基层文化队伍示范性培训——第一期全国古籍保护工作管理人员研修班成功举办	2014年6月5日
	66	中华古籍保护计划成果宣传推广活动启动	2014年6月12日
	67	举办古籍鉴定与保护高级研修班、促进海外中文古籍合作保护	2014年7月28日
	68	第五批《国家珍贵古籍名录》和"全国古籍重点保护单位"评审工作启动	2014年8月8日
	69	中华古籍保护计划"十三五"时期发展规划预研工作启动	2014年9月17日
	70	全国古籍保护工作会议在京召开	2014年10月15日
	71	拓展古籍人才培养途径、建设古籍保护科学体系	2014年12月5日
	72	2015年省级古籍保护中心工作会议在国家图书馆召开	2015年2月3日
	73	"册府千华——西域文献保护成果展"在国家图书馆展出	2015年5月15日

续表

名称	期数	主题	日期
《国家图书馆简报》之中华古籍保护计划工作专报	74	"我与中华古籍"摄影大赛优秀摄影作品巡展启动	2015年6月17日
	75	国家古籍保护中心举办珍贵古籍雕版特展 召开古代珍贵雕版保护研讨会	2015年6月23日
	76	民间珍贵典籍藏品大规模集中展示 收藏名家出席民间珍贵古籍保护研讨会	2015年7月17日
	77	"中华古籍普查志愿服务行动"在国家图书馆启动	2015年7月22日
	78	西藏自治区藏文古籍修复中心正式成立 著名寺庙古籍保护工作全面开展	2015年8月3日
	79	国家图书馆召开"抗战时期古籍抢救保护史迹研讨会"	2015年8月19日
	80	国家古籍保护人才培训基地工作会议在贵阳召开	2015年9月8日
	81	志愿服务谱写古籍保护新篇章——2015年中华古籍普查志愿服务行动圆满结束	2015年9月17日
	82	《中华古籍保护计划"十三五"时期规划纲要(征求意见稿)》专家审议会在京召开	2015年11月11日
	83	"中国珍贵典籍史话丛书"出版座谈会在国家图书馆召开	2015年11月12日
	84	2015年全国古籍保护工作部际联席会议在京召开	2015年11月30日

(作者:赵银芳,副研究馆员,博士,国家图书馆、国家古籍保护中心办公室工作人员)

宋刻颜体《妙法莲华经》略考

李致忠

2013年冬、2014年夏两次去杭州公干，两次借机去西泠印社艺术品拍卖公司谛审一部宋颜体字刻本《妙法莲华经》。该经无具体刊印年份，但经中仍有一些迹象可资考镜，现将这些迹象拎出，加以综合分析考察，亦可得出一个比较接近事实的开版结论。

《妙法莲华经》七卷，(后秦)鸠摩罗什译，(隋)天台智者疏并记，(宋)四明沙门道威入注。每半页六行，每行十七字，小字双行，行二十三字，上下单栏，无界格。每版五折，总计三百二十五版，八百零一开，一千六百零二面。版框高25.5厘米，宽13.3厘米。开本高30.2厘米，宽13.4厘米。经折装。

鸠摩罗什(344—413)，十六国时高僧，龟兹(今新疆库车一带)人。祖籍天竺，七岁随母出家，九岁以后游学罽宾、月氏、疏勒等地，学小乘、大乘，精研《中论》《十二门论》等，名满西域。二十岁还龟兹。前秦苻坚建元十八年(382)，吕光破龟兹，得罗什，滞留凉州十八年，遂通汉文。后凉灭，入长安，为后秦姚兴国师。兴辟逍遥园为译场，倩罗什为译主，前后共译佛经九十八部，四百二十五卷，此经乃其所译之一。

天台智者，当指智顗。智顗(538—597)，南朝陈至隋代的高僧，俗姓陈，字德安，荆州华容(今湖北潜江)人。原籍颍川(今河南许昌)，十七岁时值梁末兵乱，家人分散，颠沛流离，遂在荆州长沙寺发愿为僧。十八岁投湘州(今长沙)果愿寺法绪出家，授以十戒，随慧旷学律。二十岁受具足戒。二十三岁拜慧思为师，修习禅法，证得法华三昧。三十岁率领法喜等三十余人前往金陵，弘传禅法。不久,受请主持金陵瓦官寺,开讲《法华经》,树立新的经义,判释经教,奠定天台宗教观双美的基础。三十八岁离开金陵,来到浙江天台,继续讲授法华经,成为天台宗开山祖师。其弟子灌顶笔录智顗所著有《小止观》《释禅波罗密》《法华三昧行》等数十种。其中尤以《法华经玄义》《法华经文句》《摩诃止观》最为宏要,世称"天台三大部";《观间玄义》《观间义疏》《金光明经玄义》《今光明经文句》《观无量寿佛经疏》,世称"天台五小部"。

此经卷前镌有宋四明住宝云院沙门道威所撰《妙法莲华经入疏缘起》,曰:"问:以何因缘辄将疏记注解此经耶?答:专为祝延今上皇帝圣寿,奉报兴赞三宝大恩德故;二见四众受持此经,多不解义故;三见有不习祖师判教,妄赞枝末,毁法华根本法轮故;四见本宗习学渐少,虑闻渐绝故;五将疏入经,显有禀承,非任胸臆故;六为信法两机可承信故;七为义观俱习解行观心故;八为点示经文章节起尽故;九为流通祖疏,四海同沾妙益故;十为自资妙解,以防误谬,易讨寻故。为顺佛旨,运大悲心,利他行,故所以将疏记注解经文也……若人但解一句一偈,当知是人趣菩提不远,注解之利则可知也。皇宋政和六年岁次丙申五月初吉,叙以冠之。"叙中道威将自己所以要援疏入注的十大理由说得十分透彻,显然佛教发展到他所生活的时代,一般信徒对佛教经典,特别是像《妙法莲华经》这样的"诸经之父",已"多不解义",甚至"妄赞枝末","毁法华根本",所以他才起而援疏入注,以还原此经本义。叙后落款为政和六年。政和是北宋徽宗的年号,六年是公元1116年,距金人破汴,北宋灭亡还有十一年,为此经可能开版于北宋末年留下了不小的空间。

明周希哲嘉靖年间所修《宁波府志》卷十八"宝云讲寺"条载宝云寺在"县治西南行春坊东,宋开宝元年(968)建,名传教院。太平兴国七年(982)赐额宝云。建炎、嘉定毁重建"。清汪源泽康熙年间所修《鄞县志》卷二十一亦载:"宝云讲寺旧在县治西南行春坊东。开宝元年,高丽僧义通来传净土教,乃延庆法智之师、漕使顾承徽舍宅为传教院以居之。太平兴国七年赐额宝云,为天下讲宗十刹之一。建炎毁于兵。"宋释宗晓所作《宝云振祖集》卷前有宗晓所写自序、请改传教院奏文、太平兴国七年牒文、赐额,此外尚有仲旻一篇小序,谓宝云讲寺于"建炎庚戌春遭兵火,院宇一夕而空"。庚戌,为建炎四年(1130),证明四明宝云寺在这一年的春天毁于兵火。设若《妙法莲华经》就刻在此寺,或版藏此寺,则其刻绝不会晚于建炎四年之春,而必在这一年之前。前到什么时候?完全有可能前到北宋政和六年之后的十一年中。

佛教传入中土之后，对于佛教经典的阐释方式，颇受儒家经典有注有疏的影响。佛门弟子，特别是那些高僧大德，非但自己笃守信仰，为了传教布道，普度众生，从不保守，诸如很早就大量使用简体字写经，很早便采用雕版印刷术雕印佛经，很早就利用中国固有的俗讲、变文、押座文等形式讲经，改造卷轴装为经折装等，都是佛教徒不甘抱残守缺的例证。儒家经典有注有疏的阐释形式，自然更会被那些高僧大德所借鉴，用以阐释佛教经典。宋刻颜体《妙法莲华经入注》，大概就是在这种情况下，率先由四明住宝云院沙门道威法师撮取智𫖮《法华文句》和湛然《文句记》等，将《妙法莲华经》经文、疏文、注文融会在一起，然后才有了此宋刻颜体《妙法莲华经入注》的版印形式。

日本高僧光谦尝撰《刻法华入疏序》，谓："天台儿孙，节取其疏注于经文者，古今凡五家：宋四明威师入疏，柯山伦师科注；元习善徐居士科注；明上天竺寺如师科注；古吴蕅益旭师会议。是世盛传伦师以下四书，而不知有威师入疏。乙亥之春，余开讲《文句》于台麓，会有书氏持入疏来，质梓刻于余，余喜而读之。其节录疏记之要，不似四书之略，或易其文，或移其语，使读者易解，诚大有益于初学者。呜呼！斯书本成乎四书之先，而今行乎四经之后，所谓显晦有时者乎！"光谦（1652—1738或1739），字灵空，号幻幻庵，筑前（福冈县）人。俗姓冈村，一说冈本。日本天台教观的中兴之祖。他对道威援疏入注的《妙法莲华经入注》是十分推崇的，评价也是十分恰当的。

儒家经典虽然很早就有很好的阐释形式，但长期以来向是经、注、疏各自单行，凡读一经，必将该经经本、注本、疏本备齐，然后才能左顾右盼地研读，不便披绎。南宋初期，两浙东路茶盐司看到了这种出版方式的弱点，于是动手将经、注、单疏先整理辑编在一起，然后合刻版行，以便披阅。两浙东路茶盐司提举黄唐刻完《礼记正义》后所写跋文称："六经疏义，自京监、蜀本皆省正文及注，又篇章散乱，览者病焉。本司旧刊《易》《书》《周礼》，正经、注、疏萃见一书，便于披绎，它经独阙。绍熙辛亥仲冬，唐备员司庾，遂取《毛诗》《礼记》疏义，如前三经编汇，精加雠正，用锓诸木，庶广前人之所未备。乃若《春秋》一经，顾力未暇，姑以贻同志云。壬子秋八月，三山黄唐谨识。"客观反映出六经注、疏长期各自单行的实际情况。而至南宋初期，两浙东路茶盐司开始着手解决这个问题，于是才有"本司旧刊《易》《书》《周礼》，正经、注、疏萃见一书，便于披绎"的结果。这里的"旧刊"

究竟旧到什么时候？经专家研究，审定为南宋初期，也就是绍兴年间。今天宋刻颜体《妙法莲华经入注》的出现，在经、注、疏合刻的出版方式早晚上，究竟是儒家影响了释家还是释家影响了儒家，则又产生了一个新的值得研究的问题。

《妙法莲华经》有"诸经之父""经中之王"美誉，故历来写、印频出，传本极夥。然援疏入注合刻者较少，以颜体字写样上版并传之于世者更少。此本镌刻施主有一百一十余人，其中卷一末镌有"杭州助教弟子林茂施财开此品庄严佛果者"题记一行，显然这是一位主要的施主。

乾道《临安志》卷二《历代沿革》记载："建炎三年（1129）翠华巡幸，是年十一月三日，升杭州为临安府，复兼浙西兵马钤辖司事。统县九：钱塘、仁和、余杭、临安、富阳、於潜、新城、盐官、昌化。"卷三《牧守》又载："建炎二年七月庚戌，以徽猷阁待制康允之知杭州，三年八月罢，通判运事安自强权州事。是年十一月三日，改杭州为临安府。"据此可知建炎三年十一月三日以后，杭州之名已无，而此本《妙法莲华经入注》的大施主林茂头衔却仍署"杭州助教"，说明此经之刻有可能发生在建炎三年十一月之前。至若林茂是哪里人、是否为进士等，都无关紧要，紧要的是在刻此经时他是重要的施主，而重要施主的头衔仍是"杭州助教"，所以这"杭州"二字很可能影响到此经刊刻的时代断限问题。

此本《妙法莲华经入注》版心下方镌有王彦诚、吴志、王睿、施宏、钱明、童通、王寔、禾明、徐昇、余政、王询、禾明、王卉、王王合等刊工姓名。其中徐昇乃北宋末南宋初杭州地区刻工，参与过《思溪资福藏》的雕版工作。《思溪资福藏》是密州观察使、湖州路人王永从兄弟一家舍资雕刻的大藏经，开版于北宋末帝钦宗赵桓靖康元年（1126），至南宋高宗绍兴二年（1132）全部刻成，历时六年。徐昇参与刻此经，时间至晚在绍兴二年之前。绍兴九年（1139）徐昇又参与刻《毛诗正义》四十四卷。此《毛诗正义》初为日本金泽文库旧藏。民国十八年（1929），傅增湘赴日本，在内藤湖南恭仁山庄文库看过此书，并留下了如下文字："《毛诗正义》四十四卷（缺卷一至七，存三十三卷），宋绍兴九年绍兴府刊本。半叶十五行，每行二十四、二十五、二十六字不等，白口，左右双栏。版心下方记刊工姓名。版匡高七寸八分，宽五寸三分。每卷尾记字数。尾叶有书勘、都勘、详勘、再校各官衔名二十行；次淳化三年壬辰四月进书官衔名李沆等四人十一行。又空五行，列绍兴九年九月十五日绍兴府雕造，下接连有校对雕造官衔名四行。钤有'金泽文库''香山常住'等印。按此书不见于《访古》《访书》二志，惟《古文旧书考》载之。避宋讳至'完'字止。原获于周防古刹,旋归井上伯爵,最后归竹添光鸿,转入恭仁山庄文库。世间孤帙,流传有绪,可宝也。"(中华书局2009年版《藏园群书经眼录》卷一)恭仁山庄,乃日人内藤湖南藏书库。内藤湖南有《恭仁山庄四宝诗》,曰:"白首名场甘伏雌,保残守缺慕经师。收来天壤间孤本,宋椠珍篇单疏诗。"并刻"天壤间孤本"印鉴钤盖其上(严绍璗《日藏汉籍善本书录》经部诗类)。现为日本武田科学振兴财团杏雨书屋珍藏,日本国宝。据日人长泽规矩也《宋刊本刻工名表初稿》及中国王肇文所编《古籍宋元刊工姓名索引》记载,此书刻工有徐昇,而今又在《妙法莲华经入注》中出现,进一步表明徐昇是北宋末南宋初的名工。

此外,王询、吴志,南宋绍兴十八年(1148)尝参与刻《毗卢藏》;王寔,南宋绍兴间尝参与修补明州本《文选》;钱明、王睿、禾明、施宏等,尝与徐昇一道刻过《思溪资福藏》,而《思溪资福藏》雕版崴事在绍兴二年,显然这四个人也是北宋末南宋初的刻工。这些人同时出现在此《妙法莲华经入注》上,表明此经之刻也可能在北宋末南宋初。

宋程大昌《演繁露》卷五"讳"字条载:"本朝著令则分名讳为二:正对时君之名,则命为'御名';若先朝帝名,则改名为讳,是为庙讳也。"以此检验是书,发现"匡、玄、竟、弘"等字有缺笔避讳者,但并不严格。而北宋末帝钦宗赵桓御名"桓"字,在此《妙法莲华经入注》中凡七见,均不避讳。众所周知,钦宗为帝,时间特短,便与乃父徽宗赵佶一起成了金人的俘虏,其悲惨命运向为南宋臣民所同情所挂怀,故南宋刻书,于往岁已祧皇帝之御名、嫌名之讳虽也回避,但并不是多么严格,独于钦宗御名、嫌名回避十分认真,反映出南宋小到写样上版的书手,操刀镌版的工人,都在自己具体的工作中对钦宗表示深深的敬意。然此本《妙法莲华经入注》竟然七次出现钦宗赵桓之御名而不行回避,说明镌刻此经时可能还未届赵桓称帝。南宋首帝赵构的名字在此经中也是七见,同样既不缺笔避讳,也未见以小字"今上御名"或"御名"相替代,表明此经之刻更未届南宋高宗临朝执政之时。

明谢肇淛《五杂俎》卷十三曰:"凡宋刻有肥瘦二种,肥者学颜,瘦者学欧,行款疏密,任意不一,而字势皆生动。"意思是说宋版书字体有的学颜有的学欧,颜指的是颜真卿,欧指的是欧阳询。颜真卿(708—784),字清臣,小名羡门子,别号应方,唐京兆万年(今陕西西安)人。颜师古五世孙。唐玄宗开元二十二年(734)登进士第,又擢制科。累官吏部尚书,太子太师,封鲁郡公,世称颜鲁公。卒谥"文忠"。颜氏工书法,初学褚遂良,后从张旭,融为己书,将汉字的楷书楷法推向了顶峰,世称为"颜体"。他的书法风格行以篆籀之笔,化唐初瘦硬之风为丰腴雄浑,结体宽博而气势恢宏,骨力遒劲而气概凛然。这种风格,既体现了大唐帝国的繁荣强盛、江山永固,也与他自己的高尚品格相契合,对后世影响极其深远。北宋欧阳修在其《唐颜鲁公书残碑》中说:"颜公书如忠臣烈士,道德君子,其端严尊重,人初见而畏之,然愈久而愈可爱也。"(《集古录跋尾》卷第七)朱长文在其《墨池编》卷三《神品三人》中赞美颜鲁公之字"点如坠石,画如夏云,钩如屈金,戈如发弩,纵横有象,低昂有态,自羲、献以来未有如公者也"。苏轼在其《经进东坡文集事略》卷六十《杂著》中说:"诗至于杜子美,文至于韩退之,书至于颜鲁公,画至于吴道子,而古今之变天下之能事毕矣。"北宋人的这些称道,反映了颜体字在其时的社会影响是十分广泛的。特别是宰相韩琦独好颜书,影响朝野上下的士人皆学颜字,这就造成了一种浓重社会风气,而文风所向,必然影响到雕版印书的写样上版,于是北宋刻书的字体,多浑朴厚重,颇存颜字风韵。今天存世的北宋刻书虽然很少,但从北宋所刻释家大藏零种或单经中,还不难见到颜体字在书刻中的流风余韵。此《妙法莲华经入注》,无论经文大字,还是注文小字,其字体皆仿颜书,而且仿得惟妙惟肖,几乎不爽毫厘,在宋代颜体仿刻中是不多见的。

综合以上道威的撰序之年尚在北宋政和年间,主要施主林茂头衔尚是"杭州助教",镌版刻字工人多为北宋末南宋初杭州地区名工,北宋末帝钦宗赵桓名讳、南宋首帝高宗赵构名讳均不回避,版刻字体尚存颜字的流风余韵等诸种要素,判定此经之刻尚在北宋末年是完全有可能的。

此书最早见于傅增湘《藏园订补郘亭知见传本书目》子部释家类(见中华书局2009年版第890页)。傅氏曰:"《妙法莲华经》七卷,宋刊,梵夹本。六行十七字,有道宣序及道威撰入疏缘起。每卷末题杭州助教弟子林茂施财等语。每版之首阴文刊施工名及刊工名。南宋绍兴间杭州刊。字橅颜体。"傅氏当年东瀛观书,只是匆匆过眼,来不及细查深考,审为"南宋绍兴间杭州刊",眼力见识已十分惊人,不能苛责。又见于日人长泽规矩也《关于刊本汉籍的字样》及其《宋刊本刻工名表初稿》,又见于日人阿部隆一《宋元版刻工名表》,但著录都比较晚。此书原为日本安田文库旧藏,昭和八年(1933)以后屡见于展览图录或书影。其前递藏关系不清,尚待来哲详考。

(作者:李致忠,国家图书馆研究馆员,国家文物鉴定委员会委员,国家古籍保护工作委员会主任委员,故宫博物院顾问)

眼见不一定为实

——《八史经籍志》版本说略

鲍国强

一、缘起

2014年6月24日中午在食堂就餐时,我以前工作过的普通古籍组同事说:"目录门中,清光绪年《八史经籍志》版本原来著录为日本刻光绪重印本,还有没有印象?现在组里因编校本馆《古籍普查登记目录》,根据工具书的记载提出了不同意见。"我说:"当时书本式目录《北京图书馆普通古籍总目·目录门》是这样著录的,时隔近三十年,具体依据我也记不清了。我查一查再说。"

国内所藏日本佚名辑《八史经籍志》的书名页见右图。

有关此书版本著录的主要结论有以下几种:

1.1982年新1版《中国丛书综录》第684页著录"清光绪九年(1883)镇海张寿荣刊本"[①]。

---

① 上海图书馆编:《中国丛书综录》,上海古籍出版社,1982年。

2. 1990 年出版的《北京图书馆普通古籍总目·目录门》第 24 页著录"清光绪 9 年(癸未 1883)镇海张寿荣重印日本文政 8 年(清道光 5 年乙酉 1825)刻本"①。

3. 2009 年出版的《中国古籍总目·史部·目录类·丛编之属》第 4909 页"史 81765262"条著录"清光绪八年镇海张寿荣刻本"②。

看来,《中国古籍总目》在此是基本认同《中国丛书综录》版本鉴定结论的,只不过是把版本年由书首张寿荣写序年"清光绪九年"改为书名页所镌"光绪八年",亦即认为书名页所镌"光绪八年校刊"是事实。

2014 年 3 月出版的《二十五史艺文经籍志考补萃编(第一卷)》卷首《汇编史志目录 摸清学术家底——代前言》中所载"日本文政八年(1825 年,当清道光五年),日本学者编刻《八史经籍志》,清光绪八、九年间镇海张寿荣据以校勘重梓,是史志目录的第一次汇编之作,共收书十部"③的说法则是重申了《中国丛书综录》和《中国古籍总目》关于《八史经籍志》的版本主张。

而《北京图书馆普通古籍总目》在此却认为"清光绪九年"是张寿荣据旧版重印年,书版刻于日本文政八年,亦即认定书名页所镌"光绪八年校刊"不符合事实。

到底是"眼见为实",径以书名页所镌者为正确可信,还是版本鉴定需要综合查考,眼见的文字记录不一定为实?我带着这个问题又重走了近三十年前曾经走过的查考之路。

二、张寿荣序言是重印本的首要依据

《八史经籍志》书首所冠张寿荣撰《八史经籍志序》中云:"予于沪上得《八史经籍志》锓板,前无序言,末署'文政八年刊',知出自东国好古者所为。求其姓氏,卒不可悉。"序尾又云:"夫人有志於学问之事,与今人居,与古人稽,虽殊方绝域,文教覃敷,且有以动其著述之怀。康熙时,西条掌书记山井鼎撰《七经孟子考

---

① 北京图书馆普通古籍组编:《北京图书馆普通古籍总目·目录门》,书目文献出版社,1990 年。
② 中国古籍总目编纂委员会编:《中国古籍总目·史部》,上海古籍出版社,2009 年。
③ 王承略、刘心明编:《二十五史艺文经籍志考补萃编(第一卷)》,清华大学出版社,2014 年。

文》①,东都讲官物观为之补遗②。后其书进自浙汪启淑家,获邀《四库》之收。兹复有文政八年《八史经籍志》刊本,虽其人莫详,一经一史,后先辉映,何彼国之士之好学如是其不绝哉!今士生华夏之区,文献足征,顾乃终身俗学,土梗经籍,汶汶於帖括制义之中,老其年而不知返。是足慨已!"见下图:

张寿荣此序撰于"光绪九年癸未首春八日",值得细细研读,以便体会他之所以要重印《八史经籍志》的用意。

张寿荣(1827—?),字菊龄,一作鞠龄,号舫庐,晚号书隐老人、湖村书隐。浙江镇海人。同治九年(1870)举人。工文,尤嗜藏书。其父张宝泉藏书已至四千卷,置于"花雨楼"中,他又大力购藏,另署有"小华屿吟榭""一适轩""秋树根斋"藏书楼,由姚燮书额。藏书至四万余卷。常隐居楼中,口诵、批注、点勘,丹黄不辍。对先人所剔出而无注白者,循例推广,一再详察,谨慎下笔落注。他鉴于藏书兵火之余,古籍损失严重的教训,出其藏书精本以付梓。寻又以旧本流传,有经删削而非完善和有伪误而未勘正的图书,积册成编,成《花雨楼丛钞》,收书二

---

① 国家图书馆藏有《七经孟子考文》十四卷,[日]山井鼎撰,日本享保十六年(1731)抄本,1册,普古索书号:63497。

② 国家图书馆藏有《七经孟子考文并补遗》二百卷,[日]山井鼎撰,[日]物观补遗,清嘉庆二年(1797)仪征阮元小琅嬛仙馆刻本,24册,普古索书号:136。

十二种,于光绪年间汇刻成书。又汇刊戴震、段玉裁、孙星衍、阮元等人文集及《水经注疏》《畴人传》《汉学商兑》等成《秋树根斋丛书》。写有《花雨楼读书记》,著《舫庐文存》四卷附集二卷,分别于同治年间和光绪九年(1883)刻印。

另,清光绪三年(1877)张寿荣以同乡举人身份纂修《镇海柏墅方氏族谱》二十卷首一卷,清光绪六年(1880)六桂堂木活字印本①;据求是堂本校订清胡承珙撰、陈奂补《毛诗后笺》三十卷,清光绪七年(1881)蛟川方氏刻本②;与姚燮共同辑校《皇朝骈文类苑》十四卷首一卷,清光绪七年刻本;同年又辑刻《后八家四六文钞》八卷;辑戴震与段玉裁别集为《戴段合刻》,刻于清光绪十年(1884);与姚燮共同参评清曾燠原选的《国朝骈体正宗评本》十二卷补编一卷,清光绪十一年(1885)刻朱墨套印本。

由上可知,张寿荣一生以保存、整理和弘扬历代典籍文化为己任。他目睹日本虽地处"殊方绝域",却能"文教覃敷(广布)",又行"有志于学问之事",经有《七经孟子考文并补遗》皇皇二百卷巨著,史有《八史经籍志》之刊,甚表赞赏,誉为"一经一史,后先辉映";又四顾国人"生华夏之区,文献足征",却"终身俗学(帖括制义),土梗(看轻)经籍",激发出莫大感慨!此即他要将日人所辑的第一部中国史志目录汇编丛书——《八史经籍志》刷印行世的用意。

至于书版来源,他更是说得明白:"予于沪上得《八史经籍志》锓板,前无序言,末署'文政八年刊',知出自东国好古者所为。"其中所云"锓板"就是指"所锓(镌刻)之书版",并非纸本书的刻本。即是说,他是在上海得到了日本文政八年镌刻的书版。

通观全书文字内容,除书首附有书名页、目次和张氏序外,在全部三十卷的十种经籍志中并无一个字的张氏校刊内容。作为藏书、辑书和刻书的文献家,他如若真像书名页所镌"光绪八年校刊",那序言和书中不可能没有一个涉及"校刊"之字。反之,亦可说明,他仅是据日本文政八年镌刻的旧书版重新刷印,以广其传,其中仅新增了卷前的书名页、目次和印书自序。

三、版刻内容与风格的和刻特征是重印本的重要证据

细察全书内容与版刻风格,与清光绪时期版刻特征相去甚远,而和刻本特征

---

① 见《中国古籍总目·史部·谱牒类》第 1851 页"史 41025754"条。
② 陈才:《浅谈蛟川方氏重校本〈毛诗后笺〉》,《上海高校图书情报工作研究》2010 年第 4 期。

明显。

全书前后版刻风格不同,是首先给人的突出印象。如下二图:

上左图为光绪九年印刷时所增的目次页,右图为正文《隋书·经籍志》其中一页。两者版框大小悬殊,版刻形式差别很大。右图书页属于正文版刻,十行二十一字,行字数量及书写十分规范,且全书正文均为这个规格。而左图书页因是旧版新刷时所增的目次页,字体随心,行字随意,可说是故意保持差别,刻意追求与正文不一样的版刻风格,以免在版本方面误导读者。可见两者确非一个版本,即正文十种史志目录三十卷为日本文政八年镌刻,目次页等才是光绪八年张寿荣重印时所增刻。

全书还具有以下三个非常明显的和刻本特征:

1."玄""弘""曆""琰""寧""淳"等清讳字均不避讳。

清刻本,尤其是晚清光绪时期刻本,"玄""弘""曆"等清讳字均严格避讳。和刻本才不需要对这些清讳字进行避讳。

2.卷端所题作者朝代径书"清"字。

国内清刻本卷端所题本朝作者多不书朝代,而是写作者的郡望地名。如下页左图:

上左图为清吴兰修撰《端溪砚史》三卷,清道光二十八年(1848)怀米山房刻本。其卷端作者之上只题郡望地名"嘉应"。

上中图、右图分别为《八史经籍志》中《宋史艺文志补》和《明史艺文志》的卷端。其卷端作者之上均径书朝代"清"字。国内清刻本(主要是清中晚期)中若是这样做就有可能被认为对朝廷的大不敬,就会有获罪之虞。也只有此和刻本才可以不用区分中国作者的郡望地名,直接写上代表清国的"清"字,不存在敬不敬的问题。

3. 书末署日本版刻年。

国内所藏清光绪八年印本《八史经籍志》书尾,如同张寿荣撰序中所云,均镌有"文政八年刊"五个字。如右图。

《八史经籍志》书尾这五个字明确表述了正文书版的主要版本属性,即"日本文政八年刻本",别无他意。

如果《八史经籍志》正文书版为张寿荣光绪八年"校刊",则这五个字绝无必要;如果张氏想将正文日本文政八年刊版充作自己光绪八年"校刊"书版,刷印前只将这五个字铲掉即可;因为书尾"文政八年刊"五

个字赫然在目时,大家尚且纷纷做出"清光绪刻本"的结论,如若不见这五个字,"清光绪刻本"更将迅疾成为不二之论。

由上可见,张氏在书尾保留"文政八年刊"五个字,且在序中也言之凿凿,正是想表明自己在光绪八年所为就是旧版新刷之举。

现在回过头来,再说书名页所镌"光绪八年校刊"的问题。我以为,此属书名页署题者葛起同之笔误,张氏亦已知晓,只是他认为全书中旧版新刷的特征已是毋庸置疑,遂未予更正。

四、日本国立国会图书馆藏本则是重印本的铁证

为了证实国内所藏《八史经籍志》是重印本,最好是找到初印本进行比对。若两者一致无异,则重印本的结论即可确立无误。

我请办公室同事帮忙检索日本各大图书馆所藏古籍信息。在日本国立国会图书馆网站,找到了日本文政八年(1825)刻本《八史经籍志》的书影①。其中《前汉书艺文志》卷端见下左图:

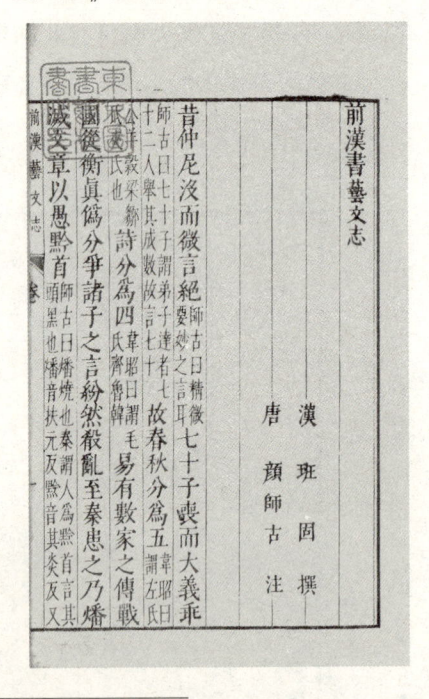

① 日本国立国会图书馆藏日本文政八年(1825)刻本《八史经籍志》的书影网址:http://dl.ndl.go.jp/info:ndljp/pid/2568877? tocOpened=1#。

其书前确无书名页、目次和序言,日本国立国会图书馆将此书版本著录为"文政8刊"。全书17册。第1册首页即为《前汉书艺文志》卷端。第17册书尾亦镌有"文政八年刊"五个字,与国内藏本相同。上右图为国内所藏《八史经籍志》中《前汉书艺文志》卷端书影。两相对照,连右起第四道栏线上部断版处样式都一致,可知两者即为初印与后印关系。

至此,国内所藏各部《八史经籍志》均为日本书版重印本的结论已无疑义。

且此《八史经籍志》为已见古时唯一一种我国史志目录丛刊,又由日人所编,尤为难得。

联想到清嘉庆四年(1799)顾修所编《汇刻书目初编》被誉为我国第一部丛书目录丛刊,而这部《二酉洞》也是日人所编的我国丛书目录丛刊,却刊刻于日本元禄十二年(清康熙三十八年,1699)①,整整比顾修早了一百年,那张寿荣《八史经籍志序》中所云"夫人有志於学问之事,与今人居,与古人稽,虽殊方绝域,文教覃敷,且有以动其著述之怀",确是事实,的无虚言。

五、结语

综上所述,国内所藏加有书名页的《八史经籍志》均为日本书版的重印本,即《北京图书馆普通古籍总目·目录门》著录为"清光绪9年(癸未1883)镇海张寿荣重印日本文政8年(清道光5年乙酉1825)刻本"是正确的。

按现在的古籍编目规则要求,这些《八史经籍志》的版本均应著录为"日本文政八年(1825)刻清光绪九年(1883)镇海张寿荣印本"。

其中,书名页所镌"光绪八年"为始印年,张序末所题"光绪九年"为印讫年。此书重印年当著录为"光绪九年"。

由上亦可知,我们的古籍版本考订应由依据单一的文字记录扩大到全书的综合查考,再进一步拓展到全世界视野内的全面查考。只有这样,才不会放过蛛丝马迹,才能得出正确的结论。

像上述的《八史经籍志》,除却序言所云以及版刻风格不论,单是其中存在的未避讳字、卷端著者上方径题"清"字、书尾所镌日本刻书年等情况,任一现象都

---

① 《北京图书馆普通古籍总目·目录门》第36页著录"二酉洞,(日)一色时栋编,日本元禄十二年(清康熙三十八年己卯,1699)博古堂文会堂刻本,1册"。

是古籍编目者应该咬定不放、持续深究的基本功中的最基础内容。

其实，已有编目者注意到"玄、弘、曆、琰、淳"等字不避讳现象，疑窦已启，但受《中国丛书综录》等书影响，未能得出正确结论。

可见，古籍的版本考订也需要"大胆怀疑，小心求证"。唯有如此，方不负"古籍版本考订"的神圣职责。

如上例《八史经籍志》中，重印者是有意保留了原版的许多特征，我们还不难做出正确结论。事实上，故意挖改旧版痕迹以充新刻[1]，或覆刻本只字不提覆刻之事以充原刻[2]，此类现象更为普遍。我们如若不能深挖疑点，广泛比对，正确的版本认识就与我们擦肩而过了。

（作者：鲍国强，副研究馆员，国家图书馆古籍馆舆图组）

---

[1] 参见拙著：《一个歪字引出的古籍善本藏书拍卖故事——记〈唐书志传通俗演义题评〉版本的查考分析》，载《天一阁文丛》（第9辑），浙江古籍馆出版社，2011年。

[2] 参见姚伯岳、于义芳：《论覆刻本》，载《版本目录学研究》（第一辑），北京图书馆出版社，2009年。

灵隐书藏与寺院藏书

王红蕾

寺院藏书是搜集、典藏、整理和阅览教内外文献典籍的重要形式,它对佛教文化的保存、传播和发扬光大具有不可替代的作用。寺院藏书也因此成为我国古代藏书文化中的重要类型,与官府藏书、私家藏书、书院藏书并称我国古代藏书的四大主体。

寺院藏书起源于东汉末年,相传《四十二章经》传入中国后,藏于兰台石室。据唐释智升《开元释教录》统计,仅汉一代,共译佛经 392 部 395 卷,此时寺院藏书便开始兴起。

三国时期,我国形成"北洛阳南建业"两个佛教中心,共译佛经 201 部 435 卷。随着寺院的增多,佛经陆续译出,寺院藏书渐成规模。

魏晋南北朝时期,寺院藏书有了更大发展,统治者专门设立僧官制度,置专地庋藏。在南方地区形成了庐山东林寺和建康道场寺两大寺院藏书中心,并编撰了专门的佛典目录《众经目录》和《综理众经目录》。

隋唐时期是寺院藏书的极盛时期,无论藏书数量,还是藏书品种和规模,都达到了前所未有的水平。明胡应麟《少室山房笔丛》云:"凡释氏之书,始于汉,盛于梁,极于隋唐。"①《隋书·经籍志四》载:"开皇元年,高祖普诏天下,任听出家,仍令计口出钱,营造经像。而京师及并州、相州、洛州等诸大都邑之处,并官写一切经,置于寺内;而又别写,藏于秘阁。天下之人,从风而靡,竞相景慕,民间佛

---

① 胡应麟:《少室山房笔丛》卷二《经籍会通二》,第 28 页,中华书局,1958 年。

经,多于六经数十百倍。"①其时,各地寺院都或多或少收藏有官写及民间所抄的佛教典籍,如庐山东林寺等大的寺院收藏量应在万卷以上。与此同时,寺院藏书制度亦趋于完善与成熟,如庐山东林寺在义彤主持经藏院时,从采集到分类、编目、排架等工作,已形成比较完备的工作程序,与现代图书馆的业务流程无二,这表明寺院藏书制度在唐代已经确立。

宋、辽、金、西夏、元代的统治者都非常注重对佛教的扶持,这一时期的寺院藏书虽不及隋唐之盛,但颇具特色。将私人藏书寄存于寺院是其一大特色。早在唐代即有文人藏书寺院,唐会昌五年(845)白居易作《白氏集后记》云:

> 白氏前著《长庆集》五十卷,元微之为序;后集二十卷,自为序;今又续后订五卷,自为记。前后七十五卷,诗笔大小凡三千八百四十首。集有五本:一本在庐山东林寺经藏院,一本在苏州禅林寺经藏内,一本在东都圣善寺钵塔院律库楼,一本付侄龟郎,一本付外孙谈阎童。②

宋代最典型的例子是北宋李常藏书庐山五老峰下白石庵和南宋洪咨夔藏书天目山宝福寺。苏轼《李氏山房藏书记》载:

> 余友李公择,少时读书于庐山五老峰下白石庵之僧舍。公择既去,而山中之人思之,指其所居为李氏山房。藏书凡九千余卷。公择既已涉其流,探其源,采剥其华实,而咀嚼其膏味,以为己有,发于文词,见于行事,以闻名于当世矣。而书固自如也,未尝少损。将以遗来者,供其无穷之求,而各足其才分之所当得。是以不藏于家,而藏于其故所居之僧舍,此仁者之心也。③

李常将少时所读之书寄藏于庐山白石庵舍,是以遗来者阅读使用,使其发挥更大效益。洪咨夔读书于西天目山宝福寺,"合新、古书得万卷有三千卷,藏之闻复阁下,如李氏庐山故事"。

明清时期的寺院藏书沿袭唐宋以来的传统,藏书内容仍以《大藏经》为主,但在藏书楼建设和图书管理方面取得了长足进步,已初步具有近代图书馆的性质,最具代表性的是灵隐书藏。

江南名刹灵隐寺有悠久的藏书历史,《云林寺续志》载,灵隐寺曾藏贝叶经,

---

① 《隋书·经籍志》卷三五,第1099页,中华书局,1973年。
② 白居易:《白氏文集》,伍忠光龙池草堂刻本,国家图书馆藏。
③ 苏轼:《苏轼文集》卷三六《李氏山房藏书记》,第359页,中华书局,1986年。

"庚辰重阳,奉香天竺,入云林寺,与佛基上人登寺右借秋阁。林容艳爽,茶话颇久。阁主出贝叶经见示。奇古尊重,开策肃然"①。《灵隐寺志》载,灵隐寺有藏书之所法寿堂、书藏,"法寿堂:即经书寮"②,"书藏:苏和藏书之所"③。灵隐寺除藏有佛教经藏外,更以文人书藏著称于世。

灵隐书藏的倡议者是清代著名学者翁方纲。翁方纲,字正三,一字忠叙,号覃溪,晚号苏斋,直隶大兴(今北京)人。生于清雍正十一年(1733),卒于清嘉庆二十三年(1818),享年八十六岁。清乾隆十七年(1752)进士,选庶吉士,授编修。先后典江西、湖北、顺天乡试,督广东、江西、山东学政,官至内阁学士。精通金石、谱录、书画、词章之学。著有《粤东金石略》《苏米斋兰亭考》等。翁方纲性喜藏书,入仕后或任职文渊阁,或放任各地学政,有机会接触大量典籍,"一生心血,全在书籍、金石,所藏卷轴、碑板不少",亦曾献书四库馆,《四库全书总目》著录有两种,一为史部目录类存目《续金石录》无卷数,一为集部别集类《山谷别集注》二卷。因得宋本《苏诗施注》,又得苏轼书《嵩阳帖》,而颜其室曰宝苏斋。

清嘉庆十四年(1809),杭州刻朱文正公、翁覃溪先生、法时帆先生诸集将成,翁方纲寄信给杭州紫阳书院院长石琢堂④云:"《复初斋集》刻成,为我置一部于灵隐。"是年仲春十九日,阮元与顾星桥⑤、陈桂堂⑥、石琢堂、郭频伽⑦、何梦华⑧、刘春桥⑨、顾简塘⑩、赵晋斋⑪等名士同游灵隐寺,论及翁方纲欲藏《复初斋集》于灵隐之事,"今《复初斋》一集尚未成箱箧,盖使凡愿以其所著、所刊、所写、所藏之书藏灵隐者,皆衷之,共为藏也,大矣"⑫,阮元当即表示赞同。

阮元是灵隐书藏的主事者。阮元,字伯元,号芸台、雷塘庵主,晚号怡性老

---

① 沈鏐彪:《云林寺续志》卷六丁敬《借秋阁藏贝叶经并序》,见丁丙、丁申辑:《武林掌故丛编》第11集,光绪中钱塘丁氏嘉惠堂刊本,辽宁省图书馆藏。以下引用《武林掌故丛编》版本同。
② 孙治初辑、徐增重修:《灵隐寺志》卷二《梵宇》,第16页,杭州出版社,2006年。以下引用《灵隐寺志》版本同。
③ 《灵隐寺志》卷二《古迹》,第28页。
④ 石琢堂(1756—1837),名韫玉,字执如,号琢堂,江苏吴县(今属苏州)人。
⑤ 顾星桥(生卒年不详),名宗泰,字景岳,号星桥、晓堂,元和(今属苏州)人。
⑥ 陈桂堂(生卒年不详),名廷庆,字桂堂,号古华,别号非翁、耕石书佣等,奉贤(今上海市)人。
⑦ 郭频伽(1767—1831),名麐,字祥伯,号频伽,江苏吴江(今属苏州)人。
⑧ 何梦华(1766—1829),名元锡,字敬祉,又字梦华,号蝶隐,钱塘(今浙江杭州)人。
⑨ 刘春桥(生卒年不详),名熙云,号春桥,松江(今上海市)人。
⑩ 顾简塘(生卒年不详),名翰,字孟平,号简塘,松江(今上海市)人。
⑪ 赵晋斋(1746—1825),名魏,字恪生,号晋斋,浙江仁和(今属杭州)人。
⑫ 阮元:《杭州灵隐书藏记》,《武林掌故丛编》第21集。

人,江苏仪征人。生于清高宗乾隆二十九年(1764),卒于清宣宗道光二十九年(1849),享年八十六岁。清乾隆五十四年进士,选庶吉士,授翰林院编修。曾任浙江、福建、河南巡抚,两广、云南总督。在浙创建诂经精舍,在粤创办学海堂。阮元著书一百八十余种,凡一千四百余卷。阮元淹贯群籍,长于考证,盛富藏书,经学、方志、金石学及诗词方面均有很高造诣,被尊为一代文宗。

众议已决,阮元遂在灵隐寺大悲佛阁后造木橱,遵唐人宋之问《灵隐寺》诗句"鹫岭郁岧峣,龙宫锁寂寥。楼观沧海日,门对浙江潮。桂子月中落,天香云外飘。扪萝登塔远,刳木取泉遥。霜薄花更发,冰轻叶未凋。夙龄尚遐异,搜对涤烦嚣。待入天台路,看余度石桥"编号,每一字为一橱号。"复刻一铜章,遍印其书,而大书其阁匾曰:灵隐书藏。"①

灵隐书藏建成后,为加强管理,阮元制定《书藏条例》九条,现概括如下:

第一,设专人管理。"守藏僧二人,由盐运司月给香灯银六两","守藏僧如出缺,由方丈秉公举明静谨细、知文字之僧补充之"。在我国古代佛教寺院中,除一寺的最高管理者方丈(或称住持)外,尚有两序执事僧。元中叶成书的《百丈清规》载,大的禅宗寺院设置有东序六知事、西序六头首。其中,东序选精通世事者担任,称"知事",其职位名号有都寺、监寺、维那、副寺、典座、直岁等;西序选学德兼修者担任,称"头首",其职位有首座、书记、知藏、知客、知浴、知殿等②。寺院藏书的管理者称为知藏,是西序第三位头首,一般要遴选兼通义学和佛藏的僧人担任。与知藏职任相近的还有藏主。知藏与藏主原为一职,后来因职务繁重,则一分为几,协典经藏。"凡函帙安置、修补残缺,以及经本出入等事,俱知藏总其纲,而藏主分其职。"③知藏即寺院图书馆馆长,藏主即寺院图书馆馆员。后来知藏、藏主、主藏与守藏四者经常混用。《灵岩寺记碑》载:"首座僧即敏、书记僧普置、知藏僧蕴奥、知客僧宗彻、知阁僧广仲、殿主僧宗坚、监寺僧法叙、副寺僧普迁、维那僧悟宝、典座僧普守、直岁僧志功、库头僧觉允。"④由此可知,在佛教寺院中,各执事僧的排列顺序,即首座、书记、知藏、知客、知阁、殿书、监寺、副寺、维那、典

---

① 阮元:《杭州灵隐书藏记》,《武林掌故丛编》第 21 集。
② 参见谢重光、白文固:《中国僧官制度史》,第 181 页,青海人民出版社,1990 年。
③ 源供仪润述、妙永校:《百丈丛林清规证义记》卷五,《卍续藏》第 111 册,第 714 页,台北:新文丰出版公司,1983 年。
④ 王昶:《金石萃编》卷一五七《灵岩寺记碑》,《石刻史料新编》第 4 册,第 2905 页,台北:新文丰出版公司,1977 年。

座、直岁、库头等。知藏地位比知客、维那、监寺高。守藏僧由方丈直接任命,类似于当今高校图书馆馆长由校长直接任命的模式,可见其地位相对较高。

第二,登记著录。凡有送书入藏者,守藏僧即给出"收到字票",并印钤于书面及书首页。然后"每书或写书脑,或挂绵纸签,以便查检"。书入藏后,按入藏"次第分号"排列,收满"鹫"字号橱,再收"岭"字号橱。诗内"对""天"二字重出,编为"后对""后天"。而"印内及簿内部字之上,分经、史、子、集填注之,疑者阙之"。可见,灵隐书藏虽以编号排列,但登记目录仍以经史子集四部分类。

第三,注重古籍保护。借阅者与守藏僧等必须爱护古籍,及时修缮,严禁盗卖。"寺僧有鬻借霉乱者,外人有携窃涂损者,皆究之。"为防止书籍遗失,条例规定"书既入藏,不许复出。纵有翻阅之人,但在阁中,毋出阁门"。灵隐书藏虽偏重于保存,但已具备近代图书馆的性质,为学人阅读提供了方便,对于推动当时文化的传播和学术的发展起到了积极作用。

灵隐书藏的《书藏条例》考虑详备,行之有效,足为范式。其后为江苏镇江焦山书藏和安徽芜湖中江书院所采用。灵隐书藏是文人集体藏书于寺院的实践。明代藏书家曹学佺①对藏书有独到见解,他提倡建立"儒藏",其云:"尝谓二氏有藏,吾儒无藏,欲修儒藏与之鼎立。采撷四库之书,十有余年,而未能卒业也。"②可以说,阮元建立灵隐书藏是曹学佺这一设想的一次成功尝试。

遗憾的是,清咸丰十一年(1861),"杭州再陷,文澜阁书摧毁六七,而灵隐书藏亦随龙象俱灰"③。其后虽有张大昌、丁丙等人提议重建,终未如愿。当今生逢盛世,佛教典籍的保护与利用更为教内外领导者和学者所重视,第三届世界佛教论坛将"佛教典籍的整理、保护和诠释暨佛教弘法的现代模式"列入分论坛研讨主题,灵隐书藏的研究与重建更具时代意义。

(作者:王红蕾,国家图书馆研究馆员)

---

① 曹学佺(1574—1647),字能始,一字尊生,号泽雁,又号石仓居士、西峰居士,侯官(今属福建福州)人。
② 钱谦益:《列朝诗集小传》丁集下,第608页,上海古籍出版社,2008年。
③ 丁丙:《焦山藏书记》,见李希泌、张椒华编:《中国古代藏书与近代图书馆史料(春秋至五四前后)》,第84页,中华书局,1982年。

《苗蛮图》文献的收藏、研究与保护

李德龙

一

《苗蛮图》亦称《百苗图》或《苗图》，是描绘、记录我国南方（包括台湾）少数民族人物形象及其生产生活景象的古籍文献。现今存世的《苗蛮图》，图文并茂，多为清代、民国初年的作品，然溯其渊源，却是由来已久。

考《南史》，载梁武帝使裴子野撰《方国使图》，广述怀来之盛，自荒服至海表，凡二十国。张彦远《历代名画记》载梁武帝有《职贡图》，史绳祖《学斋占毕》引李公麟云，元帝镇荆州，作《职贡图》，状其形而识其土俗，凡三十余国。其为数较今所绘，不及十分之一。①

《唐六典》"职方员外郎"条载：

其外夷每有番官到京，委鸿胪，讯其人本国山川、风土，为图以奏焉，副上于省。②

今存《日本养老公式令》第七十九条载：

凡远方殊俗人来入朝者，所在官司，各造图，画其容状衣服，具序名号处所，随讫奏闻。③

上引材料说明，至少在南朝萧梁时期，业已出现了描绘少数民族图像的文

---

① 《四库全书总目》卷七一史部地理类四《皇清职贡图》提要。
② （唐）李林甫等：《唐六典》，第162页，中华书局，1992年。
③ ［日］仁井田升著，栗劲等编译：《唐令拾遗》，第798页，长春出版社，1989年。

献,类似于清代的《苗蛮图》。唐朝中央机构鸿胪寺的一项职责就是在接待"外夷番官"时,要询问其所在地的山川风土,绘成图像,这种做法传至日本,日本也要对外来入朝者画其容状衣服,记录其名称、处所。据此可知,唐朝和日本所形成的画作文献也类似现存之《苗蛮图》。

再往前追,早在《周礼·夏官》中就有关于职方氏职掌的记载:"职方氏,掌天下之图。"周代职方氏所掌的"天下之图"即"职方图",其内容包括:"辨其邦国、都鄙、四夷、八蛮、七闽、九貉、五戎、六狄之人民,与其财用、九谷、六畜之数要,周知其利害。"

这种"职方图"要起到辨识周边邦国及不同人民的作用,由此推测,图中也许描绘有各种人物的形象。即使没有具体地区分不同民族、邦国人物的图画,也可以说西周职方氏所掌的"职方图",是《苗蛮图》文献形成之滥觞。

大清王朝乃天下一统、疆域辽阔之多民族大国,"内外苗夷,输诚向化,其衣冠状貌各有不同",为了对众多的民族加以辨识并进行有效的治理,清高宗弘历下诏:

> 著沿边各督抚,于所属苗猺黎獞,以及外夷番众,仿其服饰,绘图送军机处,汇齐呈览,以昭王会之盛。①

著名的《皇清职贡图》就此而成。该图册逐一描绘清代边疆各族男女人物形象数百幅,其关涉湘、桂、川、滇、黔之所谓"苗蛮"者,共有一百六十八帧。《皇清职贡图》作成之后,乾隆皇帝御笔题诗作序,撰额、钤玺,令摹写刊刻。在《皇清职贡图》影响之下,各省所出手写、手绘《苗蛮图》稿本、复本,如雨后春笋,纷纷出笼,形式各样,种类繁多。官宦文人,或深入滇黔,或临书描摹,丹青描绘"苗蛮"人物形状,配文叙说"苗蛮"风土人情,从乾隆之初至民国之末(1949),蔚然成风。曹锟贿选北洋政府总统成功之时,仍令画工精心绘制南方民族图五巨册,取《尚书》"格致苗民"之意,名之为《旬格图》②。由此可见,《苗蛮图》文献实可谓源远流长。

二

现存世之《苗蛮图》文献,除《皇清职贡图》外,多为手绘本,刻印本较少。因

---

① 《皇清职贡图》卷前谕旨,《景印文渊阁四库全书》第594册,第395页,台湾"商务印书馆",1986年。
② 该图现藏于中央民族大学图书馆善本部。

此,虽种类繁多,却收藏分散,流传不广。

通过笔者近年来的调查,在中国大陆和台湾地区以及世界上部分国家的一些单位或个人收藏有清代、民国时期形成的《苗蛮图》文献。现将国内外《苗蛮图》文献的收藏情况列表如下。

表1 中国大陆及台湾地区《苗蛮图》文献收藏表

收藏者	收藏种数	文献名称	收藏册数	备注
国家图书馆	8种	《苗民图》彩绘本、《贵州全省百苗图说》旧抄本、《贵州苗民图》清人手绘本、《楚苗纪略附黔省苗图》旧抄本、《夷人图说》稿本、《云南永昌府永平县风土人情汉夷耕读种类清册》(清王宾制)、《汉夷风土人情图册》、《蒙化厅属汉夷风俗及各种夷蛮情形分类图册》各1种	10册	收藏者登录之文献名称多有不准确者,本文依照原文献登录名称,不做考证说明及改动。下同
北京故宫博物院图书馆	8种	《苗图百幅》《城绥义凝苗疆全图》《贵州苗子图》《贵州广西等处图》《黔省下游新辟苗疆图》《御制平定仲苗战图四咏》《云南罗罗图》《金川战图》各1种	9册	故宫博物院图书馆所收有关"苗蛮"战图也一并列入,实际上"战图"与一般的《苗蛮图》有所区别
北京民族文化宫图书馆	9种	《苗图》2种,《百苗图》《苗蛮图》《苗疆风景全图》《黔全苗图》《苗民图》《中国边区少数民族图》《黔边苗族风土图志》(图解全册)各1种	8册	《中国边区少数民族图》所绘为云南省少数民族形象,每一种图都附有钢笔所书文字说明,其书写时间应在20世纪50年代左右
中国社会科学院民族学与人类学研究所图书馆	17种	《苗蛮图》6种,《苗蛮图说》2种,《滇省夷人图说》《滇省舆地图说》《滇南种人全图》《黔苗图说》《贵州苗图》《黔西苗俗图》《黔省苗族生活图说》《贵州八苗图》《西南各种苗夷生活图》各1种	20册	《黔省苗族生活图说》原名《贵州苗图考》,有图82幅,咸丰七年(1857)黔人所绘

续表

收藏者	收藏种数	文献名称	收藏册数	备注
中国社会科学院历史研究所图书馆	1种	《苗蛮图》	1册	清朝道光年间云贵总督奉敕绘制
中国科学院图书情报中心	4种	《苗疆图》（仇英绘）1种、《黔省苗蛮图说》印本3种	4册	《苗疆图》为仇英手绘绢本彩图，其余3种为民国间彩色套印残本《黔省苗蛮图说》之人物图
中央民族大学图书馆	16种	《御制外苗图》《云南三迤舆地百蛮图说》《云南民族图考》《维西夷人图旧画本、维西舆地图旧画本》《贵州全省诸苗说》《贵州全省诸苗图说》《贵州苗族风俗图》《黔南苗蛮图说》《苗蛮图》《苗族图》《琼州黎族风俗图说》《台湾民族图说》《旬格图》《中国边疆苗族风俗图考》各1种,《少数民族图》2种	32册	
中央民族大学博物馆	3种	《百苗图》2种、《蛮僚图说》1种	3册	《蛮僚图说》题记为"清光绪六年（庚辰）陶联士绘"
天津图书馆	2种	《黔省苗族风俗图解》（不分卷）、《云南民族风俗图》（不分卷）各1种	2册	该馆所藏《云南民族风俗图》实为《黔省苗蛮图说》之略本
贵州省博物馆	3种	《黔苗图说》1种、《百苗图》2种	3册	
贵州省图书馆	1种	《少数民族图·百苗图》	1册	
贵州民族大学	1种	《百苗图》	1册	残本
贵州师范大学	1种	《百苗图》	1册	

续表

收藏者	收藏种数	文献名称	收藏册数	备注
贵州省民族研究所	1种	《百苗图咏》	1册	
贵州省毕节地区民族事务局	1种	《百苗图》	1册	
贵州省刘雍家藏	3种	《七十二苗全图》《百苗图》《黔苗图说四十幅》各1种	3册	
贵州省张玉麟家藏	1种	《百苗图》	1册	贵州省公私收藏的《苗蛮图》绝大部分已由贵州人民出版社于2004年集成《百苗图抄本汇编》（上、下册）出版
云南大学图书馆	2种	《云南种人图说》《金筑百苗图》各1种	3册	2005年云南美术出版社以《清代滇黔民族图谱》合辑出版
湖南省图书馆	1种	《苗族八十二种图》	1册	20世纪80年代，好友赵和平教授前往湖南省图书馆整理徐特立先生赠书时，发现徐先生曾收藏此图
台湾"中央研究院"历史语言研究所傅斯年图书馆	11种	《苗蛮图》2种，《苗蛮图册》《黔苗图说》《黔苗图说补》《番苗画册》《滇夷图说》《琼黎图说》《台番图说》《苗蛮图》《龙胜五种图》各1种	15册	1973年收藏者从诸图之中选定《苗蛮图册》和《番苗画册》予以影印出版，芮逸夫先生主编
总计	94种		120册	

上表所列仅限笔者调查所得，并非现存《苗蛮图》文献之全部。

《苗蛮图》是研究人类学的珍贵资料，很早就引起了国外学者的注意，从18世纪起，国外学者便纷纷来华，收集并带走了不少中国的《苗蛮图》文献。就目前

所知,国外《苗蛮图》的收藏情况大致如下表所示:

表2 国外《苗蛮图》文献收藏表

收藏者	收藏种数	文献名称	收藏册数	备注
英国不列颠图书馆（British Library）	10种	《黔省各种苗图》《黔省诸苗图说》《苗图》《云南两迤夷类图说》《罗甸遗风·农桑雅化》《黔苗图说》《普洱府舆地夷人说》各1种,无题《苗图》3种	12册	
英国牛津大学博林图书馆（Bodleian Library）	4种	《蛮僚图说》《苗疆图说》《黔省苗图》《贵州苗图》各1种	7册	
英国伦敦威尔康图书馆（Wellcom Library）	3种	《云南营制苗蛮图》1种、无题《苗图》2种	3册	
英国伦敦中国内地教会图书馆中文部	1种	《苗图》	1册	
德国哥达图书馆	1种	《名人精写苗蛮图》	2册	
德国明兴民俗博物馆（K. B. Ethongraphischen Museum in Munshen）	1种	《黔省八十二种苗图》	2册	
德国汉堡弗罗兰教授私藏	1种	《苗图》	1册	
德国莱比锡民族博物馆	1种	《滇省迤西迤南夷人图说》	1册	莱比锡民族博物馆因果·南特威希博士在其论文《云南及其民族概况——我馆的云南图册》中将原图册影印出版
法国集美博物馆	4种	《八十二张万人图》《中国内地苗苗风俗图》《楚南苗疆图说》《百苗图》各1种	4册	

续表

收藏者	收藏种数	文献名称	收藏册数	备注
法国法兰西学院汉学研究所	2种	《黔苗图说》2种	2册	一种为三十图,一种为四十图
意大利社会地理学会(Societa Geografica Italiana)	16种	《黔省苗图》2种,《百苗图》《永北舆地并土司所属夷人种类图》《连山厅连州分辖猺排地舆全图》各1种,无题《苗图》残本11种	18册	据罗马大学白良佐(Giuliano Bertuccioli)1987年在《东与西》所发文介绍
美国自然历史博物馆(American Museum of Natural History)	3种	《仇十洲先生山水苗景人物真迹》、《雍正御制苗图册》、无题《苗图》各1种	3册	
美国国会图书馆	2种	《苗蛮图册》《苗蕃图》各1种	3册	
美国纽约公众图书馆(New York Public Library)	1种	《黔省诸苗说》	1册	
美国哈佛大学哈佛燕京图书馆	5种	《苗蛮图说》3种,《滇苗图说》、无题《苗图》各1种	6册	
美国普林斯顿大学图书馆	1种	《苗猺族生活图》	1册	
美国宾夕法尼亚大学博物馆	1种	《全黔苗图》	1册	
日本东京帝国大学人类学研究室	1种	《黔苗图志》	1册	
日本东洋文库	3种	《皇清职贡图》《苗册》《苗族风俗图》各1种	12册	
日本东京大学东洋文化研究所图书馆	3种	《苗子风俗画记》《异族图说》《邓邑风俗图》各1种	3册	

续表

收藏者	收藏种数	文献名称	收藏册数	备注
日本庆应义塾大学图书馆	1种	《内府精绘苗蛮图》	1册	
日本早稻田大学图书馆	3种	《黔省诸苗全图》《苗族习俗图说》《苗人图》各1种	3册	
日本大阪国立民族学博物馆	1种	《贵州全省诸苗图说》	2册	
日本伊藤清司私藏	1种	《苗图》	1册	
总计	70种		91册	本统计仅限公布之信息

在上表所列《苗蛮图》文献收藏之外，从目前已经发表的文章信息来看，俄罗斯、捷克、斯洛伐克等国也收藏有中国的《苗蛮图》，但目前还未掌握更详细的信息，恕不能具体介绍。

从以上收藏的《苗蛮图》古籍文献来看，不同的图册，因其内容不一，各种图书的名称也不尽一致。有些学者将这类文献统称为《百苗图》，也有些学者将这类文献统称为《苗蛮图》或《苗图》。笔者在调查阅览数十种清代民族图册的过程中发现，许多单位收藏的所谓《百苗图》，实为藏书者自拟之书题。有些图册原题中有"苗图"或"苗蛮图"之名，如清人陈浩《八十二种苗图并说》、桂馥《黔南苗蛮图说》等。人们将中国南方少数民族图册文献习称为《百苗图》，是以"百"字代表众多之意，如同历史上习称的"百蛮""百越""百濮"一样。"百苗"一词，多出于民间"苗有百衣""苗有百家"等习惯说法。

三

绝大多数的《苗蛮图》文献为手写手绘，描摹精致、色彩艳丽，一般收藏者无论是图书馆、博物馆、研究所还是个人，都将其视为珍本、善本或高级别文物，往往秘不示人。此种状况，对于《苗蛮图》的研究和保护十分不利。

值得称赞的是台湾"中央研究院"历史语言研究所早在1973年就从所藏11种《苗蛮图》中选取了《苗蛮图册》和《番苗画册》，由台北中华彩色印刷股份有限公司影印出版。21世纪伊始,《苗蛮图》文献的出版与传播有了大幅度进展。2003年,德国莱比锡民族博物馆东亚部主任因果·南特威希博士的论文《云南及其民族概况——我馆的云南图册》公开发表,随其论文一起,将该馆收藏的《滇省迤西迤南夷人图说》原图册影印出版①。贵州人民出版社于2004年编辑出版的《百苗图抄本汇编》(上、下册),收入了贵州省绝大部分公私收藏的《苗蛮图》,为研究者提供了重要参考资料。2005年4月,云南美术出版社以《清代滇黔民族图谱》为名,出版了云南大学图书馆收藏的《云南种人图说》和《金筑百苗图》。2008年底,笔者也将《黔南苗蛮图说》的86种"苗蛮"图像及图说文字随专著《黔南苗蛮图说研究》公开出版。

以上这些《苗蛮图》文献的整理和出版,有力地促进了对该类古籍的研究与保护。但是,与世界范围内的收藏状况相比,大部分《苗蛮图》文献至今仍然沉睡在书箧之中,难以与世人见面,从而限制了对这些文献的进一步研究与保护。

由于人类学、民族学的发源地在欧洲,因此,最先注意到《苗蛮图》文献价值并对其进行研究和介绍的是一些欧洲的汉学家或传教士,他们从19世纪上半叶就开始翻译清代所绘各种《苗蛮图》的图说文字,并结合"苗蛮"图画进行文化人类学和体质人类学的研究。据刘咸《苗图考略》②的调查,第一个翻译《苗图》的是德国汉学家诺梦(C. F. Neumann)。他在1837年曾将一本记有79种苗人的《苗图》译成德文,并在译文引论中说:"余承居留广州克拉克(Clark)君之惠寄《苗图》稿本一部,记述苗族种人七十九种,因译成德文,以供人种学家之考研。"1845年,一位未署名的欧洲学者在《华事汇报》(Chinese Repository)第十四卷发表《苗族种人记述四十一种》的英译本。1859年,英国教师比里居门(Rev. E. C. Bridgman)在《中国亚洲文会会刊》上发表《苗图附说》英译本,涉及"苗蛮"82种。1894年,来华的传教士兼游历家格拉克(G. W. Cark)出版《贵州与云南》(Kweichow and Yunnan Province,1894)一书,书中以《苗蛮图》为蓝本,记述了82种"苗蛮"的情况。此外,在西方汉学家高尔淦(A. R. Golquhoun)1883年出版的《横渡金沙》(Aeross Chrse)一书中,也引用了《苗蛮图》的资料。

在另外一些西方学者的著述中也对《苗蛮图》有所提及。如在游尔(H.

---

① 因果·南特威希博士特意将其论文赠送笔者,在此表示对他的衷心感谢。
② 刘咸:《苗图考略》,载《国立山东大学科学丛刊》第二卷,1933年;又载《方志》第九卷第一期,1936年。

Yule)所编注的《马可波罗游记》第二版中,不仅采用了《苗蛮图》的文字记述,而且采用了其中的一幅图画作为插图。在法国大汉学家高狄(Henri Cordier)编辑的《马可波罗游记》第三版中,采用了"生苗"和"九股苗"两幅图画。在高狄所编辑的《中国书目》和所著有关苗瑶论著中,也常论及《苗蛮图》。

中国学者的研究直到1933年才有刘咸先生的《苗图考略》发表,他在文中介绍了所见国内外收藏的数十种《苗蛮图》以及国外学者的研究情况,并将他所见到的各本《苗蛮图》所绘124种"苗人"的名称一并列出,以供研究者参考。

此后一直到了1973年,台湾学者整理出版了《苗蛮图册》《番苗画册》。可惜的是,当时中国大陆正值"文革"时期,两岸文化交流存在着巨大的障碍,大陆学者很少有人能在当时见到这两部书。

1988年,宋兆麟先生发表了《清代贵州少数民族的风俗画》[1]一文,介绍并考证了中国历史博物馆(今国家博物馆前身)所藏清代《贵州民族》条幅。通过介绍可知,这件四联条幅的内容是包括28个画面、100多个人物的清代贵州省少数民族社会生活场景。1989年,客座日本的胡起望教授发表了《东邻馆藏"苗图"实录》[2],概略地介绍了日本收藏《苗图》的情况。他在文章中说,《苗族风俗图》于昭和十年(1935)4月15日入藏东洋文库,共有78幅图,每图附有文字说明,并配有七言诗一首。中国大陆出版的一些书目中列出了部分《苗蛮图》的文献,如《南方民族古史书录》[3]、《云南书目》[4]。

21世纪伊始,云南大学西南边疆少数民族研究中心组织黔、湘、滇三省部分学者,对《苗蛮图》文献展开了系列研究,取得了前所未有的进展。贵州民族出版社先后出版了《百苗图校释》(李汉林著,2001年)和《百苗图汇考》(杜薇著,2002年)两部专著。李汉林的《百苗图校释》,以清嘉庆初年陈浩所著《苗蛮图》为底本,参稽他书,对《苗图》之图说部分的文字记录进行了比勘。杜薇撰著的《百苗图汇考》,对《百苗图》的体例传承、苗族支系、侗族称谓以及《百苗图》中所反映的苗族经济生活、社会制度和服饰、婚配、信仰等风俗进行了概括描述。

---

[1] 《文物》1988年第4期。
[2] 《黔东南社会科学》1989年第1期。
[3] 吕名中主编,四川民族出版社,1989年。
[4] 李小缘编,云南人民出版社,1988年。

2004年3月,刘锋的《百苗图疏证》①问世。书中将《苗蛮图》文献中的"苗蛮"分作五大类,即苗瑶类、百越类、氐羌类、汉移民类和存疑类。重点将《苗蛮图》中的每种"苗蛮",与今天的民族相对应,其结论是陈浩所著《百苗图》中82种"苗蛮"分属于今天的苗、瑶、布依、侗、水、壮、毛南、仡佬、彝、土家、白、汉等12个民族。

除研究专著外,一些研究论文陆续发表。这些论文主要有:李宗放的《黔苗图说及异本的初步研究》②、李汉林的《百苗图原本编排体例探析》③、杜薇的《台湾新版〈番苗图册〉真伪及价值考辨》④、祁庆富的《〈皇清职贡图〉的编绘与刊刻》⑤、胡进的《百苗图源流考略——以〈黔苗图说〉为范本》⑥等。笔者也曾就《黔南苗蛮图说》的作者问题、《苗蛮图》文献的缺漏问题、《苗蛮图》中的黔省彝族等问题发表了数篇论文⑦。

可以说,《苗蛮图》文献的研究出现了大好趋势,研究成果在逐渐增多,研究水平也在步步升高。但是,总体分析目前《苗蛮图》类文献的研究状况,至少还存在以下一些问题:第一,许多文献仍未公开,研究者难以了解《苗蛮图》文献的整体状况,得出的结论也就难免片面。第二,对于《苗蛮图》文献的性质,在目前的研究中还未得到充分的认识。《苗蛮图》类文献的绘制,从一开始就不仅仅是地方政府、地方官吏或绘画者个人的行为,更不仅仅是出于某些文人雅士的兴致、爱好,而是封建皇帝或中央政府为了区别、了解统辖区内的各个民族,以便进行有效的统治而采取的重要政治举措。从历史的记载来看,不仅周代、萧梁、唐朝、清朝有中央机构专门绘制的《苗蛮图》,历代王朝为了统辖版图之内的民族或处理与周边民族或政权的关系,都要绘制类似的文献,《苗蛮图》不是只关乎某个地方或某些少数民族的史志文献,而是封建王朝借以对边疆民族进行归类、划分,制定不同的民族政策进行治理的重要文献。第三,目前的研究很不均衡。涉及

---

① 民族出版社,2004年。
② 《西南民族学院学报(社会科学版)》1995年第4期。
③ 《吉首大学学报(社会科学版)》2000年第4期。
④ 《民族研究》2000年第4期。
⑤ 《民族研究》2003年第5期。
⑥ 《民族研究》2005年第4期。
⑦ 《清光绪石印本〈黔南苗蛮图说〉考补》,《中央民族大学学报(哲学社会科学版)》2007年第2期;《光绪刻本〈黔南苗蛮图说〉之苗蛮种类研究》,《石渠论坛》第一辑,国家图书馆出版社,2008年;《"苗蛮图"所见黔省彝族研究》,《中央民族大学学报(哲学社会科学版)》2010年第5期;等等。

贵州《苗蛮图》的研究较多，云南等地《苗蛮图》研究成果较少；对《苗蛮图》文献中所载民族属性的研究较多，对《苗蛮图》所载历史事实的研究较少；对图说文字表面信息的研究较多，对文字所表达的各民族历史、文化、宗教等信息的研究较少；从文献学角度对图说文字的研究较多，从人类学角度对绘图部分内容的研究较少，从绘图艺术角度的研究更少。

四

对于古籍文献而言，研究与保护是相辅相成的。没有一定的研究，就认识不到文献的价值，也就不能对其引起足够的重视和保护；不能很好地整理和保护文献，也就难以进行更为有力的高水平研究。

对于如何保护《苗蛮图》古籍文献，国内外收藏单位和个人各有自己的一套办法。笔者认为，将《苗蛮图》视为一般图书或普通图画，随意储存，不加重视，或是一味地将《苗蛮图》视为珍宝，秘不示人，这两种态度都不可取。对此，收藏《苗蛮图》文献最多的中央民族大学的办法是，一方面加强现有文献的保护，将原本文献收藏在恒温恒湿的环境之中，绝对保证防火、防水、防虫、防盗，另一方面向国家申请专项经费，聘请古籍复制的专业技术人员，将全部《苗蛮图》整旧如旧地进行再造。原样复制的文献既可以用来供读者日常阅读、翻检与研究，也可以将其传播出去，避免原本古籍频繁出入书柜、书库，保持长久典藏。我们认为，只有这样才能更好地发挥古籍文献的作用，更好地保护中华文化遗产，更好地为人类的文明与进步做出贡献。

（作者：李德龙，中央民族大学历史文化学院教授、博士生导师，中央民族大学图书馆馆长）

《中华古籍总目·天津卷》子部编目札记

张 磊

2010年《中华古籍总目》(以下简称《总目》)编纂工作启动,这是"中华古籍保护计划"的重要内容和最终成果。《总目》收录1912年以前产生的古籍,以经、史、子、集、类丛五大部类排列,采取分卷编辑、统一出版的形式进行编纂,其中天津卷由天津图书馆负责主编。笔者有幸承担天津卷子部的编目工作,几年来上下协力,编目工作得以顺利进行。

《总目》是新中国成立以来最大的古籍编目工作,工作量之大、遇到的问题之多是前所未有的。对这些问题进行深入探讨,可以丰富古籍编目的实践经验,因此笔者将工作流程及遇到的问题整理记录,敬请同行专家指正。

一、子部编目流程

古籍编目早已进入计算机编目时代,计算机编目具有速度快、容量大的特点,如果方法得当,可以达到事半功倍的效果。子部编目分为两个阶段:第一阶段编纂天津图书馆藏古籍子部目录。天津图书馆收藏古籍在地区范围内数量最多、品种最全,其核心地位是显而易见的,因此编目以天津图书馆藏书为基础,对于工作中出现的各种问题,工作人员可以随时核查原书,以此形成规范的标准目录,构成天津卷子部的基础框架。第二阶段,在天津图书馆馆藏目录的基础上,汇集南开大学图书馆和地区十九家成员馆的子部数据,从而形成天津地区子部总目。

具体步骤如下:

第一步，以普查登记的基本著录为基础，将子部款目全部析出。目录编制分为著录和款目组织两个阶段，著录是对书籍的基本信息进行客观描述，使读者准确了解图书的基本情况，普查登记完成了基本著录工作，为分省卷的进一步编纂打下了良好基础。

第二步，将析出款目按照书名第一字拼音顺序排序。这是目录组织的中间环节。以音序排列，使题名相同的著作集中在一起，著录上的差异显而易见，如书名用字不同，卷数差异，附录、卷首、卷末等其他题名信息或有或无，版本著录详简不一，附注缺失等，针对著录中的问题逐一核查，确保著录的客观性和准确性。

第三步，分类到位。分类是对书籍内容的揭示，由于《总目》几乎囊括了现存的所有古籍，任何一部现成的类表都无法满足这种要求，为此李致忠先生编制了《中华古籍总目分类表》。较之以往的类表，这部类表涵盖的范围更加广泛，分类标准更加细化，如佛教类细分至五级。子书内容庞杂，牵经涉史，在这种前提下进行细分，其难度可想而知。特别是乾隆以后产生的普通古籍存在原分类不到位、不准确或没有分类等问题，因此分类准确到位是子部编目的重点和难点。

为了适应计算机编目要求，对类表中的每一个类目都转换为一组相应的数字，如"儒家儒学类/鉴戒之属/家训"对应类号为3010401，其中"3"代表子部，第一个"01"表示是子部第一类"儒家儒学类"，"04"表示该类下第四属"鉴戒"，第二个"01"表示为"鉴戒"属下第一个小类"家训"。

第四步，款目组织。以每一类为单元，依据《中华古籍总目分类款目组织规则》进行排序，各类排列完成后再全部整合在一起。款目组织是目录编制的最后一步，也是关键的一步。款目组织条理清晰，能起到纲举目张的作用。

二、子部书籍归类具体问题探析

《总目》是一部分类目录，因此归类准确是编目的关键。所谓归类是指编目人员根据图书内容将每一部书归入类表中相对应的类属。子部书籍从内容到形式的复杂多样，都对编目人员在归类上的准确判断产生一定的影响，笔者仅就一些具体实例进行分析，以探究文献内容类属的实质。

（一）《点石斋画报》等画报的归类分析

画报始创于西方，清末引入中国。早期画报以市井百姓为读者对象，通过图画这种形象易懂的形式,反映当时的社会风尚。清末著名画报有《点石斋画报》《飞影阁画报》《启蒙画报》《浅说画报》《新闻画报》等,其中以《点石斋画报》影响最大、最具代表性。笔者查阅了多家图书馆网站,了解《点石斋画报》的归类情况,绝大多数图书馆是根据形式特征将其归入子部艺术类,笔者以为这种处理方法值得商榷。

《点石斋画报》创刊于清光绪十年四月(1884年5月),主要内容可分为四方面:(1)报道重要事件及人物,如中法战争、甲午中日战争、慈禧太后寿辰庆典、上海开埠五十周年纪念等,以及李鸿章、左宗棠、英女王维多利亚等;(2)描绘声光化电新事物,如火车、轮船、潜艇、气球、电报、电灯等技术发明;(3)表现上海租界及外国社会风情,如教堂婚礼、马戏、魔术、空中跳伞等;(4)有关民俗民情和市井人物生活,如民间祭神、救灾、节庆、青楼艺人、江湖大盗等,杂有很多狐仙鬼怪、封建迷信之类①。

《点石斋画报》的绘画风格不同于中国传统绘画。从艺术角度而言,中国画讲求笔墨气韵,强调抒写胸中逸气,融化物我的意境创造,重神似而不重形似。而《点石斋画报》在绘画上强调画面的叙事功能,以客观再现为主要表现形式。郑振铎评论画报主笔吴友如的绘画说:"中国近百年来半封建、半殖民地社会前期的历史,从他的新闻画里可以看得很清楚。"②丰子恺评论道:"(吴友如的绘画)大多数作描画用,注重题材内容意义的细写,大都不能称为独立的绘画。"③当代学者也指出,以画报为代表的吴氏绘画与中国传统绘画的差异不仅在表现手法上,更在于其绘画内容的记述性和写实性,因此吴氏绘画是研究风俗民情的重要参考资料④。这些评论说明了《点石斋画报》上的图画具有新闻性和实时性,是为新闻内容服务的。

《点石斋画报》以画工之精受到社会广泛欢迎,因此不少图书馆将它归入艺术类。笔者以为画报的本质是它的新闻内容,尽管《点石斋画报》汇集了一批著名的画师,绘画风格也具有一定的时代特色,但是出版者的出版宗旨是为了报道

---

① 王立璋、顾旭娥:《雅俗共赏的〈点石斋画报〉》,《山西师大学报(社会科学版)》2007年第4期。
② 郑振铎:《近百年来中国绘画的发展》,《郑振铎全集》第14卷,第176页,花山文艺出版社,1988年。
③ 孙冰编选:《丰子恺艺术随笔》,上海文艺出版社,1999年。
④ 董惠宁:《〈飞影阁画报〉研究》,《南京艺术学院学报(美术与设计版)》2011年第1期。

"新奇可喜之事",图画只是用来表达内容的一种形式。归类的原则是以书籍内容为依据,《点石斋画报》的报道内容中尽管有中法战争、甲午中日战争等朝政大事,但是以"广见闻"为目的,很难同史书相提并论,却与小说家"寓劝诫、广见闻、资考证"①的本质特征相吻合,因此笔者以为归入小说家类更能揭示画报的内容属性。

其他如《启蒙画报》采用传统的雕版技术,虽名为"报",却不具有新闻性,以儿童为读者对象,以开启民智、启迪童蒙为出版宗旨,主要内容以西学的知识结构为基础,介绍新知识、新观念和新风俗。图画的目的是辅助文字说明,从某种意义上说《启蒙画报》更像教科书,如同《绘图蒙学三字经》之类绘图书籍一样,因此应归入儒家蒙学类。

画报的宗旨是通过图画这种大众喜闻乐见的形式表达作者或出版者所要传播的内容,正如新闻学家戈公振所言:"图画为无音之新闻,不识字者亦能读之。"②因此画报等出版物不能简单地以形式特征归入艺术类中,而应该根据书籍本身的具体内容归入相应的类属。

(二)名人写经的分别处理方法

佛教自汉末传入中国以后,对中国文化产生了深远的影响,并成为中国文化的重要组成部分之一。随着佛教传播的深入,历朝都有信奉佛法的居士,上至帝王将相,下至平民百姓,形成了特殊而庞大的居士阶层。抄写佛经是居士热衷的佛事活动之一,他们祈望通过抄写佛经以消灾祈福,这种现象历代绵延不绝,所以在存世的古籍中有不少居士抄写的佛经。由于居士的社会层次不同,这些佛经从纸、墨、字体,到装帧形式,千差万别,可谓琳琅满目,形成一道独特的风景线。其中书法精湛的佛经写本受到文人雅士的喜爱,这种喜爱已经与书写内容无关,而转为对书法艺术的欣赏。清朝末年,西方影印技术传入中国,由于影印技术可以达到逼真再现的效果,被广泛应用于书画等艺术书籍的出版上,其中包括对名人写经的影印,如清代学者、书法家翁方纲书写的《金刚波若波罗密经》(清末石印本)、民国时期著名女书法家吴芝瑛(1866—1934)书写的《妙法莲华经》(清光绪三十一年石印本)和《大佛顶楞严经》(清宣统小万柳堂影印本)。吴

---

① 四库全书研究所整理:《钦定四库全书总目(整理本)》,第1834页,中华书局,1997年。
② 戈公振:《中国报学史》,第248页,生活·读书·新知三联书店,1955年。

芝瑛以一手瘦削遒劲、秀韵独具的瘦金体书法名世,相传她写的《楞严经》曾受慈禧太后的喜爱,她也受到慈禧太后的亲自召见。

同为佛经,手写本与影印本的出版目的不同,因此在归类上也应该区别对待。写本佛经,书写者主观上并没有流布社会的意向,而是通过抄写佛经这种方式表达对宗教的虔诚,反映了佛教的社会影响力,归入佛教类并无异议。以写本为底本的影印佛经,出版者的本意并不是为了传播宗教信仰,而是通过影印技术形象地再现书法原貌,使孤本存世的写本化身千百,满足更多人的艺术需求,主要体现的是书法艺术价值,所以影印本写经归入子部艺术类更加合理。

与此相同,其他宗教经典也是如此,如刘春霖(1872—1944)书写的道教经典《灵飞经》(清末石印本)不入道教类,而是归入子部艺术类。

(三)佛教、道教人物传记的归类梳理

《总目》分类表中,史部传记类总传之属下设"释道"类,子部宗教类佛教之属中下设"史传部",佛教、道教人物传记究竟是归入史部,还是归入子部?笔者就此问题浏览了多家图书馆网站,从查找到的数据看,在归类上史部、子部二者兼有,如《高僧传》有归入子部释家类,也有归入史部传记类,甚至同一馆对同一种著作归类上子、史两入。笔者以为有必要对释、道人物传记的归类进行梳理,以确定其准确归属。

释、道人物传记的归属在目录学发展中是伴随着佛教、道教在目录体系中的从无到有而调整的,经历了从史部到子部的变化过程。《四库全书总目》对这一过程进行了简单概括:"梁阮孝绪作《七录》,以二氏之文别录于末。《隋书》遵用其例,亦附于志末。有部数、卷数,而无书名。《旧唐书》以古无释家,遂并佛书于道家,颇乖名实。"①《隋书·经籍志》因为沿用《七录》对释、道二教的著录方法,只记录总部数和卷数,而不著录具体的书名、著者,因此二教中的人物传记只能收录于史部"杂传"类中,如晋代葛洪《神仙传》十卷、《集仙传》十卷、梁代虞孝敬《高僧传》六卷、释宝唱《高僧传》三十卷、释慧皎《高僧传》十四卷等。《旧唐书·经籍志》的子部"道家"类,收录内容包括了道家、道教以及佛教著作,但是传记类书籍仍然收录在史部"杂传"类中。虽然四库馆臣言其"颇乖名实",但是首开官修目录著录释、道书籍之先河。迨至《新唐书·艺文志》,佛教仍然附于子部道家

---

① 四库全书研究所整理:《钦定四库全书总目(整理本)》,第 1924 页,中华书局,1997 年。

类后,但是在收录范围和部居上都进行了调整;道家方面区分为"道家"和"神仙"两类,其中"道家"作为先秦诸子之一,收录《老子》《庄子》等经典;"神仙"类收录道教书籍,《神仙传》等著作由史部移出收录于此。佛教虽然仍附于道家之后,但是收录数量远较《旧唐书》为多,共四十部三百九十五卷,《高僧传》等著作也从史部转移至此类中。自《新唐书·艺文志》以后,史志目录中释、道人物传记由史部杂传类改归子部道家类。

如果说史志目录体现了官修目录的正统思想,而郑樵编纂的《通志·艺文略》反映了宋代目录学成果。《通志·艺文略》中佛教不再附属于道家中,而是单独立类。在"诸子"类中,首列"道家",分设25小类,其中"传"小类即收录《神仙传》等人物传记;其次为"释家",下设"传记"等10小类,收录《高僧传》等传记著作。宋代以后,释、道人物传记分别归入佛教、道教类中逐渐成为目录学主流,至《四库全书总目》依然沿用此种归类方法。

编纂《中华古籍总目》是对前人目录学成果的继承和发扬,对于已经厘清的问题不妨继续沿用传统方法,因此对释、道人物传记书籍的归类,在类表已经设置"佛教""道教"类的情况下应该根据中国目录学的传统编纂方法归入各自教派中。笔者以为,可以取消史部传记类中的"释道"小类,以免造成不必要的归类混乱。

(四)对宝卷归类的探索

宝卷源于唐代佛教俗讲,所以早期的宝卷以讲经和演说因缘故事两项为主要内容,前者如《销释金刚科仪》《大乘金刚宝卷》《心经卷》《法华卷》等,后者如《目连卷》《睒子卷》《香山宝卷》等。明代中叶以后民间宗教利用宝卷宣讲教义,成化、正德间,罗清(又名梦鸿,1442—1527)创无为教(又称罗教),编撰《苦功悟道卷》(1册)、《叹世无为卷》(1册)、《破邪显证钥匙卷》(2册)、《正信除疑无修证自在宝卷》(1册)、《巍巍不动泰山深根结果宝卷》(1册)五部宝卷,简称"五部六册"。此后新兴的民间教派纷纷创立,它们均以宝卷为布道书。清代中期以后,统治者以镇压邪教为名,对民间宗教进行打击,这些属于民间宗教的经卷或被烧毁,或被藏匿,流布很少。取而代之的则是以民间传说为主要题材的宝卷,如《刘香女宝卷》《韩湘宝卷》《白蛇传宝卷》《珍珠塔宝卷》等,宝卷的宗教色彩逐渐减弱,演变为民间通俗文学作品,虽然同样以"宝卷"为名,但是实际内容则完全不同。现代学者根据宝卷的发展历史将其分为两大类:一类是非文学作品的宗教宣传品，内容以唱述宗教教义、仪轨和劝善说教为主，即早期宝卷；一类是清中期以后的演唱文学故事的宝卷[①]。

宝卷以说唱形式进行宣讲，因此相关研究领域将宝卷归入民间文学范畴，《中国古籍善本书目》首立"宝卷"类，隶属于集部曲类，所录仅《药师本愿功德宝卷》《巍巍不动太山深根结果宝卷》《苦功悟道卷》等明代抄刻宝卷10种。《中华古籍总目》沿袭这种做法，仍将宝卷归入集部曲类中。但是随着宝卷研究的不断深入，学者对宝卷宗教价值的认识不断加深。图书馆编目工作者也注意到这种差异，因此在宝卷归类上出现了分歧。

宝卷是天津图书馆特藏之一，共有120种270多部，基本囊括了民间宗教主要派别的经卷，孤本、稀见本居多，其中明末清初刻印的有66种，为民间宗教研究提供了极为重要的史料。在这次编目工作中，依据学者的研究成果，针对宝卷的具体内容，在归类上作了区别处理：早期的非文学宗教宝卷归入子部宗教属中民间宗教类，清代嘉庆以后的文学故事宝卷归入集部曲类。

如果以演唱形式为标准将宝卷归入集部曲类，操作起来比较方便，但是早期宝卷宗教特征明显，归入集部中，既不符合早期宝卷的内容属性，也不能体现宝卷产生发展的历史渊源，因此不得不将宝卷依据内容分置子部和集部两类。这种处理方法并非天津图书馆独创，在已经出版的《中国古籍总目·子部》（2010年上海古籍出版社出版）中，也是根据宝卷内容上的差异，分置子部和集部两类。

将宝卷分置两类只能是权宜之法，尽管符合以内容归类的编目原则，但是笔者仍有疑惑不能释然，这种处理方法虽然客观反映了宝卷产生的历史情况，但是却割裂了其发展演变的完整过程，难以体现目录学"考镜源流"的宗旨，加之编目者学识所限，对宗教宝卷和文学宝卷很难准确区分，难免造成收录内容上的混乱不清。因此希望有关专家学者对宝卷的归属问题进行深入探讨，以确定其最终类属。

三、子部类表的调整

主要是对子部丛书部居的调整，具体做法是取消杂家类中的"杂编之属"，在各类之前增加"类编之属"，如"儒家儒学类"下首设"类编之属"，其次为原类表

---

① 车锡伦：《中国宝卷研究的世纪回顾》，《东南大学学报（社会科学版）》2001年第3期。

的"经济之属""性理之属"等,其余二级类下依次增加。

所谓杂编是指"以数人之书合为一编而别题以总名者"①,即我们今天讲的丛书。丛书的定义从广义上讲,是汇集两种以上的著作重新命名而成为一种新的著作。《中国丛书综录》将丛书按内容分为汇编和类编两大类。汇编类丛书是指所收各书在内容上分属四部中的不同部,因此也称为综合性丛书;类编丛书是指所收各书为同一个部类,又称专题丛书。

《总目》设立经、史、子、集、类丛五部,其中"类丛部"收录类书和丛书,这里的丛书是指汇编类丛书,是四部中的任何一部都无法容纳的,而类编丛书则归于各部之中,诸部中首设"丛编"类,收录本部的类编丛书。

子部内容庞杂的特点在丛书中也表现得非常突出,丛书中既有囊括诸子的,如《先秦诸子合编》(明冯梦祯辑)、《子书百家》(清崇文书局辑)、《二十二子》(清浙江书局辑)等,也有汇辑一家、一派、一技、一艺的,如《五种遗规》(清陈弘谋撰,儒家)、《孙吴司马法》(清孙星衍辑,兵家)、《古今医统正脉全书》(明王肯堂辑,医家)、《梅氏丛书》(清梅文鼎撰,天文历算)、《篆学琐著》(清顾湘辑,艺术)、《道藏》(道教)等。对于子部类编丛书的组织,最初的方法是依据《中华古籍总目分类表》排列于子部首位,在内部排序上按照子部14类的顺序,暗分明不分。但是《中华古籍总目分类表》在"医家类"中又设立"丛编"属,将有关医学类的专科丛书集中收录在"医家类"中,如此一来,类编丛书在组织上出现了集中归类和分别归类两种标准。根据现存丛书的实际情况,儒家类、医家类、天文算法等类丛书数量比较多,如果集中归类,在没有标目情况下难免脉络不清,而归入各自类属则更能反映学科发展成果,因此仿照医家类"丛编"设置,在子部13个二级类(除去"丛编类")下设立"类编"之属,收录本类丛书(如果无书则空缺)。原类表设置的"丛编"类依然保留,收录子部中包含两类以上的丛书。原类表设置在"杂家类"下的"杂编之属",因为无书可收而删除。

四、专科目录的特殊组织方法

长期以来,古籍编目注重著录与分类,在目录组织上只是遵循传统的编目习惯,没有制定明确的组织规则。针对《总目》参编范围广、人员多的问题,为保证

---

① 四库全书研究所整理:《钦定四库全书总目(整理本)》,第1647页,中华书局,1997年。

书目质量,国家古籍保护中心编制了《中华古籍总目分类款目组织规则》(以下简称《组织规则》),详细规定了各部类款目排序的要求,使目录组织有章可循。

款目组织是编目工作的最后工序,是在正确归类的基础上完成的。分类目录按照图书内容所反映的学科体系,将同一类著作集中在一起。高质量的分类目录在款目组织上层次分明,可以清晰地反映学术源流,达到"辨章学术,考镜源流"的目的。《总目》因为收录1912年前的全部古籍,数量之大、类型之多前所未有,反映在目录组织中的问题也是多种多样。尽管《组织规则》作出了详细规定,但是一些特殊学科并不能通过单纯的比较著者生卒这种方法解决,主要是医学、佛教和道教。所谓"术业有专攻",对编目者来说将这些内容深奥的书籍通过目录将其学术脉络揭示清楚,真是勉为其难,因此需要借助于高质量的专科目录,在不违背《组织规则》的前提下,完成专门学科的目录组织工作。主要方法如下:

(一)医家类的特殊组织方法

中医古籍是我国文化遗产宝藏,记载了战国至近代两千多年中医药学理论和实践经验,也是专业性极强的类目,其学科体系非专业人士很难辨别清楚,因此在归类和款目组织上需要借助专题书目以确定文献类属及款目在目录中的具体位置。

薛清录主编《中国中医古籍总目》(2007年上海辞书出版社出版)是迄今为止覆盖面最广、反映中医古籍资源现状最全面的大型专科古籍联合目录。这部目录不但收录范围广,而且款目著录内容完备,因此医家类在编目中,无论是文献归类还是款目组织都极大地借鉴了这部目录的成果。

《总目》"医家类"的主要组织原则是先按类排序,同类者再按著者时代的一般组织方法。在实际编目工作中,中医著作著者无考的现象比较常见,如果按照一般组织方法要求的按著者时代先后排序,编目效果并不理想,因此笔者在目录组织中借鉴了中医专科目录通常使用的分类编年法,即同类之中以著作年代排序。这种组织方法既符合《组织规则》中"古籍产生之先后原则"与"版本产生之先后原则"的规定,也与中医文献专科目录的组织传统相吻合。

(二)关于佛教类典籍的著录与组织

佛教典籍的编目是问题最多的一部分,一方面文献内容深奥陌生,归类上有无所适从之感;另一方面体例结构特殊,找不到相关的著录规则,如多经合卷的著作,卷端题名通常为"三经同卷""四论同卷"等,如果按照古籍图书的一般著录规则"按照卷端题名"著录,著录为"三经同卷三卷",则不能正确反映图书内容,因此著录上参照李际宁《(汉文)佛教藏经编目规则》(2008年第一期全国古籍编目培训班讲义),以合刻方式著录。

佛教文献的体系结构对于普通人来讲显得非常陌生,所以在目录组织上相对比较困难,为了确保目录组织的准确性,笔者选择吕澂(1896—1989)编《新编汉文大藏经目录》(1980年济南齐鲁书社出版)为主要参考书。吕澂是当代佛学大师,一生专志于佛学研究,《新编汉文大藏经目录》是他的汉文佛教目录学研究成果。业内学者评价这部目录分类科学、合理,勘同精准、严谨,考辨务实、求真①。这部目录收录范围广泛,几乎包括了全部藏内佛经,目录结构与《中华古籍总目分类表》中的"佛教类"几近相同。而且作者在编纂过程中对佛典原著和译者的真伪进行了重新考辨核实,这些成果对"佛教类"款目内容校正和目录组织有很大帮助。

"佛教类"编目的另一个难点是藏外著作的归类与组织,因为藏经目录不载,其他书目在分类上比较简单,一般只到三级类,而《总目》细分至五级类,尽管多方参考诸家书目及相关文献,但是仍然难免错入。

(三) 合刻书的归类与组织

合刻是指刻书者将两种以上著作合刊在一起。这些著作各自为独立整体,文献层次并列,不相系属,所以在类属上也是各有所属,如《汉儒通义》七卷(清陈澧撰)与《春秋比》二卷(清郝懿行撰,清光绪十六年刻本)合刻,二书一为子部,一为经部,在归类与目录组织中如何处理?这一点在《组织规则》中没有提及。在具体编目中仿照《中国古籍善本书目》操作方法,以第一种著作为依据进行归类排序,第二种著作仅在索引中揭示,因为编目工作还没有进行到索引编制阶段,所以在最后索引编制中应对这一问题高度重视,以免影响整部目录的查全率。

(作者:张磊,天津图书馆历史文献部副研究馆员)

---

① 曾友和:《论吕澂〈新编汉文大藏经目录〉在佛教目录学中的成就》,《图书情报论坛》2009年第2期。

梵蒂冈图书馆藏明清刻本易学典籍叙录

谢 辉

梵蒂冈图书馆（Biblioteca Apostolica Vaticana）是欧洲收藏汉籍最为丰富的图书馆之一。其收藏汉籍的历史最早可追溯至 16 世纪末，目前馆藏 1911 年之前的中文写本与刻本古籍约 2000 部，易学典籍约 40 余部。其中以白晋《易经稿》为代表的一批传教士《周易》研究手稿，学界已有较多研究，而对于其馆藏的另一大宗，即由中国士人撰写、在中国刻印的刻本易学典籍，则较少关注。此批易学典籍均刻印于明清，虽无宋元旧刻，但仍具有其独特价值。一方面，其多为清代来华传教士傅圣泽、康和子，以及汉学家克拉普罗特、蒙突奇等旧藏，对于研究《周易》在西方传播的历史颇有帮助；另一方面，此批典籍多带有批注，其中既有中国士人从传统易学角度作出的评价，也有中国教徒从天主教的角度对《周易》的阐释，更为可贵的是还有传教士以西文写下的大量批注，值得加以深入研究。此外，此批典籍中亦不乏国内外稀见的珍贵版本，对于推进相关著作的版本研究也有其意义。有鉴于此，本文即搜集梵蒂冈图书馆藏明清刻本易学典籍 21 部，以刻印时代为序而叙之。

一、明刻本

1. 读易述十七卷

明潘士藻撰。明万历三十四年（1606）潘师鲁刻本。一函十二册。半页九行二十字，白口，四周单边，单鱼尾。版心上题"洗心斋"。卷端题"玉笥山人潘士藻去华父辑"。卷前有万历三十四年焦竑《易述序》，序后题"黄一桂督刻"。此本

《中国古籍善本书目》仅著录国家图书馆藏一部,又江西省图书馆藏残本一部①,较为稀见。

2.周易古今文全书存十卷

明杨时乔撰。明万历间(1573—1620)刻本。半页七行二十一字,小字双行同。白口,左右双边,单鱼尾。版心上题"周易全书"。全书二十一卷,应为二函,今仅存下函十册十卷(册十一至十三今文卷七至九,册十四至十八易学启蒙五卷,册十九至二十传易考卷一至二)。十四册前有明万历二十年(1592)杨时乔《周易全书易学启蒙序》《周易全书易学启蒙目录》《周易全书易学启蒙论例》《周易全书易学启蒙论例总语》。十九册前有明万历二十三年(1595)五月杨时乔《周易全书传易考序》及《周易全书传易考论例》《周易全书传易考目录》《历代传易图》。各册前均钤"孙氏万卷楼印"朱文方印,疑为孙承泽旧藏。

3.周易兼义九卷

魏王弼、晋韩康伯注,唐孔颖达正义,明崇祯间(1628—1644)汲古阁刻本。一函四册。半页九行二十一字,小字双行同。白口,左右双边,无鱼尾。版心上题"周易疏",下题"汲古阁"。卷末题"皇明崇祯四年岁在重光协洽古虞毛氏绣镌"。卷前有崇祯十二年(1639)钱谦益《新刻十三经注疏序》,孔颖达《周易正义序》。卷中有朱笔句读及墨笔批注十余条,大部分为引《文献通考》中洪氏之说,校正《周易》经传文字。今检《文献通考·经籍考》,于郭京《易举正》下引洪迈《容斋随笔》,谓略取《举正》中明白者二十处载于此,梵蒂冈藏本之批注正自此出。

4.石镜山房增订周易说统存二卷

明张振渊撰。明末刻本。一册。半页九行二十二字。白口,四周单边,无鱼尾。版心上题"周易说统",下题"石镜"。卷二十四端题"仁和后学张振渊彦陵父辑,男懋忠增补,师栻参订,孙重光、竞光、余光共校"。全书共二十五卷,此本仅残存卷二十三、二十四。

5.石渠阁新镌周易幼学能解六卷首一卷

明黄淳耀原本,寿国、蒋先庚参补。明末清初陈长卿刻本。一函六册。半页

---

① 中国古籍善本书目编辑委员会编:《中国古籍善本书目·经部》,第 72 页,上海古籍出版社,1998 年。以下引用《中国古籍善本书目·经部》版本同。

十行二十四字,小字双行同。白口,四周双边,无鱼尾。书名页题"黄蕴生先生原本,增补易经讲意一见能解,古吴陈长卿梓"。卷端题"嘉定黄淳耀蕴生原本,秦淮寿国平子、蒋先庚震青参补"。此为坊间所刻较为简明通俗的解《易》之书,然国内所传者多为嘉庆后刻严尔宽增补本①,此较为早出之陈长卿刻本则不多见,仍具有参考价值。

二、清刻本

1.三元堂新订增删易经汇纂详解六卷首一卷

清吕留良撰。清初刻本。一函六册。半页八行三十四字,小字双行同。白口,四周单边,单鱼尾。版心上题"易经汇纂详解"。书名页题"太史仇沧柱先生鉴定,吕晚村先生汇纂,易经详解,本衙藏板"。卷端题"太史沧柱仇兆鳌先生鉴定,御儿晚村吕留良汇纂,男无党葆中参订"。卷前有吕留良《易经详解序》。卷中钤有"豫章林氏珍藏""林中麒印""圣瑞"等印,不知为何人。此书清代列入禁毁书目,故传世甚少,《中国古籍总目》仅著录辽宁图书馆藏一部②。

2.周易本义四卷首一卷

清初刻本。一函二册。半页八行十七字,小字双行同。白口,四周双边,单鱼尾。版心上题"易经"。卷前有《周易本义序》。此书为意大利汉学家蒙突奇自德国汉学家克拉普罗特处购得,函套内有其手书题记。

3.郑孔肩先生家传纂序周易说约本义四卷首一卷

明郑寿昌、郑铉辑。清初燕翼堂刻本。一函二册。两栏刻,上栏二十二行二十四字,下栏十一行二十三字。白口,四周单边,无鱼尾。版心上题"纂序易经说约"。书名页题"重订真本,蔡九夏、归薪传、高尔达三先生合订,增定纂序易经说约集注,书林燕翼堂发行"。上栏卷端题"虎林郑寿昌寿子、铉玄子辑,同社朱天壁子铉、陆位时与偕、虞汝翼异羽、缪沉湘芷、范骧文白订,门人沈奇生、曹序、陈渼子、曹广、吴四翾参"。下栏卷端题"周易本义",下署"朱熹本义"。上栏卷前有郑寿昌《叙周易说约》,下栏卷前有程颐《周易序》。此亦为坊间刻本,然流传似不甚广,目前仅知日本内阁文库藏有明末清初刻本,香港中文大学图书馆藏清初

---

① 中国古籍总目编纂委员会编:《中国古籍总目·经部》,第119页。
② 中国古籍总目编纂委员会编:《中国古籍总目·经部》,第128页。

金闻书林刻本①。梵蒂冈藏本为清代来华传教士康和子旧藏,书衣有大量西文手书批注,疑即出于康氏之手。

4.周易玩辞困学记不分卷

清张次仲撰。清康熙八年(1669)刻本。一函五册。半页九行二十一字。白口,四周双边,单鱼尾。版心上题"玩辞困学记",上经首页版心下题"旌邑刘铁钟甫书刊"。卷末题"海宁张次仲元岵习,男昶季和、孙礽无逸仝较,旌邑刘铁钟甫书并刊"。卷前有康熙八年张次仲《自序》、陆嘉淑《跋》。卷中有朱笔批注甚多,其中有谓"与予《易赘》合"者,按清初王艮曾作《易赘》,不知批注是否出于其手。此书较常见者为《四库全书》本,而此康熙刻本则流传较少,国内仅知中国科学院图书馆有藏②,国外仅知美国哈佛燕京图书馆与日本内阁文库有藏③。

5.易经辨疑七卷

清张问达撰。清康熙十九年(1680)陈君美刻本。一函六册。半页九行二十三字,白口,四周单边,单鱼尾。版心上题"易经辨疑"。书名页题"康熙十九年镌,江都张天民先生纂辑,易经辨疑,金闻陈君美梓行"。卷端题"江都张问达天民编辑,男张宜年惟馨较,江宁沈士芳曲江、黄陂叶良仪令侯、休宁孙郎诒仲参订"。卷前有康熙十八年(1679)冀如锡、康熙十九年(1680)李之粹《序》,康熙十八年张问达《易经辨疑序》,及《参订受业姓氏》。卷端钤"赵继访印""雀皋",不知为何人。卷中有批注数处,玩其词意,似信奉天主教之士人所批。如卷一第二页后半页"天生圣人,正为天下万世人道作榜样"一段,天头批:"上天主宰,悯普世尽迷大道,获罪深重,坏其灵性,特降生一大圣,天道全备,立教神化,为天下万世人道作榜样。无论智愚,咸信从而救其灵性,得免永罚。此大圣也,乃天人合一之圣,继天立极之圣,天地始终惟一无二之圣。此大圣也,果谁足以当之耶?"

6.增订易经存疑的稿十二卷

明林希元撰。清康熙十七年(1678)刻本。一函十册。半页十一行二十四字。黑口,左右双边,双鱼尾。版心题"易经存疑"。书名页题"康熙戊午重镌,甬

---

① 香港中文大学图书馆编:《香港中文大学图书馆古籍善本书录》,第8页,香港中文大学出版社,1999年。
② 中国科学院图书馆编:《中国科学院图书馆藏中文古籍善本书目》,第10页,科学出版社,1994年。
③ 沈津主编:《美国哈佛大学哈佛燕京图书馆藏中文善本书志》,第31页,广西师范大学出版社,2011年。

上潘友硕、仇沧柱、万贞一同较,林次崖先生易经存疑原本,紫峰通典即出,本衙藏板,翻刻千里必究"。卷端题"同安次崖林希元著"及校订者名,有仇兆鳌、潘元懋、万言、沈佳、魏尚宾、万经、唐霖、阙嵩等。卷前有康熙十七年徐秉义《重刻易经存疑序》,嘉靖二十二年(1543)王慎中、万历二年(1574)洪朝选《序》二篇,以及嘉靖二十二年林希元《易经存疑序》,序后有万历二年林有梧附记。此书明刻少见,即此康熙刻本亦流传不多,故《中国古籍善本书目》亦有收录①。

7. 易经大全二十卷

明胡广等纂。清康熙二十六年(1687)清白堂刻本。一函六册。半页经大字七行十六字,传十一行二十字,注小字双行同传。白口,四周双边,单鱼尾。版心上题"易经大全"。书名页题"康熙廿六年新镌,翰林校正原本,梅轩重订大方易经大全,清白堂藏板"。卷一前题"陈太史较正易经大全,长洲明卿陈仁锡较正",余卷多题"周会魁校正易经大全,京山思皇周士显校正"。卷前有《易序》《周易程子传序》《易序》(内容同前,行款字体不同)、《周易传义大全总目》《周易传义大全凡例》《上下篇义》《周易朱子图说》《周易五赞》《筮仪》《易说纲领》。此本印不甚佳,然卷中多有拉丁文批注,可见为传教士研究《周易》的重要参考资料。

8. 周易本义四卷首一卷

宋朱熹撰。清康熙三十九年(1700)经业堂刻本。一函二册。半页十一行二十三字。白口,左右双边,单鱼尾。版心上题"周易",下篆书题"经业堂镌"。书名页题"康熙三十九年新镌,遵依一定字样较正点画无讹,监本易经,经业堂藏板"。卷前有《周易序》。此本经过改装,原书每页间均加装空白插页,用以书写批注。全书通篇中外文批注,显经清代来华传教士认真研读,对研究传教士易学具有极高参考价值。

9. 御纂周易折中二十二卷首一卷

清李光地等纂。清康熙间(1662—1722)内府刻本。半页八行十八字。小字双行二十二字,白口,四周双边,单鱼尾。版心上题"御纂周易折中"。卷前有康熙五十四年三月十八日清圣祖《御制周易折中序》、纂修诸臣职名、引用姓氏、《御纂周易折中凡例》及《御纂周易折中目录》。此本蓝绫书衣、黄绫题签、黄丝线四眼穿订,清圣祖御制序后有红印"体元主人""稽古右文之章"二印,为典型的清

---

① 中国古籍善本书目编辑委员会编:《中国古籍善本书目·经部》,第67页。

内府刻本。

10.易附录纂注十五卷

元胡一桂撰。清康熙间刻《通志堂经解》本。四册。半页十一行二十字,小字双行三十字。白口,左右双边,单鱼尾。版心上题字数,下题"通志堂"及刻工。书名页题"元胡双湖先生著,易附录纂注,通志堂藏板"。卷前有康熙十六年(1677)纳兰成德《胡一桂易本义附录纂注启蒙翼传合序》。

11.易璇玑二卷

宋吴沆撰。清康熙间刻《通志堂经解》本。一册。半页十一行二十字。白口,左右双边,单鱼尾。版心上题字数,下题"通志堂"及刻工。书名页题"宋吴环溪先生著,易璇玑,通志堂藏板"。卷前有康熙十六年纳兰成德《崇仁吴氏易璇玑序》,绍兴十六年(1146)吴沆《易璇玑序》。

12.古周易一卷

宋吕祖谦编。清康熙间刻《通志堂经解》本。一册。半页十一行二十字。白口,左右双边,单鱼尾。版心上题字数,下题"通志堂"及刻工。书名页题"宋吕成公考定,古周易,通志堂藏板"。

13.易学一卷

宋王湜撰。清康熙间刻《通志堂经解》本。一册。半页十一行二十字。白口,左右双边,单鱼尾。版心上题字数,下题"通志堂"及刻工。书名页题"宋同州王先生著,易学,通志堂藏板"。卷前有康熙十六年纳兰成德《同州王氏易学序》,王湜《易学序》。

14.易图说三卷

宋吴仁杰撰。清康熙间刻《通志堂经解》本。一册。半页十一行二十字。白口,左右双边,单鱼尾。版心上题字数,下题"通志堂"及刻工。书名页题"宋吴斗南先生著,易图说,通志堂藏板"。卷前有康熙十五年(1676)纳兰成德《吴氏易图说序》,卷末有端平三年(1236)何元寿跋。以上五种八册合装一函。

15.龙凤周易正文四卷

清康熙间刻本。二册。半页九行二十字。白口,四周单边,单鱼尾,版心上题"易经正文"。书名页题"庚寅新镌,辨经堂大易正文,较订正韵一字无讹"。卷端题"顺德辨经堂梓行"。卷中避"玄"字,知为康熙间刻。

16.古香斋鉴赏袖珍周易不分卷

清康熙间刻本。一册。半页十二行十七字。白口,四周双边,单鱼尾。版心上题"古香斋周易"。卷中避"玄"字。此书亦为意大利汉学家蒙突奇旧藏,卷中尚有其藏书印,函套内有其手书题记,说明此书与《古香斋鉴赏袖珍毛诗》《古香斋鉴赏袖珍尚书》同购自德国汉学家克拉普罗特。

(作者:谢辉,北京外国语大学国际中国文化研究院助理研究员)

鲍廷博研究文献目录

彭喜双　陈东辉

　　鲍廷博(1728—1814),字以文,号渌饮,原籍安徽歙县,随父鲍思诩迁居浙江杭州,后定居浙江桐乡青镇(今乌镇)。鲍廷博系清代乾嘉时期著名藏书家、刻书家和学者,以"鲍抄本"著称于世。为总结历年来关于鲍廷博研究的成绩,并给相关研究者提供资料检索的便利,特编纂本目录。本目录收录中国(含港、澳、台)以及日本等国刊布的相关研究文献,时间下限大体为2015年12月(个别论著系2016年刊布)。本目录包括著作(含著作中的相关部分)、硕博士学位论文(含硕博士学位论文中的相关部分)、报刊和文集文章、网络和微信文章四个部分。各部分分别按论著发表之时间先后为序排列。对于报刊和文集文章,除专门研究鲍廷博及其著作之文章均予收录外,如该文章中有较多内容涉及鲍廷博及其著作,也酌情予以收录。网络和微信文章中不乏富有价值之作,本目录酌情收录尚未正式发表并且基本符合学术规范的文章。对于相关著作,如有不同版本,依时间顺序分别列出(如个别著作版本过多,则列出主要版本)。著作和硕博士学位论文中的相关部分,给本目录的编纂增加了不少工作量,并且增加了难度,但这也是本目录的重要特色,可以给读者提供尽可能多的信息。本目录对于研究文献的界定较为宽泛,一些学术性并不很强的著作和文章(含内部出版物)亦予收录,目的是给读者提供更多的信息和线索。

一、著作(含著作中的相关部分)

1.(清)赵怀玉:《亦有生斋续集》卷六中的《恩赐举人鲍君墓志铭》,清嘉庆、道光间武进赵氏刻本。

2.题(清)卢文弨:《群书校正》中的《知不足斋丛书校正》,国家图书馆藏清抄本(孔继涵校)。

3.题(清)卢文弨:《群书校正》中的《知不足斋丛书校正》,国家图书馆藏清抄本(金绍纶校)。

4.[日]桂五十郎:《汉籍解题》中的《〈知不足斋丛书〉》,日本明治书院1905年版,1906年版,1908年版,1913年版,1970年版,2005年版。

5.李孟符:《春冰室野乘》中的《知不足斋日记钞本》,世界书局1923年版,山西古籍出版社1995年版。

6.支伟成编著:《清代朴学大师列传》关于鲍廷博部分,上海泰东图书局1925年版,岳麓书社1986年版、1998年版,上海人民出版社2014年版。又见周骏富辑:《清代传记丛刊》第12册,台湾明文书局1985年版。

7.[日]林秀一:《本邦に于ける郑注孝经の刊行について》中的《知不足斋本郑注の渡来》《知不足斋本郑注の翻刻》,载《汉文学讲座》第4卷,日本共立社1934年版。

8.(清)黄廷鉴:《第六弦溪文钞》卷二中的《读知不足斋赐书图记》,载《丛书集成初编》,上海商务印书馆1936年版,中华书局1985年版。又见《清代诗文集汇编》编纂委员会编:《清代诗文集汇编》第475册影印清光绪十年(1884)虞山后知不足斋刻本,上海古籍出版社2010年版。

9.金天翮:《皖志列传稿》卷三关于鲍廷博部分,民国二十五年(1936)铅印本。又见《中国方志丛书》华中地方第239号影印民国二十五年(1936)铅印本,台湾成文出版社1974年版。

10.陈登原:《古今典籍聚散考》卷三第六章之一中的"知不足斋",商务印书馆1936年版,台湾乐天书局1971年版(书名为《中国典籍史》),台湾河洛图书出版社1979年版,上海书店1983年版,华东师范大学出版社2010年版。又见《民国丛书》第2编,上海书店1990年版。

11.[日]长泽规矩也:《支那书籍解题·书目书志之部》中的《四部寓眼录补遗》,日本文求堂1940年版。又见[日]长泽规矩也:《长泽规矩也著作集》第9卷《汉籍解题一》,日本汲古书院1985年版。中文版见[日]长泽规矩也编著,梅宪华、郭宝林译:《中国版本目录学书籍解题》中的《四部寓眼录补遗》,书目文献出版社1990年版。

12.［日］藤冢邻：《论语总说》第二篇第三章之五《知不足斋丛书本の义疏と乾·嘉间の清儒》，日本弘文堂1949年版。

13.潘景郑：《著砚楼书跋》中的《知不足斋书跋辑本》《鲍以文手校本词源》，古典文学出版社1957年版，上海古籍出版社2006年版。

14.（清）丁申：《武林藏书录》卷末中的《知不足斋》，古典文学出版社1957年版。又见徐雁、王燕均主编：《中国历史藏书论著读本》，四川大学出版社1990年版。又见（明）胡应麟等：《经籍会通（外四种）》，北京燕山出版社2008年版。

15.（清）叶昌炽：《藏书纪事诗》卷五关于鲍廷博部分，古典文学出版社1958年版，上海古籍出版社1989年版、1999年版［与《辛亥以来藏书纪事诗（附校补）》合为一册］，北京燕山出版社1999年版、2008年版。

16.（清）法式善撰，涂雨公点校：《陶庐杂录》卷四关于鲍廷博部分，中华书局1959年版。

17.吴慰祖校订：《四库采进书目》中的《浙江省第四次鲍士恭呈送书目》，商务印书馆1960年版。

18.（清）钱泳撰，张伟点校：《履园丛话》六《耆旧·渌饮先生》，中华书局1979年版。

19.中华书局编辑部编：《丛书集成初编目录》中的《丛书百部提要》关于《知不足斋丛书》部分，中华书局1983年版。又见中华书局编辑部编：《丛书集成初编总目索引》，中华书局2012年版。

20.洪焕椿编著：《浙江文献丛考》中的《明清浙江藏书楼和藏书家拾闻·仁和鲍氏知不足斋藏书和刻书》，浙江人民出版社1983年版。

21.（清）周广业：《四部寓眼录补遗：知不足斋丛书提要》，载《丛书集成续编》第5册影印《邈园丛书》本，台湾新文丰出版公司1983—1986年版。又见《丛书集成续编》第68册影印《邈园丛书》本，上海书店出版社1994年版。

22.徐珂编撰：《清稗类钞》"鉴赏类"中的《鲍渌饮藏书于知不足斋》《鲍渌饮刻丛书》《鲍渌饮藏元文宗永怀二字》，中华书局1984年版。

23.（清）陆以湉撰，崔凡芝点校：《冷庐杂识》卷七中的《知不足斋丛书》，中华书局1984年版。

24.（清）吴修编：《昭代名人尺牍小传》卷二十四关于鲍廷博部分，载周骏富辑:《清代传记丛刊》第 31 册,台湾明文书局 1985 年版。又见沈云龙主编:《近代中国史料丛刊续编》第 75 辑,台湾文海出版社 1980 年版。

25.(清)李玉棻:《瓯钵罗室书画过目考》卷三关于鲍廷博部分,载周骏富辑:《清代传记丛刊》第 74 册,台湾明文书局 1985 年版。又见《丛书集成续编》第 95 册,台湾新文丰出版公司 1989 年版。又见《丛书集成续编》第 84 册,上海书店出版社 1994 年版。

26.汪兆镛纂录:《碑传集三编》卷三十七中的《鲍廷博传》,载周骏富辑:《清代传记丛刊》第 126 册,台湾明文书局 1985 年版。

27.(清)李桓辑:《国朝耆献类征初编》卷四百四十一中的《鲍廷博》,载周骏富辑:《清代传记丛刊》第 184 册,台湾明文书局 1985 年版。

28.章钰:《四当斋集》卷七中的《鲍渌饮先生象赞》,载沈云龙主编:《近代中国史料丛刊三编》第 18 辑第 174 册,台湾文海出版社 1986 年版。

29.郑伟章、李万健:《中国著名藏书家传略》中的《金石录十卷人家》,书目文献出版社 1986 年版。

30.王钟翰点校:《清史列传》卷七十二中的《鲍廷博传》,中华书局 1987 年版。又见清国史馆原编:《清史列传》,载周骏富辑:《清代传记丛刊》第 104 册,台湾明文书局 1985 年版。

31.杨立诚、金步瀛合编,俞运之校补:《中国藏书家考略》关于鲍廷博部分,上海古籍出版社 1987 年版。

32.顾志兴:《浙江藏书家藏书楼》第六章之(五)中的《鲍廷博与"知不足斋"》,浙江人民出版社 1987 年版。

33.台湾"故宫博物院"编辑委员会编辑:《兰千山馆名砚目录》之六四《鲍廷博铭方城砚》,台湾"故宫博物院"1987 年版。

34.徐世昌辑:《晚晴簃诗汇》卷一百二十五关于鲍廷博部分,中国书店 1988 年影印退耕堂 1929 年刻本。又见《续修四库全书》第 1631 册影印民国十八年(1929)本,上海古籍出版社 1995—2002 年版。

35.李玉安、陈传艺编:《中国藏书家辞典》关于鲍廷博部分,湖北教育出版社 1989 年版。

36.林申清编:《明清藏书家印鉴》关于鲍廷博部分,上海书店 1989 年版。

37.刘尚恒:《古籍丛书概说》附录中的《〈知不足斋丛书〉》,上海古籍出版社

1989年版。

38.[美]恒慕义(Hummel,A.W.)主编,中国人民大学清史研究所《清代名人传略》翻译组译:《清代名人传略》(中)中的《鲍廷博》(N.L.斯万撰,王介山翻译),青海人民出版社1990年版。

39.(清)陈康祺著,褚家伟、张文玲整理:《郎潜纪闻四笔》卷一中的《鲍以文知不足斋》,中华书局1990年版。

40.李春光:《古籍丛书述论》第四章第二节之二《鲍廷博和〈知不足斋丛书〉》,辽沈书社1991年版。

41.梁战、郭群一编著:《历代藏书家辞典》中的《鲍廷博》,陕西人民出版社1991年版。

42.王河主编:《中国历代藏书家辞典》中的《鲍廷博》,同济大学出版社1991年版。

43.赵传仁、鲍延毅、葛增福主编:《中国古今书名释义辞典》中的《〈春在堂全书〉》,山东友谊书社1992年版。又见赵传仁、鲍延毅、葛增福主编:《中国书名释义大辞典》,山东友谊出版社2007年版。

44.(清)阮元:《揅经室二集》卷五中的《知不足斋鲍君传》,《揅经室四集》诗卷四中的《赠鲍以文廷博》,载(清)阮元撰,邓经元校点:《揅经室集》,中华书局1993年版。

45.顾志兴:《浙江出版史研究——元明清时期》第三章第三节之一中的《鲍廷博与〈知不足斋丛书〉》(附:青柯亭本〈聊斋志异〉),浙江古籍出版社1993年版。

46.图书馆学百科全书编委会编:《图书馆学百科全书》中的《知不足斋》(张荣起撰),中国大百科全书出版社1993年版。

47.(清)陈璿修,王棻纂,屈映光续修,陆懋勋续纂,齐耀珊重修,吴庆坻重纂:《(民国)杭州府志》卷一百七十中的《鲍廷博传》,载《中国地方志集成·浙江府县志辑》第3册影印民国十一年(1922)铅印本,上海书店1993年版、2011年版。

48.(清)许瑶光修,(清)吴仰贤等纂:《(光绪)嘉兴府志》卷六十一中的《鲍廷博传》,载《中国地方志集成·浙江府县志辑》第13册影印清光绪四年(1878)鸳湖书院刻本,上海书店1993年版、2011年版。

49.(清)严辰纂:《(光绪)桐乡县志》卷十五中的《鲍廷博传》,载《中国地方志集成·浙江府县志辑》第 23 册影印清光绪十三年(1887)刻本,上海书店 1993 年版、2011 年版。

50.(清)宗源翰、郭式昌修,周学濬、陆心源纂:《(同治)湖州府志》卷九十中的《鲍廷博传》,载《中国地方志集成·浙江府县志辑》第 25 册影印清同治十三年(1874)爱山书院刻本,上海书店 1993 年版、2011 年版。

51.(清)潘玉璇、冯健修,(清)周学濬、汪曰桢纂:《(光绪)乌程县志》卷二十三中的《鲍廷博传》,载《中国地方志集成·浙江府县志辑》第 26 册影印清光绪七年(1881)刻本,上海书店 1993 年版、2011 年版。

52.(清)闵苕旉:《金盖心灯》卷七中的《知不足斋主人传》,载《藏外道书》第 31 册,巴蜀书社 1994 年版。

53.(清)潘衍桐辑:《两浙輶轩续录》卷十五关于鲍廷博部分,载《续修四库全书》第 1685 册影印清光绪十七年(1891)浙江书局刻本,上海古籍出版社 1995—2002 年版。

54.郑伟章:《书林丛考》第一部分中的《鲍廷博知不足斋刻书考》《搜奇揽胜到东瀛的〈知不足斋丛书〉》,第二部分中的《"浙江鲍士恭家藏本"》,广东人民出版社 1995 年版,岳麓书院 2008 年增补版。

55.沈津:《书城挹翠录》中的《清知不足斋抄本〈孙明复小集〉》《清知不足斋抄本〈刘给事文集〉》,上海社会科学院出版社 1996 年版。

56.中国科学院图书馆整理:《续修四库全书总目提要(稿本)》第 29 册中的《晋保母砖跋尾一卷》,第 30 册中的《鲍刻书残存六种二十七卷》《南宋八家集八卷》,第 31 册中的《知不足斋丛书三十集二百一种七百七十五卷附录十九卷》,第 36 册中的《花韵轩咏物诗存三卷》,齐鲁书社 1996 年版。

57.戚志芬:《中国的类书、政书和丛书》之《丛书的简史》关于《知不足斋丛书》部分,商务印书馆 1996 年版。

58.林申清编:《中国藏书家印鉴》关于鲍廷博部分,上海书店出版社 1997 年版。

59.洪湛侯:《中国文献学要籍解题》中的《〈知不足斋丛书〉》,杭州大学出版社 1997 年版。

60.杜产明、朱亚夫编著:《中华名人书斋大观》中的《知不足斋》《赐书楼》,汉语大词典出版社 1997 年版。

61.来新夏主编:《清代目录提要》中的《鲍廷博:〈知不足斋宋元文集书目〉》,齐鲁书社 1997 年版。

62.石国柱、楼文钊修,许承尧纂:《(民国)歙县志》卷十中的《鲍廷博传》,载《中国地方志集成·安徽府县志辑》第 51 册影印民国二十六年(1937)铅印本,江苏古籍出版社 1998 年版,凤凰出版社 2010 年版。

63.郑伟章:《文献家通考(清—现代)》上册卷六中的《鲍廷博》,中华书局 1999 年版。

64.周少川:《藏书与文化:古代私家藏书文化研究》第二章第四节之二关于鲍廷博部分,北京师范大学出版社 1999 年版。

65.黄裳:《来燕榭书跋》中的《〈兰雪集〉(鲍校本)》,上海古籍出版社 1999 年版,中华书局 2011 年增订本。

66.林申清编著:《明清著名藏书家·藏书印》之二九《鲍廷博:知不足斋》,北京图书馆出版社 2000 年版。

67.陈先行等编著:《中国古籍稿钞校本图录》钞本部分中的《孙明复小集一卷附录一卷　清鲍廷博知不足斋钞本》《陈刚中诗集三卷附录一卷　清鲍廷博清风万卷堂钞本》《相台书塾刊正九经三传沿革例一卷　清乾隆二十一年鲍氏困学斋钞本》,上海书店出版社 2000 年版。

68.范凤书:《中国私家藏书史》第二编第五章第四节之六《鲍廷博知不足斋》,大象出版社 2001 年版,武汉大学出版社 2013 年修订版。

69.傅璇琮、谢灼华主编:《中国藏书通史》第七编第三章第三节之二中的《鲍氏知不足斋》,宁波出版社 2001 年版。

70.余章瑞编著:《藏书故事》中的《鲍廷博:渴于书籍是贤乎》,北京出版社 2001 年版。

71.杜泽逊:《文献学概要》第四章二之(五)关于鲍廷博部分,中华书局 2001 年版、2008 年修订版。

72.许承尧撰,李明回、彭超、张爱琴校点:《歙事闲谭》卷九中的《鲍渌饮刊〈知不足斋丛书〉》,卷二十一中的《程易畴鲍渌饮之异禀》,卷二十五中的《知不足斋鲍君传》,黄山书社 2001 年版。

73.汪家荣主编:《乌镇志》第六编第一章中的《鲍廷博传》,上海书店出版社

2001年版。

74.潘景郑:《著砚楼读书记》中的《知不足斋书跋辑本》《鲍以文手校本词源》,辽宁教育出版社2002年版。

75.陈先行:《打开金匮石室之门:古籍善本》下编中的《恩施前贤 泽被后人:清鲍廷博校本〈胡澹庵先生文集〉》,上海文艺出版社2003年版。

76.黄玉淑、于铁丘编著:《趣谈中国藏书楼》中的《"世衍书香,广刊秘籍"的鲍廷博与知不足斋》,百花文艺出版社2003年版。

77.刘崇德:《燕乐新说》中编第三章第一节之2《鲍廷博手校张刻〈白石道人歌曲〉之"底本"》,黄山书社2003年版,2011年修订版。

78.韦力:《批校本》(中国版本文化丛书)下编中的《鲍廷博》,江苏古籍出版社2003年版。

79.胡适:《胡适全集》第16卷《史学·〈水经注〉疑案考证(三)》中的《记鲍廷博给吴骞札中的戴东原自刊本〈水经注〉》,安徽教育出版社2003年版。

80.刘尚恒:《徽州刻书与藏书》第四章第三节关于鲍廷博部分,第九章第三节关于鲍廷博部分,广陵书社2003年版。

81.宋传水、袁成毅主编:《杭州历代名人》第三编中的《鲍廷博》(夏卫东撰),杭州出版社2004年版。

82.方维保、汪应泽:《徽州古刻书》之七《鲍廷博:倾尽家私藏刻书》,辽宁人民出版社2004年版。

83.顾志兴:《文澜阁与四库全书》第三部分之三中的《鲍士恭知不足斋献书》,杭州出版社2004年版。

84.李春光纂:《清代名人轶事辑览》第四册中的《鲍廷博》,中国社会科学出版社2004年版。

85.徐雁:《故纸犹香》中的《〈知不足斋丛书样本〉》,书海出版社2004年版。

86.钟毓龙编著,钟肇恒增补:《说杭州》第十八章中的《鲍廷博》,载王国平主编:《西湖文献集成》第11册《民国史志西湖文献专辑》,杭州出版社2004年版。

87.赵永纪主编:《清代学术辞典》中的《〈知不足斋丛书〉》,学苑出版社2004年版。

88.李玉安、黄正雨:《中国藏书家通典》关于鲍廷博部分,香港中国国际文化出版社2005年版。

89. 张健:《新安文献研究》第三章之八《藏书家鲍廷博与〈知不足斋丛书〉》,安徽人民出版社 2005 年版。

90. 朱亚夫编著:《名家斋号趣谈(续编)》中的《鲍廷博》,江西美术出版社 2005 年版。

91. 徐学林:《徽州刻书》第四章第一节之五《古籍整理家鲍廷博》,安徽人民出版社 2005 年版。

92. 张国标:《徽派版画》第二章第二节之一《鲍氏主要书画刻坊与坊主》,安徽人民出版社 2005 年版。

93. 王立中撰,郑玲点校:《鲍以文先生年谱》,载薛贞芳主编:《清代徽人年谱合刊》,黄山书社 2006 年版。

94. 叶建华:《浙江通史·清代卷上》第十章之六之(三)中的《鲍廷博与"知不足斋"藏书》,浙江人民出版社 2006 年版。

95. 顾志兴:《浙江藏书史》第五章第二节之一之(十六)《鲍廷博知不足斋藏书》,杭州出版社 2006 年版。

96. 鲍永军:《绍兴师爷汪辉祖研究》第一章第三节关于鲍廷博部分,人民出版社 2006 年版。

97. 上海图书馆编:《上海图书馆藏明清名家手稿》之《书信编》关于鲍廷博部分,上海古籍出版社 2006 年版。

98. 上海图书馆编:《上海图书馆藏明清名家手稿(简编本)》之《书信编》关于鲍廷博部分,上海古籍出版社 2006 年版。

99. 邵海忠、周以成、朱锦东:《浙江印刷文化》第六章第三节中的《鲍廷博与〈知不足斋丛书〉及〈聊斋志异〉的刊刻》,中国文联出版社 2006 年版。

100. 桐乡市政协文史资料委员会编:《桐乡文史资料》第 24 辑《桐乡市运河文化》之《名胜古迹》关于知不足斋部分、《人物风流》关于鲍廷博部分,台海出版社 2006 年版。

101. 韦力:《鲁迅古籍藏书漫谈》下册关于《知不足斋丛书》部分,福建教育出版社 2006 年版。

102. 刘崇德、龙建国:《姜夔与宋代词乐》第二章第一节之二《鲍廷博手校张刻〈白石道人歌曲〉之"底本"》,江西高校出版社 2006 年版。

103. 宋建成:《清代图书馆事业发展史》第四章第四节关于鲍廷博部分,载

《古典文献研究辑刊》二编,台湾花木兰文化出版社2006年版。

104.刘晓春主编,张丽婕编著:《清朝那些人》中的《鲍廷博》,新世界出版社2007年版。

105.王晓建:《说皇道帝》中的《嘉庆帝与藏书家、出版家鲍廷博》,北京燕山出版社2007年版。

106.薛贞芳:《徽州藏书文化》第二章第三节之三关于鲍氏知不足斋部分,安徽大学出版社2007年版。

107.(清)顾广圻著,王欣夫辑:《顾千里集》卷十三中的《知不足斋丛书序》,中华书局2007年版。

108.王文进撰,柳向春标点:《文禄堂访书记》卷三中的《一角编不分卷》,卷四中的《沈下贤文集十二卷》,卷五中的《圭塘欸乃集一卷》《五峰集七卷补遗三卷文集一卷雁山十记一卷》《遁庵先生集六卷菊轩先生集五卷》,上海古籍出版社2007年版。

109.徐世昌编纂:《清儒学案》卷一百二十五《思适学案》关于鲍廷博部分,中华书局2008年版,河北人民出版社2008年版,人民出版社2011年版。又见徐世昌纂,周骏富编:《清儒学案小传》卷十三中的《思适学案》关于鲍廷博部分,载周骏富辑:《清代传记丛刊》第6册,台湾明文书局1985年版。

110.洪湛侯:《百部丛书集成研究》中的《〈知不足斋丛书〉》,台湾艺文印书馆2008年版。

111.罗树宝:《中国古代图书印刷史(彩图本)》第九章之二中的《鲍廷博的刻书活动》,岳麓书社2008年版。

112.朱赛虹、曹凤祥、刘兰肖:《中国出版通史·清代卷》上册第五章第二节《私宅出版》关于鲍廷博部分,中国书籍出版社2008年版。

113.麦丁:《乌镇东西》之五《名人大家》关于鲍廷博部分,中国旅游出版社2008年版。

114.邓子勉:《宋金元词籍文献研究》第三编第四章第一节《鲍廷博》,上海古籍出版社2008年版。

115.黄裳:《劫余古艳:来燕榭书跋手迹辑存》下卷中的《鲍校知不足斋抄本〈兰雪集〉》,大象出版社2008年版。

116.黄裳:《惊鸿集》中的《鲍以文抄校〈东山词〉》,东方出版中心2008年版。

117.万正中编撰:《徽州人物志》卷五《藏书刻书》中的《鲍廷博》,黄山书社 2008 年版。

118.董惠民、吴仁斌:《浙江历史与文化》第六章之三关于鲍廷博部分,青海人民出版社 2008 年版。

119.王桂平:《清代江南藏书家刻书研究》第二章第三节中的《鲍廷博刊刻〈知不足斋丛书〉》,第四章第三节中的《鲍廷博〈知不足斋丛书〉之影响》,凤凰出版社 2008 年版。

120.蔡斐雯:《鲍廷博〈知不足斋丛书〉之研究》(《古典文献研究辑刊》八编第 1 册),台湾花木兰文化出版社 2009 年版。该书是在著者的硕士学位论文《鲍廷博〈知不足斋丛书〉之研究》(台湾大学图书馆学系,1994 年)之基础上修订而成。

121.沈善洪主编:《浙江文化史》下册第四编第二十三章第一节之六《鲍廷博"知不足斋"藏书》,浙江大学出版社 2009 年版。

122.陈先行、石菲:《明清稿钞校本鉴定》中的《明末清代校勘家之印章墨迹》关于鲍廷博部分,上海古籍出版社 2009 年版。

123.傅璇琮主编,刘德重分册主编:《中国古代诗文名著提要·诗文评卷》中的《〈七子诗话二十二卷〉》(蒋寅撰),河北教育出版社 2009 年版。

124.刘尚恒:《鲍廷博年谱》,黄山书社 2010 年版。

125.季秋华编辑:《知不足斋序跋题记集录》,国家图书馆出版社 2010 年版。

126.(清)翁广平:《听莺居文钞》卷八中的《赐书堂记》,卷二十中的《鲍渌饮传》,载《清代诗文集汇编》编纂委员会编:《清代诗文集汇编》第 466 册影印清抄本,上海古籍出版社 2010 年版。

127.来新夏:《近三百年人物年谱知见录》(增订本)关于鲍廷博部分,中华书局 2010 年版。

128.周生杰编著:《古典文献基础知识答问》八中的《鲍廷博是如何贯彻"以散为聚"的藏书理念的?》,安徽大学出版社 2010 年版。

129.陈心蓉:《嘉兴藏书史》第三章第三节之一《献书之冠鲍廷博与〈四库全书〉》,国家图书馆出版社 2010 年版。

130.吴格、眭骏整理:《续修四库全书总目提要·丛书部》中的《南宋八家集八卷》(谢国桢撰)、《知不足斋丛书三十集二百一种七百七十五卷附录十九卷》

(谢国桢撰)、《鲍刻书残存六种二十七卷》(谢国桢撰),国家图书馆出版社 2010 年版。

131.周生杰:《鲍廷博藏书与刻书研究》,黄山书社 2011 年版。

132.顾志兴:《杭州藏书史》第二章第五节之二之(十六)《鲍廷博知不足斋藏书》,中国社会科学出版社 2011 年版。

133.顾志兴:《浙江印刷出版史》第六章第四节之一中的《鲍廷博与〈知不足斋丛书〉(附:青柯亭本〈聊斋志异〉)》,杭州出版社 2011 年版。

134.吴家驹:《古籍丛书发展史》第三章第二节之四关于《知不足斋丛书》部分,南京师范大学出版社 2011 年版。

135.(清)鲍廷博撰,周生杰、纪秋华辑:《鲍廷博题跋集》,浙江古籍出版社 2012 年版。

136.韦力:《芷兰斋书跋初集》中的《鲍廷博批校知不足斋钞本〈灵棋经〉二卷》《陈墫、陈浴新跋知不足斋钞本〈宣靖备史〉四卷》,国家图书馆出版社 2012 年版。

137.黄山市徽州区地方志编纂委员会编:《黄山市徽州区志》第二十八章第一节中的《鲍廷博》,黄山书社 2012 年版。

138.沈珉:《芸香楮影——浙江书籍文化研究》上编第二章第四节之六中的《鲍廷博〈知不足斋丛书〉与〈聊斋志异〉的刊刻》,中国文联出版社 2012 年版。

139.范凤书:《中国著名藏书家与藏书楼》中的《鲍廷博 知不足斋》,大象出版社 2013 年版。

140.王蕾:《清代藏书思想研究》第六章 6.1.6《散书为聚》关于鲍廷博部分,6.4.2 中的《鲍廷博:以散为聚,广刊秘籍》,广西师范大学出版社 2013 年版。

141.江曦:《清代版本学史》第四章第四节之一《卢文弨、鲍廷博、陈鳣》,中国社会科学出版社 2013 年版。

142.刘尚恒、郑玲:《安徽藏书家传略》第三章第三节《"知不足斋奚不足,渴于书籍是贤乎:一代书宗鲍廷博"》,黄山书社 2013 年版。

143.汪应泽:《安徽历代藏书家事略》第四章第五节中的《鲍廷博与知不足斋藏书》,中国文史出版社 2013 年版。

144.陈心蓉:《嘉兴刻书史》第四章第二节之一《名垂青史的刻书大家桐乡鲍廷博》,黄山书社 2013 年版。

145.王士杰:《水墨乌镇》中《人之杰》之二中的《知不足斋奚不足——鲍廷博》,浙江人民出版社 2013 年版。

146.隗静秋:《浙江出版史话》第七章第四节一之一《鲍廷博与〈知不足斋丛书〉》,浙江工商大学出版社 2013 年版。

147.周生杰、杨瑞:《鲍廷博评传》,凤凰出版社 2014 年版。

148.顾志兴:《钱塘江藏书与刻书文化》下编第六节三之一《鲍廷博与〈知不足斋丛书〉》(附:青柯亭本〈聊斋志异〉)》,杭州出版社 2014 年版。

149.顾志兴:《杭州印刷出版史》第六章第四节之一《鲍廷博与〈知不足斋丛书〉》(附:青柯亭本〈聊斋志异〉)》,中国社会科学出版社 2014 年版。

150.徐学林:《徽州刻书史长编》关于鲍廷博部分,安徽教育出版社 2014 年版。

151.朱万曙:《徽商与明清文学》下编第四章之四《鲍廷博及其"夕阳诗"》,人民文学出版社 2014 年版。

152.张健:《清代徽州藏书家与文化传播研究》第二章第一节《鲍廷博与"知不足斋"藏书》,安徽师范大学出版社 2015 年版。

153.秦宗财:《明清文化传播与商业互动研究:以徽州出版与徽商为中心》关于鲍廷博部分,学习出版社 2015 年版。

154.翁长松:《清代版本叙录》第二辑中的《〈聊斋志异〉青柯亭本》,上海远东出版社 2015 年版。

二、硕博士学位论文(含硕博士学位论文中的相关部分)

1.周全:《斜川集考辨》第五章《知不足斋刻本斜川集述补》,台湾辅仁大学中国文学研究所硕士学位论文,1976 年。

2.蔡斐雯:《鲍廷博〈知不足斋丛书〉之研究》,台湾大学图书馆学系硕士学位论文,1994 年。

3.钟仕伦:《〈金楼子〉研究》第三章《库本、鲍本〈金楼子〉疑误举例》,四川大学中国古典文献学专业博士学位论文,2002 年。

4.刘墨:《乾嘉学术的知识谱系》第三章《乾嘉学术的学术史渊源》之七中的《藏书、出版事业与乾嘉学术的关系》关于卢文弨部分,南京师范大学文艺学专业博士学位论文,2003 年。

5.陆贤涛：《明清徽商与徽州刻书业》关于鲍廷博部分,安徽师范大学中国古代史专业硕士学位论文,2005年。

6.刘孝娟：《明清徽商与徽州刻书业的兴盛》关于鲍廷博部分,苏州大学中国古代史专业硕士学位论文,2007年。

7.路伟：《浙江古代丛书述论》第二章之(四)关于鲍廷博《知不足斋丛书》部分,浙江大学中国古典文献学专业硕士学位论文,2010年。

8.华蕾：《〈梅花喜神谱〉版本考》下篇《〈知不足斋丛书〉本考》,复旦大学中国古典文献学专业硕士学位论文,2010年。

9.陈洋阳：《私家藏书与江南绅商文化圈的形成：以鲍廷博藏书、刻书为个案研究》,华东师范大学传播学专业硕士学位论文,2013年。

10.李玉玲：《皇侃〈论语义疏〉怀德堂本、知不足斋本比较研究》,曲阜师范大学中国古典文献学专业硕士学位论文,2013年。

11.张春燕：《徽州私人藏书家的地理分布考察》关于鲍廷博部分,吉林大学历史文献学专业硕士学位论文,2014年。

12.龙燕：《明清时期徽商藏书研究》5.3《受到两代皇帝褒奖的鲍廷博》,安徽大学图书馆学专业硕士学位论文,2015年。

13.李健：《王辟之〈渑水燕谈录〉研究》二之二《相关跋文解读》关于鲍廷博部分,山东师范大学中国史专业硕士学位论文,2015年。

14.付力元：《〈聊斋志异〉青柯亭刻本研究》第一章第二节《赵起杲、鲍廷博、余集在青本刻印中各自承担之工作》,山东大学中国古代文学专业硕士学位论文,2015年。

三、报刊和文集文章

1.鲍夫：《唧啾漫记》中的《纪鲍廷博藏书事》,《甲寅杂志》1915年第9期。又见孙静安：《栖霞阁野乘(外六种)》,北京古籍出版社1999年版。

2.卢文弨：《知不足斋丛书序》,载(清)鲍廷博辑《知不足斋丛书》卷首,上海古书流通处1921年据清乾隆、道光间长塘鲍氏刻本影印,中华书局1999年据上海古书流通处1921年影印本缩印。

3.王鸣盛：《知不足斋丛书序》,载(清)鲍廷博辑《知不足斋丛书》卷首,同上。

4.单炤：《知不足斋丛书序》,载(清)鲍廷博辑《知不足斋丛书》卷首,同上。

5.赵学敏:《知不足斋丛书序》,载(清)鲍廷博辑《知不足斋丛书》卷首,同上。

6.朱文藻:《知不足斋丛书序》,载(清)鲍廷博辑《知不足斋丛书》卷首,同上。

7.许厚基:《知不足斋丛书序》,载(清)鲍廷博辑《知不足斋丛书》卷首,同上。

8.陈琰:《知不足斋丛书识语》,载(清)鲍廷博辑《知不足斋丛书》卷首,同上。

9.上海古书流通处:《〈知不足斋丛书〉影印说明》,载(清)鲍廷博辑《知不足斋丛书》卷首,同上。

10.陈登原:《中国文化史资料》之一《书知不足斋丛书所收王定国闻见近录后》,《人文月刊》1935年第1期。

11.冒广生:《知不足斋钞本词七种校记》,《同声月刊》1942年第1号。又见冒广生著,冒怀辛整理:《冒鹤亭词曲论文集》,上海古籍出版社1992年版。

12.谢国桢:《丛书刊刻源流考》,《中和月刊》第3卷第12期,1942年12月。又见谢国桢:《明清笔记谈丛》,中华书局1960年版,上海古籍出版社1981年版,上海书店出版社2004年版。又见王秋桂、王国良编:《中国图书·文献学论集》,台湾明文书局1983年版、1986年增订版。

13.周越然:《鲍钞〈宝峰集〉》,载周越然:《书书书》,中华日报社1944年版。又见周越然:《书与回忆》,辽宁教育出版社1996年版。又见周越然著,谭华军编:《言言斋书话》,陕西师范大学出版社1998年版。又见周越然著,陈子善编:《周越然书话》,浙江人民出版社1999年版。

14.张灯:《鲍廷博的知不足斋丛书》,《浙江日报》1956年11月28日。

15.卢坚:《谈谈〈聊斋志异〉的第一次刻本》,《光明日报》1957年4月21日。又见人民文学出版社编辑部编:《明清小说研究论文集》,人民文学出版社1959年版。

16.[日]藤田佑贤解题:《炎凉岸·女开科传·知不足斋原本批点聊斋志异》,日本《艺文研究》第7号,1957年12月。

17.顾志兴:《〈聊斋志异〉青柯亭刻本与杭州》,《杭州日报》1980年11月16日。

18.徐无闻:《跋鲍廷博手校张奕枢本〈白石道人歌曲〉》,《西南师范学院学报(哲学社会科学版)》1982年第3期。又见徐无闻著,徐立编:《徐无闻论文集》,文物出版社2003年版。

19.果鸿孝:《知不足的鲍廷博》,《历史知识》1983年第2期。

20.葛光:《鲍廷博与〈知不足斋丛书〉》,《图书馆研究与工作》1985 年第 2 期。

21.郑清土:《鲍廷博和〈知不足斋丛书〉》,《安徽史学》1985 年第 4 期。

22.谢国桢:《谈鲍氏〈知不足斋丛书〉刻本》,载谢国桢:《江浙访书记》,生活・读书・新知三联书店 1985 年版、2007 年版,上海书店出版社 2004 年版。又见谢国桢著,姜纬堂选编:《瓜蒂庵小品》,北京出版社 1998 年版。

23.李春光:《鲍廷博和〈知不足斋丛书〉》,《文献》1986 年第 4 期。

24.[日]山内芙美子:《〈知不足斋丛书〉にみえる算经书の位置》,日本《宫崎女子短期大学纪要》第 12 号,1986 年 3 月。

25.杨之飞:《鲍廷博》,载中国人民政治协商会议浙江省桐乡县委员会文史资料工作委员会编:《桐乡文史资料》第 4 辑《桐乡县历史名人史料》(二),中国人民政治协商会议浙江省桐乡县委员会文史资料工作委员会 1986 年编印。

26.顾洪:《王亶望与〈知不足斋丛书〉本〈论语义疏〉》,载中华书局编辑部编:《文史》第 28 辑,中华书局 1987 年版。

27.郑清土:《刻书大家鲍廷博》,载安徽省出版总社出版志编辑室编:《安徽出版资料选辑》第 1 辑,黄山书社 1987 年版。

28.戈金:《鲍廷博与知不足斋——古为今用随笔》,《黑龙江图书馆》1989 年第 1 期。

29.郑伟章:《鲍廷博知不足斋刻书》,《出版工作》1989 年第 8 期。

30.郑伟章:《搜奇揽胜到东瀛的〈知不足斋丛书〉》,《出版工作》1989 年第 9 期。

31.刘知渐:《鲍校本〈白石道人歌曲〉书后》,《重庆师范学院学报(哲学社会科学版)》1990 年第 1 期。

32.徐学林:《以书为命的古籍整理大家鲍廷博》,《出版史料》1992 年第 2 期。又见徐学林:《徽州出版史叙论》,安徽美术出版社 1995 年版。

33.蔡文晋:《鲍廷博藏书印记考》,台湾《中国书目季刊》第 26 卷第 2 期,1992 年 9 月。

34.刘兆佑:《刻书积善的鲍廷博》,载廖静宽编辑:《西王金母信仰与天山瑶池圣地之研究》,台湾慈惠堂 1992 年编印。又见刘兆佑:《认识古籍版刻与藏书家》,台湾书店 1997 年版,台湾学生书局 2007 年版。

35.［日］山本岩：《鲍廷博小传》，日本《宇都宫大学教育学部纪要》第1部第43卷第1期，1993年3月。

36.张弛：《浅评清代藏书家鲍廷博》，《图书馆学研究》1994年第1期。

37.蔡文晋：《鲍廷博年谱初稿上》，台湾《"中央图书馆"馆刊》1994年第2期。

38.蔡文晋：《鲍廷博年谱初稿下》，台湾《"中央图书馆"馆刊》1995年第1期。

39.张翔：《〈四库全书〉与徽籍藏书家》，《图书馆工作》1998年第1期。

40.俞尚曦：《清代桐乡藏书楼与地方文化积淀》，《历史教学问题》1998年第4期。

41.张翔：《〈四库全书〉与徽籍藏书家》，《中国典籍与文化》1999年第4期。

42.叶坤、叶树声：《安徽清儒编印丛书概说》，《大学图书情报学刊》1999年第4期。又见叶树声、许有才：《清代文献学简论》，安徽大学出版社2004年版。

43.丙寅生：《中国文物研究所藏知不足斋抄校本〈二妙集〉》，《文物天地》1999年第5期。

44.汪嘉麟：《鲍廷博和〈知不足斋丛书〉》，《图书馆杂志》1999年第9期。

45.中华书局影印编辑部：《〈知不足斋丛书〉影印说明》，载（清）鲍廷博辑《知不足斋丛书》卷首，中华书局1999年版。又见曾贻芬、崔文印：《古籍校勘说略》，巴蜀书社2011年版。

46.胡学彦：《杭州历代寓贤（下）》，《古今谈》2001年第1期。

47.张健、汪慧兰：《清代徽籍藏书家鲍廷博》，《安徽师范大学学报（人文社会科学版）》2001年第2期。

48.何庆善：《评〈知不足斋丛书〉的文献价值和历史意义》，《安徽大学学报（哲学社会科学版）》2001年第6期。

49.钟仕伦：《库本、鲍本〈金楼子〉疑误举例》，《四川师范大学学报（社会科学版）》2002年第6期。又见吴明贤主编：《文学文献研究》，商务印书馆2005年版。

50.胡春年：《鲍廷博与〈知不足斋丛书〉》，《四川图书馆学报》2003年第4期。

51.桑良之：《长塘鲍氏藏书世家》，《江淮文史》2005年第1期。

52. 张健：《鲍廷博与"知不足斋"藏书》，《大学图书情报学刊》2005 年第 3 期。

53. 何庆善：《渴于书籍是贤才：鲍廷博——鲍士恭》，载黄季耕主编：《安徽文化名人世家》，安徽教育出版社 2005 年版。

54. 郑玲：《〈鲍以文先生年谱〉的史料价值》，载《古籍研究》编辑部编：《古籍研究》第 51 期，安徽大学出版社 2007 年版。又见天一阁博物馆编：《天一阁文丛》第 5 辑，宁波出版社 2007 年版。

55. 刘尚恒：《首创有功，记实有憾——读〈鲍以文先生年谱〉》，《古籍整理出版情况简报》2008 年第 5 期。

56. 张力：《清代乾嘉二帝褒奖的藏书家鲍廷博》，《图书馆杂志》2008 年第 12 期。

57. 《鲍廷博：私家捐书居首位》，《安徽市场报》2008 年 9 月 8 日。

58. 周生杰：《论鲍廷博"以散为聚"的藏书思想》，载牛继清主编：《安徽文献研究集刊》第 3 卷，黄山书社 2009 年版。

59. 来新夏：《〈鲍廷博年谱〉序言》，《博览群书》2009 年第 2 期。又见来新夏：《交融集》，岳麓书社 2010 年版。又见来新夏：《邃谷序评》，上海辞书出版社 2013 年版。后更名为《鲍廷博的藏书与刻书——〈鲍廷博年谱〉代序》，载西泠印社拍卖有限公司、中国阅读学研究会、中国图书馆学会经典阅读推广专业委员会编：《2011 华夏阅读论坛"黄跋顾校鲍刻"与中国古旧书文化研讨会论文集》，西泠印社拍卖有限公司、中国阅读学研究会、中国图书馆学会经典阅读推广专业委员会 2011 年编印。

60. 张晓丽：《鲍廷博在古籍版本学方面的贡献浅探》，《皖西学院学报》2009 年第 4 期。

61. 翟屯建：《鲍廷博》，《徽州社会科学》2009 年第 4 期。

62. 季秋华：《新见鲍廷博墓志铭一则考述》，《图书馆研究与工作》2009 年第 4 期。

63. [日]松浦章：《江户时代唐船が中国へ持ち帰った日本书籍——安徽鲍氏〈知不足斋丛书〉所收の日本刻书》，日本《东アジア文化交涉研究》第 2 号，2009 年 3 月。其中文版《清代帆船带回的日本书籍——安徽鲍氏〈知不足斋丛书〉所收的日本刻书》，载复旦大学历史地理研究中心编：《跨越空间的文化——

16~19世纪中西文化的相遇与调适》，东方出版中心2010年版。

64. 季秋华：《张金吾访读知不足斋赐书》，《图书馆工作》2010年第1期。

65. 刘尚恒：《鲍廷博由杭州迁桐乡时间考述》，《图书馆研究与工作》2010年第1期。

66. 胡贵平：《鲍廷博的〈责备余谈〉》，《保定晚报》2010年6月20日。

67. 刘尚恒：《〈知不足斋序跋题记集录〉序言》，《图书馆工作与研究》2011年第1期。又见刘尚恒：《二馀斋文集》，天津古籍出版社2013年版。

68. 周生杰：《鲍廷博刻书理念述论》，《图书馆工作与研究》2011年第2期。

69. 周生杰：《论鲍廷博开放的藏书思想》，《国家图书馆学刊》2011年第2期。

70. 陈志平、熊清元：《鲍本〈金楼子〉勘误札记》，《黄冈师范学院学报》2011年第2期。

71. 李永强：《古代书画典籍之"浙江鲍士恭家藏本"的若干问题研究》，《内蒙古大学艺术学院学报》2011年第2期。

72. 蔡思明：《一代藏书家鲍廷博的人生画卷——读〈鲍廷博年谱〉》，《图书馆工作与研究》2011年第3期。后更名为《一代藏书家的人生画卷——读〈鲍廷博年谱〉》，《悦读时代》2011年第1~2期合刊。

73. 艾珺：《难能可贵的藏书家"三德"——清代藏书家鲍廷博礼赞》，《文化学刊》2011年第3期。

74. 马培洁：《鲍廷博抄本〈一角编〉与鲍廷博画像》，《中国典籍与文化》2011年第4期。

75. 刘尚恒：《鲍廷博研究三题》，《图书馆研究与工作》2011年第3期。又见《大学图书情报学刊》2011年第5期。又见西泠印社拍卖有限公司、中国阅读学研究会、中国图书馆学会经典阅读推广专业委员会编：《2011华夏阅读论坛"黄跋顾校鲍刻"与中国古旧书文化研讨会论文集》，西泠印社拍卖有限公司、中国阅读学研究会、中国图书馆学会经典阅读推广专业委员会2011年编印。

76. 郭建平：《论明清时期的画学著书风气——以知不足斋本〈南宋院画录卷〉鲍廷博题跋为线索》，《首都师范大学学报(社会科学版)》2011年第5期。

77. 周生杰：《何处见君常觅句 小阑干外夕阳疏——略论藏书家鲍廷博的咏物诗》，《淮北师范大学学报(哲学社会科学版)》2011年第5期。

78. 付嘉豪：《鲍廷博与〈四库全书〉》，《图书馆理论与实践》2011年第6期。

79.周生杰：《〈知不足斋丛书〉底本选择述略》，《图书馆理论与实践》2011年第7期。

80.周生杰：《学博行古　上彻天听——知不足斋主鲍廷博评传》，载牛继清主编：《安徽文献研究集刊》第4卷，黄山书社2011年版。

81.牛继清：《〈鲍廷博藏书与刻书研究〉序》，载王政、周有斌主编：《古典文献学术论丛》第2辑，黄山书社2011年版。

82.崔文印：《〈知不足斋丛书〉影印说明》，载曾贻芬、崔文印：《古籍校勘说略》，巴蜀书社2011年版。

83.张森生：《鲍廷博与"知不足斋"》，载张森生：《梧桐树下的辉煌：桐乡历史人物札记》，宁波出版社2011年版。

84.顾志兴：《黄丕烈跋文中的苏杭书谊与鲍廷博刻书》，载西泠印社拍卖有限公司、中国阅读学研究会、中国图书馆学会经典阅读推广专业委员会编：《2011华夏阅读论坛"黄跋顾校鲍刻"与中国古旧书文化研讨会论文集》，西泠印社拍卖有限公司、中国阅读学研究会、中国图书馆学会经典阅读推广专业委员会2011年编印。

85.季秋华：《鲍廷博交游考略》，同上。

86.周生杰：《鲍廷博单刻书考》，同上。

87.孙振田：《读周生杰博士〈鲍廷博藏书与刻书研究〉》，《大学图书情报学刊》2012年第2期。

88.相宇剑、周生杰：《知不足斋主鲍廷博校勘理念探微》，《图书馆理论与实践》2012年第3期。

89.季秋华：《〈鲍廷博藏书与刻书研究〉评鉴》，《图书馆研究与工作》2012年第3期。

90.马功兰、左雪梅：《徽州藏书家鲍廷博的藏书实践与理念》，《理论建设》2012年第3期。

91.李俊慧：《〈鲍廷博藏书与刻书研究〉读后》，《淮北职业技术学院学报》2012年第3期。

92.周生杰：《鲍廷博迁居桐乡考——兼补证刘尚恒先生"鲍廷博由杭州迁桐乡时间考述"》，《图书馆工作与研究》2012年第4期。

93.张学谦：《浙江鲍士恭汪启淑进呈四库书目辨正》，《山东图书馆学刊》

2012年第4期。

94.付嘉豪：《平议鲍廷博与汪启淑的一桩借书公案》，《图书馆工作与研究》2012年第5期。

95.张彩云：《资料翔实　创新频见——〈鲍廷博藏书与刻书研究〉读后》，《淮北职业技术学院学报》2012年第6期。又见王政、周有斌主编：《古典文献学术论丛》第2辑，黄山书社2011年版。

96.陈志平：《论鲍廷博、吴骞对〈金楼子〉的整理》，《兰台世界》2012年第12期。

97.刘尚恒：《〈鲍廷博年谱〉补遗》，载上海图书馆历史文献研究所编：《历史文献》第16辑，上海古籍出版社2012年版。又见西泠印社拍卖有限公司、中国阅读学研究会、中国图书馆学会经典阅读推广专业委员会编：《2011华夏阅读论坛"黄跋顾校鲍刻"与中国古旧书文化研讨会论文集》，西泠印社拍卖有限公司、中国阅读学研究会、中国图书馆学会经典阅读推广专业委员会2011年编印。

98.张森生：《鲍廷博与吴骞的书谊》，《南湖晚报》2012年5月25日。

99.马培洁：《鲍廷博知不足斋刻工研究》，《文献》2013年第1期。

100.姜胜：《取精用宏　所成必美——〈鲍廷博藏书与刻书研究〉读后》，《淮北师范大学学报（哲学社会科学版）》2013年第1期。

101.陈洋阳：《〈知不足斋丛书〉刊刻活动》，《出版史料》2013年第1期。

102.周生杰：《鲍廷博〈花韵轩咏物诗存〉钞本的文献价值》，《文献》2013年第2期。

103.周生杰：《咏物尤工"鲍夕阳"》，《古典文学知识》2013年第3期。

104.赵河清、王英智：《〈知不足斋丛书·影印说明〉价值之探析》，《河北科技图苑》2013年第5期。

105.周生杰：《丰养其涵　创新其体——读刘尚恒先生新著〈鲍廷博年谱〉》，载《古籍研究》编辑委员会编：《古籍研究》总第59卷，安徽大学出版社2013年版。

106.周生杰：《徽商刊刻明清小说的心理认同与文化意义——以鲍廷博襄刻青柯亭本〈聊斋志异〉为中心》，载周勋初、陆建德主编：《文学评论丛刊》第15卷第1期，南京大学出版社2013年版。

107.周生杰：《略论鲍廷博藏书与刻书序跋文献价值》，载上海社会科学院

《传统中国研究集刊》编辑委员会编：《传统中国研究集刊》第 11 辑，上海人民出版社 2013 年版。

108.［日］芳村弘道：《〈乾隆四库全书无板本〉所收〈江湖集〉の鲍廷博校宋本识语について》，日本《立命馆文学》第 630 号，2013 年 3 月。其中文版《关于〈乾隆四库全书无板本〉所收〈江湖集〉中鲍廷博校宋本识语的研考》，载北京大学国际汉学家研修基地编：《国际汉学研究通讯》第 10 期，北京大学出版社 2015 年版。

109.周怀宇、米学芹、朱梅光：《徽州鲍叔牙后裔的孝文化贡献》，载《第八届全国管子学术研讨会交流论文集》，2013 年编印。

110.陈东辉：《〈浙江大学国家珍贵古籍名录图录〉序》，《澳门文献信息学刊》2014 年第 1 期。

111.石梅：《鲍廷博诗集辑轶史料述略》，《图书馆研究》2014 年第 4 期。

112.杨洪升：《〈知不足斋宋元文集书目〉考实》，《文献》2014 年第 5 期。

113.石梅：《鲍廷博未刊诗集〈花韵轩咏物诗存〉抄本考述》，《蚌埠学院学报》2014 年第 6 期。

114.黄伟：《鲍廷博知不足斋旧藏善本流散考述》，《图书馆工作与研究》2014 年第 7 期。

115.孙革非：《范钦与鲍廷博的藏书思想比较》，《河南图书馆学刊》2014 年第 7 期。

116.陈惠美、谢莺兴：《从东海典藏〈知不足斋丛书〉谈其刊刻相关的问题》，台湾《东海大学图书馆馆讯》第 148 期，2014 年 1 月。

117.（清）鲍廷博著，石梅校订：《花韵轩咏物诗存》，载上海图书馆历史文献研究所编：《历史文献》第 18 辑，上海古籍出版社 2014 年版。

118.刘尚恒：《〈鲍廷博年谱〉再补遗》，载上海图书馆历史文献研究所编：《历史文献》第 18 辑，上海古籍出版社 2014 年版。

119.胡建升：《〈知不足斋丛书〉中的〈四库提要〉稿辑考》，载《四库文丛》编委会、成都图书馆编：《四库文丛》第 2 卷，上海交通大学出版社 2014 年版。

120.周生杰：《鲍廷博佚诗辑考》，载牛继清主编：《安徽文献研究集刊》第 6 卷，黄山书社 2014 年版。

121.陈东辉：《浙大藏知不足斋抄本〈周此山先生诗集〉真伪问题》，载陈东辉:《清代学术与文化新论》,台湾经学文化事业有限公司 2014 年版。

122.刘尚恒、季秋华:《"定香亭下清风在,争看诗人鲍夕阳"——鲍廷博的诗作》,《图书馆研究与工作》2015 年第 1 期。

123.陈志勇:《〈燕兰小谱〉作者安乐山樵考》,《中国戏曲学院学报》2015 年第 1 期。

124.宋亚莉:《汪辉祖〈书《金楼子》后〉略考》,《文献》2015 年第 2 期。

125.马培洁:《鲍廷博序跋辑存》,《文献》2015 年第 3 期。

126.王滨:《淄博市博物馆藏青柯亭刻本〈聊斋志异〉述略》,《蒲松龄研究》2015 年第 4 期。

127.马凌霄:《浅谈〈知不足斋丛书〉的成书》,《北方文学》(下旬)2015 年第 5 期。

128.吴月英:《藏书家鲍廷博与乌镇》,《中文信息》2015 年第 9 期。又见《图书馆研究与工作》2015 年第 4 期。

129.马培洁:《国图藏〈《金楼子》附校〉稿本与〈知不足斋丛书〉本之校刻始末》,《兰台世界》2015 年第 36 期。

130.林日波、徐慧:《全面评说清代刻书家鲍廷博功绩的一部力作——〈鲍廷博评传〉出版》,《古籍新书报》2015 年 3 月 28 日。

131.颜剑明:《鲍廷博与〈聊斋志异〉》,《南湖晚报》2015 年 10 月 25 日。

132.刘尚恒:《独树一帜的藏书家——鲍廷博评传之三》,《大学图书情报学刊》2016 年第 2 期。

四、网络和微信文章

1.郑闯辉:《"清名即是长生诀,当世应无未见书"——〈鲍廷博年谱〉与〈鲍廷博藏书与刻书研究〉评介》(http://blog.sina.com.cn/s/blog_45da1d440100vdcd.html)

2.程惠新:《继绝存真,传本扬学——浙江大学图书馆藏〈周此山先生诗集〉影印出版》(http://libweb.zju.edu.cn/libweb/redir.php? catalog_id = 8580&object_id = 104931)

3.桑良至:《尊重他人精神性命的鲍廷博》(http://blog.sina.com.cn/s/blog_6492290f01012ciw.html)

4. 周乾康:《知不足斋与南宫书香》(http://www.wzzcxx.cn/Article/ShowArticle.asp? ArticleID=12149)

5. 顾力仁:《〈知不足斋丛书〉》(http://ap6.pccu.edu.tw/Encyclopedia_media/main-all.asp? id=2973)

6. 鲍氏文网:《鲍廷博和"知不足斋"》(http://z.2003y.net/131417/index.asp? xAction=xReadNews&NewsID=91)

7. 马功兰:《徽州藏书家:鲍廷博》(视频)(http://open.nlc.cn/live/345065)

8. 芷兰斋(韦力)微信:《知不足斋:恨西风吹净了无痕(上)》(http://mp.weixin.qq.com/s? _biz=MzA4MjgyNTcxMQ==&mid=205942855&idx=1&sn=ea461fd57583ae4d1a46583d49971039&scene=7#wechat_redirect)

9. 芷兰斋(韦力)微信:《知不足斋:恨西风吹净了无痕(下)》(http://mp.weixin.qq.com/s? _biz=MzA4MjgyNTcxMQ==&mid=205968686&idx=1&sn=cec5d3ea3d2fae1a6e9e4cd4df9990fe&scene=4#wechat_redirect)

10. 乌镇旅游微信:《乌镇名人:鲍廷博》(http://mp.weixin.qq.com/s? _biz=MjM5MTY3MTM0MA==&mid=201208108&idx=3&sn=a64d2e7cb38ffe48a1f8a810278b891c&scene=7#wechat_redirect)

11. 扬州古籍线装微信:《明清著名藏书家(二十九):鲍廷博》(http://mp.weixin.qq.com/s? _biz=MzA3NzY1NTIyNA==&mid=200543570&idx=2&sn=4096c4d94aa14ae19edb7987ca55dcd5&scene=7#wechat_redirect)

(作者简介:彭喜双,杭州图书馆副研究馆员,博士;陈东辉,浙江大学汉语史研究中心副教授,博士)

安徽师范大学图书馆藏《诗本义》钤张雨印考

李永卉

  2015年9月起,为响应国家古籍保护中心号召,安徽师范大学图书馆在普通古籍基本著录完毕之后,开始对馆藏善本古籍进行整理、编目,本人是参与人员之一。我们的工作主要是核对图书的基本信息,如题名、卷数、作者、版本、序跋、钤印以及书籍的外观形态等,欧阳修的《诗本义》就是本人负责整理的一部书。

  安徽师范大学图书馆善本书库收藏《诗本义》一部,著录为:《诗本义十五卷卷首郑氏诗谱补亡一卷》,(宋)吉安永丰欧阳修撰,清乾隆间刻本,六册一函。是书版框高19.6厘米,宽15厘米。开本高28.7厘米,宽18.2厘米,十一行二十字,白口,左右双边,上鱼尾。是书每一册首页右下方均钤有"句曲外史张天雨印"阳文方印。

  "句曲外史"是元代道士张雨的号。张雨(1283—1350)[1],字伯雨,又字天雨,号贞居、句曲外史,是元代著名的道士,钱塘人。《元史》无传,时人文集中记有张雨事略:"(张雨)字伯雨,钱塘人,博览群书,故其诗清旷俊逸,时辈不能及。始隐茅山,后徙杭之灵石洞,与赵魏公、虞翰林友善,诗名震京师,自号句曲外史云。"[2]"道士张雨,字伯雨,号句曲外史,钱塘人,博闻多识,善谈名理,作诗自成一

---

[1] 关于张雨生卒年颇多争议,本文取肖燕翼先生说法。参见肖燕翼:《张雨生卒年考——兼谈三件元人作品的辨伪》,《故宫博物院院刊》1998年第1期。

[2] (元)顾瑛:《草堂雅集》卷五,《景印文渊阁四库全书》第1369册,第271页,台湾"商务印书馆",1986年。

家,字画亦清逸。"①"张天雨,字伯雨,号句曲外史,钱唐人。"②有《贞居词》《句曲外史贞居先生诗集》等著作及书法作品传世,与当时的诗人、书画家多有交往。四库馆臣云:"(张)雨诗文豪迈洒落,体格遒上。早年及识赵孟頫,晚年犹及见倪瓒、顾瑛、杨维桢,中间如虞集、范梈、袁桷、黄溍诸人,皆深相投契。"③存世的书作如《题张彦辅画诗卷》④,就有画押"句曲外史张天雨印"和"张雨私印"两方印章,可见"句曲外史张天雨印"阳文方印当是张雨的私人藏印之一。那么,为何著录为乾隆年间刻本的书籍上却钤有元代人的印章?到底是版本有误还是印章作伪?

按《诗本义》是北宋欧阳修撰写的一部诗经学著作,又名《毛诗本义》,卷帙有十四卷、十五卷及十六卷之别⑤,后人评价颇高,认为自唐定《五经正义》后,与毛、郑立异者,自此书始。四库馆臣曰:"是修作是书,本出于和气平心,以意逆志。故其立论未尝轻议二家,而亦不曲徇二家。其所训释,往往得诗人之本志。"⑥现存的版本主要有五种⑦:(1)《四部丛刊》影宋本;(2)明刻本;(3)明抄本;(4)《通志堂经解》本;(5)《四库全书》本。以上诸本中,明刻本、明抄本、《四库全书》本与安徽师大藏本均不同。《四部丛刊》本为上海商务印书馆就上海涵芬楼景印吴县潘氏滂熹斋藏宋刊本影印而成,十五卷,末附欧阳修补亡《郑氏诗谱》和《诗图总序》。《通志堂经解》本为清徐乾学辑,书名亦为《诗本义》,纳兰成德校订,十五卷,康熙十九年巴陵钟谦钧重刊。该本与《四部丛刊》本基本相同,张元济在《四部丛刊》本后跋:"此为宋刻本……当刊于南宋孝宗之世,通志堂刊本即从此出。"其与《四部丛刊》本不同之处,是将欧阳修补亡《郑氏诗谱》与《诗图总序》移至卷首。

安徽师大藏本中《郑氏诗谱》与《诗图总序》亦列于卷首,与《通志堂经解》本比对后发现,除了书口下端少了"通志堂"三字外,此本皆同于通志堂本,特别是

---

① (元)陶宗仪:《书史会要》卷七,《景印文渊阁四库全书》第814册,第764页。
② (元)赖良:《大雅集》卷一,《景印文渊阁四库全书》第1369册,第516页。
③ 《句曲外史集》提要,《景印文渊阁四库全书》第1216册,第351页。
④ 纸本29.3厘米×148.5厘米,无纪年,北京故宫博物院藏。
⑤ 参见裴普贤:《欧阳修诗本义研究》,第5~7页,台北东大图书有限公司,1981年;李君华:《欧阳修〈诗本义〉卷帙、成书年代及编纂体例研究》,《新余学院学报》2012年第6期。
⑥ 永瑢等:《四库全书总目》,第122页,中华书局,1965年。
⑦ 参见裴普贤:《欧阳修诗本义研究》,第5~7页;王学文:《欧阳修〈诗本义〉传世版本之我见》,《兰台世界》2010年7月下。

通志堂本卷二《驺虞》卷首缺了一段文字,安徽师大本此处亦残缺了相同文字。又安徽师大本中有明显的乾隆朝的避讳字,如卷十"天之历数","历"字作"歷"。由此可以断定,安徽师大藏本是康熙本之后重刻或重修于乾隆时期的本子,那么这方张雨的钤印亦系作伪无疑。

张雨是元代名士,既工于诗文,书法也闻名当世,存世的大多数是书画题跋,也有一些卷册类的书法作品,后者多有伪冒。如收藏于北京故宫博物院的《小楷自书诗札卷》和藏于上海博物馆的《行书自书诗册》两件书作就被鉴为伪作[1],但是古籍冒用其名者则比较少见。

本文在考证过程中得到北京大学历史系博士生苗润博先生的诸多帮助,特此致谢。

(作者:李永卉,安徽师范大学图书馆副研究馆员、硕士生导师)

---

[1] 刘九庵:《元张雨两件书法作品的辨伪》,《文物》1988年第2期。

美国汉庭顿图书馆新见《永乐大典》初探

王 斌 国 威

《永乐大典》是明成祖永乐年间编纂的一部大型类书,全书近四亿字,共二万二千八百七十七卷,装订为一万一千零九十五册,书中保存了先秦至明初共七八千种典籍,是中国古代也是当时世界上规模最大的百科全书。由于此书卷帙浩繁,不利于保存与流传,故嘉靖、隆庆之际又抄录了一份副本。但此后《永乐大典》屡遭劫难,先是正本不知所终,副本亦因为虫蛀、潮湿、盗窃等原因而不断损毁与流失。清代末年,存放《永乐大典》的翰林院在"庚子事变"中被焚,此书多数毁于大火,另有一小部分流散于民间,几遭灭顶之灾。据统计,现存的《永乐大典》如今仅余四百多册,不到全书的百分之四,分别藏于中国、美国、日本、德国、韩国、越南等地。由于其巨大的文物和文献价值,毫不夸张地说,任何一册《永乐大典》的重新发现,都将是中国文化界的盛事。

最近,发掘和整理《永乐大典》的工作又向前推进了一步,美国汉庭顿图书

美国汉庭顿图书馆所藏《永乐大典》

馆(The Huntington Library)从馆藏文档中发现了一册流失已久的《永乐大典》[1]。蒙美国西来大学龙达瑞先生襄助，笔者得到了此书的全部数码照片，故有条件对其内容、形制、流传等情况进行初步探讨。本册《永乐大典》一册两卷，卷次为一〇二七〇至一〇二七一，内容以"纸"韵"子"字契领，正文部分选自《礼记·文王世子》，注释则杂采《礼记注疏》《礼记要义》《礼记集说》等书而成。这册佚书的重新问世，不但进一步增加了现存残卷的数量，而且对研究和利用《永乐大典》提供了新的文献基础。

一、形制与流传

现存《永乐大典》皆为嘉靖四十一年(1562)至隆庆元年(1567)重录的副本，陈红彦在《〈永乐大典〉六百年》一文中对副本的成书过程及形制有详细介绍：

> 全书为手绘朱丝栏本，框高35.5厘米，宽23.5厘米，四周双边。八行，大字单行十四五字，小字双行不顶格28字。版心上下大红口，红鱼尾。上鱼尾下题"永乐大典卷×××"，下对鱼尾之间题叶次……《大典》为包背装，即每叶纸，字面向外由中缝对折，书籍先用纸捻订牢，外面用硬纸板裹一整块黄布连脑包装作书皮。装裱后在书皮左上方贴长条黄绢镶蓝边书签，题"永乐大典×××卷"。右上方贴一小块黄绢边签，题书目及本册次第。每册30~50叶不等，每册多为二卷，也有一卷或三卷的。全书高52厘米，宽约31厘米。[2]

陈女士的描述应该是在通观现存的众多册《永乐大典》之后做出的概括说明，但这一册的情况略有不同：

首先，这一册的装帧与其他分册有较大区别。虽然从封面、封底的材质与色泽来看，与其他卷册(如京都帝国大学图书馆藏卷一二九二九、京都大学东方文化研究所藏卷六六五、哈佛大学汉和图书馆藏卷七七五六等)差别不大，皆由黄色织物与硬纸裱合而成，但本册在装订形式上却较为独特，即不是传统的包背装，而是圆脊式的现代装帧形式，前后皆有书槽。另外，较之其他卷册，本册《永乐大典》封面没有左上方的长条黄绢蓝边书签，也没有右上方的边签。封面内页及扉页两面都贴有衬纸，上有英文书写的内容，其中第一张和第二张为手写，第三张为剪报。据扉页所附英文说明，本册《永乐大典》应该是在美国进行了重新装订。第一张衬纸上的文字简单介绍了本书的特征及来源，是考察其流传与收藏情况的重要资料，原文如下：

This volume was written with a
brush in the reign of the
Emperor Yung Lo

It was in the great Hanlin Library
(in Peking) when it was burned by
the Boxers in 1900.

This was picked out of the debris
and with other things was used
to barricade a window in one of the
Legation houses until the siege was
raised.

The cover was put on in this country.

  Loaned by
  L.J.Whiting
   Oberlin. Ohio

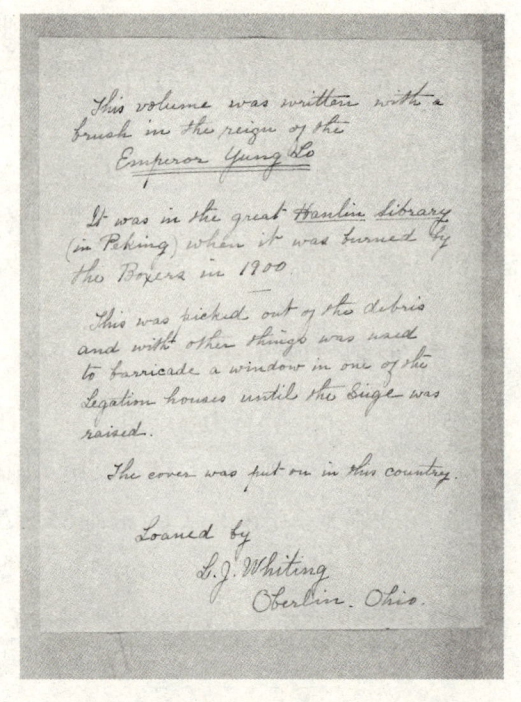

美国汉庭顿图书馆所藏《永乐大典》封面内页英文衬纸

第二张衬纸的字体与第一张差异较大，当由不同的人所书写。除了书名、卷次的简单记录，本页内容的主体是《礼记·文王世子》正文之节选英译，共六条：

(Translation)
  The Great Cyclopedia of
   Yung Lo
   Vol.10270
  Subject Sons.
  Teaching the Heir apparent

(Selections.) "Rites and music are
the essentials in Teaching
the Heir apparent. Music to
cultivate the inner man, rites
(or rules of propriety) to polish

the external conduct."

"The finished product is satisfactory; dignified, respectful, quiet, accomplished."

"The princely man regards virtue, when virtue is perfected, the teaching will be noble. When the teaching is noble the officials will be upright, when the officials are upright, the state will be orderly. This is what is called princely."

"When one man has great virtue the myriad states are pure."

"While the father lives the duties of the Heir apparent are those of a son."

"This is as it should be that all may know the doctrine of father and son, elder and younger."

经笔者核查，以上译文所对应的《礼记》原文分别为：1.凡三王教世子,必以礼乐,乐所以修内也,礼所以修外也。2.是故其成也怿,恭敬而温文。3.君子曰德,德成而教尊,教尊而官正,官正而国治,君之谓也。4.一有元良,万国以贞。5.故父在斯为子。6.明父子之义,长幼之序①。这些译文展示了早期国外学者对《礼记》的理解与研究。

---

① 引文皆出自《永乐大典》卷一〇二七〇。

第三张衬纸上的剪报标题为 Valuable Set of Books In China To Be Restored，报纸名称不详，原文亦无系年，但剪报上方有人以红色墨水手写"1927"字样。文章发表于10月5日，报道了文溯阁《四库全书》由北京重新运返奉天（今辽宁沈阳）收藏的事件①，并对《四库全书》的构成及收藏作了简单介绍。不过，文章的内容与《永乐大典》并没有直接关联，笔者推测可能是收藏者混淆了《永乐大典》与《四库全书》，故误将后者的报道附于此处。

其次，这一册的版式与其他卷册基本相同，单页八行，但每行字数与陈女士的说明略有出入。以卷一〇二七〇第三页右计算，大字每行为十九字，而第五页左则为二十字，卷一〇二七一第十页左则为十八字；小字双行，每行为二十七或二十八字。可见，这一册的大字排列较密，双行小字则与其他卷册相差无几。

除这些情况外，本册内容的完整性也存在问题。该书卷一〇二七〇第二十五页左之右起第一行下角略有缺损，原文云"曰：因其酒肉，聚其宗族，以教民睦。此因祭而燕也。其礼之详虽不（缺三字）之服皮、弁服即于路寝，宰夫为主，异姓为宾。王与族人燕于堂（缺四字）"，以文渊阁《四库全书》本《周礼集说》卷四相照[3]，前缺三字为"可考要"，后缺四字为"后帅内宗"。而本册最末一页并不像其上卷一样在左侧末行标注"永乐大典卷之一万二百七十"的字样，从本页末句的内容为"阕，终也。此时畿内之"来看，很明显文意不完，当还有下一页。复检文渊阁《四库全书》本《礼记大全》卷八，该句所在原文为："阕，终也。此时畿内之诸侯及乡遂之吏皆与礼席，天子使其反国，各行养老之礼。是天子之仁恩始于一处而终皆遍及也。"[4]但《礼记大全》在这一句之后还有约四页内容，不知本册《永乐大典》究竟缺几页。至于缺页是如何导致的，则莫可知也。所以我们现在看到的上卷28页是完整的，但下卷为21页，有残损。

这一册《永乐大典》的流传情况比较清楚。1900年，清军与义和团联合围攻位于东交民巷的外国使馆，由于久攻不下，围攻者引燃了毗邻的翰林院，企图使大火延及使馆。藏于翰林院的《永乐大典》或被焚毁，或被盗掠，就此零落[5]。根据第一张衬纸上的记载，本册《永乐大典》在这一事件中被用作使馆窗户的屏障，直到围攻停止以后，才被人从废墟和灰烬中捡得。据汉庭顿图书馆的官方介绍，

---

① 文溯阁《四库全书》由北京返奉，时间当在1925年，见郭向东：《文溯阁〈四库全书〉的成书与流传研究》，第92页，兰州：西北师范大学博士学位论文，2004年。考虑到报纸的时效性，笔者怀疑剪报上方补写的年份"1927"可能有误。

此书由居住于北京的长老会传教士约瑟夫·怀廷(Joseph Whiting, 1835—?)于1900年带离中国①。其人生平不详,但据美国长老会的官方记录,他曾于1883年在北京召开宗教会议[6],因此他至少在1883年已抵达中国。怀廷家族的多位成员都与中国联系密切,如约瑟夫的次女海伦·怀廷(Helen Whiting)及其丈夫托马斯·约翰·纳尔逊·加特莱尔(Thomas John Nalson Gatrell)曾长期生活于中国,而且海伦还一度充当慈禧太后的翻译,并于1922年病逝于上海②。因此,怀廷家族必然对中国文化有相当之了解,即使他们不熟悉《永乐大典》,也应该会意识到这册古书的巨大价值。据汉庭顿馆方介绍,此书由约瑟夫·怀廷的第四个女儿梅布尔·怀廷(Mabel Whiting, 1885—?)于1968年捐献给汉庭顿图书馆。这似乎表明此书在1968年以前一直藏于怀廷家族之手。但有些报道则推测这册《永乐大典》曾暂藏于俄亥俄州欧柏林学院(Oberlin College)③。前文所录第一张衬纸上的内容也支持这一观点,这段文字的末尾表明L.J.Whiting(即约瑟夫·怀廷)曾将此书借给欧柏林学院。因此,这册《永乐大典》的流传情况也就较为清晰了,其自翰林院流出后,被怀廷家族带至美国,并于其后的一段时间内暂存于欧柏林学院,1968年由梅布尔·怀廷捐献给汉庭顿图书馆。

不过,由于汉庭顿图书馆当时并没有熟悉中国文化的馆员,此书尘封近半个世纪而不为人所知。直到2014年8月,档案管理员杨立维在盘点馆藏文献时才偶然发现并证实了此书的身份。这册《永乐大典》的重新面世,对《永乐大典》及《礼记》的相关研究都将产生巨大的推动作用。

二、引书简目

《永乐大典》大段抄录文献原文,以朱字标明出处,眉目清楚,故历来被当成辑佚的渊薮。乾隆年间编修《四库全书》,馆臣从其中辑录了大量已经佚失的典籍。以现存经四库馆臣利用过的《永乐大典》来看,多在扉页签出引书目录及条目数,如卷二五三五、卷七七五六等。但并非所有现存者都有这样的引书条目统计,可见馆臣在辑录文献时有一定的倾向性。本册《永乐大典》乃《洪武正韵》

---

① http://hdl.huntington.org/cdm/compoundobject/collection/p15150coll3/id/7260.

② http://archiver.rootsweb.ancestry.com/th/read/OHLORAIN/2000-05/0959263941.

③ http://www.finebooksmagazine.com/press/2014/10/huntington-curators-uncover-two-sections-of-a-16th-century-chinese-encyclopedia.phtml.

"上声·二纸"韵下之"子"字韵,主要收录《礼记·文王世子》的正文和自汉郑玄以下至元人所做的各类注解。现仿四库馆臣之例,将本册所引书目及条目数、书籍概况依首次引用的先后顺序略叙于下。为便于说明,将卷一〇二七〇称为"上卷",卷一〇二七一称为"下卷"。

1.《礼记注疏》 存。汉郑玄注,唐孔颖达疏、陆德明音义。本册摘录时以朱笔"郑玄注、孔颖达疏、陆德明音义"等字样标明,其中"郑玄注"共77条,上卷35条,下卷42条;"孔颖达疏"共15条,上卷10条,下卷5条;"陆德明音义"共31条,上卷14条,下卷17条。《礼记注疏》与《经典释文》皆存,故不赘言。

2.《礼记要义》 存。据《授经图义例》卷二〇,题名为此者有三种:第一种三十卷,题"唐诸儒"撰,当是将唐人注解汇刊者;第二种二卷,题"王安石"撰;第三种三十三卷,题"魏了翁"撰[7]。前两种,据《中国古籍总目·经部》,已不存,魏了翁本则缺前两卷,有宋刻本、《四部丛刊续编》本、《宛委别藏》本、《五经要义》本等①。本册摘录时省称为"要义",据本册引他书皆题准确书名或题作者与书名简称的情况来看,此书仅简称"要义"而不题作者,不知何故。但我们将所引条目与《四部丛刊续编》本《礼记要义》逐条核对,发现均能找到相同内容,则基本可断定此"要义"就是魏了翁所撰者。共引6条,上卷4条,下卷2条。

3.《礼记集说》 存。宋卫湜撰,《直斋书录解题》卷二著录为一百六十卷,此书有宋嘉熙四年(1240)刻本及文渊阁《四库全书》本多种存世。本册摘录时称"卫湜集说",以与元人陈澔《礼记集说》相别,共引12条,上卷7条,下卷5条。

4.《礼记集说》 存。元陈澔撰,有十六卷、三十卷、十卷、四十九卷等多种②,今有元天历元年(1328)刻本及2010年凤凰出版社出版的万久富先生整理本。本册摘录时称"陈澔集说",共引13条,上卷7条,下卷6条。

5.《礼记集义详解》 佚。元陈栎撰,十卷。《定宇集·年表》载:"仁宗皇庆元年壬子(1312)先生六十一岁,夏五月十一日,《礼记集义详解》成,有序。"[8]此书之序载于《定宇集》卷一,未言卷数,清人朱彝尊《经义考》卷一四三云:"陈氏栎《礼记集义详解》,十卷,未见。"[9]据《中国古籍总目》,经部之下亦不载此书,不知散佚于何时。本册摘录时称"陈栎详解",共引14条,上卷8条,下卷6条。

---

① 关于此书的内容、版刻流传等,可参林江:《魏了翁〈礼记要义〉研究》,南京师范大学硕士学位论文,2011年。

② 可参苏成爱:《〈陈氏礼记集说〉研究》,南京师范大学硕士学位论文,2007年。

此书现或不存,史广超《〈永乐大典〉辑佚研究》所附书目亦不载,未见前贤曾辑录此书,故颇具研究价值。

6.《黄氏日抄》 存。宋黄震撰,九十七卷,今有乾隆年间重刻本及文渊阁《四库全书》本。本册摘录时称"黄震日抄",即其"读礼记日抄"部分,关于《文王世子》的内容在《黄氏日抄》卷一八。本册共引 8 条,上卷 5 条,下卷 3 条。

7.《彭氏纂图注义》 佚。宋人著,作者、卷数不详。本册所引书目,除前文所言《礼记要义》及此书不题具体作者外,其余均标明作者,故此处称"彭氏",盖早已亡其本名。我们爬梳卫湜《礼记集说》所列之"集说姓氏",并不见彭氏,清儒戴震入四库馆辑录此书时,亦不知著者为谁,盖实难详考也。戴震在乾隆三十八、三十九年间(1773—1774)从《永乐大典》辑出《彭氏礼记纂图注义》十四册,但国家图书馆所藏民国二十五年(1936)据戴震稿本所摄录者仅剩三册,寥寥数十条而已[10]。故本册所引者可以与戴震稿本相参照。共引 9 条,上卷 6 条,下卷 3 条。

8.《礼记句解》 存。宋朱申撰,日本国立公文图书馆藏有元代刻本《校正详增音训礼记句解》,凤凰出版社有 2013 年影印本,共十六卷。国家图书馆所藏戴震辑本共一册,86 条。本册《永乐大典》摘录时称"朱申句解",仅上卷引 3 条。

9.《礼记经义》 佚。元史驷孙撰,卷数不详,亦暂未见有目录著录。史驷孙,元泰定帝泰定元年(1324)进士,官至国子监助教。《至正四明续志》卷二"进士"下云:"泰定元年。张益榜:史驷孙,字东父,鄞县人,弥巩曾孙,授承事郎、国子助教。"[11]本册摘录时称"史驷孙经义",仅上卷引有 1 条。

10.《礼记音点旁注》 佚。宋吕祖谦撰,卷数不详,亦暂未见有目录著录。冯春生《吕祖谦经学著述目录版本考述》亦未曾言及[12],可据此补充吕氏之著作目录。本册摘录时称"吕伯恭音点旁注",共引 4 条,上卷 2 条,下卷 2 条。

11.《朱子语类》 存。宋黎靖德编,一百四十卷,今有中华书局 1986 年点校本。本册摘录时称"朱子语类",不题作者,仅下卷引 1 条。

根据以上梳理的情况来看,这十一种著作中,仅《礼记集义详解》《彭氏纂图注义》《礼记经义》《礼记音点旁注》四种现已亡佚,颇具辑佚价值。而另外七种书皆存,从文献学角度来看,具有一定的校勘价值。

小结

《永乐大典》的价值,从文物和文献两方面来看,都是巨大的。自从这一套珍宝散佚四海之后,有识之士无不为搜寻其下落而多方努力。每一册《永乐大典》的发现,都极其振奋人心,都能激起学界对它的兴趣,推动相关学科的研究。这一册《永乐大典》,对于《礼记》和经学的研究,有着重大的价值。我们只是第一时间从文献学的角度对它的大致情况做一个简介,希望能有更多的学者展开后续的深入研究。

(作者:王斌,乐山师范学院文学与新闻学院讲师,四川大学古典文献学博士;国威,四川大学文学与新闻学院讲师)

参考文献:

[1] Jessica Gelt.Huntington Archivist Finds Historic Piece of China's Largest Book[N].Los Angeles Times, October 16,2014.
http://www.latimes.com/entertainment/arts/culture/la-et-cm-huntington-library-chinese-yongle-encyclopedia-20141015-story.html#userconsent#.

[2] 陈红彦.《永乐大典》六百年[N].光明日报,2009-9-17(10).

[3] (宋)佚名撰.陈友仁增修.周礼集说[M]//景印文渊阁四库全书:第 95 册.台北:"商务印书馆",1986:426.

[4] (明)胡广.礼记大全[M]//景印文渊阁四库全书:第 122 册.台北:"商务印书馆",1986:282-283.

[5] 张升.《永乐大典》遭劫难的真相[J].河北学刊.2004,24(4):201-205.

[6] Presbyterian Church in the U.S General Assembly.Minutes of the General Assembly of the Presbyterian Church in the United States of America[J].New York:Presbyterian Board of Publication,1883,Vol.VII:847.

[7] (明)朱睦㮮.授经图义例[M]//景印文渊阁四库全书:第 675 册.台北:"商务印书馆",1986:324.

[8] (元)陈栎撰.陈嘉基刊:定宇集[M]//景印文渊阁四库全书:第 1205 册.台北:"商务印书馆",1986:155.

[9] (清)朱彝尊.经义考[M]//景印文渊阁四库全书:第 679 册.台北:"商务印书馆",1986:54.

[10] 史广超:《永乐大典》辑佚研究[D].上海:复旦大学博士学位论文,2006:79-80.

[11] (元)王元恭修,王厚孙、徐亮纂:至正四明续志[M]//宋元方志丛刊:第 7 册.北京:中华书局,1990:6468.

[12] 冯春生.吕祖谦经学著述目录版本考述[J].浙江师范大学学报,2002(6):85-89.

古籍书目四角号码索引编制过程的
文字校对和处理

王永华

引言

近年来，为配合古籍整理出版工作的需要，笔者有幸参加或独立完成了齐鲁书社出版的《〈三十三种清代人物传记资料汇编〉人名索引》、学苑出版社出版的《〈清代科举人物家传资料汇编〉人名索引》和《〈清代经世文全编〉目录·索引》、中华书局出版的《〈书目答问汇补〉综合索引》等多部古籍四角号码索引。在这些索引编制过程中，全部采用自主研发的索引编制和制版技术，实现了全程计算机操作，经过多年的实践和探索，程序化、自动化程度不断提高，使四角号码索引的编制过程与传统手工方法有了本质的不同。然而，计算机程序替重、自动排序等操作环节要求索引条目非常精准，任何一个文字略有差异都会被默认为不同的字符或条目，使操作步骤无法全部完成，需要进一步校对和检查，直接影响索引的编制速度和质量。因此，随着计算机编制技术的不断完善，索引文字的校对和处理，逐渐成为影响索引编制速度和水平的第一要素。

本文所要探究的正是索引文字的校对和处理问题，阐述有些文字因具有一字多形或异字同形的特点，而给索引文字的校对工作带来的影响，提出索引条目应遵循客观描述与规范化相结合的原则，运用计算机对条目的多角度排序和替重等辅助操作，提高文字校对的专指性，使索引条目的文字校对更高效、准确。

一、一字多形与异字同形

众所周知，古籍的整理出版及其书目的编制多采用繁体字，所以，古籍四角号码索引也采用繁体字编制。繁体字由于存在年代久远,很多单字都存在古体字、异体字、俗体字、避讳字以及旧有的错讹字等,造成一个字有多种写法,如"寿"字可以写出百种,当然该字与中国书法文化有关,而一般文字一字多形的情况并不少见。虽然我们国家在 1955 年由文化部和中国文字改革委员会发布了《第一批异体字整理表》,对繁体字字形进行了整理规范,然而,在计算机字符集的编制过程中,把已经规定停止使用的字形悉数编录其中,甚至古籍中都很稀见的字形也收入其中。如"剑"字,在计算机字符集中可以查到"劍""劎""劒""劔""剣""剱"六种繁体字形。因此,除异体字等汉字一字多形的情况会给索引编制带来困扰外,有些汉字同样的字形在计算机字符集中却出现了非常接近的两个字形,加之有些汉字本不是同一个字却有着非常接近的字形,即异字同形,都很容易造成一个字录入多种字形或录入错误的情况,给文字校对工作带来困难。如果进行校对时稍有疏忽,没有将这些字形接近的异体字剔除干净,标注的四角号码可能也不尽相同,就会导致同一条目无法替重或排到两处的情况。

　　下面根据一字多形与异字同形的不同情况,分别进行列举和说明:

　　1.本是同一个字,字符集中却有着基本相同却又有所不同的字形,如:"說"与"説"、"閲"与"閱"、"顏"与"顔"、"鬪"与"鬭"、"産"与"產"等。而在简化字和繁体字不同的录入状态下,所谓简繁同形的传承字也有类似的差别,如:"黄"与"黃"、"横"与"橫"、"奥"与"奧"、"粤"与"粵"、"彥"与"彦"、"温"与"溫"、"吕"与"呂"、"侣"与"侶"、"没"与"沒"、"内"与"內"等。这些字如果四角号码的取码是完全相同的,在索引中同时存在也不为过,但是,作为索引条目字头,由于无法自动替重,就会重复出现,这是四角号码索引所不允许的。

　　2.某些汉字的古体字及旧有的讹字等也有字形相近而容易混淆的情况,如:"瀲"与"澰"、"鐡"与"鐵"、"纎"与"纖"、"竒"与"奇"、"繋"与"繫"、"徴"与"徵"、"凖"与"準"、"艶"与"艷"等。它们大多四角号码相同,也有不相同的,应该有所取舍,不应在一部索引中同时出现。

　　3.貌似同一个字,字形非常接近,却并非是相同的字,如:"穀"与"榖"、"陝"与"陜"、"眺"与"朓"、"采"与"釆"、"椿"与"槆"、"綱"与"網"、"錫"与"錫"、"揚"与"楊"、"任"与"仼"、"咼"与"喦"、"頤"与"頣"、"姬"与"姫"、"宦"与"宧"、"衸"与"衬"等。这些字一般发音不同,用拼音输入法录入不容易出错,而使用五笔字型输入法,却容易出现这种形近字的混淆。

二、客观描述与规范化

古籍索引条目的提取与录入,应遵循客观描述与规范化相结合的原则,在不影响规范和排序的情况下,保持条目的客观原貌,但在原文出现明显错误时也应给予更正。当然,对原文献内容的更改受索引编制者学术水平的制约,编制者如果对文献内容生疏,在缺乏考证的情况下也很容易出现误读,而将正确的改为错误的。因此,更改原文时应慎之又慎。

客观描述下的规范化,一般是指古籍索引出现简化字或错别字,以及同一条目重复出现而文字内容不统一,作保留条目出处的文字替重时,都必须进行规范统一。一般人名用字多遵照客观描述原则,有些字形可能是人名中的特殊用法,尽量不作更改,重复出现的人名有出入时,应参照相关文献进行考证和取舍。而篇名中的用字是否有错,根据前后文字的语法关系能够判断对错时,可以进行规范和更改。例如有的字同时出现"简化字"和繁体字时,不能盲目把"简化字"改为繁体字,而要进行辨别,有的"简化字"是本来就存在的传承字,简化其他的繁体字时借用了这个字形。比如"徵"和"征",如果是"征集""征收""征求""象征"等词义,就应用繁体的"徵";如果是"征途""征讨"的含义,就用简化的"征"。

对于上文列举的形近字的处理,第一种和第二种情况都必须进行规范,选择其中一种字形,避免其他形近字的出现,可以编制形近字电子文本对照表(利用编制四角号码索引必须形成的"文字号码表①",把所有的形近字提取出来,形成表格),通过统一替换的办法,剔除形近字。第三种情况不属于规范的范畴,是必须要校对准确的,否则就会造成毋庸置疑的错误。

三、文字校对与辅助操作

我们知道,任何出版物的编辑出版都离不开校对工作,同样,要想提高古籍索引的编制质量,文字校对更是必不可少。一些大型索引的条目众多,如《清代经世文全编》篇名索引有两万多个条目,而且大多数的条目都在十个字左右,有的甚至有几十个字,要想逐字逐条校对清楚,达到准确无误,是非常困难的,很容易出现感知疲劳,而将错误从眼皮底下放过去,特别是字形相近时更容易出错。

---

① 王永华:《Visual FoxPro 在古籍书目四角号码索引编制中的应用》,《河南图书馆学刊》2006 年第 4 期。

运用计算机编制古籍索引，就可以采用技术手段的辅助操作进行多角度核查，发现一些在文字校对时很难发现的问题。

从我们前面列举的这些形近字可见，有些字的字形确实很相近，人的眼睛不容易区分，而计算机对此却没有丝毫障碍。如四角号码索引每个条目的字头需要经过替重，以单字小标题的形式著录于相同字头条目的前面，而条目中的字头以"~"符号代替。索引条目在前期表格文件状态时，可以在"FoxPro"中，通过编制替重程序的调用，实现字头的替重[1]；然后将字头列导出，转换成"Word"文件，删除空格后，剩余的字头一般不足原文件条目数的三分之一，再通过字头拼音、笔画和四角号码的多重排序，很容易将形近字挑拣出来，接着依次反查原始文件确认是否出现形近字混用的错误。因此，通过计算机的替重、排序等技术手段进行的辅助操作，对于提高索引的校对水平很有帮助。

再以《清代经世文全编》篇名索引为例，其同一篇名在书中多次出现的情况很多，如果同一篇名在不同条目中文字著录有差异时，假定出现差异的文字是在篇名的首字上，在文字校对时没有发现，就可以通过字头替重、对比和反查的方法将错误查找出来。如果出现差异的文字是在篇名的第二字或其后的文字上，经过字头的校正，一般同一条目都能集中在一起，一旦校对时仍不能将差异较小的形近字查找出来，还可以通过条目的替重，对同一条目没有剔除仍重复出现的情况进行核查，逐字进行对比，再小的差异也能查找出来。

结语

总而言之，计算机四角号码索引的编制仍然离不开传统的文字校对工作，但是可以通过对条目的多角度排序和替重等相关技术手段的辅助操作，提高文字校对的速度和质量，使大型索引枯燥而繁重的校对工作变得相对简单易行，从而大幅提升古籍索引的编制速度和质量。

（作者：王永华，副研究馆员，天津图书馆）

---

[1] 王永华：《Visual FoxPro 在古籍书目四角号码索引编制中的应用》，《河南图书馆学刊》2006 年第 4 期。

古籍目录索引的自动编制

——以"中华古籍索引库"为例

包菊香

一、"中华古籍索引库"背景

古籍是中华文明的重要载体，是弥足珍贵的文化瑰宝。为了更好地了解我国现存古籍的保护状况，加强对古籍的保护和管理，国家于 2007 年初启动了"中华古籍保护计划"。其中，全国古籍普查登记工作是全面了解全国古籍存藏情况，建立古籍总台账，开展全国古籍保护的基础性工作。在古籍普查登记基础上，由省级古籍保护中心组织本地区各古籍收藏单位编纂出版馆藏古籍普查登记目录，从而形成"全国古籍普查登记目录"丛书。

各古籍收藏单位对馆藏古籍进行详细清点和编目整理，在"全国古籍普查登记平台"系统上登记古籍普查数据并导出为 Excel 文件，或者直接在 Excel 文件中录入古籍普查数据，并按国家古籍保护中心规定的著录规则、格式规范整理为 Excel 格式的《古籍普查登记表格》。在此基础上，经省级古籍保护中心审校、出版社编辑校对后，编纂出版为《××单位古籍普查登记目录》。各单位古籍普查登记目录按照每部古籍一个款目著录，为每部古籍赋予具有唯一性的款目编号——"古籍普查登记编号"，同时遵循简明扼要、客观著录原则，登记每部古籍的基本项目，必登项目有索书号、题名卷数、著者（含著作方式）、版本、册数、存缺卷数，选登项目有分类号、批校题跋、版式、装帧形式、丛书子目、书影、破损状况等内容。是否登记选登项目，选登项目的多少，将由各单位在保证必登项目的前提下量力而行。

对于各单位古籍普查登记目录的款目编排方式，国家古籍保护中心不作统一规定，由各单位自行决定，因此这也在客观上为使用者带来了一些不便：因为不了解具体款目编排方式，使用者无法快速地在目录中查找到自己所要查找的古籍；各单位收藏古籍都是有限的，若使用者不清楚哪些单位收藏有自己所要查找的古籍，从而将所有单位的古籍普查登记目录从头至尾翻检一遍，可想而知这是一项多么费时费力的大工程。

因此，为各单位古籍普查登记目录一一编制索引，以及为"全国古籍普查登记目录"整套丛书编制统一的索引，都是十分必要的。索引对于古籍目录的重要性显而易见。为目录编制索引，将极大提高目录使用的准确性、便捷性，提高使用者的使用效率。

但是我们也应清醒地认识到，索引的编制难度很大，如果是以手工方式为一部古籍目录编制索引，其工作量十分巨大，更不要说为全国两千多家古籍收藏单位的古籍普查登记目录一一编制索引。同时，编制索引是一项精确性要求很高的工作，手工编制索引难免造成错误和遗漏，这将大大影响索引的精确性。针对以上两点，国家古籍保护中心考虑利用计算机技术，实现古籍目录索引的自动编制，由此专门开发了"中华古籍索引库"（以下简称"索引库"）系统。

二、索引自动编制的实现

各单位将 Excel 格式的《古籍普查登记表格》提交国家古籍保护中心后，国家古籍保护中心将其导入索引库，利用索引库中的导出功能，将《古籍普查登记表格》中各登记项目按照一定的规则组织起来，导出 Word 格式的《××单位古籍普查登记目录》。

在导出目录前，索引库允许用户选择是否附加题名索引、著者索引，允许用户选择索引的具体编排方式，如拼音、部首笔画、四角号码等。考虑到古籍题名与卷数的密切关系，题名索引中的题名是包含卷数的广义题名。索引库最多可以为一部目录附加六种索引，即"题名拼音索引""题名部首笔画索引""题名四角号码索引""著者拼音索引""著者部首笔画索引""著者四角号码索引"。

之所以为题名、著者各编制三套索引，主要考虑到普通读者、古籍专业读者的不同需求。四角号码索引是古籍目录中常用的一种索引方式，具有准确率高、查找速度快的优势，对于熟悉四角号码的古籍专业读者来说较为便捷。而对于普通读者来说，四角号码规则较多而难以快速上手，不易掌握，因此编制拼音索引、部首笔画索引，以方便普通读者使用，这也是必要的。

索引库要实现索引的自动编制，需要实现两大功能：一是索引条目的自动抽取，即从目录正文中抽取题名、著者，同时指明其所在页码或款目编号；二是索引条目的自动编排，即按拼音、部首笔画、四角号码等方式编排。

（一）索引条目的自动抽取

"索引条目"是指目录正文中的被索引对象，在这里即为题名、著者。索引条目后应指明其在目录正文中的页码或款目编号。考虑到古籍普查登记目录在以后排版过程中有可能造成页码的变动，索引库选择了款目编号——"古籍普查登记编号"作为索引条目的指向。

要从目录正文中抽取题名、著者，首先需要了解《古籍普查登记表格》的格式。在《古籍普查登记表格》中，"题名卷数""著者"为两列，若古籍为一题名一著者或一题名多著者时，可分别在"题名卷数"栏、"著者"栏中填写题名和著者，多个著者间以一个半角空格间隔；一书有多块题名且每块题名各有不同著者时，第一块题名填写在"题名卷数"栏中，对应著者填写在"著者"栏中，第二块及以后各块题名及其著者也填写在"著者"栏中，紧跟在前一著者后，并以"&"符号间隔。例如：

题名卷数	著者
史记一百三十卷	（汉）司马迁撰　（南朝宋）裴骃集解　（唐）司马贞索隐
春秋经传集解三十卷	（晋）杜预撰　（唐）陆德明释文 & 春秋名号归一图二卷　（蜀）冯继先撰 & 年表一卷

1.题名的自动抽取

在索引库中，题名的自动抽取按照以下规则进行：

（1）将第一块题名及后面用 & 表示的各块题名抽取后拼接起来成为一个完整题名，作为一个索引条目。

例如：周易程朱传义二十四卷　（宋）程颐　（宋）朱熹撰 & 上下篇义一卷　（宋）程颐撰 & 朱子图说一卷周易五赞一卷筮仪一卷　（宋）朱熹撰

完整题名为："周易程朱传义二十四卷上下篇义一卷朱子图说一卷周易五赞一卷筮仪一卷"。这一完整题名将作为一个索引条目。

(2)将完整题名按一定规则自动切分为各个小题名,除第一个小题名外,其他小题名都要作为索引条目,同时括注第一个小题名,即索引条目格式为"该小题名【第一个小题名】"。

例如,将上例中的完整题名"周易程朱传义二十四卷上下篇义一卷朱子图说一卷周易五赞一卷筮仪一卷"切分为:

第一块小题名:周易程朱传义二十四卷

第二块小题名:上下篇义一卷

第三块小题名:朱子图说一卷

第四块小题名:周易五赞一卷

第五块小题名:筮仪一卷

然后,第二块小题名到最后一块小题名都要作为索引条目,如第二块小题名作为索引条目的格式为"上下篇义一卷【周易程朱传义二十四卷】",第五块小题名作为索引条目的格式为"筮仪一卷【周易程朱传义二十四卷】"。

(3)以方括号开头的完整题名或小题名,方括号内第一字下要作为索引条目,除方括号后仅仅是卷数的情况外,方括号外第一字下也要作为索引条目。

例如:"[乾隆]邵阳县全志四卷",在"乾"字、"邵"字下都作为索引条目:

"乾"字下:

[~隆]邵阳县全志四卷

"邵"字下:

[乾隆]~阳县全志四卷

如果方括号外仅仅是卷数,如"一卷""二卷"等,那么方括号外第一字下就不作为索引条目,因为仅仅一个卷数作为索引条目毫无意义。

例如:[浦氏二君诗集]二卷

"浦"字下作为索引条目:

[~氏二君诗集]二卷

"二"字下就不作为索引条目:

[浦氏二君诗集]~卷

需要说明的是,目前有以下四种情况,索引库未作处理:

(1)子目题名

因为子目是选登项目,不是必登项目,因此索引库中暂时未对子目题名进行抽取,即子目题名尚未作为索引条目。索引库下一步考虑予以实现。

(2) 简要题名

古籍题名的著录一般将正文首卷卷端作为著录来源,而卷端题名常常带有修饰性的冠词,如"御制""钦定""新刊""删定""精选""重订""脂砚斋重评"等。简要题名就是不带这些冠词的题名,如"诗林广记"是"精选古今名贤诗林广记"的简要题名。很多读者往往只知道简要题名,不知道带冠词的完整题名,这样就容易造成漏检,因此不带冠词的简要题名也很有必要作为索引条目。但冠词也不能一概都去掉从而形成简要题名,如"唐百家诗选"是"王荆公唐百家诗选"的简要题名,而"诗注补"却不能成为"王荆公诗注补"的简要题名。因此,索引库中暂时未将简要题名作为索引条目。索引库下一步考虑整理一个较为完善的冠词表,利用冠词表初步形成简要题名,并人工校对,再整理一个在特定题名中非冠词的特例表,从而实现简要题名自动作为索引条目。

(3) 同名异书

同名异书,即题名相同却不是同一种书,索引库目前尚未加以区别。索引库下一步考虑利用已有工具书,整理《同名异书表》,在编制索引时参考《同名异书表》,在题名后括注著者等信息加以区别。

(4) 同书异名

同书异名,即同一种书有多个不同题名,索引库目前尚未加以区别。索引库下一步考虑利用已有工具书,整理《同书异名表》,在编制索引时参考《同书异名表》,立参见条目。

2. 著者的自动抽取

在《古籍普查登记表格》中,一个著者由"(著者朝代/国别)著者名称著作方式"构成,多个著者以空格间隔。两人合著,若著作方式相同,前者著作方式可省略,如"(宋)程颐　(宋)朱熹撰"。

在索引库中,著者的自动抽取按照以下规则进行:

(1) 将每个著者按规则抽取出来,解析为三部分:(著者朝代/国别)、著者名称、著作方式。解析完毕后,以著者名称作为索引条目,格式为"著者名称(著者朝代/国别)"。

解析著者时,(著者朝代/国别)解析出来较为容易,而著者名称、著作方式因为没有特定的格式区分,解析起来较为困难。索引库中采用的是著作方式匹配法：先建立一个著作方式列表，存放已知的著作方式，著作方式按字数倒序排列。在解析著者名称著作方式时，从其末字开始以著作方式最大字数去匹配著作方式表，若无匹配，则减一字再去匹配，依此进行，直至匹配成功，如"某某编辑"，先匹配"编辑"，后匹配"辑"，以免误将"编"字解析进著者名称中。

（2）两人以上合著之书，如其朝代及著作方式相同，一般省略其他著者，称"某某等撰"。在这种情况下，索引库匹配完著作方式，得到"某某等"后，将再舍弃末字"等"，以某某作为著者名称，从而形成索引条目。如"（清）李光地等撰"，其索引条目为"李光地（清）"。

（3）历代帝王或后妃撰著之书，著者名称前加庙号或谥号。在这种情况下，索引库将带庙号或谥号的作为索引条目，同时将不带庙号或谥号的著者名称也作为索引条目。如"（宋）高宗赵构撰"，其索引条目有二："高宗赵构（宋）""赵构（宋高宗）"。

（4）正文卷端所题著者名称未尽可信者，或正文卷端所题字号别称未能查知其真实姓名者，著者项可加"题"字。在这种情况下，索引库在编制索引时，在该著者对应"古籍普查登记编号"前以星号标识。例如，"古籍普查登记编号"为"110000-0101-0000587"，著者为"题（明）王世贞撰"，其索引条目为"王世贞（明）"，在索引条目指向的"110000-0101-0000587"前以星号标识。

需要说明的是，目前有以下两种情况，索引库未作处理：

（1）子目著者

索引库中暂时未对子目著者进行抽取，即子目著者尚未作为索引条目。索引库下一步考虑予以实现。

（2）同一朝代的同名异人

同名异人，即著者名称相同而非一人。不同朝代的同名异人，因为索引条目中括注著者朝代/国别，所以容易区分。同一朝代的同名异人，索引库目前尚未加以区别。我们考虑索引自动编制完毕后对这种情况进行人工干预，在著者名称后的括号内，于著者朝代/国别后加注著者籍贯、字号等其他信息加以区别。

（二）索引条目的自动编排

1.汉字拼音、部首笔画、四角号码信息的获取

要实现索引条目按拼音、部首笔画、四角号码等方式自动编排，首先需要整理汉字的拼音、部首笔画、四角号码信息。

汉字的拼音、部首笔画、四角号码信息可以初步从 UCD 的 Unihan.zip 文件中抽取。UCD 是 Unicode 字符数据库（Unicode Character Database）的缩写，由一些描述 Unicode 字符属性和内部关系的纯文本或 html 文件组成，可以在 Unicode 组织的网站获得。UCD 6.1.0 中，Unihan.zip 由多个描述汉字属性的 txt 文件组成。这些 txt 文件包含了很多有参考价值的索引，如汉字部首、笔画、拼音、使用频度、四角号码等。这些索引都是基于一些比较权威的辞典。为了最大程度地保证信息的准确性，从 Unihan 文件中抽取出来的汉字拼音、部首笔画、四角号码信息还需经过人工校对。

2.汉字拼音、部首笔画、四角号码重码字的先后排序

要按拼音、部首笔画、四角号码排序，还需要解决重码字的先后排序问题。

拼音重码，即拼音相同。Unihan 中虽然指明了汉字的拼音，却未指明拼音重码先后顺序。因此对于拼音重码问题，索引库中采用了《现代汉语词典》的做法，"同音字按笔画排列，笔画少的在前，多的在后。笔画数相同的，按起笔笔形横（一）、竖（丨）、撇（丿）、点（丶）、折（一）的次序排列"（《现代汉语词典·凡例》）。汉字总笔画数从 Unihan 中获取，起笔笔形则是从网上收集所得并经人工抽查核验的汉字笔顺表中获取。

部首笔画重码，即相同部首下相同笔画。Unihan 中已指明了汉字的部首笔画及其重码先后顺序，所以索引库直接采用了 Unihan 中的相关属性字段。

四角号码重码，即四角号码相同。Unihan 中虽然指明了汉字的四角号码，却未指明四角号码重码先后顺序。四角号码取码规则最后一条规定，对于四角同码字，可以取附角，附角仍有同码字时，再照各字所含横笔的数目顺序排列。但这一规则仍然不能完全解决重码问题。因此对于四角号码重码问题，索引库中采用了与拼音重码相同的方式，同码字先按笔画顺序排列，笔画少的在前，多的在后。笔画数相同的，按起笔笔形横（一）、竖（丨）、撇（丿）、点（丶）、折（一）的次序排列。

3.多音字的处理

拼音排序的难点在于多音字。遇到多音字时，如果将索引条目按其正确读音分别归入相应拼音下，一是取得正确读音需要人工干预，二是读者如果不知道正确读音，容易造成漏检。考虑到拼音索引的使用对象是普通读者，索引库中采用多个读音中的常用读音，如"重"取 zhong4，不取 chong2。

经过汉字拼音、部首笔画、四角号码信息的获取,对于重码字先后顺序、多音字的处理,索引库就可以顺利地自动编排索引条目了。利用计算机技术自动编排索引,高效、便捷、可靠。当然,如果要想索引尽量完善,还是少不了人工干预。

以上是以"中华古籍索引库"为例,对古籍目录索引自动编制过程中工作思路与经验的粗略总结。文中错误不当之处在所难免,请方家批评指正。

(作者:包菊香,国家图书馆国家古籍保护中心办公室馆员)

参考文献:
[1]南京图书馆编纂.中国古籍善本书目索引[M].上海:上海古籍出版社,2009.
[2]何远景.古籍目录索引的制作——以《内蒙古自治区线装古籍联合目录》为例[J].中国索引,2004(1):28-30.
[3]陈莉,韩锡铎.浅谈古籍书目索引的编纂[J].中国索引,2004(4):25-27.

《赐题备选》略考

郭 晶

一、《赐题备选》其书

2016年,吉林市图书馆申报的一部特别古籍入选了第五批《国家珍贵古籍名录》——《赐题备选》,名录号11811。此书无原题名、无著者、无序跋、无目录,而且不见任何著录。该书全四册,用蓝格纸抄成。每半页六行,行字不等。全书分类汇总了各种褒奖、鼓励、期望、祝贺等词语,约有1600余条。所录之词字数不一,有二、三、四字之别。一栏一词,用大字写成,词下方有小字注明出处。书中多处朱笔圈点,并贴黄记录"赐某某",如"世臣"类题词"济美",出自《左传》之"世济其美"。签条上记"赐范承勋"。签条所录有张玉书、宋荦、沈荃、于成龙等人名,均为清康熙朝人。

吉林市图书馆原编目卡片记载,此书于1959年末购入,购得时已是一函

《赐题备选》

四册的金镶玉装,编目人员自拟题名《辞汇类抄》,版本著录为"清佚名抄本"。后经考证,知此书是备康熙题赐臣工的御用书,分为诸王、宗室、公主、外戚、世臣等诸目,故重拟题名《赐题备选》不分卷,版本改成"清康熙间写本"。此书卷端钤有"查莹之印"及"映山"两枚方印,初审时曾因钤印认为此书责任者为查莹,又因某些词语下贴有签条,认为此书是稿本。

二、《赐题备选》辑者编者其人

查莹(1743—?),字韫辉,号映山,别号竹南逸史,祖籍山东,入籍浙江海宁。查昇孙。清乾隆三十一年(1766)进士,授编修,官文渊阁校理、武英殿提调官。乾隆五十一年(1786)擢升为山西道御史,吏科给事中。查莹精鉴赏、富藏书,收藏以影宋抄本和稿本为多。藏书楼有"听雨楼""圣雨楼""赐研堂""学山堂"等。钤印有"查莹之印""映山父印""听雨楼""映山秘玩""查氏映山凿定书画之章"等。

此书"弘"字不讳,南京图书馆徐忆农老师判定此书应成于清乾隆前,不应是查莹辑录。查莹是海宁查氏后裔,循此线索,徐老师在傅增湘《藏园群书经眼录》卷十子部"类书类"中找到了相关记录。傅先生曰:"查声山手稿二册,清查昇辑。摘录事类二、三、四字,分诸王、宗室、公主、外戚、世臣、勋臣、旧臣、大臣、宰辅及院部卿寺行谊事物各类,以备锡赉臣工所书。"落款为"癸亥十月十七日沅叔观于古书流通处"。癸亥,即民国十二年(1923)。

古书流通处成立于上海,曾是江南最大的古旧书店,店主原为六艺书局店主陈琰(立炎)。成立时间说法不一,有清宣统三年(1911)与民国五年(1916)二说。后得书业界沈知方、魏炳荣等人支持,不仅收售古书,还刻印古书,如《知不足斋丛书》《崔东壁遗书》等。后因店主年老多病,解散此处,将多数书籍出让给上海中国书店。

傅增湘先生认为此书责任者为查昇,无误,但此书是否由查昇所辑,需进一步论证。清吴振棫《养吉斋余录》卷三载:"康熙四十一年十一月初八日,圣祖御乾清宫,发御书一千四百二十七幅,命大学士张玉书、吏部尚书陈廷敬、工部尚书王鸿绪、副都御史励杜讷、右谕德查昇展阅分类,以备颁赐。"足以表明这些褒奖之词是康熙皇帝日常阅读时随手摘记,后发给身边诸臣,命他们阅读、整理、分类及编次,备日后向众臣颁赐和题字使用。所以确定此书真正原初的摘辑者应是康熙皇帝本人,而非查昇。当时在场的诸臣中,因查昇官职最低,又职在南书房行走,故分类编次的任务便自然落在他肩上。

查昇(1650—1707),字仲韦,号声山,海宁袁花(今属浙江)人。查慎行之侄。清康熙二十七年(1688)进士,选翰林院庶吉士,授编修。会康熙皇帝选儒臣侍值,经陈廷敬与励杜讷举荐,得以行走南书房,以备顾问。后累官少詹事兼侍讲学士。查昇喜藏书,又身负诗文盛名,工书法,精小楷,善行书,得董其昌神韵,康熙皇帝赞其书法云:"他人书皆有俗气,惟查昇乃脱俗耳。用工日久,自尔不同。"[①]清法式善《槐厅载笔》卷十云:"本朝状元,选书法之优者。"又说:"康熙以来上喜二王书……惟戊辰进士中工二王体者,首推海宁查昇,以其族叔嗣韩兼习五经,拔置鼎甲,昇遂抑置二甲。"知查昇善"二王"书法,又因其办事谨慎勤敏,屡蒙康熙皇帝眷顾。清阮元《两浙輶轩录》卷十载,帝尝为查昇"赐第西华门,御题其堂曰'澹远',会遇疾,上以赐第不吉,改赐厚载门外,疾旋愈"。康熙四十六年(1707)冬,昇积劳成疾,卒于任上,终年五十七岁。

查昇任职南书房,凡随康熙皇帝出巡,替君王搜集、编纂、抄写各种诗书文本,此书最终由他编次成帙,以备御题赐赠,乃其职责所系,实属自然。所以如果要说《赐题备选》的初始辑者,应是清圣祖玄烨,而将之类次成书的编者,应当是查昇。

三、《赐题备选》版本

前文说过,1923 年,傅增湘先生曾在古书流通处见过《赐题备选》,并将其著录为"查声山手稿二册"。此书是否真为"查声山手稿",尚需考辨。

从成书的基本材料看,《赐题备选》是康熙皇帝多年读书的躬自摘录。

《赐题备选》

---
① 《(乾隆)海宁州志》卷十一,清乾隆修道光重刊本。

若说是手稿,那应该是指康熙皇帝在乾清宫直接交付包括查昇在内诸臣的"一千四百二十七幅"颂赐之词,这确为康熙皇帝御笔。但这些词语仅为基础材料,不足以谓为文稿,更称不上书稿。在查昇奉旨分类编次而成的《赐题备选》中,无法再现康熙亲笔御书的千余幅词语,而是由查昇恭录成编类有序的专书,进献皇帝。由此推断,将此本称为查昇手抄较为准确,但很难说成查昇手稿。凡称稿本者,都指的是其内容为作者自撰,文字为作者手写。

康熙皇帝摘录的这些有关御题赐赠之词,起初只是为题写时预做准备,以免举笔不知所题或所题不当。所以命诸臣提前将千余幅零散词语"展阅分类",以便用时易于寻检。可知查昇所做的工作就是将康熙皇帝摘录现成的词语加以适当分类,然后依序编排起来,抄写成清本,供皇帝随时检用。如此成帙之书,确实难以称为查昇稿本。

《赐题备选》迄今都没有正式书名,原因或许不是想不出书名,而是根本就不能让它有书名。理由很简单,这类书仅供皇帝专用,不能随便抄传,不能付梓出版,更不能行销四远,甚至流传后世。随意抄传或版行于世,都会贬损皇帝博学多才、博古通今之盛名。所以查昇编好后,必定会亲抄一部,恭呈皇帝检用,而自己也需留存一部,在皇帝赐题后,贴黄书字加以记录,提醒皇帝再赐题时避免重复。

第五批《国家珍贵古籍名录》中的《赐题备选》正是如此。如"光辅"与"恭俭为德"之下,贴黄记录都是"张玉书";"柏台清肃"与"澄清方岳"之下,贴黄记录都是"于成龙";"萱瑞堂"之下,贴黄记录是"曹寅母";"落纸云烟"之下,贴黄记录是"沈荃"。凡此种种,共有一百四十五条贴黄记录,进一步证明这是查昇的工作用本。

从康熙四十一年(1702)十一月康熙皇帝交办此事,到康熙四十六年(1707)冬查昇谢世,五年时间内,康熙皇帝赐题竟达一百四十五次,频率极高。凡获御笔题赐者,必感恩戴德,山呼万岁并更加紧密地依附于皇权的伞盖之下,为之忠心耿耿。所以不能小觑封建社会帝王赐题的政治效用,可见《赐题备选》当成书于康熙间,且具有一定的政治功用。写到这里,此书究竟是查昇的稿本还是抄本,已经不重要了。如果一定要说是稿本,也仅指贴黄记录的文字部分当是查昇的手笔。

傅增湘先生《藏园群书经眼录》所著录的查声山手稿,从内容上看,与吉林市图书馆所藏《赐题备选》应该是同一书。

《藏园群书经眼录》对该书记载较为详细,却未提及是否有钤印,更未录查莹藏印,也许是一种疏忽。如果此书无题名、无著者、无序跋,傅先生当年经眼之书无查莹的两枚钤印,又怎么就能确定为查昇之手稿本!

吉林市图书馆所藏《赐题备选》,卷端钤有查莹的两枚印。查莹是乾隆朝人,无行走南书房的身份,亦无为已题词语贴黄记录的时空条件,况且书中"赐赵弘燮"中的"弘"字未缺笔为讳,都表明此书当为祖书孙受的家中固有之物,进一步证明此书乃查昇之书。况且《赐题备选》属特殊用书,康熙皇帝有一部,编者查昇有一部,除此之外似绝不会再有第三部存世,如若有,那得算泄露天机,罪当一死。至此,我们似乎可以下结论并著录此书为:"赐题备选不分卷 (清)圣祖玄烨辑 查昇编 清康熙查昇家抄本。"这样较为妥当。

(作者:郭晶,国家古籍保护中心办公室馆员)

对古籍保护学学科建设的思考

陈红彦

2007年1月,国务院办公厅颁布了《国务院办公厅关于进一步加强古籍保护工作的意见》(国办发〔2007〕6号),从此中华古籍保护计划的实施拉开帷幕。至今,中华人民共和国历史上第一次由政府主导的中华古籍保护工作已走过近十年。

古籍保护分原生性保护和再生性保护两大类型,所涉及的工作包括古籍的采访、编目、库房保管、提供阅览等服务,以及数字化缩微的介质迁移、展示、出版推广、修复保护等内容。从业人员需要具备相关的专业知识、理论和实践经验的支撑才能完成历史赋予的传承文明、服务社会的古籍保护重任。

本文以原生性保护最关键的部分,也是十年前最窘迫的古籍修复工作为例,探讨建设古籍保护学一级学科,以完善知识储备、提升工作能力开展古籍工作的必要性。

十年前,国家图书馆受文化部委托,曾对古籍存世情况和古籍修复人员的情况进行调查,调查结果表明,中国现存古籍在3000万册以上,而需要修复的古籍超过1000万册。面对数量如此巨大的待修古籍,收藏古籍占比最大的图书馆系统仅拥有不足100位专业修复技师,而这些技师职称又以中级、初级为多,学历以高中、大专为主,年龄多在40岁以上,对修复技术进行研究并能形诸文字的更是凤毛麟角。这对数量庞大的待修古籍来说是杯水车薪。经过近十年的古籍普查,我国古籍数量应为5000万册左右,尽管经过十年人员培训,修复人员数量增加了5~6倍,但增加人员主要是新入职者,需要较长的成熟期,而古籍所面临的诸如环境恶化、保存条件不理想的状况，修复师和待修古籍数量的配比并无理想改善。而十年前，作为古籍修复及保护理论支撑的古籍保护实验室几乎为零，古籍保护的科学化、规范化几乎是难以实现的梦想。

十年间，古籍修复最令人欣喜的提升，是人们越来越深刻地体会到，古籍保护修复是一门技艺，更是一个学科，需要技能、技术，更需要理论的支撑，二者结合才能使古籍修复真正走向科学化、规范化。如此高的要求，高中、大专的知识储备显然是不够的。在国外，古籍修复被视为艺术，崇高而神圣，从事珍贵古籍修复的人员一般具有硕士、博士学历。而我国的修复人员由于学历普遍偏低，常常被视为技工、修书匠人，这也是我们这个拥有浩瀚古籍的古老民族的悲哀。修复人员队伍的整体素质仍急需提升，高层次修复人才的出现成为历史的呼唤。

高层次修复人员如何打造？2003年8月，国务委员陈至立批示"专门培养一批高职学生从事古籍修复工作"，为此，教育部办公厅、文化部办公厅联合下发了《关于开展培养古籍修复人才试点工作的通知》（教高厅函〔2003〕20号），要求"加大古籍修复人才培养力度，建立一支结构合理的修复队伍。培养古籍修复人才，可以采取'分层培养，长短结合'的原则，以培养技术熟练的操作人员为主（主要是高职层次），适当培养一些高级修复人才（主要为本科层次），同时应注意加强对在职职工的短期培训，力争用10年左右时间，在全国造就一支数量和质量基本满足要求的古籍修复队伍"。

在此背景下，各地办学培养古籍修复人才的热情极端高涨。如江苏省南京市莫愁中等专业学校先是于2001年在全国率先开创三年制古籍修复专业，后于2004年升为五年制高职。还有金陵科技学院等开展大专教育，之后升为本科。首都联合职工大学国图分校开设古籍鉴定与修复专业业余专科班，开拓了在职人员学习修复技能和基础理论的新渠道。其后的几年，中山大学、复旦大学、中国社会科学院、天津师范大学等高等院校和科研机构又开设了研究生培养，与原有的北京大学考古文博学院、中央美术学院人文学院文化遗产系中既有的学历教育一起，基于古籍修复的学历教育逐渐成型，非常可喜。但是陆续形成的从中专到硕士研究生的人才培养，课程如何设置才能满足修复工作的需要？如何完备针对古籍修复的学科建设？这些都成为必须破解的问题。

笔者对国内几家教育机构的课程设置做了初步调研，并对文物修复学历教育开展早、影响较大的国外教育机构的课程设置进行了了解（课程设置情况主要来源于各校官网），对如何适应修复行业发展的需要进行学科建设做了一点思考，期待中国古籍修复的人才队伍建设的起点从基础教育便规范化、科学化，促进行业的良性发展。

1 目前国内学校教育中古籍修复及相关专业的课程安排

1.1 国内培养古籍修复人员院校和专业

笔者近几年中，针对古籍修复相关专业的课程安排进行过粗略的调查。

表1 国内开设文献保护与修复专业的教育机构一览表

学校名称	专业名称	培养目标	培养层次
南京市莫愁中等专业学校	古籍修复专业	以修复技法为主要培养内容，培养具有古籍修复能力的专业人才	高职
首都联合职工大学国图分校	古籍鉴定与修复专业业余专科班	培养从事古籍鉴定与修复的专业技能型从业人员	大专
金陵科技学院	古典文献专业（古籍修复方向、文献保护方向）	培养能从事古籍整理、文献保护工作，运用现代化技术手段进行古籍数字化及开展数字信息服务的专业人才	本科
南京艺术学院	文物鉴赏与修复专业（古陶瓷修复、古籍修复、书画装裱三个方向）	专业化与普及型艺术人才培养并重，充分体现"厚基础、强实力、宽口径、高素质"的综合培养目标，培养具有一定的鉴赏与修复文物能力的专门人才	本科 硕士 博士
北京大学	考古文博学院	培养田野考古和科技考古、博物馆管理与教育、策划设计、文物保护修复中某一类文物的保护与修复、文物建筑的勘察测绘、保护规划的编制或文物建筑修缮等方面的人才	本科 硕士 博士
复旦大学	中华古籍保护研究院	希望打通人文科学与自然科学、技术科学的界限，使学生成为既能继承传统修复工艺，又能借助现代科学技术的复合应用型人才	硕士

续表

学校名称	专业名称	培养目标	培养层次
中山大学	资讯管理学院(图书馆学、档案学、信息管理与信息系统)	面向全国从业人员和应届毕业生,培养系统掌握文献保护与修复、古籍整理与鉴定的知识和技能,能综合运用所学知识解决文献保护、修复、鉴定实际问题的复合型人才	本科硕士
天津师范大学	文物与博物馆专业硕士(古籍修复与出版方向)	沿着"产、学、研、用"的培养思路,逐渐摸索出一条培养古籍修复与出版方向高层次专业硕士人才的道路,为我国传统文化传承和传播做出应有的贡献	硕士
中国社会科学院	文物与博物馆专业	将古籍保护纳入了整个文化遗产保护这个大的领域,以文化遗产保护领域的学科体系的形成,培养理论修养与实践能力均备的专业人才	硕士
中央美术学院	人文学院文化遗产学系	创建于2004年,课程覆盖了文化遗产的发现、发掘、研究、鉴定到保管、推广和修复的整个流程,旨在培养具备现代文化遗产基本理念,了解文化遗产流程,具有一定美术修养、实践能力的文化遗产专门人才	本科硕士博士

1.2 国内培养古籍修复的专业课程设置情况

本文仅对专业课程进行梳理,不含各校政治、英语等统一必修课。

1.2.1 金陵科技学院

2003年12月,国家文化部办公厅和教育部办公厅联合下发了《关于开展培养古籍修复人才试点工作的通知》,提出在高等院校设置古籍保护和修复专业,培养一批技术精湛、素质较高的古籍修复人才。2004年,受江苏省文化厅与教育厅委托,金陵科技学院创办了全国第一个大专层次的古籍修复专业——文物鉴定与修复专业。2007年,金陵科技学院与南京图书馆合作办学,创办古典文献(古籍修复)本科专业,这是国内第一个培养古籍修复人才的本科专业。

古典文献本科专业课程:古代汉语、中国古典文献学、古籍修复、版本学、书画装裱、古籍装帧、校雠学、民国文献保护、文物摄影、古籍数字化、古籍保护、文献编纂学、国画技法、书法篆刻、目录学、档案保护技术、古籍信息系统开发等。

1.2.2 南京艺术学院

南京艺术学院 2005 年创办文物鉴赏与修复专业,2009 年设立文化遗产保护与管理专业。文物鉴赏与修复专业设古陶瓷修复、古籍修复、书画装裱三个方向。以古陶瓷、书画、古籍、玉器、青铜器鉴赏知识为基础,在此基础上着重培养动手修复的操作技能。

2013 年,经国家教育部的批准,南京艺术学院和意大利博洛尼亚大学联合培养文化遗产保护与修复专业的硕士研究生,让学生在掌握传统手工技法的同时又得到国外先进科学技术修复方法的滋养,以培养出新时期适应现代保护需要的新型复合型文物保护人才。

本科的课程设置有必修课、限选课。

本科专业必修课:学科与专业导论、美术基础、古代汉语、艺术考古、文物绘图与摄影、博物馆管理、文化艺术法律法规、中国古代史、中国工艺美术史、印刷工艺、书画修复、古籍修复、陶瓷修复、书画装裱、陶瓷制作、艺术品收藏与拍卖。

本科专业限选课,陶瓷方向:中国陶瓷史、陶瓷鉴定、陶瓷修复;书画鉴定方向:中国书画史、书画鉴定、书画修复、书画专题研究;古籍鉴定与修复:纸张工艺史、古籍版本鉴定、古籍修复。

硕士课程安排:

专业必修课:文物学概论、文物保护学理论与方法、美术基础、文物修复、材料学、实验研究方法、文物检测分析、技术文物保存环境研究、应用化学、生物病害防范与治理、修复英文文献导读。

专业选修课:书画装裱、造纸、书籍装帧、陶艺、版画、漆器、颜料与彩绘、贴金。

1.2.3 首都联合职工大学国图分校

2008 年起开办文物鉴定与修复(古籍鉴定与修复方向)专业,开设了中国古典文献学、中国文化史、古籍鉴定、文物保护技术、书画鉴赏、古籍及书画修复实践等课程。

1.2.4 北京大学考古文博学院

1922 年,北京大学国学门下成立考古学研究室;1952 年,在历史系内成立考古专业。现为考古文博学院，下设考古学与博物馆学系、文物保护与科技考古系；有考古学、博物馆学两个本科专业，古代建筑、文物保护两个本科专业方向。研究生阶段则有旧石器时代考古、新石器商周考古、汉唐考古、宋元明考古、古文字、佛教考古、陶瓷考古、中西亚考古、科技考古、中国古代文物、博物馆学、文物保护科学等方向。学院还设有考古学及博物馆学博士点和考古学博士后流动站。

本科课程设置：文物保护概论、博物馆学概论、中国考古发现与探索、世界史通论、考古学导论、文化遗产学概论、中国古代史、中国考古学、考古学技术、博物馆设计初步、博物馆陈列艺术设计、博物馆陈列内容设计、博物馆藏品管理、田野考古学概论、田野考古实习、文物法规与行政管理、文物研究与鉴定、现代科学技术在考古学中的应用、文化人类学。

研究生课程设置：必修课有文化遗产保护的理论与实践田野考古技术等，选修课有文物修复理念与法规、文物保护化学基础、文物材质与保存环境、文物保护材料与应用专题、不可移动文物保护专题、有机质文物劣变与防护、无机质文物保护专题、中国艺术史、文物分析技术等。

1.2.5　中央美术学院人文学院文化遗产学系

中央美术学院人文学院文化遗产学系创建于 2004 年，为中国第一个文化遗产学系，学科范围以视觉文化遗产为中心，覆盖了文化遗产的发现、发掘、研究、鉴定到保管、推广和修复的整个流程。

本科阶段专业课程：美术概论、考古学通论、中国通史、美术史基础课程、世界通史、古代汉语、民间美术概论、素描、中国美术史、世界美术史、美学原理、中西美学史、中国工艺美术史、世界工艺美术史、西方美术史籍概论、中国美术史籍概论、线描临摹、中国美术史研究专题、西方古代美术史研究专题、文化人类学、博物馆与公共美术教育、美术博物馆学概论、中国美术考古学、中国书画鉴定概论、文化遗产学、书画修复与临摹。

中国古代书画修复实践与研究专业方向研究生阶段必修课：古代书画修复理论与实践（理论课包括书画装潢史、书画装潢形制、书画装潢材料学等，实践课包括书画装裱及古旧书画修复）、文化遗产学研究、非物质文化遗产与民间美术研究、中国古代书画鉴定方法研究、中国美术史学史。

选修课：中国美术知识生成研究、西方美术史方法论、汉唐视觉文化研究、中国建筑史和跨文化美术研究、20世纪中国美术史、俄罗斯美术史、东方美术史等。

1.2.6 中山大学

中山大学资讯管理学院与图书馆自2006年开始就联合开设"文献保护与修复"本科生课程,并结合对北美高校文献保护专业的调研情况,对当时国内同类课程的授课内容进行了大幅度改革。2014年底,资讯管理学院、图书馆与国家古籍保护中心签署了联合培养文献保护方向专业硕士生的协议,由此开始了文献保护与修复硕士教育建设的尝试与探索,将"中西理念交融、保护修复并重、理论实践同步"作为建设的特色与路径。

在资讯管理学院(图书馆学、档案学、信息管理与信息系统)本科教学增加文献保护与修复课程。

本科专业必修课程:文献修复与保护(修复保护理念、馆藏保护管理、修复技术数字资源的长期保护、修复实践等)。

在研究生阶段增设文献保护与修复硕士方向。

1.2.7 复旦大学

复旦大学从2014年起开设古籍保护方向专业硕士培养,其专业课程分必修课、选修课、实践课。

必修课:现代图书馆学、文献学概论,文献资源建设、古籍保护概论、古籍修复实践、古籍编目鉴定、中国藏书史研究、古籍修复概论、现代修复科技。

选修课:版画创作、字画修复、碑帖修复、书籍装帧、传拓技术、书法艺术。

实践课:古籍编目、古籍修复、传拓、纸张检测实验。

1.2.8 中国社会科学院

2010年中国社会科学院成为全国首批文物与博物馆专业学位硕士培养单位。自成立以来,中国社会科学院对内依托中国社科院考古研究所、历史研究所等,对外先后与故宫博物院、首都博物馆、南京博物院、浙江省博物馆、恭王府管理中心签订了战略合作协议,与国家图书馆签订了专项合作协议,与国家博物馆等也进行了密切的合作。目前设置了文物鉴定与修复、博物馆与文化遗产管理、故宫学三个专业方向,其中文物鉴定与修复方向又包含古陶瓷、古书画、古玉器、古青铜器、古代佛教艺术、古籍(与国家图书馆合作)六个子方向,博物馆与文化遗产管理方向包含博物馆管理、中国非物质文化遗产与传统技艺保护两个子方向。古籍保护纳入了整个文化遗产保护这个大的领域,用文化遗产保护领域的学科体系来设置课程。

古籍子方向硕士课程：

必修课：专业基础课。

选修课：古文字与古文献概论、中国古代典籍史、中国古代典籍修复、中国古代典籍鉴定与古籍市场。

1.2.9　天津师范大学

2014年，天津师范大学与国家古籍保护中心、天津古籍保护中心、天津古籍出版社磋商，共同开展"文物与博物馆专业硕士"（古籍修复与出版方向）培养。多方组建由校内教师、学界专家和古籍修复行业顶尖高手组成的人才培养团队，着力培养理论功底厚、从业能力强、工作上手快的古籍保护人才。

研究生专业课程分必修课、选修课、实践课。

必修课：历史文献学、古籍保护要籍介绍、古籍保护概论、文物学、博物馆学、考古学。

选修课：陶瓷器、青铜器、紫砂壶、民俗学、历史文献编目与资源检索。

实践课：古籍修复技艺、古籍出版与再生性保护。

1.3　我国的文献保护与修复专业的课程设置的基本情况

从上述机构本科、硕士的课程设置情况来看，除大学英语、计算机信息技术等必须设置的课程外，各机构针对古籍保护不同的方向，可以形成错位互补的机制，同时从学生就业的需要出发，也都更加注重在校期间理论与实践的结合，并加大实践课的权重，对这个实际操作性强的专业而言都是非常可喜的。

归纳起来，目前的课程设置，主要有以下几类：

1.3.1　基础理论：中国古代史、中国书画史、中国考古学、中国文化史、历史文献学、图书馆学、古籍保护概论、文物保护概论、古典文献学、目录学、版本学、古代汉语、中国古代文学史、中国文献学、文献编纂学、中国书籍史、中国收藏史；博物馆管理、文化艺术法律法规、博物馆设计初步、博物馆陈列艺术设计、博物馆陈列内容设计、博物馆藏品管理；现代科学技术在考古学中的应用、文化人类学、中国工艺美术史、文献资源建设；中国出版史、校勘学等。

1.3.2　鉴定、鉴赏及配套课程：鉴定、鉴赏涉及书画、古籍、玉器、陶器等；配套课程包括装帧制作、印刷工艺、造纸工艺、传拓技艺、篆刻等。

1.3.3　保护与修复实践：包括古籍、书画拓片、陶瓷、地图、外文古籍、中文精装书等修复、复制、装裱、临摹等,以及古籍编目、文献检索、文物摄影、古籍数字化、古籍信息系统开发、文创、库房管理(包括温湿度控制、有害生物防治、新型信息载体的保护、文献信息安全技术等)、出版印刷等。

1.3.4 保护与修复理论:文物检测分析、技术文物保存环境研究、应用化学、生物病害防范与治理、古籍文献数字化相关课程、文物保护化学基础、文物材质与保存环境、文物保护材料与应用专题、不可移动文物保护专题、有机质文物劣变与防护、无机质文物保护专题、文物分析技术等。

2 国外古籍修复及相关专业的课程安排

笔者曾经主持对国外古籍保护人才培养的追踪,与同事对几个国家的古籍保护学历教育进行了初步调查。

2.1 加拿大

加拿大古籍修复人才的培养遵循专业化的原则,专门的大学教育外,还有各种不间断的培训,修复人员受到加拿大文物保护协会和职业修复师协会的帮助、指导和监督。

加拿大现有四所大专院校拥有与古籍保护修复相关的专业。

皇后大学艺术系下属的艺术品保护专业(Arts Conservation),有本科学位,还有艺术品保护研究生课程(Arts Conservation-MA,艺术品保护项目包括对文化、历史和艺术物件的诊断、解释、分析和保护),招收有艺术和化学双重教育背景的本科生。申请人需拥有四年本科学位(人文学、理学或工程学,成绩 B+或以上)外,还要求有一年的艺术工作室实践经验;至少修满一年的化学和半年的有机化学(含实验室内容);人文背景学生需修满至少五年的艺术史、民族学、考古学相关课程,理工科背景学生至少修满两年艺术人文类课程;须对摄像技术与操作有一定了解;至少会一门外语。学生可以有三个方向的选择:绘画品保护、工艺品保护和纸张保护①。

瑞尔森大学(Ryerson University)在 2002 年与乔治·伊斯曼大厦国际摄影和电影博物馆(George Eastman House International Musuem of Photography and Film)设置了影像保护和收藏品管理(Photographic Conservation and Collections

---

① http://www.queensu.ca/art/programs_artc.html.

Management）的艺术学硕士学位。课程主要围绕摄像史与摄像材质、影像保护原理、历史与方法、收藏品管理等。学生除另有一次实践外，第二年课程将全部在乔治博物馆完成①。

阿岗昆学院（Algonquin College）和弗莱明学院（Fleming College）②分设应用博物馆学专业和藏品保护和管理专业（Collections Conservation and Management）。两个专业设置都为三年，招收高中毕业生，所学内容包括技术史、材料科学、书籍—图像—档案材料的保护、保护管理等。

加拿大各博物馆、图书馆、美术馆等艺术机构的修复人员多从这些学校毕业，而一些私人修复公司也从这些学校寻觅人才。

根据自身需要，修复人员入职后会经常参加短期的研习会（workshop 或 event）和研讨会。此类研习会充分利用国家和国际资源，专门就保护师、修复师们在工作中遇到的具体问题进行研究和探讨。

2.2 美国

美国德克萨斯大学奥斯汀分校、密歇根大学安娜堡分校、匹兹堡大学、加州大学 LA 分校、马里兰大学帕克分校等五所高校文献保护单位与修复专业培养硕士及以上学历的人才，报考硕士时只有具有学士学位的学生才能申请修读。这五所高校的文献保护与修复专业课程主要有以下几类：（1）通论类，如保护概论、记录资料的保护与保管、图书馆与档案馆文献修复、文献遗产保护问题、信息利用、信息解读等。（2）管理类，如保护管理、保护项目管理、信息组织、档案和记录管理、高级保护管理、保护管理的物理处理法等。（3）音视频、电子、数字类，如创建永久数字收藏、电子记录永久保存若干问题、音频资料保护与载录格式转换概论、高级音频资料保护与载录格式转换、数据操作、数字化保存实践、数字化保护、文献保护性数字化、音像资料保护等。（4）历史类，如现代社会的档案记录及其保护、文献遗产保护问题等。（5）实践类，如图书实验室、高级修复处理、纸张实验室、修复科学等。

文献保护与修复的学科课程设置非常全面，既有理论课程的学习，又有实践课程的安排和具体要求，基本上全面涵盖了文献保护与修复领域各个方面的

---

① http://www.imagearts.ryerson.ca/photopreservation/program.html.
② http://www.flemingc.on.ca/index.cfm/go/programs/sub/display/code/CCM/strm/1089/cstrm/1089.cfm.

内容。

2.3 法国

法国高校的文化遗产保护与修复的教学兼顾人文科学与自然科学、理论结合实践。巴黎国家遗产学院是一个文物保护师和修复师的高级培训机构。

国家遗产学院由两个"学院"组成,一个在巴黎,另一个在圣德尼。遗产学院主张专业多样化,进行的培训和实践的专业是多样的。招收的未来的保护师和修复师在入学前具有着不同的学历和背景。

该院的书籍保护师—修复师专业科目包括：绘画、微生物学、化学、材料技术、艺术史、修复理论与伦理、文献研究方法、计算机、法律等；学生每年有大量的手工操作；在第四年学生有六个月的实习要在国外进行,第五年需要亲手完成一次文物修复工作,并撰写硕士论文。

3 古籍修复需要的知识结构

欧洲有保护师、修复师联盟(E.C.C.O.),现在这个联盟有来自欧洲16个国家的超过5000名会员。在联盟的职业准则中,对从业人员的知识结构和专业背景做了规定。

职业准则指出,科学和人文的平衡对于理论教学来说是不可或缺的。理论主题应由保护、修复领域的专业分化所决定,它应包括：(1)保护—修复的伦理原则；(2)科学(如化学、物理学、生物学、矿物学、颜色理论)；(3)人文学科(如历史学、古文字学、艺术史、考古学、民族学、哲学)；(4)材质和工艺史、技术和制造工序；(5)衰退过程的鉴定和研究；(6)文化财产的陈列和运输；(7)保护的理论、方法和技术,预防性保护和修复；(8)制作物件复制品的过程；(9)档案学的方法；(10)科学研究的方法；(11)保护—修复史；(12)法律议题(如职业法规,文化遗产法律,保险、商业和税收法律)；(13)管理(收藏、职员和资源)；(14)健康和安全(包括环境议题)；(15)沟通技巧(包括信息技术)[①]。

从上述职业要求中,我们可以认识到,古籍修复是一门综合学科,也是交叉学科或边缘学科,不仅需要文史知识保证对保护对象历史背景的了解,也需要物

---

① 向辉译：《欧洲保护师—修复师联盟职业准则》(http://www.ecco-eu.org/documents/ecco-documentation/e.c.c.o.-guidelines-chinese/download.html)。

理化学知识对其制作书写材料的分析,同时还需要与古籍相关的一些知识,如国外展览的展品运输、展前维护、布展等环节离不开修复师的参与,以确保展品的安全。对过程中涉及的法律、伦理等也必须了解并遵从。其课程涉及全面综合,值得我们认真琢磨。

相比较而言,我国文献保护与修复的学历教育在课程的设置上存在一定的欠缺,北京大学的考古文博学院是文理兼收,兼顾内容的了解和手段的掌握,其他多为文史专业,与古籍保护密切相关的历史文献学、考古学与博物馆学、中国古典文献学、材料学等均属于二级学科,分属于历史、中文等不同的一级学科;修复需要的文史法律相关课程和修复过程记录、材料分析等需要的理工科的内容在学历教育的安排上很难实现统一。这与我国的学校教育高中阶段即开始文理分班有关。这是下一步发展中必须解决的问题。

4 如何构建古籍保护学科

多年的工作实践,加之在调研中获取的信息,使我们更加真切地认识到,需要设立古籍保护学一级学科,才能真正使中国的古籍保护走上职业化、科学化的轨道。

目前,随着古籍保护事业发展的需要,国家对传统文化及其载体——古籍的重视程度越来越高,中华古籍保护列入国家"十三五"规划,古籍保护学的现实基础和发展环境已成熟。经过几十年的准备,特别是中华古籍保护计划开展近十年的投入和准备,古籍保护学一级学科所需的教学科研力量已基本具备,实践与理论结合、用人和育人结合已经形成机制,大量优秀研究论文和国家标准、行业标准完成,实验室的设备设施及人员设置已经近乎完备,古籍保护学的学术研究和学术支撑逐步建立起来。设立古籍保护学一级学科不但必要而且可行。

古籍保护学不属于目前已有的任何学科,其独立作为一级学科已经成为一种发展趋势,也成为事业发展的需要。整合教学资源,形成古籍保护学学科基本框架,使学科结构更加科学合理,是形成集理论与应用于一体的高级古籍保护人才队伍,使我国古籍保护与世界先进国家接轨的必需,也是古籍工作者的期待。

(作者:陈红彦,国家图书馆古籍馆副馆长)

古籍保护学纲要

杨光辉

古籍保护是古老而又全新的课题,广义的古籍保护涉及人类生产的所有古代书籍。此处古籍主要指书写、印制于1912年以前并具有传统装帧形式的中华古籍[1]。

古籍保护学涉及人文、自然等多重学科,是一门综合性的新兴学科。保护需要从生产原料、收藏使用、修复保护等诸多环节入手,必须将预防性保护与损坏后的补救相结合。

古籍保护学又是一门实践性很强的动手学科,需要重视应用型人才的培养[2],我们希望打通人文科学与自然科学、技术科学的界限,使学生们成为既能继承传统修复工艺,又能借助现代科学技术进行修复保护的复合应用型人才。下面从古籍实物载体、保藏环境、修复技艺、编目鉴定、保护档案等五方面来展开论述。

一、实物载体——从传统手工造纸到现代修复材料

古书载体主要是纸张,传统的从麻到楮皮、从苦竹到狼毒草等造纸原料,通

---

[1] 中华古籍涵盖清代以前生产的各种类型、文种的具有中国传统装帧形式的书籍。广义的中华古籍保护范围亦包括日本和刻本、朝鲜高丽刻本以及越南刻本等传统的东亚线装汉籍、准汉籍(暂不涉及西方生产的西文古籍)。和刻本、高丽刻本、越南刻本等对古籍的定义不同,一般和刻本古籍指明治四十四年(1911)以前的汉籍(参[日]中山步:《"和刻本"的定义及其特点》,《图书馆杂志》2009年第9期),高丽刻本古籍指1911年以前的汉籍(参黄建国、金初昇主编:《中国所藏高丽古籍综录》,汉语大词典出版社,1998年),越南刻本古籍1919年(废除科举)之前的汉籍。其他如新加坡、印度尼西亚乃至美国波士顿等地印刷的线装汉籍亦可按时代纳入。

[2] 复旦大学中华古籍保护研究院已与上海图书馆合作建设实践基地,并纳入上海市教委的专业学位硕士研究生实践基地建设项目。

过去除木质素等,纸张得以长期保存,达到"纸寿千年"。因而,我们的学生可以通过对造纸原料及工艺的了解,利用无损(微损)检测技术测试纸张的分子与表面生物特性,掌握纸张的性质与特点,再通过调查不同地区现存的古籍纸张性质,逐步建立"纸谱数据库",从而研制更为可靠的修复新材料,如以细菌纤维素来加固已老化或酸化的纸张,达到加固保护的效果。

二、保藏环境——从古代藏书楼到现代典藏馆

古代藏书建筑有敦煌藏经洞、雷峰塔砖、寺庙道观、天禄琳琅、书院私塾以及私人楼阁等各类藏书处所,甚至有郑思肖的井中铁函①等,从嵩山少林寺藏经阁、北京白云观(三清阁藏明代正统年间刻《正统道藏》5350卷)、故宫旁皇史宬、宁波月湖畔天一阁、清代皇家四库七阁、聊城海源阁、丁氏八千卷楼、瞿氏铁琴铜剑楼、陆氏皕宋楼等到南浔刘氏嘉业堂、香港大学冯平山善本图书馆,从日本京都大学人文科学研究所、东洋文库、早稻田大学善本图书馆、庆应义塾大学斯道文库到美国国会图书馆、哈佛大学哈佛燕京图书馆、普林斯顿东亚图书馆、耶鲁大学贝耐克善本图书馆、加州大学伯克莱分校东亚图书馆、英国国家图书馆、剑桥大学图书馆、牛津大学图书馆等,都对保存古籍起到了重要作用。

复旦大学正在筹建"古籍馆及中华古籍保护研究院",希望吸收传统藏书楼的通风换气、防火防水、城市山林的特色,兼融现代图书馆的恒温恒湿、防震防盗、空气净化、环境和谐等功能,为古籍找到更好的安身栖息之所。

此外,古籍装具涉及函套夹板、装帧用线、书箱橱柜等,南方适合用夹板,北方适合用函套。书箱橱柜用樟木、楠木等。书衣用布、绫及特殊处理的纸等。这些措施对于保护古籍亦有不可忽视的作用。

我们希望通过课堂教学与实际考察,使学生们了解藏书建筑的特点以及各类装具的性质,从而寻找到合乎古籍保护的建筑环境,实现从藏书楼到现代图书馆、典籍博物馆的跨越,使古籍保护建筑拥有独立的恒温恒湿与空气净化系统(书库温度 16℃~22℃,湿度 45%~60%),配备防水火、防地震、防偷盗等自动报警与气体灭火系统以及电视监控装置等。

---

① 《心史》以蜡纸、锡盒、石灰、铁函多重包裹,沉入水井保存,参陈福康《〈心史〉实是吴井之藏》(《学术集林》卷八,上海远东出版社,1996年)、《井中奇书新考》(上海外语教育出版社,2015年)。

三、修复技艺——传统工艺结合现代分析测试技术

古籍破损的原因众多,根据《古籍特藏破损定级标准(WH/T 22—2006)》,破损古籍分为一级到五级不等,最轻的等级为五级破损,最严重的为一级破损。破损有线断、虫蛀、鼠啮、霉蚀、酸化、老化、磨损等,针对不同的破损成因,需有不同的修复方案。

根据我的首位古籍保护方向2012级研究生李玉娥同学对复旦大学图书馆藏明别集破损情况的调查,复旦大学图书馆藏明别集的破损情况为:五级破损类型主要是线断和书口开裂,四级破损类型主要是老化、虫蛀和书口开裂,三级破损类型主要是书口开裂、老化和水渍,二级破损类型主要是书口开裂和水渍,一级破损类型主要是水渍、书口开裂和老化,其他未定级的破损类型主要就是酸化。这些不同级别的破损类型中,水渍、书口开裂、老化占主要地位,尤其是书口开裂,在五个破损等级中都占有一定比例。

对破损情况做调查并决定修复前,需要制定详尽的修复方案。传统的方法是凭经验来了解原来书籍纸张的性质,现代则可以通过化学分析测试方法,来寻找性质相近甚至同质的纸张作为修复材料。纸张材质的测试成为新一代修复工序的重要组成部分,我们可以利用修复保护实验室,对需要修复的书籍进行化学、生物特质的分析测试,来掌握待修复书籍的纸张性质,同时寻找合适的纸张来修复。建立传统技艺传习所,使传统修复技艺与现代科技手段相结合,寻找一种更为科学合理的修补方案,使传统修复技艺与现代修复技艺相融合。

四、编目鉴定——从古典文献学迈向古籍保护学

传统的编目鉴定属于图书馆学的分类体系、古典文献学的目录版本范畴。现代保护古籍,需要摸清家底,这已有《古籍普查规范(WH/T 21—2006)》为依据;需要确定书籍破损级别,亦有《古籍特藏破损定级标准(WH/T 22—2006)》作参考;对于书籍定级,珍贵古籍名录申报已有一套相对成熟的办法,并有《古籍定级标准(WH/T 20—2006)》作指导;对于古籍著录,有《古籍元数据规范(WH/T 66—2014)》。上述规范、标准,对传统的编目、鉴定、普查与修复具有重要的指导意义。可惜,古籍保护本身却没有相应的级别标准。我们需要在上述规范、标准的基础上,制定古籍保护定级标准,可以从古籍破损级别、古籍版本级别、普查存

世情况、修复所需工作量等综合因素来确定古籍保护定级标准,从而为古籍保护与修复提供指导性意见,亦可为建立古籍保护学创造条件。

五、保护档案——从单一手工过程记录到全息信息保存

目前的古籍保护档案以修复记录为主,如修复前后照片对比,对修复前后的外形进行描述,是一种传统修复过程的记录。古籍保护档案需要从单一的手工过程记录转变为全息信息保存,包括以下内容:1.从破损古籍的科学检测开始,记录测试数据,含老化、酸化、霉菌、纸张材料等;2.记载修复材料的选择过程,根据检测结果,选择老化程度相近、强度接近的修复用纸;3.对破损古籍做保护级别鉴定,制定修复方案;4.记录具体的修复过程(含手工与机器);5.完成前后照片保存等全息信息记录,完成古籍修复全息数据库。

附表　古籍保护方向专业硕士专业课程表

类别	课程名称	学期	学时	学分
必修课	现代图书馆学	1	54	3
	文献学概论	1	54	3
	文献资源建设	1	54	3
	古籍保护概论	1	54	3
	古籍修复实践——传统保护技术	1	54	3
	古籍编目鉴定	2	36	2
	中国藏书史研究	2	54	3
	古籍修复概论	2	54	3
	现代修复科技	2	36	2
选修课	版画创作	3	36	2
	字画修复	3	36	2
	碑帖修复	3	36	2
	书籍装帧	3	36	2
	传拓技术	3	36	2
	书法艺术	3	36	2

续表

类别	课程名称	学期	学时	学分
实践课	古籍编目实践1~3	1~3	54	3
	古籍修复实践1~3	1~3	54	3
	传拓实践	2	54	3
	纸张检测实验	2	54	3

(作者:杨光辉,复旦大学图书馆副馆长、研究馆员,复旦大学中华古籍保护研究院常务副院长)

中国社会科学院研究生院古籍保护学科建设基本情况

刘 强

一、基本情况介绍

2010年，我院成为全国首批文物与博物馆专业学位硕士（以下简称"文博专硕"）培养单位。为集中力量办好文博专硕的招生、管理、培养和就业等各环节的工作，经中国社科院人事局批准，我院于2011年成立了专门的教学管理部门，即文物与博物馆硕士教育中心（以下简称"文博中心"），成为与考古系、历史系等并列的教学部门。

我院领导一开始就对文博中心的发展提出两点要求：一是要摸索文博专硕的培养规律，二是要举办一流的文博专硕教育。

举办一流的文博专硕教育首先需要一流的培养平台。自成立以来，我院对内依托中国社科院考古研究所、历史研究所等，对外先后与故宫博物院、首都博物馆、南京博物院、浙江省博物馆、恭王府管理中心签订了战略合作协议，与国家图书馆签订了专项合作协议，与国家博物馆等也进行了密切合作。目前，我中心共设置有文物鉴定与修复、博物馆与文化遗产管理、故宫学三个专业方向，其中文物鉴定与修复方向又包含古陶瓷、古书画、古玉器、古青铜器、古代佛教艺术、古籍（该子方向便是与国家图书馆合作的产物）共六个子方向，博物馆与文化遗产管理方向包含博物馆管理、中国非物质文化遗产与传统技艺保护两个子方向。也就是说，文博中心的学科领域基本覆盖整个文化遗产保护领域，我们用文化遗产保护这个大领域的学科体系来设置古籍保护专业子方向的课程。目前三个专业方向共有研究生导师70余名,任课教师100余名。

从2012年起到现在,文博中心共招收了四届研究生,每届40人左右,共计170人。目前已毕业两届研究生,共计83人。从目前已毕业研究生的就业情况看,除部分考取博士继续深造外,就业单位以各地博物馆及与文博、文化有关的企事业单位为主。

二、关于我中心的培养模式

(一)培养方式与课程设置

文博专硕在培养方式和培养目标上都应区别于学术型硕士,既要求研究生具备一定的理论基础和较好的学术素养,又要重视培养研究生学以致用的实践能力。这是国家设立文博专硕的根本目的,也是我们设置培养模式的出发点。

为此,我们采取了"课堂讲授—专业考察—专业实习—学位论文"四个主要环节的培养方式,其中"课堂讲授"包括公共基础课(外语、科学社会主义理论与实践)、专业基础课(考古学通论、文物学概论、博物馆概论、中国通史)、专业方向课(每个子方向各包括三门专业方向课)、专业选修课(中国书法史、古文字与文献概论、故宫博物院院史、中国史专题系列讲座、考古学专题系列讲座)、文博专题讲座课五类课程,力求通过课堂讲授使研究生具备一定的理论素养;"专业考察"是指由专业老师在十余座博物馆和拍卖行、陶瓷窑址、考古现场、文物修复工作室等场所进行约一个月的现场教学,以锻炼研究生利用理论知识解决实际问题的能力;"专业实习"是指在导师的安排和指导下,参与实际操作,为将来正式走上工作岗位后能够独立从事文博事业的技术性或实践性工作打好基础;通过以上专业知识的学习和具体操作的实践,再要求研究生撰写学位论文。按照全国文物与博物馆专业学位研究生教育指导委员会(简称"全国文博教指委")的要求,论文的形式允许多样化,如调研报告、展陈大纲、修复方案、博物馆展陈设计、文创产品开发等等,但必须有明确的实践意义和应用价值,要能够切实解决文博事业发展中已经遇到或将来可能遇到的实际问题。

(二)教学设计

由于专业子方向精细化,我中心共开设了38门课程。雄厚的师资力量是保证课程质量的根本因素,文博中心的100余名任课教师中80%拥有正高级专业技术职称,分别来自故宫博物院、国家图书馆、国家博物馆、首都博物馆、恭王府管理中心、北京大学、中央美术学院及中国社科院考古研究所、历史研究所、世界宗教研究所、研究生院等单位,组成了中国古代史、考古学、古陶瓷、古玉器、古书画、古青铜器、古代佛教艺术、古籍、故宫学、博物馆管理、中国非物质文化遗产与传统技艺保护共11个教学指导组,对各专业方向的课程设置和教学内容进行实施、监督和指导。完善的教学大纲设计和管理制度是保障课程质量的重要因素。文博中心所设38门课程均有教学大纲、参考书目和专业网站建议。由于专业子方向较多,课程丰富,因此平均每个专业子方向只有4~5名研究生,在专业方向课环节能够与授课老师进行充分的交流。另外,文博中心还制定了《任课教师基本制度》《专业基础课讨论制度》《关于课程助教的相关规定》等相关制度,以保证教学质量。

(三)导师力量

导师是学生顺利完成学业、熟练掌握专业技能的关键因素,为此,我们在遴选导师方面提出了两项要求:其一,除修复类外,其他类导师原则上需具有正高级职称,且在本专业领域内具有较大的学术影响力。文博中心的70余名导师当中,中国社科院学部委员、国家文物鉴定委员会委员、国家级技艺传承人、全国性专业学会负责人近20人,各博物馆领导、业务部门负责人近20人。其二,导师必须具有较高的责任心,有时间和精力指导学生进行专业学习和论文写作,并且有《文博中心关于研究生导师职责的规定》加以约束和规范。

由于文博中心导师众多,而且每年只招收40多名研究生,因此每名导师基本上一年只招一名研究生,为充分发挥导师在研究生培养过程中的主导作用创造了良好的条件。另外,由于绝大部分导师是各大文博机构的业务骨干,因此导师不仅在学位论文指导方面有着扎实的功底,而且在专业实习指导方面也有着丰富的经验。这样的模式有别于一般高校论文导师与实践导师分离的情况,有利于研究生理论知识与实践技能的有机结合,有利于人才培养。

(四)专业实践

以实际应用为导向、以职业需求为目标,是专业硕士办学的根本宗旨。为培养学生的实践能力,我中心充分发挥合作伙伴的资源优势,研究生基本在故宫博物院、国家图书馆、国家博物馆、中国社科院考古研究所、首都博物馆、恭王府管理中心等进行专业学习,时长不少于三个月,基本达到了全国文博教指委的要求和研究生专业能力锻炼基本需求。

(五)时间分配

我中心实行弹性学制,学习年限一般为两年,即四个学期,最长不得超过四年。在如此短暂的时间内,既要完成公共课和专业课的学习,又要保证足够的实习和撰写毕业论文的时间,对研究生和导师而言,都是一种压力和挑战。经过四年摸索,我们将两年学习生活规划如下:

第一学期:公共基础课、专业基础课、专业选修课、专题讲座课学习。

第二学期:专业方向课和专业选修课、专题讲座课学习,导师进行专业指导。

第三学期:在导师的指导下进行实践,学位论文开题。

第四学期:撰写毕业论文,联系就业。

我中心对研究生的培养实行统一管理,这样既遵循了"由理论到实践""理论与实践相结合"的教育思想,同时又能合理分配研究生的学习任务,确保按时毕业。

三、关于古籍保护与修复的课程设置及初步构想

为培养我国急需的古籍保护专门人才,2015年12月3日,我院文博中心与国家图书馆(国家古籍保护中心)签订了专项合作协议,约定在古籍保护人才培养、师资队伍建设、实践教育基地建设、文化活动交流等方面开展深入合作,联合培养古籍鉴定与修复方向的专业硕士。

依托于中国社科院的学术资源以及国家图书馆古籍保护中心的技术支持,2015年起,文博中心开始招收古籍鉴定与修复子方向研究生,2015年有6名文物鉴定与修复专业方向的研究生选择了该子方向。未来几年,我中心将继续面向全国招收该子方向的研究生。

因古籍鉴定与修复在文博中心是全新的专业子方向,并无经验可资借鉴,根据文博中心以往的办学体会以及该专业的学科特色,经相关专家审议,在课程设置方面我中心初步设计如下:

除要求学生修满公共基础课、专业基础课的学分外,还要求学生将已开设多年的"古文字与古文献概论"选修课作为必选课。

关于专业方向课,设立"中国古代典籍史""中国古代典籍修复""中国古代典籍鉴定与古籍市场"三门课程,请国家图书馆有关专家进行讲授。其中"中国古代典籍史"主要讲解中国古文献学产生和发展的历史,总结历史上古文献学家

的经验和成果，为当今的古文献研究、整理工作提供借鉴，希望研究生通过此课程的学习，了解我国古代典籍的历史和现状，提高对古典文献的认知能力；"中国古代典籍修复"除讲解古籍修复理论、修复者的基本素养外，还应按照古籍不同的装帧形式，分别教授相应的修复方法与技巧，并对古籍的存放与保护进行讲解；"中国古代典籍鉴定与古籍市场"主要通过对古籍字体、刀法、纸张、墨色、版式、行款、字数、讳字、刻工姓名、封面、牌记、序跋、批校题记、书名冠词、藏章印记、书目著录等方面的讲解，使学生熟练掌握古籍版本、残卷、零页等鉴定的方法和技巧。

建立古籍保护与修复实验室。古籍修复、保护与鉴定，都离不开专业实践。为保证研究生有较好的学习和实践条件，除了承蒙国家图书馆鼎力支持，安排文博中心研究生在国家图书馆古籍修复室进行为期三个月的专业实践，我中心正在积极建设古籍保护与修复实验室，预计2016年底或2017年初投入使用。届时，将为教师示范教学、学生日常练习提供比较理想的场所。

四、几点认识和期待

我在文博专业硕士教育领域仅仅工作五年，根据这几年的办学情况，借此机会谈一下对从事古籍保护专业人才培养工作的认识和期待：

（一）国家非常重视和支持这项工作

党中央和国务院非常重视中国传统文化的保护和研究工作，习近平同志更是在不同场合多次强调继承和研究中华优秀传统文化的重要意义，指出"一个国家、一个民族的强盛，总是以文化兴盛为支撑的，中华民族伟大复兴需要以中华文化发展繁荣为条件"。在"十三五"规划100项重大工程中，国家图书馆（国家古籍保护中心）牵头的"中华古籍保护计划"名列其中，让我们充分感受到了来自国家的强有力支持。

（二）要树立义不容辞的责任意识

中华古籍文献是中华民族宝贵的文化遗产，其中蕴藏着丰富多彩的中国传统文化精神，做好古籍保护工作是传承中华传统文化的重要组成部分，同时也是我们文化事业建设者义不容辞的责任。

（三）在人才培养中要加强合作交流

进行文化遗产保护事业的研究生教育，离不开各文博事业单位之间、文博教学单位之间的合作与交流。一方面可相互交流学术心得、专业技能、办学经验，以取长补短；另一方面，在文物鉴定和古籍修复过程中，互助办学、资源共享也是解决办学资源不足的有效途径。

(四)希望能够疏通研究生就业渠道

文化部杨志今副部长指出，"古籍保护最大的瓶颈是人才不足——专业队伍数量少，结构不合理，特别是高水平专业人才和少数民族古籍保护人才严重匮乏"，一语道明了我国古籍保护与修复专业人才培养的现状。

为保证研究生能够胜任这一重任，培养单位除应加强对研究生的专业知识和基本技能的培养外，还应与各地方图书馆建立长期有效的合作机制，根据用人需求有针对性地培养研究生的综合素质。这一点还需请国家图书馆进一步加以指导和帮助。

(作者：刘强，中国社会科学院研究生院讲师)

中山大学文献保护教学项目建设

周 旖

中山大学资讯管理学院的前身为成立于 1980 年的图书馆学专修科。35 年来,经过图书馆学系、图书情报学系、信息管理系、资讯管理系等时期的发展,于 2010 年 12 月正式成立资讯管理学院;2014 年成为国际 iSchool 联盟成员,是全国三所加入该联盟的学院之一。目前资讯管理学院拥有在校学生 1100 多名,专任教师 36 位;本科培养项目涵盖图书馆学、档案学、信息管理与信息系统三个专业;拥有图书馆、情报与档案管理一级学科硕士学位授予权,以及图书馆学博士学位授予权;并设有图书馆、情报与档案管理博士后流动站。

在文献保护教学项目方面,学院始终给予高度重视,拥有十余年的教学与科研积淀。事实上,早在档案学专业创立之初,就设有档案保护技术类课程。自 2006 年开始对档案保护技术课进行了全面改革,在图书馆学和档案学专业同时开设"文献保护与修复"课,并作为专业核心必修课程。而文献保护与修复方向研究生的培养则设置在图书情报专业硕士项目中,于 2014 年底与国家古籍保护中心签署了联合培养的三方协议,从 2015 年开始正式招收学生。以下将从文献保护类本科生课程设计和专业硕士培养方案两个方面详细介绍中山大学文献保护教学项目的建设情况。

一、本科生课程设计

在我院本科生的培养方案中,共有三门课程的教学内容与文献保护相关,课程开设的专业涵盖了本科全部三个专业。这三门课程分别为图书馆学和档案学的专业必修课"文献保护与修复",图书馆学专业必修课"图书与图书馆史",图书馆学专业必修课、档案学和信息管理与信息系统的专业选修课"信息资源共享"。其中"图书与图书馆史"课程中涉及文献保护相关内容的有 4 周的教学学时,占教学内容的 25%;"信息资源共享"课程中涉及文献保护相关内容的有 1 周的教学学时,占教学内容的 7%;而"文献保护与修复"课程则是最为核心的文献保护类基础导论课程,每学年都要面向图书馆学与档案学专业共计 100 余名学生开设。

目前"文献保护与修复"教学团队共有 6 名教师,3 名教师负责理论教学,3 名教师负责实践教学。其中林明研究馆员负责全面主持课程的改革以及教学内容设计、理论课授课等工作,周旖副教授负责教学工作的具体实施以及理论教学,张靖副教授承担部分理论课教学工作,图书馆的潘美娣、肖晓梅、邱蔚晴、李景文等老师负责实践课的指导工作。

经过十年的课程建设和团队成员的努力,目前本门课程的教学团队被授予"广东省级教学团队"荣誉称号,课程先后被评为"校级示范性双语课程""省级教学改革项目"。由林明老师、周旖老师以及张靖老师共同主编的教材《文献保护与修复》获得校级教材建设项目的立项资助。

作为一门面向本科生开设的基础性导论课程,为了实现与国际文献保护界的接轨,适应现代文献收藏机构文献保护工作的实际需要,本课程对国内传统的文献保护类课程授课内容进行了彻底的改革。改革后的教学内容设计旨在突出国际文献保护与修复领域中共识性的理念,即延长文献寿命、避免文献破坏最有效的方法是开展预防性保护措施,实施面向收藏机构"整体馆藏"级别的文献保护管理,重视灾前预防;同时也讲授一定的补救性修复技术;另外还增加了数字化资源的长期保护方面的教学内容。

在课程考核方面,不但要考查学生的基础理论知识情况,还十分重视学生的动手能力及未来胜任文献保护管理工作的能力,因此提升了平时成绩的比例,布置了大量诸如文件保护套制作、文献保护需求调查、用户教育项目设计方面的实践作业。学生的优秀实践作业作品已经应用于中山大学图书馆的日常工作中,得到了各方面的关注和好评。

二、专业硕士培养方案

2010年,教育部对全国高校硕士研究生教育进行改革,新增18种专业硕士学位,其中包括图书情报专业硕士。2014年1月,资讯管理学院成为中山大学专业学位硕士研究生教育综合改革的11个试点之一。而改革的措施之一就是与国家古籍保护中心、中山大学图书馆签订了联合培养"文献保护与修复"方向的图书情报专业硕士的协议,并于2015年招收首批10名学生。在研究生培养方面,理论课程授课由资讯管理学院相关的专业教师及中山大学图书馆的相关专家承担,实践课程的授课及实施则以中山大学图书馆国家级古籍修复中心为依托和平台。

"文献保护与修复"方向专业硕士面向全国文献/古籍保护与修复、古籍整理与鉴定相关领域的在职人员进行招生,同时也择优选拔有志于未来从事相关领域专业工作及学术研究的优秀应届本科毕业生。在培养方式上,全日制的基本学制为2年,在职学习的基本学制为3年,其中累计在校学习时间不少于一年半;学生指导实行双导师制,其中一位导师为学院教师,另一位导师则为来自文献保护与修复实践工作领域的专家。学习方式采用课程学习、实践学习和学位论文相结合的培养方式,其中实践学分占据总学分的三分之二,实习时间不少于6个月。

在课程设置上,该方向专业硕士的课程以图书情报专业领域的理论与实践相结合为原则,体现厚基础理论、重实际应用、博前沿知识的特点,在广度上涵盖图书情报专业的基础理论、基本知识和基本技能,在深度上则聚焦文献保护与修复、鉴定与整理的系统理论、专深知识以及实际操作技能。因此在培养方案的设计上,设计了公共必修课、专业必修课、专业选修课、实践课和实习5个模块(具体课程设置见下页图)。其中公共必修课模块的两门课程为全校所有专业的硕士研究生必须修读的课程,而专业必修课的设置是为了实现学生拥有图书情报专业领域理论知识的广度,专业选修课的设置则集中体现了文献保护与修复方向的厚度和深度,实践课与实习充分体现了对学生实践应用能力和技术的系统训练。

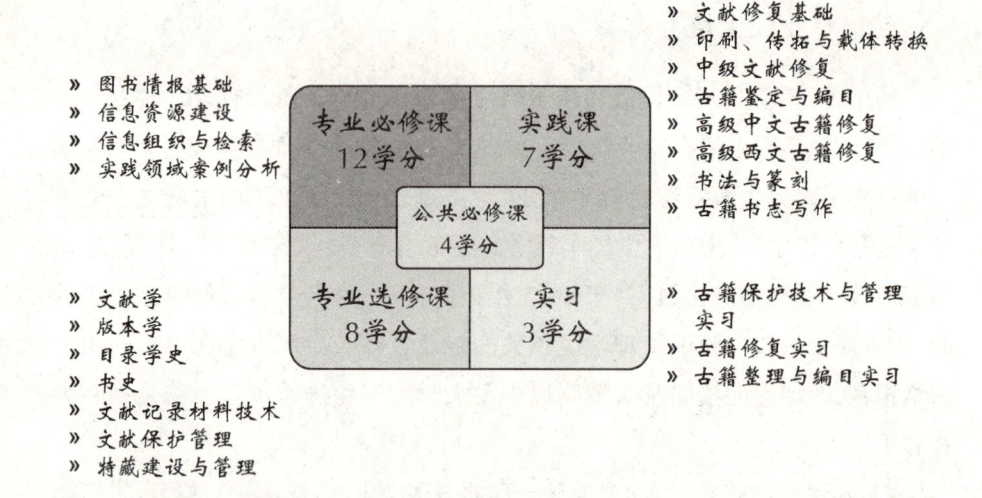

» 图书情报基础
» 信息资源建设
» 信息组织与检索
» 实践领域案例分析

专业必修课 12学分
实践课 7学分
公共必修课 4学分
专业选修课 8学分
实习 3学分

» 文献修复基础
» 印刷、传拓与载体转换
» 中级文献修复
» 古籍鉴定与编目
» 高级中文古籍修复
» 高级西文古籍修复
» 书法与篆刻
» 古籍书志写作

» 文献学
» 版本学
» 目录学史
» 书史
» 文献记录材料技术
» 文献保护管理
» 特藏建设与管理

» 古籍保护技术与管理实习
» 古籍修复实习
» 古籍整理与编目实习

"文献保护与修复"方向专业硕士的课程模块、课程设置与学分要求

而中山大学资讯管理学院和图书馆的师资力量也决定了能够全面支撑起上述课程模块的授课任务。本方向全职的教学队伍就拥有15人,其中理论课教学主要由资讯管理学院相关研究领域的专职教师、中山大学图书馆的资深专家及外聘专家承担,由沈津研究馆员、程焕文教授、林明研究馆员、张靖副教授、王蕾副研究馆员、周旖副教授等讲授相关课程。实践课教学则由中山大学图书馆国家级古籍修复中心的老师承担,潘美娣副研究馆员担纲亲授中文古籍的修复技艺;同时邀请国外修复专家短期讲学指导,教授西文书的修复与装订技艺。

对于理论课的教学和实践课的教学,分别从不同的教学理念和培养效果出发。理论课教学重在培养学生"博古通今、中西视野、阅读经典、逻辑思辨",每门理论课都开设大量的经典阅读书单,教师授课除重视理论讲授外,还强调对本学科经典著作的导读,并引导学生在阅读中思考。以"书史"课为例,突破了以往传统中国图书发展历史的研究思路,在书史理论的基础上,从文字记录的产生、记录技术的发展、内容的创作、书籍的生产与传播、书籍的使用等角度,全面讲授中外书籍发展的历史及其与社会、文化的联系。实践课教学旨在培养出技术全面、操作熟练和具有独立承担能力的修复人才,因此教学内容的设计体现出从基本修复工具的使用、基础修补技术的训练到独立开展修复工作、制定修复方案再到修复全程质量管理的进阶。同时要求学生必须投入大量的时间在修复中心进行实践和实习,每门实践课为 144 个学时,这意味着学生在每门实践课上的动手时间不能少于 108 小时。以每学期 2 门实践课计算,学生每周至少 2 个工作日是在修复台前度过的。

上述教学理念和教学方式在实际教学中收到了非常良好的效果。本方向的 10 名学生在 2015 年中国图书馆年会"中华古籍保护计划"专场展览上进行了为期 3 天的现场展览、演示与讲解。演示的内容包括西文书的缝线方法、搭头布的缝合方法、文献保护套的制作方法等,讲解的内容包括西文书的装帧方式、修复工具的类型和用途、西文书修复流程及前后对比等。由我院文献保护与修复方向专业硕士研究生承担的西文文献修复演示与讲解互动体验区在展会期间吸引了大批来自全国各类图书馆、信息学院的专家、学者以及普通市民的关注,使得这一体验区成为展会最受欢迎、最具吸引力的区域之一。研究生们的修复技术和专业知识水平赢得了参会者和参展者的一致肯定,国家图书馆副馆长、国家古籍保护中心副主任张志清在体验区现场高度评价了我院文献保护与修复方向专业硕士的培养工作,并叮嘱"要守住这一行"。

综上所述,我校文献保护与修复专业硕士培养项目的目标在于系统训练掌握文献保护与修复、古籍整理与鉴定的知识和技能,能够综合运用所学的知识解决文献保护与修复、整理与鉴定工作中的实际问题,具备较高的职业素养、先进的管理知识与独立从事学术研究工作的高层次、应用型、复合型专门人才。整个教学项目以及培养方案的设计都体现出"修复职业是一门需要智慧与艺术诠释的职业"。

(作者:周旖,中山大学资讯管理学院副教授)

天津地区古籍修复与出版方向专业硕士培养方式概述

顾钢 付莉

2014年,国家古籍保护中心与中山大学、复旦大学签署联合培养古籍保护专业硕士协议,标志着古籍保护人才培养工作逐步走向专业化轨道。这一人才培养模式,得到文化部及社会各界的充分肯定。国家古籍保护中心正进一步加大与高校合作力度,积极探索建立从中专、大专、大学本科到研究生、博士生的职业教育培养路径,建立古籍保护学科体系,培养古籍保护专业人才。目前,天津地区已经招收该方向硕士研究生五名,主要培养工作概述如下:

一、确定专业方向,建立多单位联合培养的教学模式

2015年1月,天津地区向国家古籍保护中心递交了古籍保护人才培养方案,提出天津市古籍保护中心、天津古籍出版社和天津师范大学三家单位协作培养古籍修复与出版方向的专业硕士人才。这一方向的确定,是由古籍保护工作的性质和内容决定的,即兼顾古籍的原生性和再生性保护。

三家单位分别负责专业硕士的古籍保护与出版的实践和教学工作。这一分工也体现了天津地区古籍保护工作的优势:天津市古籍保护中心在古籍修复方面有丰富的经验、先进的硬件设施,以国家级古籍修复技艺传习中心天津传习所万群导师为代表的一批优秀的古籍修复专家,可以在古籍原生性保护实践方面给予学生指导。天津古籍出版社以挖掘和保存中华民族优秀文化遗产为己任,先后出版过大批优秀古籍整理、影印类图书,可以指导学生从古籍再生性保护的角度进行实践学习。天津师范大学是天津地区优秀的综合类大学,在专业硕士

培养工作上积累了丰富的经验，历史文化学院是国家考古与博物馆学一级学科硕士学位授权单位，学院下设文物与博物馆专业，专业教师的研究方向涉及考古、文物、古典文献、博物馆学等多个方面。校领导对于古籍保护方向的专业硕士培养工作十分重视，多次主持培养工作会议，提出了"功底厚、能力强、上手快"的九字培养目标，建立了由研究生院、历史文化学院和图书馆主要领导组成的培养工作领导小组，决定由历史文化学院文物与博物馆专业每年招收五名古籍修复与出版方向专业硕士研究生，负责其公共课和专业课的教学工作；图书馆则发扬特藏部在古籍资源保护方面的优良传统，积极建好空间充裕的古籍修复实验室，为学生提供良好的实习条件和修复资源，协助历史文化学院做好教学工作，并设专人负责协作单位之间的信息沟通和工作协调。

二、拟定专业课程

由于古籍保护还没有明确的专业属性，我们参考其他兄弟院校的经验，将古籍修复与出版方向专业硕士挂靠在文物与博物馆专业之下。在课程设置上，学生要修读文博专业的文物学、博物馆学、考古学等课程，还要修读历史文献学、古籍保护要籍介绍、古籍保护概论等专业必修课。在实践方面则要到天津古籍保护中心和天津古籍出版社进行古籍修复技艺及古籍出版与再生性保护的实训。每学期，天津师范大学还要负责组织三场至五场业界专家的专题讲座。

专业硕士学制为两年，共四个学期，第一学期主要接受英语、政治等公共必修课和少量的专业必修课；主要的专业必修课、选修课、学术讲座安排在第二学期；第三学期为实践课，学生在实训单位学习；第四学期为毕业论文撰写和答辩。

附表1 课程设置

类别	课程名称	开课学期	学时	学分	考核方式
公共必修课	英语	1	36	2	考试或考核
	中国特色社会主义理论与实践	1	36	2	考试或考核
专业必修课	历史文献学	1	36	2	考试或考核
	古籍保护要籍介绍	2	36	2	考试或考核
	古籍保护概论	2	36	2	考试或考核
	文物学	1	36	2	考试或考核

续表

类别	课程名称	开课学期	学时	学分	考核方式
专业必修课	博物馆学	1	36	2	考试或考核
	考古学	1	36	2	考试或考核
专业选修课	陶瓷器	2	36	2	考试或考核
	青铜器	2	36	2	考试或考核
	紫砂壶	2	36	2	考试或考核
	民俗学	2	36	2	考试或考核
	历史文献编目与资源检索	2	36	2	考试或考核
实践课	古籍修复技艺	3/4	10周	3	考试或考核
	古籍出版与再生性保护	3/4	10周	3	考试或考核

三、聘请业内专家充实师资力量

专业硕士培养实行校内外双导师制,校内导师负责学生的理论课教学,校外导师负责学生的实践训练,毕业论文则由校内外两位导师根据学生学习情况联合指导。在具体授课方面,聘请国家古籍保护中心与京津地区各图书馆、出版社及业内古籍保护专家承担部分理论课。例如古籍保护概论课程聘请了国家图书馆、天津市古籍保护中心等业内专家以讲座和互动方式进行,使学生对古籍保护领域的各个方面有一个宏观的认识。

附表2 古籍保护概论课的授课教师安排

古籍保护概论	1.国家图书馆专家—古籍版本鉴定
	2.国家图书馆专家—中国古籍修复与装帧
	3.国家图书馆专家—古籍纸张的耐久性与古籍保护环境要求
	4.天津图书馆专家—古籍整理
	5.天津图书馆专家—古籍修复
	6.天津图书馆专家—古籍编目
	7.天津图书馆专家—古籍数字化
	8.出版社专家—古籍出版史

四、主要问题与建议

（一）专业属性不明，缺乏固定师资

由于学科属性不明晰，古籍保护方向挂靠的学科也不尽相同，或挂靠在图书情报专业，或挂靠在文物与博物馆专业，缺乏统一的培养框架，不利于古籍专业的长期发展。目前，明确古籍保护专业的学科属性是亟待解决的问题，如何解决招生和培养流程问题也是急需讨论解决的问题。

受到专业属性不明的影响，古籍保护方向的课程设置悬而未决，大多数培养单位还没有成熟的授课方案，国家教育主管部门也未对该方向的必修课程、选修课程进行论证。目前，我们的处理方式是要求该方向的硕士也必须修读文物与博物馆专业的必修课程，然后修读三门至四门与古籍保护相关的课程方可毕业。然而，有些文博专业的课程与古籍保护工作所需相距甚远，无疑也在一定程度上分散了学生的学习重点。在教师队伍建设方面，古籍保护专业也受到学科属性不明的影响，没有形成固定的师资力量，大多数培养单位都需要外聘兼职导师进行授课和实践指导。

（二）缺少标准化培养模式和专业教材

目前，古籍保护方向研究生培养工作已经开始，各培养单位已经拟定了一些课程，但其中多数课程没有完整和成熟的教材，往往是因师设课。不可否认，古籍修复等古籍保护行当，师徒相继的情况在历史上长期存在，也有很好的传承效果，但是这种模式很难弥补古籍保护的人才缺口。目前，古籍保护工作与从业人员在体量上严重失衡，而探索大规模、标准化培养模式，编写出版相对固定和权威的教材，可以在短时间内很大程度缓解这个问题。否则，培养单位"各自为政"，不利于上级监管单位的量化评估与考核。通过编写专业教材，还可以将一些濒临失传的古籍保护和修复技艺用文字、图片、多媒体数字等技术保存下来，有利于此类非物质文化遗产的保护和传承，以及在此基础上的发展和创新。

（三）毕业论文要平衡实践与理论之间的关系

古籍保护领域传统上重视实践和动手能力，但对于实践的理论总结、科学研究等方面比较薄弱。针对古籍保护这项实践性很强的工作，专业硕士的毕业论文设计究竟是以文献阅读、分析为主，还是以实践报告为主？对此目前尚无定论。如何较好地平衡实践与理论之间的关系，是专业硕士培养工作中需要解决的问题。

(四)培养数据跟踪是关键

由于古籍保护专业硕士的培养工作是新生事物,各培养单位都缺少经验,所以跟踪和记录学员的学习和事业发展情况,例如其学习成绩、学习心得、获得的实践技能、就业情况、入职后角色转换的情况、职称职务发展情况、科研创新等情况就成为培养工作的关键环节,各培养单位可根据这些数据的结果对培养模式进行修正和优化。

(五)促使用人单位对专业硕士就业采取政策倾斜

专业硕士学位教育的目的是培养具备某一行业对口工作能力的高水平应用型人才。如果专业硕士在对口行业内求职时,还要与其他人员在同一起点上参加诸如"事业单位招聘考试"等遴选考试,那是对国家教育资源的浪费。所以,各培养单位应该主动联系那些有古籍保护和修复方面用人需求的单位,促使其在政策允许的范围内,对优秀的专业硕士在就业方面给予优先录用。

(作者:顾钢,天津师范大学图书馆馆长;付莉,天津师范大学图书馆特藏部馆员)

多措并举　建立古籍保护人才培养长效机制

——国家古籍保护中心人才培养工作综述

庄秀芬

古籍是祖先留给我们的宝贵财富,承载着中华民族千百年来的精神遗产,保护古籍是我们造福子孙万代的庄严使命。1949年以后,古籍保护工作引起国家的重视,从60年代开始,政府多次出资组织培养修复人员。70年代末80年代初开始,一些高校也顺应社会需要陆续开设了图书馆学、文献学、档案学等与古籍整理相关的专业,目的是培养适合图书馆的古籍整理人员。但是由于政府组织的修复人员培训不是长期的行为,高校的古籍整理相关专业培养与实际工作有偏差,古籍保护人才青黄不接的局面越来越严重。

2007年1月,国务院办公厅下发《关于进一步加强古籍保护工作的意见》(国办发〔2007〕6号),我国历史上首次由政府主持开展的国家级重要文化工程——"中华古籍保护计划"正式启动。"中华古籍保护计划"主要内容之一,是"加强古籍修复、鉴定、普查等培训工作,培养一批具有较高水平的古籍保护专业人员"。为此,国家古籍保护中心从建立之初就着手培养古籍保护人才,并逐年加大古籍保护人才培养力度,探索拓宽人才培养渠道。经过多年实践,古籍保护人才培养工作取得了令人瞩目的成绩。

一、大力培养在职人员,建立覆盖全国的古籍保护人才队伍

国家古籍保护中心从2007年5月开始,在全国展开古籍保护在职人员培训工作,依据"中华古籍保护计划"工作实际的需要,致力于开展古籍保护相关专业知识的短期培训。至2015年12月,共举办古籍普查、编目、鉴定、修复、保护技术

等各类培训班 146 期,培训古籍在职人员 7796 人次,包括全国 1700 余家收藏单位。

国家古籍保护中心举办培训班统计表

项目	分类	名称	期数（期）	人数（人次）	参加单位（个）
古籍普查	古籍普查	全国古籍普查培训班	31	2097	881
	普查平台	全国古籍普查平台培训班	8	356	102
	目录审校	全国古籍普查登记目录审校人员培训班	10	629	299
	分省卷	全国古籍普查与分省卷编纂研修班	3	81	44
古籍编目	基础编目	全国古籍编目培训班	5	333	207
	编目进修	全国古籍编目合作进修班	1	18	16
	碑帖编目	全国碑帖编目与鉴定研修班	1	21	18
古籍鉴定	古籍鉴定	全国古籍鉴定与保护高级研修班	11	762	244
	碑帖鉴定	全国碑帖鉴定与保护研修班	4	297	152
古籍修复	汉文古籍修复	全国古籍修复技术初级培训班	19	724	397
		全国古籍修复技术高级培训班	6	181	77
		全国古籍修复技术与工作管理研修班	3	55	29
	西文古籍修复	全国西方文献修复技术初级培训班	4	106	49
		全国西方文献修复技术高级培训班	3	62	32
	碑帖拓片修复	全国碑帖拓片保护与修复技术培训班	2	48	31
管理人员	普查管理	全国古籍普查管理人员培训班	12	987	652
	工作管理	全国古籍保护工作管理人员研修班	1	53	50
传拓技术	初级班	全国传拓技术培训班	2	85	57
	高级班	全国传拓技术高级培训班	1	25	18
民族古籍	民族古籍鉴定	全国民族文字古籍鉴定与保护研修班	4	197	140
	藏文古籍普查	藏文古籍普查培训班	2	95	62
	少数民族古籍修复	全国少数民族古籍修复技术培训班	3	92	33
中医		全国中医古籍保护工作培训班	4	217	56
数字化		全国古籍数字化培训班	3	127	55

续表

项目	分类	名称	期数（期）	人数（人次）	参加单位（个）
书志编纂		全国古籍书志编纂培训班	1	51	42
保护技术		全国古籍保护技术培训班	2	97	83

在国家古籍保护中心开展培训工作的同时，全国各省分别成立省级古籍保护中心，省级古籍保护中心也把培养古籍保护人才作为重点工作来抓。至2015年上半年，各省自行举办培训班合计198期，培训在职人员7391人次。参加培训的收藏单位几乎覆盖了全国所有已知的收藏单位。

经过培训的在职人员回到单位后，多数都安排到古籍保护的重要岗位，在本单位的古籍保护工作中起到了至关重要的作用。甚至有些人成长为古籍部主任或被国家古籍保护中心聘为培训老师，有些人成为古籍鉴定、修复的专家。2007年以前，全国的古籍修复人员不足100人，古籍编目整理人员不足500人。到2015年，全国的古籍修复专职人员近1000人，古籍编目整理人员超过3000人。可以说，一支覆盖全国的古籍保护专业队伍已经建立起来，这支队伍的建立有力推进了古籍保护工作计划的进度，使全国的古籍保护工作轰轰烈烈地开展起来。

二、大胆创新，建立"三位一体"古籍保护人才培养机制

由于我国的古籍藏量巨大，仅凭国家古籍保护中心举办的培训班难以满足全国的迫切需要。而且国家古籍保护中心举办的培训班是在配合中华古籍保护计划工作进度的基础上展开的，面向的是古籍收藏单位在编人员，培训时间短，培训课程容量大，培训班种类多，虽然短期内缓解了一些地方古籍保护人才严重不足的局面，但是随着古籍保护工作的深入开展，对古籍鉴定、古籍修复保护等高精尖人才的需求越来越多，这种大规模、集中授课式培训的不足之处越来越明显地显露出来。很多学员接受培训的时间短，缺乏实践经验，难以独立完成专业技术要求高的工作。同时由于一些学员所在单位管理不当，学员参加培训后没有从事古籍保护工作，或是年龄过大很快就退休，还有些单位只有一两个人从事

古籍工作，几乎所有的培训班都是同一个人参加，成了培训专业户。如何发挥全社会的力量，建立科学的人才培养机制，从根本上保证古籍保护后继有人，多年来一直是国家古籍保护中心在积极探索的问题。

2011年3月8日文化部办公厅发布《文化部关于进一步加强古籍保护工作的通知》（文社文发〔2011〕12号），明确了"多途径开展古籍专业人才队伍建设，提高工作队伍的整体素质"指导思想。根据文件精神，国家古籍保护中心制定了科学培养古籍保护人才的整体规划，经过几年建设，人才培养工作呈现出全新的局面。

(一) 建立国家古籍保护人才培训基地，将短期培训变为长期培训

从2012年开始，国家古籍保护中心广泛征求古籍保护专家、全国各古籍收藏单位的意见，确定了在全国建立古籍保护人才培训基地的计划。2014年4月向全国下发了申报通知，经过申报、考察、评审，2014年6月，文化部正式公布国家图书馆、天津图书馆、辽宁省图书馆等12家申报单位为"国家古籍保护人才培训基地"。

培训基地主要承担全国公藏单位在编人员的培训任务，不仅承办国家古籍保护中心的培训班，还定期自行举办古籍保护相关培训，使短期培训与长期培养相结合，按照古籍保护工作的实际需要设置课程，利用图书馆的古籍资源优势，使学员在课堂教学与实践中成长，不仅培养普通的古籍工作人员，而且重点培养骨干人才和高精尖人才。

培训基地建立后，国家古籍保护中心办公室根据全国古籍保护工作的实际需求，本着充分发挥基地特长，建设特色基地的原则制订培训计划。从2014年下半年至2015年底，培训基地共承办国家古籍保护中心举办的培训班21期，培训学员802人次；培训基地自主举办培训班7期，培训学员238人次；接收进修人员7人。培训基地在举办培训班的过程中，都各自发挥特长，利用本身的资源优势，形成特色鲜明的人才培养基地，如国家图书馆古籍鉴定、修复、保护技术高级人才培训基地，上海图书馆碑帖鉴定、拓片修复、传拓人才培训基地，天津图书馆古籍修复高级人才培训基地，中山大学西文文献修复人才培训基地，浙江图书馆古籍编目高级人才培训基地等。每个基地在未来的建设中将以特色人才培养为主要任务，从而满足全国对不同类型古籍保护人才的需求。

(二)依托国家级古籍修复技艺传习中心,培养修复人才

2013年6月8日,国家级古籍修复技艺传习中心在国家图书馆成立,国家图书馆8位修复馆员正式拜国家级非物质文化遗产项目古籍修复技艺代表性传承人杜伟生为师。经过技艺传习,传习所8位修复馆员的技艺得到很大提高,承担的"天禄琳琅"珍贵古籍修复项目取得阶段性成果。

为进一步推广古籍修复技艺传承工作,国家古籍保护中心在全国选择试点单位设立国家级古籍修复技艺传习所,传习所由国家古籍保护中心聘请古籍修复领域的著名专家担任导师进行修复技艺传承。2014年至2015年,国家古籍保护中心确定天津图书馆、辽宁省图书馆、山东省图书馆等15家单位作为试点单位。传习所共聘请传习导师14人,收徒99人,修复技艺传习工作全面展开。

国家级古籍修复技艺传习中心及附设传习所的重点任务是在传习导师的带领下,开展古籍修复技艺的传授,同时制作传习导师的授课视频,供古籍修复人才培养工作长期使用。至2015年,传习所师徒共同修复古籍600余册,修复佛经、拓片、舆图等240余件,录制修复导师精品课程10集。传习所古籍修复人才培养模式既传授了技艺、修复了古籍,也为后人学习修复技术保留了宝贵的资料。

目前,我国仍在工作岗位上的古籍修复老专家已屈指可数,传习所的建立使这些老专家有了发挥余热的舞台,过去不被重视的冷门工作终于摆到重要的位置上。今后,国家古籍保护中心还将在总结经验、修订政策后,正式向全国推广,根据各地实际情况增设传习所。

(三)与高等院校合作办学,建立古籍保护学科体系

高校优质的师资和成熟的专业人才培养模式是古籍人才培养最好的依靠和借鉴,只有加强与高校的合作,才能构建科学的古籍人才培养学科体系,使高校成为培养古籍高级人才的摇篮。

经过多次调研与沟通,2014—2015年,国家古籍保护中心成功与中山大学、复旦大学、天津师范大学、中国社会科学院研究生院、南京艺术学院签订了合作培养古籍保护人才专业硕士协议,2015年9月,33名新生已入学。古籍保护新生力量正在逐步壮大。

高校硕士学历教育的合作开展为古籍保护高级人才培养工作开拓了新的途径,在全国掀起了学习古籍保护知识的热潮,许多应届毕业生争相报考,保证了

古籍保护事业后续有人。今后,国家古籍保护中心还将扩大与高等院校的合作,在硕士学历教育的同时,逐步建立古籍保护本科、硕士、博士、博士后的贯通式学历教育,逐步形成科学的古籍保护学科体系。同时,尝试与高校洽谈"古籍保护课程联盟"项目,在高校开设古籍保护相关课程,普及古籍保护知识,培养古籍保护人才后备力量。

三、改革培训形式,注重培养高精尖缺人才

为了解决集中培训的弊端,满足各地古籍保护高级人才的需求,保护中心逐步探索改进培训形式,在以往培训的基础上,以实践课程为主,邀请专家全程辅导,重点培养专业骨干和稀缺人才。经过几年的培训实践,取得了令人瞩目的成果。如:举办古籍修复技艺初级、中级、高级培训班,遴选优秀学员逐级提升,培养了一批修复高级人才;举办古籍普查、编目、鉴定研修培训班,组建了一支技术过硬的古籍普查人才队伍;举办碑帖修复初级、高级培训班与碑帖编目研修班,使原本极其缺乏的碑帖保护人才得到补充;举办少数民族古籍普查、鉴定、修复培训班,极大推动了少数民族古籍保护工作的进度。

在培养高级人才的过程中,培训班学员不仅学到了技术,而且完成了编目、修复等任务,取得双丰收。例如,在国家图书馆举办的碑帖鉴定与编目研修班,以重庆图书馆馆藏碑帖编目作为主要实践对象,挑选各单位业务骨干参加培训,聘请故宫博物院、北京大学和国家图书馆的碑帖研究专家指导碑帖的鉴定与编目,最终20名学员在45天的学习里编纂完成重庆图书馆提供的馆藏碑帖目录2000多种。在重庆图书馆举办第三期全国古籍修复技术与工作管理研修班,全国遴选古籍修复优秀学员20名,聘请上海图书馆碑帖修复专家邢跃华老师全程辅导,以重庆图书馆藏碑帖修复作为授课内容,学员们在31天的学习中修复碑帖140余张。从宋拓《苏轼像》到民国拓《潘母张太夫人家传》,从141cm×273cm的大幅《蜀丞相诸葛武侯祠堂碑》到36cm×47.5cm的唐怀素《自叙帖》,从断裂成七段《骊山温泉铭》到蛀洞密布的《颜鲁公祠像碑阴记》……学员说:"(修复)过程中的烦琐与复杂令人胆战心惊。"过去需要学习几年才能上手的修复难度极高的碑帖,这次在老师手把手的辅导下圆满地完成了修复,学员技艺突飞猛进。在云南举办的少数民族古籍修复技术培训班,以迪庆藏族自治州图书馆藏藏文古籍修复作为授课内容,采用接补、挖衬、夹接、人工纸浆修复等方法修复,共修

复了793页藏文古籍文献,培养了30名少数民族古籍修复人才。

今后,高精尖缺人才的培养将作为国家古籍保护中心人才培养工作的重点,借助老专家的传帮带作用,以研修形式为主,逐步组建一支专家级古籍保护人才队伍。

四、研制教材,规范人才培养课程设置

为了更好地指导和推进全国古籍保护工作,规范古籍人才培训工作,国家古籍保护中心计划打造一套全面总结古籍普查登记、古籍保护技术、古籍修复、古籍整理与利用等领域的学术研究成果,理论联系实际、科学系统且富权威性的古籍保护系列教材。教材全面反映古籍保护各领域内容和先进理念,针对性强,适用性广,作为古籍保护从业者必备工具书,在全国推广,使之成为古籍保护行业通用的、科学的、规范的培训教材。教材也将随着保护科技进步,不断修订改进,以适合于古籍保护未来的发展需要。

2015年底,《古籍保护原理与方法》已正式出版。

结语

对于如何才能长效、持续地培养出优秀的古籍保护人才,建立科学的人才培养机制,过去几乎没有可借鉴的经验,我们是在探索中前行,在实践中摸索经验。古籍保护人才培养多项举措的实施打破了过去单一的短期培训形式,建立了新的人才培养体系。培训基地、高等院校、传习所三位一体的人才培养模式是对现有人才培养模式的继承、融合与突破。它既继承了传统模式的优点,又与现代教育方式相结合,同时融合收藏单位的资源,将理论与实践紧密结合起来,真正做到学有所需、学有所用。

古籍保护工作的道路充满了曲折和挑战,仍需不断改进与创新。但是,已经有越来越多的人加入到古籍保护的队伍中来,古籍保护的春天已经来临,相信不远的将来,古籍一定能在专业人士的保护下永远留传!

(作者:庄秀芬,国家古籍保护中心副研究馆员)

1981—1983 年的张士达

臧春华

张士达(1902—1993),原名书琴,字俊杰,直隶武邑(今河北武邑)人,在我国现当代古籍修复史上享有盛誉,有"国手"之称。十六岁到北京琉璃厂肄雅堂当学徒,七年后在琉璃厂开设"群玉斋"古旧书店。鲁迅、郭沫若、郑振铎、冯友兰、李一氓等都曾找其修复古籍。1956 年到北京图书馆工作,专职修复宋元善本[1]。1969 年 12 月下放到江西丰城圳头公社湖塘大队[2]。20 世纪 80 年代在京、赣两地培养古籍修复新人若干。

一、在京授徒

1.特邀回京

20 世纪 80 年代初期,北京图书馆古籍修复人员不足,为培养新人,特邀在赣休养的张士达回京授徒。1981 年 4 月 22 日,李致忠先生在《北京晚报》刊登了一则简讯,详述了张士达回京授徒之原委,全文如下:

> 从事古书装修工作近六十年的张士达,虽然已八旬高龄,但是愿为培育古书装修技术的新人做出贡献。
>
> 北京图书馆的善本藏书举世闻名,很需要装修古书的技术人才。但"十年浩劫"后,原有的技艺高超的老师傅,或遣散他乡,或年事已高,因此馆方

---

[1] 臧春华:《简论古书中有关古籍修复的记录》,载天一阁博物馆:《天一阁文丛》(第 13 辑),第 153 页,浙江古籍出版社,2015 年。
[2] 邱晓刚:《张士达与〈蟠室老人文集〉》,《国家图书馆学刊》2007 年第 4 期。

特地把张士达老师傅请来带徒弟。

张士达幼时在北京琉璃厂肄雅堂书籍铺学徒,以后长期从事古书装修工作,能使破烂不堪的古书恢复原来面貌。其学识基础之坚实,技艺之精湛,为全国同行所称道。

目前,北京图书馆已根据张士达的意见,选派三位有志于此道的高中毕业青年,跟他学习。张士达说:这次带徒弟,要循序渐进,严格要求。不但要让他们学习技术,还要让他们学习古籍版本知识。[①]

2.授徒

张士达授徒原定两年为期,授徒时间当始于1981年4月稍早。授徒地点位于珠市口附近香厂路国务院第六招待所的一个大开间里。所授之徒为北京图书馆刘建明、刘峰和朱振彬三位新人。师徒四人学住一块儿,一道屏风则将学习区和生活区隔开,靠外的学习区有几张桌子,靠里的生活区并排摆着四张单人床。

张氏在京教授古书装订修补技术,其细节已很难一一追述,仅能从朱振彬的回忆中略知一二。首先教授的是识别纸张,要求其颜色、薄厚,甚至纸张纤维的纹理走向都要尽量与古籍一致。此外,还有清末民初虫蛀书籍的修补[②]。

另外,朱振彬对张士达两年间所授技艺还有一些记录,摘录如下[③]:

先生说过,古籍修复是一门手艺活,每一道工序都不能马虎。如果在每道工序上都修得差一点,那么修出来的书肯定不成样子。

先生每次配纸都需要一两天时间,从补纸的纸性、颜色、薄厚,直至帘纹宽窄都力求与原书一致。

先生常说:"看一部书修得好坏,不能看是否修复一新,要看是否古风犹在。"

对于书背上下两角由直角磨成圆角的破损古籍,先生总是保留圆角。即使有的圆角出现了破损,也只是修补后再恢复原样。

先生勇于创新,首创"蝴蝶装金镶玉"装修形式,其特点是在"金镶玉"

---

① 李致忠:《古书装修家张士达带徒传艺 八旬老翁志不衰》,《北京晚报》1981年4月22日。
② 李洋:《朱振彬:沉默的"书医"》,《北京日报》2015年4月21日。
③ 2014年,朱振彬撰文《妙手修书,丹心护宝——纪念一代古籍修复大家张士达》(《北京青年报》2014年5月23日),追忆恩师传道授业之功。虽然该文所记张氏传艺较为笼统,未点明时段,但部分当为张士达在京所授,故稍作整理,摘要罗列,以供参考。

三面镶的基础上,发展为四面镶。此法既可保持原书装帧,又能最大限度保护古籍。此外,在"金镶玉"装修时,先生摒弃了在书口背面通抹糨糊的旧办法,采用点糨固定再挑开的新方法。先生强调说,新方法的难点在糨糊的调配上,稀了,起不到固定作用;稠了,又不好用启子分离。

3. 会友

张士达授徒地点不在北京图书馆,而选择于一家招待所内,这可能出于两方面的考虑:一是张氏年老体弱,就近授徒较为方便;二是这家招待所因《中国古籍善本书目》的编纂聚集了冀淑英、魏隐儒、丁瑜等国内著名目录版本学家,他们多是张士达的老朋友,授徒之余可谈古论今、追忆往昔。

据朱振彬回忆,他们谈论的内容有鲁迅、郑振铎等早年找张士达修书或探讨修书诀窍,1959年周叔弢与徐森玉在全国人民代表大会上联名提案举办"古籍装修培训班"等事①。他们谈论的多与古籍修复有关,但联想到张士达曾在琉璃厂开设群玉斋古旧书店几十年,与古旧书有关的采访、鉴定、销售、收藏等当也是他们经常谈论的话题。

二、在赣授徒

1. 离京返赣

1982年4月,北京图书馆与江西省图书馆协商联合举办"古籍装订修补培训班"。双方商定由北京图书馆聘请张士达老师傅在江西省图书馆举办为期一年的培训班,并于5月20日正式开学②。

张士达在京授徒原定两年,为何授徒一年就返回江西?邱晓刚给出的解释是张士达"年岁已高在外生活不便"③。在京,师徒同住同学,学习、生活均在一块儿,张士达出行问题当不大。但对于一位年高体弱的老人来说,长时间在外生活,饮食起居确实多有不便。

2. 培训班概况

"古籍装订修补培训班"由北京图书馆与江西省图书馆联合举办,培训时间

---

① 李洋:《朱振彬:沉默的"书医"》,《北京日报》2015年4月21日。
② 漆身起:《北京图书馆、江西图书馆联合举办古籍装订修补培训班》,《赣图通讯》1982年第2期。
③ 邱晓刚:《张士达与〈蟫室老人文集〉》,《国家图书馆学刊》2007年第4期。

为1982年5月20日至1983年5月7日,地点在江西省图书馆馆内,传授师傅是张士达,学员则有北京图书馆刘建明、刘峰、朱振彬,南京图书馆杨来京、邱晓刚,江西省图书馆温柏秀,南昌市图书馆李元等9人①。培训内容主要是古籍装修技术,还包括古代汉语、古籍版本、中国书史等相关专业知识②。此外,此次培训根据装修古旧书技术特点,采取师带徒、边教边学的办法,并分期进行③。

经过一年教学实践,在张士达的传授下,学员们学习了换皮、订线、溜口、衬纸、接书背及蝴蝶装、包背装、"金镶玉"等多种古籍装修技艺,全年共修补古籍326册。此外,还学习了"图书馆古籍整理""中国书史"等相关专业理论课程。通过考试,学员们都取得了较好的成绩,为今后学习和钻研古籍修补技术奠定了良好的基础④。

3.传授技艺

张士达在此次培训班上传授技艺的细节现已很难考述,仅能从邱晓刚40余天的学习日记中窥见一二⑤,详细可见表1。

表1　1983年1—2月张士达在"古籍装订修补培训班"上传授技艺列表⑥

项目	技艺内容
清点页码	一本书拿来首先要清点页数,特殊者还应清点字数。订纸捻前还要清点一下,这样才能保证完整无缺。(1.15)如果书页无序或无页码,又不得在书上做记号,就应检查全书,将首页末行最后二字和次页首行最前二字记录下来,一本书记录完后再行修补。(1.19)
用糨	江西省馆使用的是化学糨糊(羧甲基纤维素),由北京档案局和一家研究所联合研制。(1.25)主张用小粉制糨来修书,化学糨糊不贴。(2.10)

---

① 邱晓刚由南京图书馆潘天桢先生推荐,于1983年元月中旬来赣参加学习。因此,培训班开班时仅有8位学员。见邱晓刚《张士达记忆》(一、二),"舒又生"新浪博客(http://blog.sina.com.cn/xgqiu1958) 2012年10月27日、11月2日。
② 漆身起:《北京图书馆、江西省图书馆联合举办古籍装订修补培训班》,《赣图通讯》1982年第2期。
③ 周建文、程春焱:《江西省图书馆馆史(1920—2010)》,第107页,江西人民出版社,2010年。
④ 黄顺强:《古籍修补培训班结业》,《赣图通讯》1983年第2期。
⑤ 邱晓刚所记学习日记公布于网络者,起止时间为1983年1月12日至2月27日,不考虑少数漏记和1983年春节期间的合写情况,所记前后跨度为47天。
⑥ 见邱晓刚《张士达记忆》(三至六、九至十二),"舒又生"新浪博客2012年11月3、8、9、17日,12月9日,2013年1月6、13、20日。

续表

项目	技艺内容
用纸	旧纸越来越少,旧书纸又不能换下,所以旧纸一定要特别注意收集。没有旧纸,用新纸也不要用染色的纸来修书,因为染色纸在一定时间后对书页会有影响,颜色会有所变化,有的颜色变得特别难看。(1.25)
清洗书页	将发碎书页用棉(皮)纸包好,用碱水冲洗,再用清水冲洗直到将碱水洗净,再将书页放入吸水纸中晾干。但是,此法会使字迹和书页褪色,失去原有风格。(1.15)
开纸润纸	开纸做副页,要算好再开,省一点纸也是好的,千万不能浪费。(2.2)在开副页时特别强调注意节省纸张。整张纸若卷折不平,将纸喷湿一卷,打开后很快就平整了,此法又快又好。(2.7)
齐栏蹾齐	最好以手心压书,拇指和食指拿书,其余三指压书,这样齐栏动作灵活,活动余地大。最好在桌上放几张厚纸,在其上蹾齐容易齐和平,书又不会磨坏,因为在厚纸上蹾齐书页有一定的弹性,而木板上是没有弹性的。(2.22)
裁书	机刀切得好,只是过于老朽的书页不易裁切。(2.10)
包角	将糨糊刷在裱好的绢上,比好尺寸(以4∶6为准),上下均包去一张副页,再将上下另两张副页粘贴在绢上,最后用锤子敲实包角处,下锤方向向前,主要是将绢丝锤齐。(2.4)
打眼订线	打眼订书时最好将书竖着摆放,即使订线出现一点弯曲,因为是竖着订而看不出来。(2.5)
外形修复要求	书的外形美:书边成直线;书皮无皱纹;全书要平;全书要实;全书要干净;眼位合适,线成直线。(2.5)
作旧	要是修一本好书,过去在修书到最后,可用香灰在书的天头地脚和书脑处扫一扫,这样使修过的书有旧旧的感觉。(2.8)
包背装	将书页对齐,订纸捻后再将书脑上糨,上一张好纸待干。包书皮如同扣皮法,但糨糊要点在纸捻上。(2.2)同意书不做老式"金镶玉",改为包背装。一来书太厚,二来书根有字,三来书页太厚。(2.3)下锥眼越靠书脑越好。(2.8)包背装扣书皮,最好书皮和书边一齐。(2.9)改革"金镶玉"的书送去装订厂切齐,不小心切坏了,只好改作包背装。(2.19)
"金镶玉"	"金镶玉"大约从清嘉庆前后才开始有。(2.8)蹾齐和齐栏是"金镶玉"中非常重要的工序。(2.18)

续表

项目	技艺内容
改革"金镶玉"	十七年前就将几种"金镶玉"研究出来,并得到赵万里先生的支持。但后来因为"左"倾思想影响,这一革新技术随之尘封。(1.14)改革"金镶玉"折纸边比例不少于20%,主要看书页数量和厚薄。书页薄衬纸厚的,折纸不可多;书页薄衬纸也薄的,折纸不可少于40%。总之,这主要看书页与衬纸的搭配。(1.27)
蝴蝶装"金镶玉"	使用"挖心"法,将衬纸挖去书心大小的地方,再镶衬书页。(1.26)将衬纸挖出一个类似书页大小的框子,然后用一种又薄又好的纸拉在书页后面。(1.29)

注:1."技艺内容"引自邱晓刚的学习日记,多有整理和删减。此外,日记多为转述和回忆记录,对张士达授课的记录可能存在缺漏、表达不全或不明的情况。因此,表中少数语义不明者多转引原文,未加删减。

2."技艺内容"多数句末附有括注,括号中内容乃是邱晓刚学习日记之书写时间,如"1.29"即指1983年1月29日(下表同)。

由表1可知,1983年1—2月张士达在"古籍装订修补培训班"上传授的技艺主要包括用糨、用纸、清洗书页、齐栏、装订、裁切、包角、打眼订线、包背装、"金镶玉"及其改革装的制作等,基本囊括古籍装订修补主要技术。

4.传授技艺之外的张士达

从邱晓刚的学习日记中,还可以看到张士达在传授古籍装订修补技艺以外的很多细节,详细可见表2。

表2 1983年1—2月张士达在"古籍装订修补培训班"上相关细节列表①

项目	具体内容
授徒计划与备课	在家两天一直想着:这是一个有期的学习,一定要抓紧时间多教一点技术。(2.2)时常看《古籍修补技术知识》一书。(2.8)北图寄来《中国书史简编》一书,2月22日开始上课。张师傅看了书,说好书,并拿出一个笔记本记着什么,后来才发现记的全是与书史有关的资料。(2.17)张师傅将这次学习班的计划给我看了,过几天将上面的内容抄下来。(2.22)衬纸的书,须要齐栏,齐栏最好的方法是用挨齐法。把书放在锥板上之前,务必要准备一件东西,先放在锥板上,是用比书大一点的原纸,用糨粘成一个薄本,这个名称叫作装本。没有这个装本在栏线齐好后无处去蹾,在锥板上是蹾不齐的。初印本栏线清晰明显,齐栏齐得好如同刀切一般,非常美观。另外,齐栏不适用于古旧书和书品特大的书。(抄录于张师傅学习班计划)(2.25)

① 见邱晓刚《张士达记忆》(三至六、九至十二)。

续表

项目	具体内容
勉励学员	到这里来只要你们愿学我都愿教,有什么不懂的只管问,一次不行两次,直到搞懂为止。就怕自己的技术传不下来。(1.14)干我们这行,有许多东西要学,纸张、书法、印章等。一切技术都是要靠积少成多的,要有心去注意一切,学无止境。(1.28)修书是项熟能生巧的工作。要想修出好书,一定要在日常工作中多做、多练,找到技巧,提高业务能力。(2.4)修书不光是修修补补,还要注意书法、纸张等方面的修养。(2.21)
授课出勤	这几天天气冷又下雪,没有去接他。几天在家坐卧不安,急坏了,今天自己过来了。每天要走上数公里的路来教学生。(1.14)一下雨就不能去接张师傅了。(1.17)又是一天,张师傅没有来。这几天天气不好,明天可能要来。(1.18)这两天下雨,已经几天没见到张师傅。(2.1)今天没人去接张师傅,可到九点多他自己来了,这是他第二次自己过来。(2.2)下午送张师傅回家。(2.8)今天下雨张师傅不能来。(2.23)今天又下雨,可能张师傅明天又不能来了。(2.24)今天阴天但张师傅还是来了。下午下班送张师傅回家。(2.25)
健康状况	老人家年纪大耳朵不灵,所以天气不好时非常担心他,有时他会自己过来。(1.17)一早刘峰去接张师傅,谁知他老人家病了,说是脸肿。明天可能张师傅还是来不了。(1.21)今天一早一起去看望张师傅,他脸还是有点肿。张师傅女儿说,他急着要去上班,心里着急南京来人还没有教他技术。(1.22)今天张师傅一早就来了,但脸还是有点肿。(1.24)他老人家耳朵不大好,交流起来有点困难。(2.18)
个人修书	一个上午没停过,一直在切书。(1.14)一来就要干活。(1.24)将自己修的书还库了。(2.8)
鉴定版本	宋纸、明纸等发黄的多是竹纸,发白的有麻纸、棉纸,也有竹纸。字体、印章也是鉴定版本的依据。(1.28)小李①的弟弟带来几本线装书,张师傅一看就说是明末的本子,并说出是什么人的藏书。另外,还说鉴定版本一看字,二看题跋,三看纸张,四看藏印,等等。明代嘉靖以前版本不管从内容上还是其他方面都还可以,而嘉靖以后的价值就差了,万历以后就更差。(2.21)
其他	(大年)初一晚上与馆领导一起吃饭,张师傅也来了。初三中午是在张师傅家吃的。(2.12—2.16)

注:"具体内容"转引邱晓刚的学习日记,部分经整理和删减。

---

① 当指参加培训班学习的南昌市图书馆的李元。

由表2可知：一是张士达对培训班有整体计划，并做了充分准备；二是勉励学员多做多练，多学多问，注重多方面修养；三是张士达上下课多由徒弟接送，天气不佳时多不能来馆授课；四是张氏年高耳背，常卧病脸肿，由女儿照顾其生活；五是张士达在授徒之余也做修书工作，有时还帮忙鉴定版本，讲解鉴赏知识。总之，相比于技艺传授，这些细节可以更加深入全面地反映20世纪80年代初期乃至晚年张士达的工作态度、内心想法、生活情形以及健康状况。

三、结语

1981—1983年，八旬之年的张士达先后在北京、江西传授古书装订修补技艺，培养古籍修复新人，这两三年是其漫长古籍修复生涯的重要组成部分。作为在我国现当代古籍修复史上享有盛誉的一代大家，张士达的这两三年值得追忆。

（作者：臧春华，安徽省图书馆馆员）

鞣酸铁油墨侵蚀纸张研究进展

闫智培

1.引言

纸作为书写和画画的载体,通常要经历复杂的老化过程。纸主要由天然纤维素构成,纤维素是由葡萄糖残基通过 β-O-4 糖苷键连接而成的聚合物,在酸性条件下糖苷键容易发生水解,进而导致纤维素降解、纸张碎片化。因此,纸张中残留的酸性物质及空气中的酸性气体都会加速纸张老化。值得注意的是,除纸张的性质和保存环境外,制作文稿所用的油墨也可能会对纸张的寿命产生影响。目前,鞣酸铁油墨侵蚀已经对全世界的文稿遗产造成了很大的威胁。尤其是对欧洲和它以前的殖民地,包括北美、南美和澳大利亚的纸质文献威胁最大,这是因为在9世纪到20世纪之间这些地区主要使用的油墨都是鞣酸铁油墨[1,2]:巴赫用它来谱曲,伦勃朗用它来作画,托马斯·杰斐逊用它来写下独立宣言。不幸的是,由于油墨的腐蚀性,保存在巴黎的维克多·雨果的作品全部被损毁,而60%~70%的达·芬奇的作品也已经老化[3]。我国保存的大量西文善本,也面临着善本老化、脆化甚至消失的威胁[4]。此外,20世纪我国书写常用的蓝黑墨水也是属于鞣酸铁油墨,有许多具有重要历史价值的名人手稿也面临着鞣酸铁油墨侵蚀的威胁[5]。大量使用鞣酸铁油墨制成的文稿和图纸正处于能否继续使用的关键时期[6],防止鞣酸铁油墨侵蚀成为保存科学中的一个关键性问题。

2.鞣酸铁油墨的性质

鞣酸铁油墨是由硫酸亚铁($FeSO_4$)和五倍子提取物混合制成的。五倍子提取物中的活性成分有鞣酸(或称为单宁酸、五倍子酸)、没食子酸、阿拉伯树胶和诸如色素、酒、醋等多种其他成分。鞣酸铁油墨的稳定性由亚铁离子和鞣剂的比例决定,鞣酸和没食子酸的浓度至关重要。在天然五倍子果实中,这些成分的浓度变化非常大。即使是同一品种的五倍子果实,其中的成分随着老化时间的延长也会发生很大的变化。此外,鞣酸铁油墨中通常还会加入多种改良剂,例如加入阿拉伯树胶作为保护性胶质,加入酒精来改善提取效果,19世纪末还在其中加入盐酸。因此,历史上制作文稿所使用的鞣酸铁油墨的成分重复性很差[7],这使得对鞣酸铁油墨侵蚀纸张的研究更加困难。

鞣酸铁油墨制成时是无色的鞣酸亚铁混合物,油墨在纸上最终显黑色是由于鞣酸亚铁氧化生成黑色的鞣酸铁[8-10]。根据来源和制备方法的不同,硫酸亚铁中还可能包含一些杂质,例如铜、锌、锰、铝和镁盐,从而建立了一个金属盐的复杂系统[11]。

鞣酸铁油墨侵蚀纸的过程主要为:书写油墨先沿笔迹浸入纸中,然后在字体周围产生色圈,使文本变得模糊,最后书写部分可能完全从纸上脱落,在纸上留下孔洞[12]。深入了解鞣酸铁油墨侵蚀纸张的机理,对于预防和抑制油墨侵蚀纸张均存在重要意义,因此该研究引起了广泛关注。

3.鞣酸铁油墨侵蚀纸张的机理

根据鞣酸铁油墨的所有成分能够推测油墨侵蚀背后的真实驱动机理。在鞣酸铁油墨生产的过程中,更适宜使用酸性成分,但是当鞣酸铁复合物形成后,硫酸被释放出来[13]。在理想情况下,制备油墨时提供充足的螯合剂,例如鞣酸等,所有的铁离子都被稳定地包裹在色素中形成复合物。该类金属鞣酸盐油墨被称为平衡油墨。但是在多数情况下,由于来源和材料的变化,铁离子不能够达到完全螯合,所以金属鞣酸盐油墨是不平衡的。因此,在系统中有过渡金属存在,能够自由地在氧化还原反应中作用产生Fenton型自由基。此外,Strlič[14]研究发现鞣酸铁油墨还可能释放出较多的活性氧(很可能是H_2O_2),加剧油墨周围区域纤维素的氧化降解。

因此,鞣酸铁油墨主要能够引起纤维素的下列反应:(1)Fe^{3+}水解和过量硫酸[15]引起的低pH导致的酸水解;(2)没有被鞣酸包围的Fe^{2+}引起的氧化反应和水解反应[9,16-17]。

油墨侵蚀背后的驱动力研究对于受损纤维素类介质的保存处理意义重大。如果酸水解占主导地位,那么类似于酸性纸张的脱酸处理和保留一定量的碱在纸张中就能够防止将来进一步的酸攻击,进而停止(至少能减少)纸的降解。相反,如果氧化反应是主要驱动力,那么简单脱酸肯定不能有效阻止氧化反应的发生[9,18]。

因此,澳大利亚的Potthast等人[17]研究了鞣酸铁油墨引起的模型纸(滤纸)纤维素水解和氧化降解反应的速率,研究发现应用不平衡的鞣酸铁油墨会同时引起纤维素水解和氧化降解反应速率的增加,这两种反应之间的主从关系取决于所采用油墨的类型和组成。在实验所采用的模型中,鞣酸铁油墨引起的纤维素水解和氧化降解反应的速率基本一致。Henniges等人[19]又进一步研究了鞣酸铁油墨对古纸老化、降解和稳定性的影响,结果显示鞣酸铁油墨也会同时引起古纸的水解和氧化降解反应,反应强度跟所采用油墨的类型、成分及历史保存条件均有关。在一个案例中,油墨引起纸的强水解,但是水解仅发生在墨迹上;另一个案例中损害也仅发生在距离墨迹1 mm以内的区域,在该过程中氧化降解是主要反应。因此,通常需要联合抑制酸水解和氧化降解才能有效抑制鞣酸铁油墨侵蚀,延长纸张寿命。

4. 鞣酸铁油墨侵蚀纸张的影响因素

4.1 油墨性质

4.1.1 鞣酸铁油墨的种类

虽然有大量的包含鞣酸铁油墨的纸质文件损毁严重,但是也有一些文件经过了几个世纪仍然处于良好的状态[20],这表明油墨的种类和成分对于其对纸张的侵蚀性具有极大的影响。这是因为酸及过渡金属的比例和含量决定了油墨的稳定性及腐蚀性成分的含量。

4.1.2 过渡金属的类型和数量

古代的硫酸亚铁并不纯,常含有铜、锌、铝和钾等杂质。所有这些金属离子都会对纸张造成破坏。在目前研究到的过渡金属中,铜的催化活性是最高的[21],这可能是因为Cu^+离子能够作为氧化性催化剂,它和Fe^{2+}的作用一样。Cu^{2+}能进一步促进纤维素氧化降解反应,对酸水解反应无明显影响[17]。此外,钴和铬也存在潜在的腐蚀性[21]。硫酸锌能够水解为氧化锌,并作为纤维素氧化活性基团的光催化剂。硫酸铝和硫酸铝钾(明矾)能够引起纤维素的降解。

4.2 纸张性质

Kolar[22]研究发现纸张定量对于含鞣酸铁油墨纸张的老化具有重要影响,这可能是因为油墨中腐蚀性成分在厚纸中的迁移速率要低于在薄纸中的速率,从而影响油墨侵蚀古纸的速率。

为了使纸吸收较少的油墨,历史上欧洲手工纸用白明胶、明矾等施胶,当纸对于油墨的渗透性较差时,期望相应的油墨对于纸张的侵蚀也减少。研究发现,阿拉伯树胶能够减缓鞣酸铁油墨引起的纤维素降解[23];Kolbe[24]研究发现白明胶重新施胶能够减缓鞣酸铁油墨侵蚀纸张的速度,但是之后的研究不支持该观点[17]。

纸张的pH值和其中的碱保留量也会对鞣酸铁油墨侵蚀产生影响[22]。当纸张中碳酸钙含量高时,碳酸钙能够中和酸性物质,促进氢氧化铁的形成,从而可以预防硫酸和Fe^{2+}的扩散。

4.3 书写或印刷条件

墨迹宽度代表着施予纸张上的油墨量。Kolar[22]研究发现墨迹宽度对于含鞣酸铁油墨纸张的老化影响颇为显著。这是因为墨迹越宽,单位面积纸张上的油墨量越大,各种腐蚀性成分越多,其引起的侵蚀也越严重。此外,书写或者印刷所采用的压力大小也对侵蚀程度存在一定的影响,这可能是因为压力越大,油墨渗透进纸张内部的程度越深,相应地引起纸张降解程度越大。

4.4 保存条件

空气中的SO_2和NO_2等污染物能够加剧鞣酸铁油墨对纸张的侵蚀,尤其是SO_2加剧老化速度更快[25]。$FeSO_4$是水溶性化合物。因此,环境的湿度增加能够引起这些腐蚀性化合物的扩散和迁移,对纸张的无油墨区域造成氧化和水解。

5. 抑制方法

19世纪末20世纪初,人们就研究了多种策略来抑制鞣酸铁油墨侵蚀纸张。诸如注入硝化纤维清漆;在鞣酸铁油墨侵蚀的羊皮纸孔洞里填入白明胶、甲醛;用氨蒸气中和,再用火胶棉(硝化纤维素)固定[26]。后来在1940—1960年间引入用糨糊粘透明纸作夹层,再用薄丝绸固定[27],用醋酸纤维素或者PVC薄膜作夹层[28,29]等方法。但是这些方法都已经证明会对文稿造成不可逆的损伤。

近三十年来文献中报道了多种已经在使用的或者仍处于实验阶段的方法[30]:脱酸、在水中煮沸[31]、纸拆分、电解、游离基清除剂、酪蛋白酸氨处理、氧化抑制和不处理仅加固[32]等。但是用水溶液处理鞣酸铁油墨侵蚀的纸张存在油墨溶解和分散,铁离子向无油墨区域扩散,已被腐蚀纸张碎片损失和随之而来的长期影响,特别是"唤醒"油墨[33]。因此,多位同行认为不应采用水处理。但也有一些人认为当油墨稳定时,小心地采用水溶液脱酸也是一种改善纸质文件状况的可行方法[34]。根据处理机理的不同,接下来将处理方法分为三大类来进行简介。

5.1 移除铁处理法

由于多余的 Fe^{2+} 和 Fe^{3+} 是鞣酸铁油墨引起纤维素酸水解和氧化降解的关键成分,因此移除铁离子将有利于改善油墨侵蚀情况。Burgess[35]提出多种方法来移除铁:酸溶解、采用诸如 EDTA 的多种螯合剂或者连二亚硫酸和 EDTA 联合将 Fe^{3+} 还原成 Fe^{2+}。EDTA 和亚硫酸氢钠也成功用于移除印刷品中的铁[36]。Lehtaru 等人使用 EDTA 和还原剂硫代硫酸钠移除铜和铁[37]。

5.2 肌醇六磷酸盐处理法

Neevel[9]首次提出用肌醇六磷酸钠溶液联合碳酸氢镁水溶液脱酸。之后多位研究者进一步研究和发展了该方法[17,19,38—40],目前该方法已经成为一种推荐使用的处理鞣酸铁油墨侵蚀的有效方法。

Potthast 和 Henniges 等人[17,19]研究发现,$CaCO_3$ 加上肌醇六磷酸在 pH5.9 的溶液中浸泡 20 分钟后干燥,用喷枪将 1% 的白明胶施于纸页表面,处理后纸中纤维素的氧化降解速率常数与无油墨纸张达到同等水平。这是因为肌醇六磷酸钙为螯合剂,$CaHCO_3$ 可以中和酸。肌醇六磷酸盐处理的作用机理是不同种类的金属离子之间存在强螯合作用,从而抑制了活性自由基特别是有害的羟基自由基的产生。从而,肌醇六磷酸盐处理能够稳定包含铁和铜的不稳定油墨,甚至对于不含金属的油墨也具有一定的稳定作用。因此,该处理对于水解和氧化反应均有效,并且对于不含鞣酸铁油墨纸张的老化例如酸水解也存在积极影响。Strlic 等[41]发现 DTPA、肌醇六磷酸盐和甲磺酸去铁胺具有抗氧化效果。Kolar[42]提出用镁来代替肌醇六磷酸钙。从以上文献我们可以看出,这类方法的改进都包含脱酸步骤(以中和油墨中的酸性、减缓水解速率)和使用肌醇六磷酸化合物作为氧化抑制剂。这是因为仅脱酸能够稳定油墨,而联合处理能够进一步增加纸的预期寿命。此外,研究发现肌醇六磷酸盐溶液的 pH 值对于其稳定鞣酸铁油墨、减缓纸张老化速率的效果至关重要,pH6.2 的肌醇六磷酸盐溶液对鞣酸铁油墨稳定性影响至少是 pH 5.0 溶液的 2 倍[40]。Hahn[43]认为经过肌醇六磷酸钙和碳酸氢钙联合处理后,随着一些少量和微量成分被移除,鞣酸铁油墨的化学组成发生了相当大的改变。

5.3 其他方法

Poggi[44]和Stefanis[45]试验了镁和氢氧化钙的纳米粒子分散在醇类中同时脱酸和稳定鞣酸铁油墨并得到理想的结果。Poggi[44]报道称处理后纸张的pH值必须稳定在7左右,这一点对于保证处理效果非常关键。

Vinther Hansen[46]研究了在鞣酸铁油墨侵蚀的纸张中衬在碱缓冲溶液中浸泡过的纸和抗氧化剂($CaCO_3$/NaBr)的方法。Rouchon[47]研究了在鞣酸铁油墨侵蚀的纸张中衬在多种氯化物NaCl、NaBr、$CaBr_2$等游离基清除剂中浸泡过的纸的方法,他指出添加$CaCO_3$不能改善该结果。

Poggi等人[48]研究了采用将氢氧化钙纳米颗粒分散在水醇的明胶溶液中,创造出一个对于纤维素水解和氧化反应都保护中性,从而抑制纤维素降解的方法来脱酸和加固含鞣酸铁油墨的纸张。

6. 小结

鞣酸铁油墨的腐蚀性造成大量纸质文化遗产的损毁,已经成为文献保护科学中一个亟待解决的问题。鞣酸铁油墨能够引起纤维素的酸水解和氧化降解反应,从而导致纸张老化乃至碎片化。目前已经开发出多种方法来抑制鞣酸铁油墨侵蚀纸张,其中联合肌醇六磷酸盐处理法为一种推荐使用的抑制鞣酸铁油墨侵蚀纸张的方法。纸质文档保存单位应尽快实施保护措施,最大限度地延长珍贵文件的寿命。

(作者:闫智培,国家图书馆古籍馆文物保护组馆员)

参考文献:

[1] Metz E(1997) Information leaflet iron-gall ink corrosion. In:Paper presented at the proceedings of European work shop on iron-gall Ink corrosion,June 16 and 17,1997.

[2] Orlandini V et al(2008) Preserving iron gall ink objects in collections in South and Central America and the Caribbean,part 1:assessing preservation needs of ink-corroded materials. Restaurator 29:163–183. doi:10.1515/rest.2008.012.

[3] Scholten S(1997),in:H.V.D. Windt(Ed.),Proceedings of the European Workshop on Iron-Gall Ink Corrosion,Instituut Collectie Nederland,Amsterdam,9.

[4] 张丽静(2013) 从馆藏西文善本的现状引发对其保护的思考. 图书馆:115-116.

[5] 李景仁,周崇润(2003) 谈谈名人手稿的保护. 图书馆杂志:40-42.

[6] De Bruin G(1997) The historical importance of iron-gall ink corrosion for written books and documents. In:Paper presented at the proceedings of European workshop on iron-gall Ink corrosion,June 16 and 17,1997.

[7] Mitchell CA(1916) Inks—their composition and manufacture including methods of examination and full list of English patents.Charles Griffin & Company Ltd,London.

[8] De Feber MAPC, Havermans JBGA, Defize P (2000) Iron-gall ink corrosion: a compound-effect study. Restaurator 21:204-212.

[9] Neevel JG(1995) Phytate: a potential conservation agent for the treatment of ink corrosion caused by iron gall inks. Restaurator 16:143-160.

[10] Sistach MC, Gilbert JM, Areal R(1999) Ageing of laboratory iron gall inks studied by reflectance spectrometry. Restaurator 20:151-166.

[11] Kolar J, Strlič M, Budnar M, et al(2003) Stabilisation of corrosive iron gall inks. Acta Chim Slov 50:763.

[12] Keheyan Y, Eliazyan G, Engel P, et al (2009) Py/GC/MS characterisation of naturally and artificially aged inks and papers. Journal of Analytical and Applied Pyrolysis 86:192-199.

[13] Neevel JG, Mensch CTJ(1999) The behaviour of iron and sulphuric acid during iron gall ink corrosion. In: ICOMCC Lyon 12th Triennial Meeting, Lyon, August 29 - September 3, vol 2. James and James, London, 528-533.

[14] Strlič M, Menart E, Cigić IK, et al(2010) Emission of reactive oxygen species during degradation of iron gall ink. Polymer Degradation and Stability, 95:66-71.

[15] Gambaro A, Ganzerla R, Fantin M, Cappelletto E, Piazza R, Cairns WRL(2009) Study of 19th century inks from archives in the Palazzo Ducale(Venice, Italy) using various analytical techniques. Microchemical Journal 91:202-208.

[16] Banik G (1997) Decay caused by iron-gall inks. In: Paper presented at the proceedings of European workshop on iron gall ink corrosion, June 16 and 17, 1997.

[17] Potthast A, Henniges U, Banik G(2008) Iron gall ink-induced corrosion of cellulose: aging, degradation and stabilization. Part 1: model paper studies. Cellulose 15:849 - 859. doi:10.1007/s10570-008-9237-1.

[18] Hey M(1981) The deacidification and stabilization of iron gall inks. Restaurator 1/2:24.

[19] Henniges U, Reibke R, Banik G, et al(2008) Iron gall ink-induced corrosion of cellulose: aging, degradation and stabilization. Part 2: application on historic sample material. Cellulose 15:861-870.

[20] Kolar J, Štolfa A, Strlič M, et al (2006) Historical iron gall ink containing documents—Properties affecting their condition. Analytica Chimica Acta 555:167-174.

[21] Šelih VS, Strlič M, Kolar J, Pihlar B(2007) The role of transition metals in oxidative degradation of cellulose. Polymer Degradation and Stability 92:1476-1481.

[22] Kolar J, Štolfa A, Strlič M, et al(2006) Historical iron gall ink containing documents—Properties affecting their condition. Analytica Chimica Acta 555:167-174.

[23] Remazeilles C, Rouchon-Quillet V, Bernard J(2004) Influence of gum arabic on iron gall ink corrosion. Part I: a laboratory samples study. Restaurator 25:220-232.

[24] Kolbe G(2004) Gelatine in historical paper production and as inhibiting agent for iron-gall ink corrosion on paper.Restaurator 25:26-39.

[25] Ciglanská M, Jančovičová V, Havlínová B, et al(2014) The influence of pollutants on accelerated ageing of parchment with iron gall inks. Journal of Cultural Heritage 15:373-381.

[26] Posse O(1970) Handschriften-Konservirung. Nach den Verhandlungen der St. Gallener Internationalen Konferenz zur Erhaltung und Ausbesserung alter Handschriften von 1898. Restaurator 1:1-40.

[27] Schönbohm D, Blüher A, Banik G(2004) Enzymes in solvent conditioned poultices for the removal of starch-based adhesives from iron gall ink corroded manuscripts. Restaurator 25:267-280.

[28] Wouters J, Gancedo G, Peckstadt A, et al(1990) The Codex Eyckensis, an illuminated manuscript on parchment from the 8th century AD. Laboratory investigation and removal of a 30 year old PVC lamination. In: ICOM Committee for Conservation, 9th triennial meeting, Dresden, German Democratic Republic, 26-31 August 1990. ICOM Committee for Conservation, 495-499.

[29] Perkinson R, Futernick R(1977) Questions concerning the design of paper pulp for repairing art on paper. In: Williams JC(ed) Preservation of paper and textiles of historic and artistic value. Advances in chemistry series, vol 164. American Chemical Society, Washington, DC, 88-94.

[30] Zervos S, Alexopoulou I (2015) Paper conservation methods: a literature review. Cellulose 22:2859-2897.

[31] Tse S, Hendry H, Bégin P, et al(2005) The effect of simmering on the chemical and mechanical properties of paper. Restaurator 26:14-35. doi:10.1515/rest.2005.14.

[32] Titus S, Schneller R, Huhsmann E, et al(2009) Stabilising local areas of loss in iron gall ink copy documents from the Savigny estate. Restaurator 30:16-50. doi:10.1515/rest.003.

[33] Huhsmann E, Hähner U(2008) Work standard for the treatment of 18th-and 19th-century iron gall ink documents with calcium phytate and calcium hydrogen carbonate. Restaurator 29:274-319.

[34] Van Gulik R, Kersten-Pampiglione NE (1994) A closer look at iron gall ink burn. Restaurator 15:173-187.

[35] Burgess H(1991) The use of chelating agents in conservation treatments. Pap Conserv 15:36-44.

[36] Gent M, Rees J(1994) A conservation treatment to remove residual iron from platinum prints. Pap Conserv 18:90-95.

[37] Lehtaru J, Ilomets T(1997) Use of chelating agent EDTA with sodium thiosulphate and sodium borohydride in bleaching treatment. Restaurator 18:191-200.

[38] Botti L, Mantovani O, Ruggiero D(2005) Calcium phytate in the treatment of corrosion caused by iron gall inks: effects on paper. Restaurator 26:44-62.

[39] Havlínová B, Miníkariková J, Hanus J, et al, Szabóová Z(2007) The conservation of historical documents carrying iron gall ink by antioxidants. Restaurator 28:112-128.

[40] Kolar J, Šala M, Strlic M, Šelih VS(2005) Stabilisation of paper containing iron-gall ink with current aqueous processes. Restaurator 26:181-189. doi:10.1515/rest.2005.26.3.181.

[41] Strlic M, Kolar J, Pihlar B(2001) Some preventive cellulose antioxidants studied by an aromatic hydroxylation assay. Polym Degrad Stab 73:535-539.

[42] Kolar J, Možir A, Strlič M, et al (2007) Stabilisation of iron gall Ink: aqueous stabilization with magnesium phytate. e-Preserv Sci 4:19-24.

[43] Hahn O, Wilke M, Wolff T(2008) Influence of aqueous calcium phytate/calcium hydrogen carbonate treatment on the chemical composition of iron gall inks. Restaurator29:235-250.

[44] Poggi G, Baglioni P, Giorgi R(2011) Alkaline earth hydroxide nanoparticles for the inhibition of metal gall ink corrosion. Restaurator 32:247-273.

[45] Stefanis E, Panayiotou C(2010) Deacidification of documents containing iron gall ink with dispersions of Ca(OH)$_2$ and Mg(OH)$_2$ nanoparticles. Restaurator 31:19-40.

[46] Vinther Hansen B(2005) Improving ageing properties of paper with iron-gall ink by interleaving with papers impregnated with alkaline buffer and antioxidant. Restaurator 26:190-202.

[47] Rouchon V, Duranton M, Belhadj O, et al(2013) The use of halide charged interleaves for treatment of iron gall ink damaged papers. Polym Degrad Stab 98:1339-1347.

[48] Poggi G, Sistach MC, Marin E, et al(2015) Calcium hydroxide nanoparticles in hydroalcoholic gelatin solutions(GeolNan) for the deacidification and strengthening of papers containing iron gall ink. Journal of Cultural Heritage.

永久保存纸质文献的适宜湿度探讨

易晓辉

关于纸质文献保存环境的湿度,似乎这是一个早已无须讨论的常识性问题。任何一个文献保护从业者都知道纸张在50%~60%RH的区间具有最好的物理强度,高于这个区间容易引发虫霉危害,低于这个区间则会由于干燥引起纸张变脆[1,2]。现行的国家标准《图书馆古籍书库基本要求(GB/T 30227—2013)》也规定古籍书库的环境湿度应控制在50%~60%RH。对于这套理论和现行的国家标准,目前看来都有一定的理论基础。既然如此,那湿度问题似乎没有继续探讨的必要了。

然而问题并非就此终结,如果我们搜集其他国家纸质文献保存环境的相关资料,就会发现有些国家对于永久保存的纸质文献采用较低的湿度环境,如美国国会图书馆推荐纸张和书籍类文献保存的最佳湿度是35%RH,国际标准《ISO 11799-2003 Information and documentation—Document storage requirements for archive and library materials》中明确提到纸张永久保存的理想湿度是30%~45% RH。这就跟我们之前提到的理论有出入了,为什么他们会推荐相对偏低的湿度环境?要搞清楚这个问题,就要先弄清楚纸张保存湿度的两个决定因素。

1.纸张物理强度

根据国内图书馆及档案保护界现有的研究结论来看,湿度对纸张物理强度的影响曲线如图1所示,在湿度发生变化时,纸张的物理强度也会随之变化,在50%~60%RH的范围内,纸张的物理强度最佳,低于或高于这个范围纸张物理强度都会随之下降[3]。这便是大部分纸质文献采用这一环境湿度的重要理论依据。从这一理论出发,考虑到纸质文献的使用需求,对于需要提供翻阅功能的纸张来说，具备良好的物理强度能够最大限度地避免翻阅过程对纸张造成的物理损害。所以对于图书馆大部分需要提供阅览功能及其他有频繁使用需求的文献，采用50%~60%RH的湿度环境保存是比较合适的。然而对于永久保存的纸质文献是否也符合这个情况，则需另当别论。

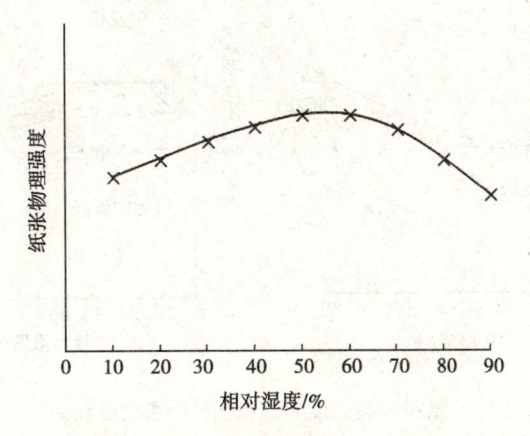

图1 纸张物理强度随湿度变化曲线

关于纸张物理强度随湿度变化的情况，若对其进行细究，会发现事实并非如此简单。纸张的物理强度其实是一个非常宽泛的概念，它只是一个综合的提法，并不是一个单一的参数，实际生产和研究当中常常使用抗张强度、撕裂强度、耐折度、耐破度、挺度等一系列不同的指标来表征纸张物理强度的不同方面[4]。对于图书馆、档案馆常见的文化用纸来说，撕裂强度、抗张强度和耐折度是表征纸张物理强度的三个最常用的指标。纸张的这三项强度指标都会受到环境湿度的影响，不过其随湿度变化的情况却不尽相同，其中撕裂强度、抗张强度的变化曲线相对简单，而耐折度随湿度的变化曲线则较为复杂。

图2中的曲线显示随着环境湿度的上升，纸张的撕裂强度呈明显上升趋势，而抗张强度则呈明显下降趋势。这是由于相对湿度的变化导致纸页内部结构的变化，环境湿度的变化必然引起纸页水分含量的变化，而纸页水分含量的变化也必然引起纤维的润胀以及纤维间结合力的变化，从而造成纸页的强度性质发生变化。根据经验，纸张的撕裂强度受纤维强度及纤维柔韧性影响较大，较高的湿度使纤维具备更好的韧性，因而高湿度下纸张的撕裂强度更好。但抗张强度则更多地受到纸张内部氢键结合数量的影响，较高的水分含量造成纸张内部氢键的断裂，从而使纸张抗张强度呈下降趋势[5]。

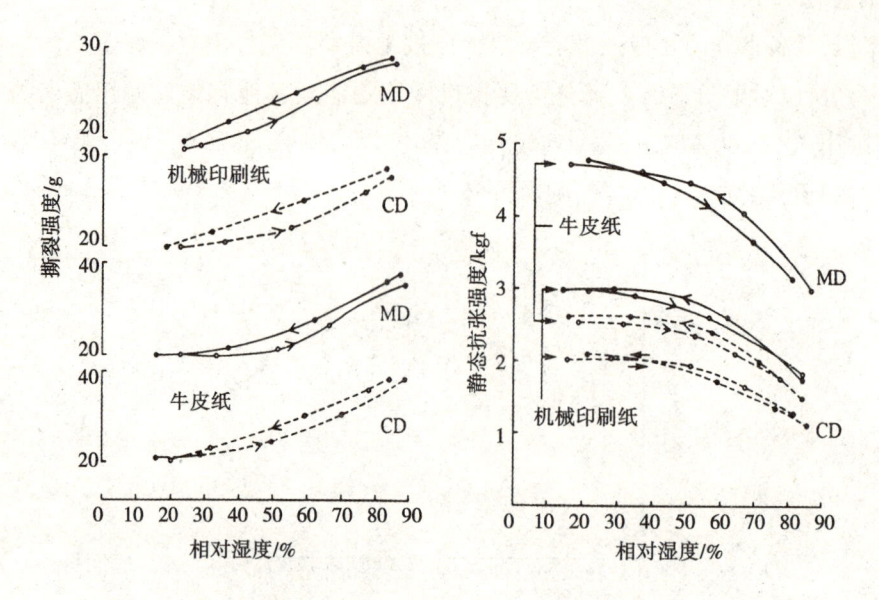

图 2　纸张撕裂强度和抗张强度随湿度变化曲线

环境湿度对纸张耐折度的影响相对比较复杂,不同种类及性能的纸张其耐折度随环境湿度的变化趋势不尽相同。根据现有的研究结果来看(如图3),高强度纸张的耐折度会随环境湿度的增加而升高,低强度纸张的耐折度会随湿度的增加而降低,中强度纸张的耐折度则会随湿度的增加出现先升高后降低的趋势[6,7,8]。

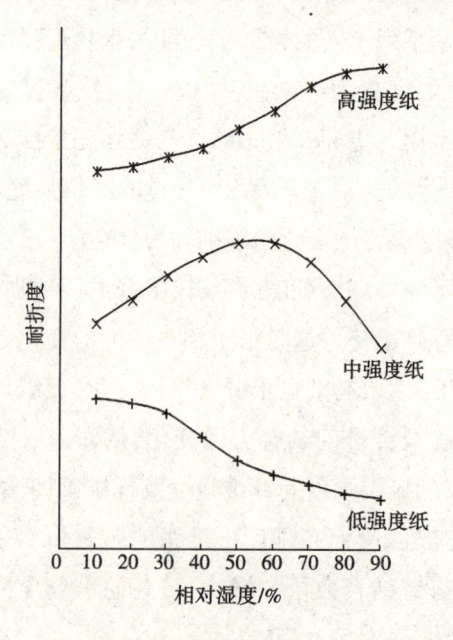

图 3　纸张耐折度随湿度变化曲线

关于这一现象的解释比较复杂，这里不再展开讨论。图书档案常见的纸张一般为文化用纸，多属于中低强度的印刷纸和书写纸。一般来说新出文献的纸张强度较好，以中强度书写印刷纸为主，提供借阅功能的文献多以这类为主，所以在中等湿度环境中保存能够具备较好的耐折度，这一结论跟我们目前普通借阅书库采用的温湿度是吻合的。但是对于永久保存的文献，情况则有所区别，永久保存文献当中有相当一部分是古籍、民国文献以及新中国成立后的文献档案，这些老旧的文献纸张经过漫长的老化过程后，纸页强度已经非常低[9]。以现存的民国文献为例，许多保存至今已严重酸化老化，一碰即碎。根据纸张耐折度随湿度的变化曲线来看，这些低强度的纸页并不适合在中高湿度的环境中保存，较低的湿度反而能够维持纸张具备一定的耐折度。

将图3中的中强度纸曲线跟图1中的纸张物理强度随湿度变化曲线对比可以发现，二者具有非常好的吻合度，这恰恰揭示了图1的数据来源——许多研究耐久性的试验常常采用中强度的印刷及书写用纸作为老化对象，并通过耐折度的变化来评价纸张的老化强度，故而得出这一片面的结论。

综合纸张撕裂强度、抗张强度和耐折度三项物理强度随湿度变化的情况来看，提供阅览功能的文献采用中湿度环境保存能够使纸页的各项物理强度都有所兼顾，纸页的整体综合强度可以维持在较好的水平。但对于永久保存的文献，尤其是那些纸张有一定程度老化的老旧文献则需要考虑采用较低的湿度来维持其较好的物理强度。在低湿度环境下，虽然其撕裂强度可能会降低，但其抗张强度和耐折度则会维持在较好的水平，综合物理强度要高于在中高湿度环境下保存的纸张。

当然，对于这类永久保存的纸质文献来说，物理强度或许并不是其保存过程中需要重点考虑的因素。因为这些文献一般并不需要提供阅览服务，或者说使用的频率极低，主要用作永久保存。在不提供使用的情况下，就不用过于考虑翻阅、使用、折叠、搬运、摩擦等物理过程对纸页的损害，对于纸张物理强度的维持则降至次要程度。而此时应该重点考虑的，则是决定环境湿度的第二个因素——化学反应的活性，这才是延长纸张寿命需要重点关注的一个因素，也是常常被忽略的一个因素。

2.化学反应活性

化学反应活性是指纸张内部酸化、降解、老化等劣化反应的反应速率。研究表明,环境湿度跟纸张内部劣化反应的活性直接相关[2]。随着湿度的提高,纸张内部酸化、降解、老化等化学反应的活性和反应速率随之增高,而纸张的寿命是有限的,劣化反应活性的增高意味着纸张耐久性的降低和自然寿命的减少。因此,从这一角度来看,永久保存纸质文献有必要降低其劣化反应的活性,较低的湿度有利于抑制纸张内部酸化、降解、老化等反应过程的活性,有助于延长纸张的保存寿命。英国学者的一项研究结果显示:在相对湿度为50%的环境下保存的纸张,比在十分干燥的环境下保存的纸张的老化速度快10倍[10]。上海博物馆的陈元生和解玉林曾研究推算不同湿度环境中纸张可保存的年限,结果如下表所示[11],随着湿度的降低,保存年限显著延长。这是由于较低的湿度使纸张内部酸化、降解、老化等化学反应过程因为缺少水的参与而受到一定程度的抑制,延缓了纸张劣化反应的进程,有助于提高纸张的耐久性。

不同温度与相对湿度环境中纸张的保存年限(单位:世纪)

平均温度(℃)	相对湿度(%)			
	70	50	30	10
35	0.14	0.19	0.30	0.68
25	0.74	1.00	1.56	3.57
15	2.74	5.81	9.05	20.70

也许有人会担心,在湿度较低时,纸张的某些物理强度(如撕裂强度)可能会随之降低,这是否跟纸张保存的目的相悖?其实这并不是一个问题,因为物理强度随湿度变化是一个动态可逆的过程,当湿度升到合适的范围内,这些物理强度也会随之回升。在低湿度环境下保存时,可能纸张物理强度的某些指标并不在最佳的状态,应尽量避免对纸质文献的翻阅、折叠、拉伸、挪动等物理作用。当需要使用这些文献时,只需将文献转移到湿度适宜的缓冲间进行一定时间的调湿处理,待其物理强度恢复便可进行使用。当然这一过程的频率不应太高,否则频繁的温湿度变化也会对纸张的耐久性造成负面影响。

对于永久保存的文献来讲,维持良好的物理强度需要一个较低的湿度环境,而为了降低劣化反应活性也要求采用尽可能低的环境湿度。尽管二者要求的湿度区间可能有所不同,但至少可以推定目前国内永久保存文献采用的50%~60% RH湿度环境既不一定有利于维持纸张的物理强度,也不利于抑制纸张内部劣化反应的活性。因此,美国国会图书馆和 ISO 所推荐的低湿度是值得我们认真参考的。当然,除了这些案例,其实在实际工作当中,某些现象和实例也能为这一理论提供一定的启示。

近年来随着古籍保护意识的增强和相关政策的支持,各个保藏单位古籍保存的环境都大有改善,许多单位的古籍书库都实现了恒温恒湿的要求。然而使用了一段时间恒温恒湿库房之后,有些库房管理人员便发现一些皮纸类的古籍纸张上面的黄斑似乎比以前多了。以国家图书馆为例,著名的文津阁《四库全书》在搬到专门的恒温恒湿库房之后,保管人员发现文献四周的黄斑比之前明显增多。纸质文献上的黄斑又称"狐斑",其发生机理目前尚未完全明了,但可以肯定的是黄斑的发生跟湿度偏高存在很大的相关性[12,13]。

与此相反的是,有甘肃省图书馆古籍保护人员却表示文溯阁《四库全书》在转移到兰州之后,纸张上的黄斑并没有明显增加,这一信息正好印证了湿度跟纸张黄斑的相关性。在甘肃省博物馆收藏和展览有大量的敦煌写经,这些上千年的纸本文献如今看来有很多依然纸墨如新,研究它们过去的保存地敦煌石窟的湿度环境,或许能够为解决这一问题提供一些参考。

在查阅了相关资料之后发现,敦煌地区湿度年平均值在 35% 左右,石窟内部的湿度年平均值则在 30% 左右[14],这一结果正好跟 ISO 国际标准推荐的理想湿度相吻合。敦煌文献良好的保存状态尽管跟其纸张所用的麻皮等材料优良的耐久性相关,但适宜的温湿度以及温湿度的稳定性也一定功不可没。石窟当中天然的湿度环境或许是我们研究永久保存纸质文献温湿环境的最好参照,这一经历过上千年沧桑岁月检验的经典案例要比现代的任何保存理论都更有说服力。

其实采用较低的湿度还有一个非常明显的优势,即虫霉控制的难度会明显降低。许多图书馆采用 50%~60%RH 的库房湿度时,经常会在季节变换或天气波动时引发库房湿度升高或者局部微环境湿度升高,造成生虫生霉等生物危害。一般认为,在湿度超过 65% 时是比较适宜虫霉生长繁殖的[15],这一界限跟 50%~60%RH 的库房湿度过于接近,因此也给库房湿度的稳定控制提出了非常苛刻的要求,实际操作中经常会出现问题。另一方面,即便库房的大环境湿度控制得非常好,但若从局部微环境来看,库房中间跟库房角落、书架底层跟上层、书柜内部跟外部等不同的局部环境之间都存在着一定的湿度差,无法保证在某个局部环境中湿度超出界限。所以有时明明库房湿度保持得很好,但还是偶尔会有虫霉情况。而采用较低的湿度保存时,由于大环境湿度距离65%RH这一界限较远,虫霉的控制则相对容易得多。

近些年随着国际交流机会的增多,许多国内的同行也发现像美国国会图书馆、澳大利亚国家图书馆等单位对重要文献采用较低湿度的保存环境。这些信息反馈到国内时则常常被解释为中西方纸质的差别等因素所致,实际上纸质区别的说法是经不起细究的,因为无论是手工纸、机制纸还是东方纸、西方纸,其主要成分都是木质纤维素,这种化学本质的一致性决定了纸张老化过程的化学本质是一致的。在目前全球造纸技术国际化、标准化的大环境下,东西方造出纸张的区别也越来越小,不能总以此类说法来解释。

当然,国内相关领域对这一问题的模糊态度还跟国内纸质文献保护技术研究起步较晚有关,到目前为止国内甚至还没有开展过系统化的环境因素对纸张耐久性的影响的研究。尽管这项研究可能需要做大量的基础实验,耗时耗力,但只有将这些基础问题研究清楚,搞明白每一个环境因素对文献纸张的影响情况,以及其影响过程中的化学反应机理,才能提出科学有效的保护方案,为科学化的文献保护工作提供技术支持和参考。国家图书馆古籍保护科技文化部重点实验室自成立以来一直关注国内外这方面的研究进展,并积极成立课题组在这一领域开展相关的基础研究,期待今后能够用科学实验揭示纸质文献保存环境因素的影响过程,为全国的文献保存保护工作提供科学参考。

(作者:易晓辉,国家图书馆馆员,古籍馆文献保护组副组长)

参考文献:
[1] 杜羽.浅谈温度湿度对档案纸张的影响[J].内蒙古气象,2008,3:48.
[2] 刘家真.文献遗产保护[M].北京:高等教育出版社,2005,58.
[3] 李景仁.对纸质文献储藏适宜温湿度的探讨[J].图书馆建设,1994,3:25-27.
[4] 隆言泉.造纸原理与工程[M].北京:中国轻工业出版社,1994:381.
[5] 卢谦和.造纸原理与工程[M].北京:中国轻工业出版社,2004:420.
[6] 肖香桂.纸和纸板水分含量对物理性能的影响[J].四川造纸,1997,26(2):85-88.
[7] 奚可桢.相对湿度变化对老化纸张耐折度的影响[J].东南文化,1995,107(1):107-110.
[8] 刘江浩,高少红,王岩,等.环境湿度对纸张含水量及纸张力学性能的影响[J].北京印刷学院学报,2013,21(4):5-8.
[9] 馆藏纸质文献酸性和保存现状的调查与分析课题组.馆藏纸质文献酸性和保存现状的调查与分析.国家图书馆,2004.
[10] Kolar J, Strlic M.EUROCARE project EU 1681: Laser cleaning of paper and parchment. LACLEPA

Workshop 2000,January 10-11.

［11］陈元生,解玉林.博物馆文物保存环境质量标准研究［J］.文物保护与考古科学,2002 增刊:153-187.

［12］Arai H. Foxing caused by Fungi: twenty-five years of study［J］.Int Biodeter Biodegr, 2000, 46(3):181-188.

［13］Corte A M,Ferroni A,et al. Isolation of fungal species from test samples and maps damaged by foxing, and correlation between these species and the environment［J］.Int Biodeter Biodegr,2003,51(3):167-173.

［14］王亚军,张艳杰,郭青林,等.敦煌莫高窟第 87 窟温湿度特征［J］.兰州大学学报,2014,50(1):1-6.

［15］刘家真.古籍保护原理与方法［M］.北京:国家图书馆出版社,2015:155.

延长纸寿的科学研究

余 辉 黄艳燕

古籍是中华文明和世界文明的承载实体和历史见证,但由于自然老化、病害侵蚀和人为因素,我们祖先创造的数以亿计的以纸为载体的文化典籍,时至今日已百不存一。大量未及整理研究的古籍和纸质文献面临续存的危机,"让书写在古籍里的文字都活起来"面临无所凭依的危机。

这已不是馆藏单位和藏书家个体能解决的问题,而是一项系统工程。2016年《中华人民共和国国民经济和社会发展第十三个五年规划纲要》明确将"传承发展优秀传统文化"作为国家目标,"实施中华古籍保护计划"成为"十三五"期间国家重点建设的 100 项工程之一。纸,作为古籍的载体,延长其预期寿命成为古籍保护研究的核心命题。

一、纸寿的科学含义

"纸寿千年,绢寿八百",既是对中国传统文化写印材料的美誉,也反映了一般认识上的局限,认为中国纸保存寿命不超过一千年。2014 年韩国东国大学的学者郑明俊(Myung-Joon Jeong)等[1]对韩国的古纸开展了湿热加速老化试验[2]研究,并按其构建的数学模型计算得出,韩国传统古纸(皮纸)预期寿命达到三千年至五千年。

宣纸作为目前中国传统手工纸的代表,其传统制作技艺已成为人类非物质文化遗产,1986 年曾由刘仁庆、瞿耀良[3]等采用干热加速老化方法[4]对当时生产的宣纸开展研究,认为宣纸的寿命可达 1050 年以上,如果妥善保存,年限还可提高,由此有了"宣纸寿千年"的说法。

事实上,以纸为载体的中国书画、古籍和纸质文物,很多传承自千年前的魏晋唐宋,因此中国纸的最长预期寿命必定不止千年。一方面,两方研究者的实验方法和评价指标存在差异;另一方面,宣纸为获得更好的书画性能,加入了耐久性较差的草料。隋唐以来,随着中国传统制浆造纸技艺的成熟,人们以草料、竹料等较差的原料代替部分皮料,也能造出使用性能优异的好纸,这因而成了中国部分手工纸的特色,如宣纸、太史连纸[5]等。

因此,需要对不同用途、不同种类的手工纸做更明确的分界,特别是对影响纸张的预期寿命的若干指标开展研究,给出更科学的定义。

国际标准 ISO-11799:1996 给出的定义①是:

1. 耐久性:长期保持化学和物理稳定性的能力;
2. 耐用性:使用中造成的耗损的耐受力。

测试指标包括水抽提液的 pH 值、碱保留量、抗氧化性(Kappa 值)和定量、耐折度、撕裂强度②。但该标准并未提出耐久性、耐用性与各项指标之间的对应关系,也未提出相应的预期寿命的换算方法。可能是因为对纸张老化过程中的物理化学机制还缺乏足够的基础研究,在该标准中未见提及相关文献依据。

在郑明俊等对韩国古纸的研究中,以纤维素的葡萄糖单元聚合度 DP 为指标③,提出了预期寿命的概念,当 DP 低于 1000 时,认为纸张中的纤维素已降解至不能承受外力作用的极限程度,即寿命终止。该方法对纸张纤维的聚集结构、结晶度、氧化度、化学成分都未做考虑,因而对于纸的保存、使用期的大多数时段,其寿命预测都存在明显的局限性和偏差。

我们认为纸张的预期寿命应是一个多指标体系的加权综合值,纸寿的科学

---

① Information and documentation-Archival paper-Requirements for permanence and durability(ISO-11799:1996)中对信息文献用纸提出的要求是 high permanence and high durability,具体原文是:

3.2 permanence:The ability to remain chemically and physically stable over long periods of time.

3.3 durability:The ability to resist the effects of wear and tear when in use.

② 定量、耐折度和撕裂强度,可被关联于使用过程中频率最高的三种动作——摩擦、弯曲、拉扯,因而既是保持物理稳定性的体现,也是耐用性最紧密的关联指标。

③ 对于施胶和施浆度都较低的东方古纸,纤维素分子内的化学键力和分子间的相互作用力是纸张力学强度的主要提供者。纤维素可看作若干个葡萄糖单元的高分子聚合物,分子式可写作$[C_6H_{10}O_5]n$,聚合度 $DP=n$,纤维素的分子量 $=DP\times162g/mol$。DP 小于 1000 时,纤维素链过短,难以与其他纤维形成足够的相互作用,因而此时纸张将无法承受力学负载。

含义,应包括两部分:

1. 古纸的预期保存寿命,包括老化度(不可逆转的损伤,包括降解导致的纤维聚合度和力学性能下降、化学反应导致的化学活性的改变、生物入侵导致的结构破损等)、污染度(受污染的状况,包括所受污染的类别、面积、清洁难度、持续损伤的威胁性等)、感染度(即受微生物入侵的影响程度,包括入侵微生物的种类、活性等)。

2. 新纸的预期使用寿命,包括定量、耐折度、撕裂强度、抗张强度、白度、抗氧化性、水抽提液的 pH 值、碱保留量等宏观性能指标和纸浆纤维的聚合度、成纸中纤维的聚集结构、不稳定化学成分的种类和含量等微观成分结构。

据此,复旦大学中华古籍保护研究院基础实验室拟开展相关研究获得基础数据,并转换成容易理解的综合值——预期寿命,为古纸古籍的保存状况评估、新制古籍用纸的质量评价提供科学依据,并为延长纸寿的关键技术研发提供明确的理论指引。

二、延长纸寿的研究目标

从广义来说,延长纸寿的科学研究覆盖了整个古籍保护领域。以续存古籍古纸为目标,既包括祛除病害、修整补强等干预性保护对古籍本体进行保护修复,也包括环境条件控制、装具设计等预防性保护策略和设备技术的研究,还包括数字化和整理出版等再生性保护以减少对古籍本体的损耗。因此,需要准确设定研究目标,并合理规划路线步骤。

既要深入研究科学理论,又要解决当前急迫需求,这是复旦大学中华古籍保护研究院院长、中国科学院杨玉良院士对实验室团队提出的要求。

我们注意到当前我国古籍保护修复的急迫需求有三:

一是大量的古籍和纸质文献发生了酸化,急需高效安全的脱酸保护;

二是缺乏高质量的古籍用纸,包括古籍修复用纸和印刷用纸;

三是部分标准规范和技术成果缺乏科学有效的新成果转化机制。

国内外的研究团队都已开展了大量卓有成效的工作[6],但至今未有决定性的突破。在前人工作基础上,依靠国家古籍保护中心的支持,本实验室团队现分别与浙江省开化县、广东省广州市的政府和科研单位合作,开展"开化纸传统制作工艺的科学研究"和"整本古籍脱酸工艺的关键技术研究"项目。结合项目研究，设定延长纸寿的科学研究总体目标如下：

1. 研究传统中国纸抄制和老化的物理化学机制；
2. 发展古籍古纸的无损无痕检测技术；
3. 建设古籍古纸的基本样本库和数据库；
4. 建立纸寿估算方法，包括加速老化试验方法、指标体系和数学模型等的建立；
5. 研发保存修复古籍的关键技术与设备，如整本脱酸工艺、传统造纸工艺复原和改良、微生物防治与利用等。

其内在关联如下图：

```
              物化机制
                ↕
    关键技术         检测方法
    设备研发         &指标体系
       ↕      ↘  ↙     ↕
    应用评价 ← 估算纸寿 →  样本库
                         &数据库
```

可分为三个阶段：

1. 依托基本样本库和数据库的建设、检测技术的发展，深入研究造纸和老化过程中的物理化学机制，从而建立估算纸寿的方法，夯实纸寿研究的科学基础；
2. 以纸寿为安全性和适用性的评价依据，筛选和引入前沿的技术方法，以古籍保存修复过程中物理化学机制的基础研究，指引关键技术与设备的研发；
3. 以纸寿研究得到的科学数据为基础，结合用户体验的反馈，形成系列应用评价报告，推动新技术、新设备的成果转化。

三、多学科交叉协作的研究模式

复旦大学中华古籍保护研究院依托复旦大学图书馆，凝聚了人文社科和自然科学两方面的团队，开展多学科交叉的协作研究，这是我们实验室的优势，也是延长纸寿的科学研究最佳的研究模式。

以其中传统造纸工艺的研究为例，包括三大块：

1. 古纸实物（古籍）的整理收集和检测分析

（1）图书馆古籍部团队，对古籍用纸较为熟悉，也便于对馆藏古籍开展调查，依托基本样本库和目录数据库①,筛选出采用相应古纸写印的古籍。若馆藏没有合适的样本,还需要依托古籍书目的全球分布数据库去寻找。

(2)化学和材料团队,需要对古籍采用无损无痕的检测技术②开展检查,确认其宏观的性能指标、微观的成分结构,提供造纸原料、工艺的基本信息和成纸的特征指标。

2.传统造纸工艺的实地调查

(1)文博团队,对传统造纸工艺开展文献记录的调查,并赴有记载的传统造纸点③,调查造纸设施和工具的实物遗存、造纸工艺和历史的口头遗存。

(2)生物团队,对造纸点当地及周边开展造纸原料植物的调查和标本采集,从植物学、分子生物学、群体遗传学的角度对造纸原料植物进行深入剖析,并为产量较少④的植物未来的扩繁培植做好技术准备。

3.传统工艺的恢复研究

(1)高分子物理和化学、材料团队,对制浆、抄制、干燥过程中的物理化学机制开展研究,对已确认的传统造纸工艺环节要促进其科学化。对未能确知的环节,借鉴其他手工纸的传统工艺科学化成果来推测,并在小规模生产实践中验证。

(2)材料、化学和生物团队,对传统造纸工艺的原料、设备进行科学改进,提高质量和效率。

由此可见,古籍保护研究在愈来愈多地凭数据说话的科学化趋势中,愈来愈多地依赖于多学科团队的交叉协作。古籍保护,非一家一馆之力,有赖于各收藏单位和科研单位共同协力。各类项目的开展,也需要更多的以多学科综合实验室为核心的新型交叉研究平台。

---

① 古籍古纸基本样本库、目录数据库和全球分布数据库,现并无整合完成的数据平台和内容,还需依赖信息科学的团队、各收藏单位的研究人员来建设。这里只是虚拟的展望,目前的工作开展还是依托各馆独立的数据库和《中国古籍总目》等综合性书目数据。

② 同上,研究中。部分技术已成熟,但尚未有足够的成果发表和形成规范。

③ 以复旦大学文博系陈刚教授为例,他已对中、日、韩的造纸工艺进行了数十处的实地调查,仅在国内就对13省30市县约60处代表性的传统造纸点进行了调查。

④ 特别是皮料,取料精、恢复慢,若无大规模培植,常陷入无以为继的窘境。如关于开化纸传统制作工艺的失传就有一种说法是,在一段时期内其中某种原料"老皮"在当地绝迹了。

四、展望

我们期待,延长纸寿的科学研究,未来能为古籍保护提供更多的应用成果。例如,可望在馆藏的日常检查中引入更多技术成熟的无损无痕检测,及早发现病害,及时处理,尽量避免不可逆的损伤;又如,在确立了纸寿预测方法的基础上,可为古籍的版本年代鉴定提供更多依据,进而推动古籍断代工程;再如,目前本实验室正在开展的古籍纸表微生物多样性的研究,可望为馆藏条件控制策略、新型高效安全抗菌剂、古籍用纸原料筛选等的研究提供依据。

复旦大学中华古籍保护研究院基础实验室在建设过程中,获得了各方的大力支持。我们拟将延长纸寿的科学研究作为实验室工作的核心内容之一,希望能继续获得各单位、个人的支持和更多的合作机会,为中华古籍保护事业共同努力。

(作者:余辉,复旦大学中华古籍保护研究院副研究员;黄艳燕,复旦大学生命科学学院博士后)

参考文献:

[1] Jeong M J, Kang K Y, Bacher M, et al. Deterioration of ancient cellulose paper, Hanji: evaluation of paper permanence[J]. Cellulose, 2014, 21(6): 4621-4632.

[2] ISO 5630-3, Paper and board—Accelerated ageing—Part 3: Moist heat treatment at 80℃ and 65% relative humidity; GB/T 22894, 纸和纸板 加速老化 在80℃和65%相对湿度条件下的湿热处理.

[3] 刘仁庆,瞿耀良. 宣纸耐久性的初步研究[J]. 中国造纸,1986(6):32-37.

[4] Tappi, 1976, No.12, p.63; TAPPI T 573, Accelerated temperature aging of printing and writing paper by dry oven exposure apparatus; ISO 5630-1, Accelerated ageing of paper and board—Part 1: Method for dry heat treatment at 105 ℃; GB/T 464, 纸和纸板的干热加速老化.

[5] 刘仁庆. 中国古纸谱[M]. 北京:知识产权出版社,2009.

[6] 刘家真. 古籍保护原理与方法[M]. 北京:国家图书馆出版社,2015.

纸质藏品发霉的预防与处置

刘家真

霉菌是损坏藏品的重要因素之一。霉菌具有分布广、繁殖快和适应性强等特点,在环境温湿度条件适宜时,很容易在其危害对象上生长繁殖。被霉菌危害后的藏品,基本都难以复原,因此预防霉菌的发生是极为必要的。只有了解了霉菌发生的条件,才可能制定有效的预防措施。

1.霉菌发生的必要条件

霉菌可能会在任何可能的基材上生长,包括木炭、油漆、不锈钢和玻璃。如果基材的表面是肮脏或是油腻的,尘埃会聚集在此成为霉菌的养料来源[1]。有利于霉菌生长的主要条件是水分、温度、空气与食物,大多数的藏品都可以成为霉菌的营养源,而藏品保存场所充满着空气,因而水分与温度是藏品是否发霉的关键。图1是霉菌发生基本条件的概括。

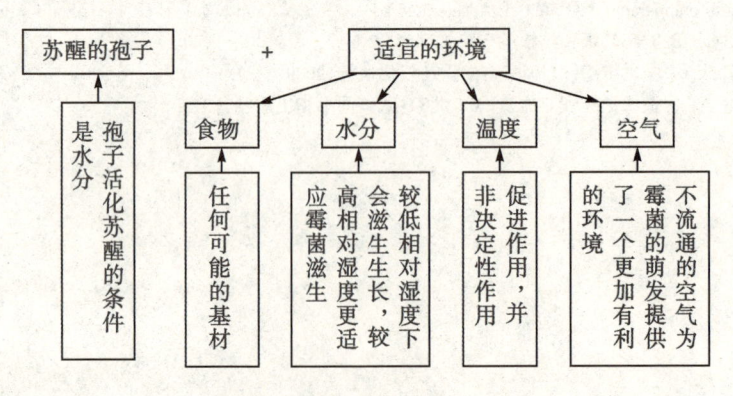

图 1　霉菌发生的基本条件

1.1 水分

水分在霉菌的生理代谢活动中起着极其重要的作用,霉菌生长最重要的因素就是水分的存在。

霉菌孢子从休眠状态活化苏醒的条件就是水分。水分也是构成细胞物质的原料之一,霉菌细胞含有大量水分(约占鲜重的85%~90%,孢子含水量约占38%),各种可为霉菌摄取的食物也必须先溶入水才能为霉菌菌体吸收。因此,只有周围环境可以供给其充足的水分,霉菌才可能发育,否则就可能停止繁殖。

霉菌的水分摄取来自其食物(如纸张)的含水量以及空气中的水汽。大多数种类的霉菌孢子在相对湿度65%以上就会萌发,温暖、黑暗和空气流通较差的环境更有利于其生长、繁殖,当环境较为干燥时霉菌的繁殖就会受到抑制。因此,保存场所环境的相对湿度是驱动霉菌生长的重要原因,高湿会唤醒休眠中的孢子,使之活化并启动生长机制。霉菌孢子无所不在,其顽强的生命力使我们无法将其全部杀灭,但通过控制相对湿度可以限制霉菌的生长。

美国东北文档保护中心(Northeast Document Conservation Center,NEDCC[①])指出:尽管在较低的相对湿度下某些霉菌也会生长,但较高的相对湿度更适应霉菌的滋生。在21℃的环境中,若相对湿度为75%以上,藏品发霉只需一个月;若相对湿度为80%,藏品发霉只需2周;若相对湿度为90%,藏品发霉只需4天。若藏品浸水,不仅是相对湿度较高,而且纸张的含水量也增加了,此时更增加了霉菌滋生的机会[2]。

1.2 温度

霉菌的生长发育是一个复杂的生物化学过程,它们需要在一定的温度范围内才能完成。但霉菌对温度变化或冷热的抵抗力较强,尤其是孢子较菌丝体的生命力更强,例如毛霉的孢子在-18℃~-25℃的低温环境中能生存40多天;在高温120℃的条件下,需要处理30~60分钟才能致死。霉菌的最适生长温度往往同相对湿度有关,相对湿度高,最适生长温度也偏高。如相对湿度为100%时,一般霉菌的最适生长温度为37.5℃;相对湿度若为70%,最适生长温度为24℃~25℃。由此可见,霉菌喜高温高湿环境。高温高湿的环境将促进霉菌孢子的萌

---

① 美国东北文档保护中心是美国最重要的文化遗产保护机构,具有独立于国家的专门保护实验室与专门的修复部门。

发与生长,短短的24小时内霉菌就可能在高温高湿下完成其生命周期的一个循环。

温度对霉菌的繁殖有重要的影响,不同种类的霉菌其最适温度是不一样的,大多数霉菌繁殖最适宜的温度为25℃~30℃,如黄曲霉的最低繁殖温度范围是6℃~8℃,最高繁殖温度是44℃~46℃,最适生长温度为37℃左右。

由此可见,温度在霉菌的整个生长发育过程中起到促进作用,但并非决定性作用。因此,试图通过降低温度来抑制霉菌的生长,其作用是有限的。

1.3 不流通的空气

空气的不流通或是流通得很缓慢从两个方面促进了霉菌的繁殖:一是停滞的空气更有利于霉菌孢子落到藏品上;二是空气流通不够减缓了藏品水分的蒸发,使得其含水量较大。以上两方面因素的配合,为霉菌的萌发提供了一个更加有利的环境。

1.4 最易发生霉变的地方

由霉菌的生长发育可见,灰尘多且潮湿的地方是最易发霉的位置。

灰尘属于微粒物质,它含有多种有机物和无机物,其本身就是霉菌最好的培养基。霉菌是可以附着在灰尘上的,而微粒物质是水汽凝结的核心,加上微粒物质本身的吸湿性,使灰尘成为保存场所霉菌滋生的诱因。

在保存环境中可能产生潮湿的来源有:环境内的相对湿度太高,出现结露现象,浸水与漏水发生等。

环境内的相对湿度太高,在温度忽然下降时,空气中部分水蒸气会凝结成水,所产生的冷凝水沾附在金属柜架、地面、墙壁上,使藏品的纸张吸湿而变潮。因此,在温湿度经常变动的环境中,墙壁潮湿的部位以及直接放置在金属柜架上的纸质文献最容易生长霉菌。保证空调的正常运转,保证其温湿度能够恒定在要求的指标内,以及保持良好的通风换气等都可以降低霉菌的发生率。

保持保存场所的密闭,可降低发霉风险。特别是夏天,保存环境的温度低于外面的温度,若经常开门,外面湿度较高的热空气涌入库内,很容易在库内温度最低的部分(如墙壁、金属物等)凝结为水珠,使这些部位最容易出现霉菌。

藏品储存在地下室或温湿度得不到调控的其他场所,是最有可能暴发霉菌的。地下室往往空气潮湿且流通不畅,整个环境都有利于霉菌的繁殖。将藏品堆放在地板上可能会导致更加严重的霉菌发生,因为地面上升的湿气很难被人察觉。

2.预防霉菌的发生

化学品并不是预防霉菌发生的良方，它们同时也会对环境造成污染。预防霉菌使用防霉片效果并不好，且有可能影响人的健康，最好的防霉方法是采取严格的管理措施，包括环境控制（建筑物防水绝湿、环境相对湿度控制、通风）、日常清洁维护、入藏前发霉情况的检查与消毒、霉菌检查等。图2是非化学防霉的基本环节。

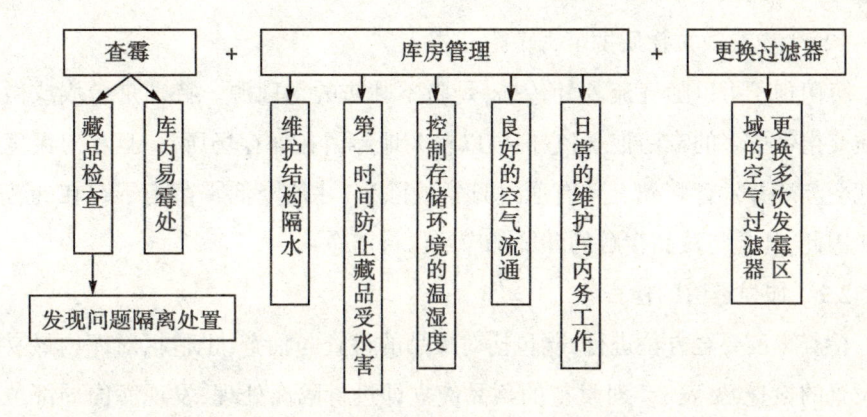

图 2　非化学防霉的基本环节

2.1 杜绝霉菌的传入

杜绝霉菌的传入，是防止库内藏品发生霉菌的第一关。霉菌进入保存场所的途径主要有以下几类：

（1）发霉物品携带

外部发霉物品携带入保存场所，使得霉菌发生概率增加。

①藏品离开保存场所后再次入藏

由于多种原因，藏品会离开保存场所一段时间，例如送展、修复、数字化或缩微等，在这些场所由于各种原因藏品可能局部生霉而未被察觉，带入藏品库后由于得不到经常检查，而导致霉菌大量繁殖。

因此，即使是藏品再次入库也需要隔离一段时间，以观察是否有霉变发生，直到确定安全后才可入库。

②外部物品进入保存场所携带霉菌

外部接收的藏品有可能感染霉菌，局部发霉未被察觉而带入保存场所。包括搬运藏品的临时周转的纸箱,也有可能局部位置霉变带入霉菌。

纸质及木质的各类装具,可能局部位置有霉迹未被发现,特别是函套内的纸板有霉变是难以观察到的。

因此,对于所有进入保存场所的物品均要仔细检查是否有霉迹,对有霉迹的必须消毒处理,并在隔离间单独存放观察,确认不会生霉后才可进入保存场所。暂没观察到霉迹者,需要将其隔离一段时间,观察是否可能发生霉变,只有安全后才可以进入保存场所。

(2)尘埃或微粒物质携带霉菌孢子进入

霉菌孢子可以随气流到处传播,是防不胜防的霉菌源。特别是尘埃或微粒物质能携带更多的霉菌孢子,它们可以较久地停留在保存场所,一旦相对湿度较高就会苏醒并发育繁殖。只有通过日常的除尘,才能降低霉菌孢子存在的普遍性。因此,凡是与藏品接触的环境都应当保持洁净。

2.2 加强霉菌的检查

检查霉菌要全方位进行,既包括对藏品的检查与抽查,也包括对库内最易发霉位置的检查,见表1。对发霉的藏品应立即进行隔离处理,发现库内局部位置发霉应及早清洗与消毒处理。

表1 霉菌的检查

藏品	入藏前的检查
	入库后的检查
对保存环境的监控	
注意事项	检查过程中切勿触碰霉菌

通过对霉菌的检查,不仅可以发现霉菌是否发生,还可以得知当前霉菌是否仍然活跃。一般而言,活跃的霉菌比较潮湿,具有黏性,如果触碰会弄脏双手;不活跃的霉菌是干的呈粉末状的东西,可用吸尘器或软刷清除。

无论是装具还是藏品,早期的霉菌感染都是很难观察到的,特别是检查过程中要避免触动霉菌与吸入霉菌。一旦触碰,即使是轻微的触碰,霉菌孢子都会迅速传播,不仅有可能感染其他藏品与装具,而且有害人的健康。因此也要做好个人防护,不要将其吸入口鼻,或落到皮肤上与眼睛里。

2.2.1 藏品的查霉

入库前的藏品,要全部仔细检查是否有霉菌发生或是感染过霉菌,即普查。入库后藏品的霉菌检查分为普查与抽查。

普查是将藏品逐册或逐卷地取出,着重检查那些最易发霉的部分是否有霉斑或绒毛似的菌丝,以下部位是普查过程中需要着重仔细观察的:

①书皮或封面:注意书皮内外及边缘处,特别是硬壳封面、衬页、书名页等位置。

②书脊:书脊处的上下两端及书脊内中空处。

③被修补处:对涂过糨糊处应仔细检查,如装裱和修补处。

④折叠的书页与纸页卷绕处,也是容易滋生霉菌的位置。

抽查仅针对保存场所内部容易生霉的书进行检查,抽查的主要对象有:靠近墙壁、窗台、角落的藏品,用细布、人造革、皮革等作封面的书籍,以及最不常流通的藏品等。

以上检查过程中,一旦发现有藏品霉变或疑似霉变问题,应及时移出并隔离。专家建议:如果在某件藏品中发现大面积生霉的情况,应立即隔离该区域,在咨询霉菌专家该菌是否有毒前,不要轻举妄动。一些在保存场所发现的霉菌可能对人体健康造成威胁,如引发头痛、恶心和呼吸系统问题,刺激眼睛和皮肤等[3]。

2.2.2 对保存环境的监控

对保存场所也要经常进行霉菌的抽查和普查,以便对保存场所局部发霉位置进行处理,避免保存场所内部大范围的霉菌发生。重点监控对象既包括建筑物也包括装具,对容易潮湿的位置要时时监控。重点检查的位置有:

①室内墙壁裂缝与变色处,如变黑、变灰或变绿的地方。

②木板地面或墙壁上的凸起处,这些凸起说明其已经受潮并很可能发霉了。

③墙壁有水痕处,要查明原因,这是最易发霉的位置。

④发现书虱的场所,应着重查霉,书虱的存在说明某个位置一定有霉菌产生。

2.3 隔离发霉藏品

隔离发霉藏品目的有二:

一是便于单独观察。对疑似霉菌发生的藏品必须首先在隔离间单独存放观察,确认不会生霉后才可以进入保存场所。

二是便于稳定发霉状况或对其进行处置。对有霉迹的必须消毒处理,并在隔离期内对藏品状态进行仔细的观察以便及时发现问题,采取针对性的措施,直至消除虫霉问题后方可入库。

隔离发霉藏品的方法并非仅仅是将受害的藏品挪动到其他位置,它还包括采取措施避免隔离过程中霉菌的扩散,以及设法让鲜霉菌干燥以便除掉。其隔离方法要视发霉藏品多少,以及离开发霉区域的可能性。

(1)入库前发现且受害的资料不多[3]

若是入库前发现藏品发霉,应立即将其放入干燥的纸盒内或密闭的塑料盒内,并加入硅胶之类的干燥剂,一来防止霉菌进一步扩散,二来通过密闭环境的干燥来抑制霉菌的生长。

入库前发现且发霉的资料较多,可将其移到一个干净的处所并将环境的相对湿度控制到45%以下,让其变干。如果不可能立即干燥,或是有许多发霉藏品需要处理,可先对它们进行冷冻,再将其分批解冻、晾干与清理干净。

(2)库内抽查发现的发霉藏品

与入库前发现问题不同的是,发现藏品发霉后,不仅要隔离藏品,也要将发霉区域隔离起来。特别是在某个藏品库中发现大面积生霉的情况时,应立即隔离与关闭该区域,以便清除霉菌与清洁霉菌滋生的场所,防止霉菌进一步扩散。

处置前,首先应将发霉藏品移出发霉区域,并与未发霉的藏品分开,使其隔离并放置于一个相对湿度在55%以下的洁净环境中。为了避免在移动过程中霉菌孢子扩散与传播,应将发霉的对象用塑料袋装起来转移。一旦隔离,应将藏品从塑料袋内移除,以防止塑料袋造成更适于发霉的环境,促使霉菌大量生长。从塑料袋内取出的发霉藏品应放在一个相对湿度在45%~55%的洁净环境中,让菌丝干燥,以便处理[2]。

若霉菌大量生长,要将整个发霉对象全部移除并隔离是不切实际的。在这种情况下,应将发霉区域与其他区域隔离开来,做到不允许发霉区域与尚未发霉区域之间有空气交流。

2.4 除氧封存法

将藏品放入无氧的密闭容器中,可以使一切生物死亡,霉菌也不会在缺氧的环境内生长,这可以预防藏品在保存期间发霉。例如,在密闭的容器内或不透气的塑料袋内放入书画与除氧剂,只要可以除尽袋内的氧气,是可以防止虫霉发生的。但这种方法并不适于较大的保存环境,仅适于小的环境,而且放入内部的书画是暂时不需利用的。

除氧封存法防霉目的能否达到取决于以下几个环节:

(1)容器用材

要选用耐霉腐和结构紧密的材料,如玻璃和高密度聚乙烯塑料、聚丙烯塑料、聚酯塑料及复合薄膜等,这些材料具有微生物不易透过的性质,有较好的防霉效能。

(2)密封性

要求容器有较好的密封性,只有良好的密封性才可阻隔外界潮气侵入密闭的容器,达到抑制霉菌生长和繁殖的目的。

(3)存放过程要求

在将藏品置入容器的过程中,要保持环境的清洁、干燥,并避免将发霉的材质置入容器内。真空保管的过程中,要保持外部环境干燥。

2.5 控制存储环境的温湿度

霉菌不同于昆虫,霉菌孢子在空气中到处传播,凡是潮湿处,特别是渗水处、结露处均可能在这些位置出现发霉现象。这些局部位置霉菌的滋生,会引发保存场所其他位置霉菌暴发的风险。霉菌孢子的生命力极强,要杀死那些处在休眠状态的霉菌孢子,消毒也是无能为力的。因为霉菌孢子有一层坚硬的细胞壁,很难穿透。只要温湿度适应,霉菌孢子就会活跃起来,霉菌又会生长。

美国东北文档保护中心认为,使霉菌孢子永久休眠就是最有效的预防霉菌措施。表2给出了有利于孢子萌发与生长的环境,若该环境不存在,霉菌孢子将处在休眠状态,但一旦适于其萌发的环境出现,霉菌孢子立即就会萌发,危险也就会出现[2]。

表2 霉菌孢子萌发与生长的环境

激活霉菌孢子的条件	作用
相对湿度	激活霉菌孢子使之可能萌发
温度	促进霉菌孢子的萌发与生长
空气不流通	利于霉菌孢子落在藏品上;藏品水分蒸发减慢,含水量增加
食物	生命期间的营养物

由表 2 可见,水和潮气是霉菌生长发育的重要条件。控制保存场所的相对湿度,使其保持干燥,可抑制霉菌生长。同时,保持其温度恒定,防止结露现象的出现,是防止藏品霉变的积极措施。保存纸张藏品的环境,其相对湿度保持在 45%~60% 为好,若相对湿度在 65% 以上,霉菌就将开始生长发育。将保存场所的温度与相对湿度恒定在标准范围内,可以较好地预防霉菌发生。温度虽然对霉菌孢子的苏醒没有决定作用,但可以促进霉菌孢子的萌发与生长。美国东北文档保护中心指出:保存环境的温度低于 21℃,相对湿度在 60% 以下(50% 以下更好),可以使霉菌孢子处于休眠状态。使环境稳定在这一温度与湿度范围内,并加强监测与调控保存环境,可使藏品长期处于安全状态。

2.6 预防保存场所受水害

任何保藏机构都要在第一时间防止藏品受水害,在潮湿的空间或可能遭受洪水或有可能出现水渗透的区域不要存放藏品。

为避免保存场所内部局部位置出现发霉,应预防突发性水害,如上层漏水等。同时也要尽快解决室内的积水与水渍问题,并迅速移走水渍品。这类物质含水量大,在温度稍高的环境下,会迅速滋生霉菌。

保存场所的墙壁与底层的地面要做好隔水处理,阻止外部水汽渗入。图书馆、档案馆与博物馆的外墙要远离排水沟,减少室外向室内渗水的可能。保存场所内部的柜架要与外墙保持一段距离,柜架底层也不得直接贴地,以降低墙壁、地面湿气的渗入,同时也利于通风,空气流动有助于湿气的蒸发,降低柜架与藏品发霉的概率。

认真对待保存场所内部的水痕,它说明该位置受潮或曾经受潮。要依据水痕查找水渍形成的原因,杜绝渗水问题的出现并对这些位置进行干燥,才可能防止霉菌的发生。

2.7 保持库内通风良好

藏品存储区保持良好的空气流通,监视空气不流通的死角区。任何杂物,包括废弃的装具等均不得堆积在保存场所内部,这些物品一般长期得不到翻动且内部通风不畅,特别容易滋生霉菌与害虫。

保存场所内部通风不好的角落或其他相对湿度较高的局部位置,可以采用移动式去湿机或通过电风扇加强通风性,风扇最好放在靠墙或接近地面处。

2.8 其他预防措施

做好日常的维护与内务工作。灰尘和污垢是霉菌孢子的来源,存储与利用馆藏的区域应尽可能保持清洁。将藏品放在封闭的装具内,并尽可能使其做到无尘。为了使灰尘和霉菌孢子含量尽可能降低,应保持门窗密闭。

如果某区域在过去曾多次出现霉菌,应当更换 HVAC(采暖、通风和空调系统)的空气过滤器,采用高效微粒过滤器(HEPA Filters)。

3. 霉菌一旦发生的应急处理

霉菌暴发后,特别是涉及水害引起的大范围霉菌暴发,必须尽快采取行动,以降低藏品的损坏程度。

美国东北文档保护中心推荐的霉菌发生后的抢救基本原则如下[2]:

(1)降低相对湿度

如上所述,潮湿会引发霉菌的生长。要阻止大多数霉菌的生长,需要将受害地点的相对湿度降到55%以下,这是必不可少的第一步。

(2)关闭热源

如果受害区域的相对湿度较高,并一时不能被控制,需要立即关闭受害区域的热源,如暖气等。供暖会使霉菌生长得更快。

(3)干燥或冷冻藏品

若藏品是受湿后发霉的,霉菌在湿物料上约 48 小时(有时更早)就会正常生长并快速发育。当确认无法在48小时内处理或控制发霉材料时,最好的方法就是将受害藏品冷冻。无论霉菌种类如何,冷冻都有助于抑制霉菌的活性及其进一步生长,这给了我们处理或干燥物品的时机。冷冻前,先用蜡纸将发霉藏品包裹好,再置于冷冻室。因为,包裹起来可防止霉菌孢子在冷冻设备里面到处传播,造成更大危害,包括潜在的危害。蜡纸防水,可以保护藏品。

(4)避免简单、快速的处理

快速处理,如向受害体喷洒来苏水(Lysol)或用漂白剂清洗,都可能给藏品带来额外的或不可预见的损害,而且这种处理也是无效的。在过去,常对发霉的藏品进行熏蒸处理,环氧乙烷和麝香草酚确实可杀死菌丝与霉菌孢子,但这些化学品都是已知的致癌物质。其他曾经使用的化学药品,对杀死霉菌与孢子也并不十分有效,任何化学品都可能给人或藏品带来不良影响,也不可能防止霉菌的再生。

国内有些专家建议,对于突发性灾害引发霉变,例如遭受水灾,可先灭菌再除霉。他们提出用环氧乙烷熏蒸消毒。环氧乙烷是易燃易爆的有毒气体,必须使用专门设备,并由专门人员处理,而找到这些专门的设备要比找到冷冻设备困难得多。

(5)隔离

如果霉菌大范围发生,要隔离与关闭相关区域,清除霉菌与清洁霉菌滋生的场所,防止霉菌进一步扩散。隔离方法见2.3。

如果某个区域在过去曾多次出现霉菌,就应考虑更换HVAC(采暖、通风和空调系统)的空气过滤器,采用高效微粒过滤器(HEPA Filters)。

库内藏品发霉后,必须对藏品本身以及发霉所在地同时进行处理。藏品经过处理后,必须在隔离区观察一段时期,确认已不再存在有活性的霉菌,才可以重返库内。

4.藏品的除霉

发霉藏品的处理需要根据受损范围大小与发霉的严重程度分别采取不同的处置方法,对于霉变面积不大、数量较小者,一般是在隔离区对其进行除霉消毒处理。对受损面积大、数量多、霉变程度严重而一时无法处理的,则可以先采取冷冻法抑制,待有条件时再采用其他办法处理。国内也有建议,可采取先灭菌(化学气体熏蒸灭菌)后除霉处理。特别是因突发性灾害引发霉变,例如遭受水灾,由于条件所限未能及时抢救处理导致的霉变,更应采取先灭菌后除霉处理[4]。

4.1 除霉的注意事项

发霉藏品被隔离后就要对其进行除霉,为了保证除霉的效果与安全,必须注意以下问题:

(1)除霉的时机

除霉的时机直接影响到除霉效果。注意不要对有活性的霉菌直接进行处理。有活性的霉菌是软的、湿的与毛茸茸的状态,若直接对其处理,不仅难以清除干净,还可能污染藏品。应将其用蜡纸包裹并置于冷冻室,待其失去活性后再进行以下处理。失去活性的霉菌的菌丝进入休眠状态,为粉状且干燥,这时很容易将其残留物从藏品上清除[2]。

对受损面积大、数量多、霉变程度严重,一时无法处理的,则可以先采取冷冻法抑制,待有条件时再采用其他办法处理。

(2)除霉的安全

去除失去活性的霉菌一定要做好个人防护,并应在具有过滤设备的通风柜内进行,风扇实时地把空气排到室外。同时要关闭室内其他通风口,以免霉菌扩散到馆内其他区域。

(3)除霉方法的选择

除霉的方法较多,主要有酒精擦拭法、软毛刷扫除霉菌法与低压真空吸尘器吸附法等。其除霉方法的选择应根据受损范围大小与发霉的严重程度分别采取不同的处置方法。

4.2 酒精擦拭法

酒精分子具有很强的渗透力,能穿过霉菌表面的膜进入霉菌体内,破坏其细胞赖以生存的体内环境以及细胞中有生命活动的原生质,导致霉菌芽孢的死亡。

(1)适用对象:局部、轻度的霉斑清除。

(2)应注意的问题:酒精消毒安全可靠,容易操作。但实际操作中有许多必须注意的事项:

①酒精的类型:医药酒精,不要使用工业酒精,工业酒精中不仅含水量高,而且还含有甲醛等有毒物质。

②酒精的浓度:75%的酒精。若酒精浓度低于75%,对霉菌的杀灭作用很弱;浓度过高,则会在霉菌表面形成一层保护膜,阻止酒精分子进入霉菌体内,难以将其杀死。

③避免直接擦涂字迹:酒精属于有机溶剂,能溶解一些墨水等有机物,要尽量避免直接擦涂字迹而导致字迹模糊不清。

④注意防火:酒精易燃、易挥发,要注意防火。

4.3 软毛刷扫除霉菌法

小面积的霉变也可以考虑采用软毛刷扫除霉菌,但必须是失去活性的、粉状且干燥的霉菌,处理过程必须谨慎。可采用与水彩画笔类似的宽软刷在发霉表面轻轻刷,刷霉过程中最好开动真空吸尘器,以便将霉菌刷入其真空吸嘴,避免霉菌孢子在刷除过程中再次传播。刷霉过程中要不断轻轻敲击发霉的书页,以防霉菌被永久地嵌入纸张或织物的纤维内部[2]。

4.4 低压真空吸尘器除霉法

除去非活性霉菌还可以使用真空吸尘器,它不仅操作简便,而且可以防止霉菌在去除过程中再次污染环境。真空吸尘器虽然便于吸附霉菌,但使用中必须注意保护好脆弱易损的藏品,并防止霉菌再次污染环境。真空吸尘器种类很多,但由于以上两点注意事项,普通真空吸尘器不得使用,推荐采用低压真空吸尘器,特别推荐变速真空高效微粒空气过滤器去霉。

(1)普通真空吸尘器吸霉的风险

普通真空吸尘器通常吸力过大,其抽吸的强度会损坏脆弱的藏品。普通真空吸尘器吸尘袋变满时,吸尘效率会下降,而未被吸进去的微小颗粒就会散布到空间中去,再次污染环境。

(2)低压真空吸尘器

低压真空吸尘器抽吸的强度比普通真空吸尘器小,但又可以吸掉干燥的霉菌菌丝,比较安全。对于一些依附在贵重文物与古籍上的活跃的霉菌(菌落湿湿的、软绵绵的那种),也可以用小的低压真空吸尘器清除。这是一项极为细致的工作,处理过程要谨慎[2]。

(3)内置高效微粒空气过滤器的变速真空吸尘器

美国东北文档保护中心在推荐使用这类真空吸尘器时,指出这是除去非活性霉菌的最简单、最有效方法,它具有以下优点:

①内置高效微粒空气过滤器的变速真空吸尘器,具有可吸附粒径小于0.3微米的颗粒物并将其消除干净的能力,其消除率为99.97%。

②内置高效微粒空气过滤器的变速真空吸尘器可捕捉霉菌孢子。这源于它具有变速功能,可以选用该吸尘器的低速真空挡捕捉霉菌孢子,普通真空吸尘器的真空挡会将孢子排到空气中。变速真空高效微粒空气过滤器可以避免被吸附的霉菌特别是霉菌的孢子重新回到空气中,散布到各处。

在使用这类真空吸尘器清除藏品上的霉菌时,需要注意以下事项:

①无论采用低压真空吸尘器还是选用具有内置高效微粒空气过滤器的变速真空吸尘器,在处理脆弱易损藏品时都要格外注意。

注意不要用真空吸尘器直接处理脆弱易损的物品;若必须这样处理,可用玻璃纤维纱布轻轻将藏品压住再用真空吸尘器处理,尤其是在处理发霉纸张与纺织品时要特别注意。

在吸霉过程中,真空喷嘴应当连续上下垂直移动,不要左右横向运动,以免霉菌孢子进入书脊或装订处。为了防止纸张碎片脱落,刷子外面要用纱布完全覆盖。

②在处置真空吸尘器的袋子与过滤器时要格外小心,由于霉菌与孢子很容易飘浮在空气中,应将真空吸尘器的袋子与过滤器封闭在塑料袋中并尽快移至户外。

5.藏品去霉后的处理

为了确保藏品的霉菌已经被处理掉,需要将处理后的藏品放入隔离区,并将隔离区的温度控制到21℃以下,相对湿度低于55%,并保持温湿度稳定。在此环境下,对其连续监督几周后,确定在藏品上没有发现新的霉菌发生,才可以考虑将其送回原保存处。

在隔离监督期间,要定期检查曾经发生问题的区域及藏品,以确保没有新的霉菌生长。特别要检查书的装订线以及书脊里面,这些都是最易发霉的地方。

6.霉菌发生地的处置

对霉菌发生地的处置有以下几个步骤:

(1)确定霉菌生长的原因

为避免更多的霉菌暴发,需要知道究竟是什么原因造成发霉问题。为此,首先要检查水或水汽的明显来源,如是否漏水,包括要检查外墙是否有水蒸气凝结或渗漏。

同时需要检查采暖、通风和空调系统中的热交换管材,此处是滋生真菌的温床,要用消毒剂对它们进行清洗。

如果没有查到库内水分的明显来源,需要检测发霉区域的相对湿度,判断是否有空调气流未到达的死角。检测库内是否空气不流通,或柜架积累污垢与灰尘等。

待原因查明后,启动维修或尽快解决问题的方案。

如果这类问题不能迅速得到解决,就要制定一项抢救馆藏与加强对该区域霉菌监测的方案。

(2)改善环境,使其不再利于霉菌生长

出现霉菌的房间应该进行干燥处理,在受害资料搬回原处以前对该处进行彻底清洗与消毒。

干燥处理的方法包括除掉室内可见的明水,并利用去湿机去湿。注意去湿机的功率要与空间大小相匹配,使其可以有效去湿。

若室外空气相对湿度不高,可打开窗户加强空气流通。其主要目标是使相对湿度降到55%或更低,使温度低于21℃。

注意,在受害资料搬回原处以前,该环境的相对湿度必须在55%以下。

(3)彻底清洁霉菌发生地的空间

地面清洁需要待其干燥后才能进行,清洁时,可用漂白粉、来苏水或类似消毒液清洗。

发霉区域的柜架也可以用上述消毒液清洗。若柜架、地板也有霉,先用内置高效微粒空气过滤器的真空吸尘器对书架和地板进行处理,然后再用消毒剂进行清洗。

我国主要是采用75%的酒精对疫情发生地进行处理,如用75%的酒精喷洒发霉位置(发霉的墙壁、柜架、地面等),也有直接用75%的酒精棉擦拭柜架的,特别是其发霉点,以达起到对其消毒的目的。

若室内使用了地毯或类似物品,则需要将其移到室外处理。

在重新使用这些柜架时,必须待其完全干燥。

只有原发霉区域的发霉原因已经查明并予以解决了,且已经被清洁、消毒与干燥后,藏品才可以搬回原来位置。

(作者:刘家真,武汉大学信息管理学院教授,博士生导师)

参考文献:

[1]夏沧琪.纸质文物霉害之防治[EB/OL].[2013-12-03].http://140.130.94.202/fps/change/%E5%85%A8.pdf.

[2]NEDCC.3.8 Emergency Salvage of Moldy Books and Paper—NEDCC.[EB/OL].[2013-12-03]. http://www.nedcc.org/free-resources/preservation-leaflets/3.-emergency-management/3.8-emergency-salvage-of-moldy-books-and-paper.

[3]Edward P.Adcock. IFLA Principles for the Care and Handling of Library Material.[EB/OL].[2014-02-15].http://www.nlc.gov.cn/old/forlibs/ifla-pac/zywx.pdf.

[4]陶琴.霉菌对档案的危害及其防治技术研究进展[J].档案学通讯,2013(6).

[5]刘家真.古籍保护原理与方法[M].北京:国家图书馆出版社,2015(12).

蝴蝶装金镶玉新技法的创制及其操作步骤

万 群

一、创制蝴蝶装金镶玉新技法的背景

天津图书馆旧藏一宗由著名藏书家周叔弢先生捐献的宋元时期刊印的古籍散页,数量有 200 余页。这些散页保持原始状态,依次叠齐后,上下使用两块夹板简单存放。如何保存和修复这些散页,长期以来成为摆在天津图书馆古籍修复者面前的一个亟待解决的问题。

2013 年,天津图书馆和国家图书馆经过论证和协商,决定充分发挥两个单位在藏书、修复和仪器设备等方面的优势,天津图书馆提供这些古书散页,国家图书馆提供修复场地和设备,成立由两个单位古籍修复专家和修复师组成的老中青修复团队,以"周叔弢旧藏宋元古书散页修复"为题,由两个馆共同注资立项,开展专项修复工作。这个项目完成后,预计取得三个方面的研究成果,并以专著形式交付出版社正式出版。三个研究成果如下:一是《古书修复技艺》,二是《古书用纸图谱》,三是《古书版本鉴赏》。经过修复团队成员齐心努力,本项目即将按照计划完成。其中的第一个研究成果,由笔者具体负责实施。

这宗宋元古书散页的原始状况,可以作如下描述:一是每张散页相临叠加存放,散页之间相互磨蹭,产生了新的损害;二是散页最外面以硬黄草纸板夹护,草纸板呈酸性,直接影响到了文献本身;三是部分散页曾由前人修补过,存在补纸脱落、修复技法粗糙、纸面不平、补纸选配不当等实际问题;四是散页经取样检测均显酸性,严重的需考虑进行纸张脱酸处理。以上四个方面,均存在保护方面的技术问题,需要采取针对性措施加以解决。

如何采取针对性措施加以解决?这宗宋元古书散页应采取何种装帧形式加以保管?我们初步决定采用蝴蝶装金镶玉(合册为包背装)形式,把原始宋元古书散页合订成册。蝴蝶装金镶玉指以一张宣纸充为一个基本书页,在书页的左右两个半页上面,各粘附一个散页,开卷形如蝴蝶展翅,故以蝴蝶装名之;散页为旧纸,呈金黄色,宣纸为衬纸,呈白玉色,故名金镶玉;成册的外观为传统的包背装。这实际上是一种新的古籍修复技艺,它融合了蝴蝶装、金镶玉和包背装三种古籍修复装帧技术。

我们经过反复实验发现,以这种蝴蝶装金镶玉方法进行改装,往往适用于书页尺幅大致相同的古籍。然而,本项目中的这些散页来自不同的古书,它们各自独立,纸张材质薄厚有别、大小宽窄殊异,若用蝴蝶装金镶玉方法把这些散页粘起来,存在一个突出的问题,就是书册不牢固,这是本项目在技术上需要解决的一个难点。

针对这种情况,我尝试对书册最后一道工序进行修改,即由原设计的包背装,改为线装。通过多次论证,反复实践,最终获得成功。即书册内在的正文的散页仍然采用蝴蝶装金镶玉形式,书册外在的书衣则采用线装形式。这一技艺改变,解决了书册不牢固这个突出的技术问题。笔者认为,新技法的采用,除了增加书册的牢固性,其外在的线装形式还再现出独具传统韵味的古书之美。这种新式的蝴蝶装金镶玉,有效保证了散页的原始面目,是具有创新意义的古籍装帧的一个新技法。它融合了三种传统的古籍装帧形式——蝴蝶装、金镶玉及线装为一体,汲取并融合了宋元明清时期古籍修复和装帧之精华,在古籍装帧技法上获得了突破,为传统的古籍装帧形式增加了一个新品种。

客观上讲,这种新式蝴蝶装金镶玉是在以往文献记录和实物印证的基础上加以改进而成的。其长处在于既保留了原有蝴蝶装金镶玉的优点,又打破了金镶玉一纸一镶的固有传统技法,灵活采用了"拉手"和一纸两面分镶的巧妙做法,从而弥补了其存在的成书裁切、垫衬纸条和衬纸相互分离,以及需靠糨糊把两面粘住,书册外在的书衣采用包背等诸多不足之处。

二、创制新式蝴蝶装金镶玉技法的技艺基础

蝴蝶装是宋代雕版印书盛行时,书籍装订技术开始由卷轴向单板叶子转变,而形成的具有真正意义的册页形制。《明史·艺文志》记载:"秘阁书籍皆宋、元所遗,无不精美,装用倒折,四周外尚,虫鼠不能损。"此即蝴蝶装。叶德辉《书林清话》云:"蝴蝶装者,不用线钉,但以糊粘书背,夹以坚硬护面,以板心向内,单口向外,揭之若蝴蝶翼然。"明代学者张萱《疑耀》又云:"今秘阁中所藏宋板诸书,皆如今制乡会进呈试录,谓之蝴蝶装。其糊经数百年不脱落,不知其糊法何似。偶阅王古心《笔录》,有老僧永光相遇,古心问僧:前代藏经接缝如线,日久不脱,何也？光云:古法用楮树汁、飞面、白芨末三物,调和如糊,以之粘纸,永不脱落,坚如胶漆。宋世装书岂即此法耶？"上述文献的引证,可以充分说明,宋、元两代书籍大多采用蝴蝶装形式。蝴蝶装的做法是先将书页面向内对折,集若干页为一叠,蹾齐后,在书页背面折缝处用糨糊相互粘连,再用一张硬厚纸裹背粘于书脊作为前后封面。蝴蝶装盛行于宋代,它适应雕版印书一版一页的特点,且文字朝里,版心集于书脊,这也有利于保护版框以内的文字和后来进行的改装。国家图书馆今藏宋版《文苑英华》书衣上有"景定元年十月装背臣王润照管讫"等记载,是见证宋代蝴蝶装古籍的珍贵文献。

蝴蝶装书籍装式虽美,然其存在缀页如线、翻检过多、容易脱落的明显缺陷。随着书籍材料与装订技术的进步,人们对宋元版蝴蝶装书籍的样子不断进行创新,曾经出现过"黄装""金镶玉装""蝴蝶装金镶玉"等非主流的古书装帧式样,这些形式当属特殊条件下古籍修复与装帧技术的创新尝试。

"黄装"是被改进了的蝴蝶装。其创始人是自号"佞宋主人"的清代藏书家黄丕烈。黄丕烈生平无声色犬马之好,唯喜聚书,他在访书藏书、读书治学的同时,对书籍文献的修护做出了自己的贡献。他改进了蝴蝶装书籍的装帧方法,将书背粘连改为两张书页的背面书口部位互相粘住。书背的处理不再像蝴蝶装那样涂满糨糊,而是直接用书皮包裹,从而避免版心部分因虫蠹损坏[①]。此外,黄装的另一个优点是书册易展开平放,如国家图书馆藏宋版《忘忧清乐集》。

金镶玉装,是前辈能工匠人在遇到善本书籍损坏、书品过小或未经裁切的稿本等时,为了使其耐用延年而创造的一种技法。其修复时以白纸衬于旧书页里面,上下露白。旧书色黄,衬纸色白,内黄外白,故而得名。明代藏书家高濂在其养生巨著《遵生八笺》卷十四"论藏书"中有过这样的描述:"宋人之书,纸坚刻软,字画如写,格用单边,间多讳字。用墨稀薄,虽着水湿,燥无湮迹,开卷一种书

---

① 杜伟生:《中国古籍修复与装裱技术图解》,第 62~63 页,中华书局,2013 年。

香，自生异味。"又云："宋板书刻，以活衬竹纸为佳。而蚕茧纸、鹄白纸、藤纸固美，而存遗不广。若糊褙宋书，则不佳矣。余见宋刻大板《汉书》，不惟内纸坚白，每本用澄心堂纸数幅为副，今归吴中，真不可得。"

高濂所言从文献角度，应是修装宋版书时采取衬镶工艺最早、最清晰的记录。按照事物发展规律看，金镶玉装也会有一个发生发展的过程，那么"活衬竹纸"即可谓金镶玉装法之雏形。而今，古籍修复技术中的"金镶玉"定义则是以白色较宽大的衬纸衬入对折后的书页中间，超出书页天、地及书背部分折回与书页平，以使厚薄均匀，再用纸捻将衬纸与书页订在一起①。金镶玉装制作考究，遂成线装书中的精品。另一方面，由于操作复杂、费工费料，所以旧时除善本古籍外，一般普通版本的古籍很少采用这种装帧形式。

蝴蝶装金镶玉的代表性成果，可举师友宽先生的《贤文摘录》。2015年，笔者有幸得到甘肃省图书馆古籍修复前辈师友宽先生亲手制作的《贤文摘录》一册样本。此书的装式，采用的便是当年师友宽先生的师傅张士达先生亲自面授的蝴蝶装金镶玉独特技法。师友宽先生所赠的这册样本，制作精良、古朴雅致，透过它我深切感受到老一辈古籍修复工作者对这门衰微技艺的坚守与执着的敬业精神，令晚生敬佩！蝴蝶装金镶玉是对古籍修复"整旧如旧"原则和保持善本书籍艺术代表性的有效诠释。它反映了我国古籍传统装订技术与时俱进的一种姿态。

三、新式蝴蝶装金镶玉技法创制及其操作步骤

创制蝴蝶装金镶玉新式技法，包括以下几个步骤：

其一，准备：首先把散页修补好，按照顺序依次将正面向内折好、捶平。接下来选择与每张散页纸性、颜色相同的补纸，裁出宽5厘米，长与书页宽同的纸条，作为连接书芯与镶衬纸之间的"拉手"。随后，根据书页尺寸大小准备好镶、衬用纸。项目选用安徽红星特级净皮（纸张平均厚度82.8微米）和棉料（纸张平均厚度69.8微米）做镶衬纸，纸裁得要比散页中最大幅即《元史》一页大些（整纸长61厘米，宽49厘米），镶衬纸数量是书页的两倍，纸的四周要裁齐切光，以正面冲外按中缝对折一道印痕，取同书页数量净皮做镶面纸，蹾齐书口，压平待用。

---

① 《古籍修复技术规范与质量要求（GB/T 21712—2008）》。

其二，铺镶：先把正面朝里对折好的书页，逐一像连口一样在版心背面抹一道 1.5 毫米细糨糊作为书页与镶纸之间唯一固定线，如果不实将会直接造成书页脱落。全部粘贴完毕，压平待干。之后把"拉手"纸回折使其厚度同书芯折叠厚度，捶平糨口。取之前全部镶面纸，精确按成书订线位置直线扎眼，并将与书页"合体"的拉手纸部分点三四点稀糨糊，依次粘贴到书脊订线位置的筒页镶纸外面，唯此法方能使镶衬纸部分有别以往，保持完整，这也是新法善巧之处。粘贴时需特别观察每页展开效果，尽量使书页均匀，上下比例得宜。

其三，挖衬：完成了简单镶活的书册，就要重点处理书页叠放一起不平的问题。以往金镶玉做法是垫衬纸条或回折宽大纸边。那么，新法巧妙地将衬与挖分成两步，即先按相邻两张散页厚薄分选备好衬纸，薄为棉料，厚为净皮，若前后两张相差明显则各取半张，随时变化增减。其后将衬纸一一铺入对应镶面纸里，折缝处对齐。以书页半版映出影形，在衬纸前后分别扎眼、做记号，取出衬纸挖去各自书影部分。接下来，把挖芯后衬纸嵌回镶面纸内，用骨刀在镶面纸上轻轻按压，这时关键是要随时用手感觉纸面厚薄，必须做到书页纸边与衬纸挖线紧密贴合，使书册整体平实美观。

其四，装册：装册过程通常需要经过粘贴、压实、订纸捻、裁切、包角、装书皮、订线、函套加工等步骤，与一般的古籍线装书装订技法一样，此不赘述。

（作者：万群，天津图书馆古籍保护中心副研究馆员）

重庆图书馆藏明拓本《七佛圣教序》修复案例心得

许 彤

一、《七佛圣教序》碑溯源

初唐时期,太宗李世民为了表彰玄奘法师赴西域各国艰苦取经,回国后翻译三藏要籍的伟大功绩,专门为其翻译的《瑜伽师地论》赐予序文,这便是千古名篇《大唐三藏圣教序》。该序文最早由名列"初唐四大书法家"的褚遂良书石刻碑,立于长安慈恩寺大雁塔下,称为《雁塔圣教序》。唐咸亨三年(672)京城僧人再次立碑,因为感念太宗皇帝深爱王羲之书法,于是邀请弘福寺沙门释怀仁从王羲之书法中集出该序文字,并刻制成碑文,立于京城长安弘福寺,因碑首横刻有七尊佛像,又名《七佛圣教序》。

该碑通高 305 厘米,宽 108 厘米,厚 28 厘米,诸葛神力勒石,朱静藏镌字。碑文凡 30 行,满行 80 字左右,共计 1903 字,皆取王羲之行书字体,包括:唐太宗李世民所作《大唐三藏圣教序》781 字,《太宗答玄奘谢表》63 字;皇太子李治所撰《三藏圣教记》589 字,《答玄奘谢表》50 字;玄奘法师所译《般若波罗蜜多心经》280 字;以及其他标题、职司人员衔名 140 字。该碑现保存于陕西西安碑林博物馆。

二、《七佛圣教序》传世早期拓本

唐初至今已有一千三百余年,即便坚固如碑石,也会留下岁月的痕迹。尤其是《七佛圣教序》这样的书法名碑,历代捶拓不止,字画日渐磨损,所以拓本的优劣与其时代的早晚关系至大。此碑唐拓本已不传，最早的是北宋拓本，其中最佳者如藏于中国国家博物馆的张应召旧藏本，藏于天津艺术博物馆的崇恩旧藏本（也称"墨皇本"），藏于上海博物馆的周文清旧藏本等。陕西西安碑林博物馆也藏有北宋佳拓一种，为明代内府库装本，系明人刘正宗旧藏，有董其昌、郭尚先跋。1963 年，当时的国家文物局局长王冶秋由北京市文物商店购得，转赠西安碑林收藏。

1973 年，西安碑林中部分区域地基下沉，《石台孝经》碑身出现倾斜，文物工作人员在扶正碑身时，在石壁夹缝中偶然发现了一张《集王圣教序》的整幅拓本，当时该拓本被折叠起来当作扶正碑身的衬垫物。前人无意间给我们留下了珍贵的馈赠：此幅整拓墨色深重，拓工精细，拓后涂蜡，虽部分霉烂磨损（损 210 字），仍不失其珍贵。现存《集王圣教序》早期拓本（未断本）均为剪裱本，像这样的整幅拓本仅此一件。此拓本发现后被称为"南宋拓本"。其实，此碑不应为南宋拓本，当时占据关中的是金朝，南宋并不是统一的中央政权，其势力鞭长莫及，还是称作"金拓"比较准确。

三、重庆图书馆藏明拓本《七佛圣教序》及其修复案例

（一）重庆图书馆藏碑帖拓片概述

重庆图书馆馆藏碑帖拓本和墨迹凡 3538 种，其中册页装拓本 848 种，整幅拓片 2450 种，墨迹本 113 种，重庆本地拓本 127 种。这批珍贵拓本多数是抗战时期文化名人来重庆时所携带，抗战胜利后留在了重庆。1954 年，重庆市地政局将其调拨给西南人民图书馆（重庆图书馆前身）。在经历了半个多世纪的沉睡之后，目前我馆已经启动了对其进行系统整理和重点研究的系列工作。

2014 年夏，西南大学徐立教授带领四位研究生对该批藏品进行了初步整理，按照割裱本、整幅本、墨迹和重庆本地石刻拓本的分类制作了藏品目录，发现有不少珍贵拓片。由于这批拓片历时数百年，加之南方潮湿多雾，所以有一部分已经出现酸化、虫蛀、字迹漫漶等种种破损和残缺，需要对其进行及时抢救修复。

2015 年 3 月，在国家古籍保护中心的大力支持下，重庆图书馆有幸邀请到故宫博物院施安昌研究员、国家图书馆冀亚平研究馆员和上海图书馆仲威研究馆员等国内权威专家，对我馆所藏碑帖拓片进行考察鉴定，通过判断其刻石和拓本年代，准确认识其文献价值、艺术价值和文物价值。

2015年6月23日至8月7日，国家古籍保护中心以重庆图书馆藏碑帖拓片为文献基础，在国家图书馆文津街馆区举办了"全国碑帖编目与鉴定研修班"，来自北京、重庆、天津、吉林、陕西、湖南、四川、广西等地古籍收藏单位的21名学员参加了培训。2015年11月4日，由国家古籍保护中心主办的"第三期全国古籍修复技术与工作管理研修班"在重庆图书馆顺利开班，共有来自上海、湖北、辽宁、山西、广东等多个省市的13家古籍收藏单位的20位学员参加培训。此次培训为期一个月，培训内容也是以重庆图书馆藏碑帖拓片为基础，通过集中研修、专业指导，在实践中积累经验的方式，提高古籍修复人员业务技能，全面提升我国古籍保护工作水平。

以上举措不仅有效地推进了全国碑帖普查工作的顺利开展，也为我馆下一步对数千件碑帖拓片进行修复、研究和整理出版等多项工作指明了方向。

(二)重庆图书馆藏明拓本《七佛圣教序》及其修复过程

1.拓本原件基本信息

《七佛圣教序》，线装简裱本，明拓，原拓本。尺寸：33.5厘米×20.8厘米。原拓本共计十九页，半页五行，行十一字，卷首有佛像二开。原件是把拓片割成条，用糨糊粘在宣纸上，开条前后顺序混乱，部分缺损。因为年代久远，保存不当，该拓本有受潮、虫蛀等现象，破损比较严重。

2.修复方案的拟定与修复经过

首先，经过修复专家赵嘉福老师和上海图书馆邢跃华老师认真、仔细研究之后，确定了"整旧如旧"的修复方案，即不改变原有的行款、字数，仅将原有的装帧形式改为适合碑帖阅读的"挖镶经折装"。具体修复过程如下：

(1)扫描拍照。首先对修复前的拓本原件进行扫描。

(2)调整顺序。由于该拓本开条前后顺序混乱，部分缺损，因此经过专家认可并取得单位的同意后，将其小心拆开，逐字逐句与宋拓本进行校对，同时做好数字标记，再依照正确的文字顺序重新排列，以便进行下一步的修复工作。

(3)选配宣纸并染色。为了达到最好的修复效果，做到修旧如旧，经过反复研究和讨论，首先选择与原拓本厚度、材质相近的宣纸并确定选色，然后把配好的矿物颜料涂在裱案的面上，再把需要染色的纸放在裱案上，把调好的颜料均匀地刷在纸上，用棕刷反复刷，直到颜色均匀，最后再晾干。

(4)修补拓片。修补拓片有明补和隐补两种方法。明补是在拓片的背面补，隐补是先托后补。碑帖拓片完整地记录了碑帖石刻在某个时期的真实面貌,其每个文字、每条石痕的变化都是鉴定碑帖年代的佐证,所以在修复时对石花残字进行接笔补墨是违背"遵循原作"修复原则的,保持碑帖拓片的真实原貌是拓片修复的宗旨,但对于旧存的填墨、填字则保存现状,不做去除和改变。

第一,计算好尺寸,按原开条尺寸、条数和字数画好模板。拓片根据计算好的规格画出边框,按照原来的字数、条数排列上模板,上条从左边开始。

第二,补残缺。选用与拓片纸张相近的手工纸,将补纸用糨糊粘贴在拓片残缺处,纸张厚度与拓片相同或稍薄。如遇字口残缺,不可用墨色纸修补,要用染纸补上,残缺地方没有字就用墨纸补。

第三,小托上墙。托芯刷糨糊时,动作一定要轻,不要把补纸移位。特别要注意拓片上的字口,并要防止跑墨。

第四,托面纸。将两张染好的宣纸计算好,小托上墙绷平,待上墙绷平后下墙方芯(小托上墙后把面纸放正)。

第五,挖面纸,将面纸按计算好的尺寸折好五折,在第一折和第五折的地方留出一定的尺寸。在折好后的天头和分芯处用针锥点好拓片的位置,将绷平的拓片背面点上糨糊定位,用尺子压住拓片,沿着拓片的外沿把面纸的芯挖出来。挖的时候必须编号。

第六,托覆背纸。在背纸上涂上糨糊,将面纸正面向上,展平在背纸上,把拓片芯镶在面纸中,然后连同背纸一起翻转,覆背纸在上面,用棕刷排实,使托纸和镶好的拓片贴实,上板绷平。

(5)折页下板。要先将地脚裁成直边,折叠裱帖时要从第二中缝(第二张裱帖的位置)开始,用竹刀划线,沿中缝对折,这样可以将每一开的误差分解到首和尾。要反复核实裱帖每一开的顺序,折叠方向顺序一定不要搞错,返工会严重影响质量。裱帖每开放在自制的折页板上,上面要压铅块,令折好的裱帖不易移动,平整,书口平直。依次把所有裱帖折好。

(6)连接经折。首先要将裱帖进行排序,避免出现颠倒页,最好是对照修复前拍摄的档案照片进行排序,这样可保证万无一失。然后用铅块压住裱帖,使之固定,用手将糨糊抹在粘连处,糨糊一定要黏稠。

3.修复工作的评估

修复后的《七佛圣教序》,页芯与镶料严丝合缝,页面无烘色、跑墨。托纸、裱纸结合紧密,镶料比例合适,颜色协调。

四、重庆图书馆拓本修复实践心得

古籍修复是一门高深的技术,不同时期、不同馆藏的古籍在修补时都有其各自需要注意的方面。修复者在修补过程中,要因地制宜、触类旁通,在科学分析的基础上,把握住大的原则,灵活运用各种技巧进行修补。我在修补重庆图书馆藏《七佛圣教序》拓本时,不仅尊重古籍修复的基本原则,同时又针对所藏拓本的纸张、文字等特点,充分利用现代科学技术,灵活使用修补的手段与技巧,不断进行思考,调整修复方案,最终形成了一套有框架、有系统的修补思路和方法。这些做法仍有待进一步的完善,并值得进一步思考和讨论。

(作者:许彤,重庆图书馆副研究馆员)

影印出版通行本《宛委别藏》拟目

——以"二礼选本"为基础

李国庆

清乾隆纂成《四库全书》后,学者阮元认为此书收录尚有遗漏,故网罗放失,以一人之力,付十年之功,搜集历代典籍170余种。与此同时,阮元还将每种书仿四库提要式,各撰提要一篇,随书陆续进呈内府。所进之书,或是由阮元倩书手依据原版书缮写影抄而成,或是阮元觅得的原刊印本。也就是说这批秘籍是由阮元"均据旧本影写精钞,间有元明刻本及佚存丛书残本"而陆续进呈嘉庆皇帝的。嘉庆皇帝褒奖有加,遂取传说夏禹登宛委山得金简玉字之意,在清宫内特辟"宛委别藏",专储这批进呈典籍,并御笔题名。故此,阮元进呈之书,称为《宛委别藏》。

据载,民国十四年(1925),故宫博物院点查养心殿(即溥仪住处),于正殿书架上发现了这宗进呈书——全套《宛委别藏》。经过清点,共计一百函,又目录二函。每函均装以木匣,虽外表的样子和《四库全书》相似,然进呈本的行款格式及开本的尺寸大小却不相同。因阮元以个人之力,进呈稀见善本古籍,为保存所借抄和征集的善本之本来面目,行款格式和书品大小一仍其旧故也。不像《四库全书》那样,属于官方行为,统一征访遗书和缮写,统一格式和开本尺寸。《宛委别藏》各书首页一般钤有"嘉庆御览之宝"阳文方印,也存在个别书漏钤的情况。这部丛书没有副本,仅此一套,颇具历史文物、学术资料和艺术鉴赏价值。

清光绪时学者傅以礼、民国时学者袁同礼,先后整理阮元撰写的《四库未收书提要》和进呈本《宛委别藏》,均关注并罗列经眼各书世传的通行版本。二人所选版本,以目验为限,着手编目,各具优长,足资参稽,遂以"二礼选本"名之。在

"二礼选本"中,《傅目》侧重内容提要,简于通行版本之著录,而省略了原书提要。"二礼选本"互为补充,成为研究阮元《四库未收书提要》和《宛委别藏》的重要文献。

本目试以"二礼选本"为基础,遴选之本,或取自《傅目》,或取自《袁目》,或取自《傅目》与《袁目》相同之本,或取自其他版本;在所选版本中,多数未曾影印出版,今统合成编,拟成一目,适时影印出版,旨在"传本扬学",为学界提供通行易得之本及有价值古典文献。

兹先将有关文献资料介绍如下,次列拟目全文。

1. 阮福编印《揅经室集·外集·四库未收书提要》

《揅经室集·外集·四库未收书提要》,清道光三年(1823)阮氏文选楼刻本。《外集》分为五卷,卷一首载《礼记要义》,卷五末载《舆地纪胜》。全书不按经史子集四部分类,各卷所收诸书,先后排列无序。这是《外集》在编目上存在的一个不足之处。《外集》收录阮元撰《四库未收书提要》175篇。

《外集》首载阮福刻书序,云:"家大人在浙时,曾购得四库未收古书进呈内府,每进一书,必仿四库提要之式奏进提要一篇,凡所考论,皆从采访之处先查此书原委,继而又属鲍廷博、何元锡诸君子参互审定。家大人亲加改定纂写,而后奏之。十数年久,进书一百数十部。此提要散藏于扬州及大兄京邸。福因偕弟祜、孔厚校刻《揅经室集》,请录刊提要于集内。家大人谕此篇半不出于己笔,即一篇之中创改亦复居半。文不必存,而书应存,可别而题之曰《外集》。道光二年阮福谨记。"

卷末载钱塘严杰识语,云:"右提要五卷,计书一百七十五种。其中,《元秘史》十五卷因词语俚鄙,未经进御。又赵元镇《建炎笔录》三卷,《辨诬笔录》一卷,已见赵氏《忠正德文集》,即《钦定四库全书总目》所云笔录七篇是也,亦未进呈。又《皇元征缅录》一卷,《招捕总录》一卷,乃《元文类》中所载《征缅》《招捕》二篇,并采访者未核其实而误录也。"

2. 傅以礼编刊印《揅经室经进书录》

清光绪时,傅以礼主持编印《揅经室经进书录》(以下简称《傅目》)。《傅目》分上、下两册,于清光绪八年(1882)刊行于世,书凡174种。《傅目》首列四部分类目录,析为部、类、属三级类目,类下依次开列所收诸书。分类悉遵四部之法,十分精到,这是有分类的《傅目》对没有分类的《外集》所做出的最大贡献,是《傅目》在编目上一个最大优长之处。著录事项依次包括类目、书名及卷数。分类目录之后，为各书提要正文。《提要》正文一般以各书的书名卷数和版本为条目，每个条目之下为该书提要。尤其是在一书之后，开列是书通行版本，此为傅氏首创，为后人研究提供了版本上的选择。(《傅目》中，有少部分书没有版本一项)

3. 袁同礼发表《宛委别藏现存书目及其板本》一文

民国二十一年(1932)袁同礼依据故宫博物院所藏《宛委别藏》原稿本，撰写《宛委别藏现存书目及其板本》(以下简称《袁目》)一文，刊发于《图书馆学季刊》第六卷第二期，收书174种。本目虽为四部分类目录，然只分为经史子集四部，四部之下不再析分类、属，而采用暗分明不分之法，胪列诸书。分类简明，稍逊《傅目》。每个条目包括书名及卷数、著者、版本及行款。其著录事项详于《傅目》。

附录1：袁同礼编印《宛委别藏现存书目及其板本》目前题记：

清嘉庆间阮元进呈四库未收书一百七十二种，每种仿四库提要式各撰提要。其后阮福校刻《揅经室集》，即以各书提要，收入为《外集》。民国十四年点查故宫养心殿(即溥仪住处)，于正殿书架上发现此书，题名为《宛委别藏》共一百函。又目录二函。每函均装以木匣，与《四库全书》相似，惟尺寸大小不一致，书之首叶有"嘉庆御览之宝"阳文方印(亦有无此印者，为《周易诗讲义》《诗说》《诗传注疏》等)，各书均据旧本影写精钞，间有元明刻本及佚存丛书残本，亦同时进呈。内有分类错误者，如《书经补遗》专述书法，应入子部，今入经部。《回汉史韵》原系类书，而竟入史部。同部之书，分类亦毫无次序，大约为陆续进呈者。间有内中之书，为阮氏所未收者，如《读史管见》《资治通鉴释文》等，而同时亦有阮目已著录，而今并无其书者，为《说文解字补义》《舆地纪胜》《两京新记》等十四种，或已散失，或竟未进呈，均待考。兹将现有各书，依四库分类，列表如左，并记其版本行款焉。

附录2：袁同礼编印《宛委别藏现存书目及其板本》目后题记：

下列书十四种，阮氏会撰提要收入《揅经室外集》，今故宫所藏之《宛委别藏》并无其书，附记于此。

汉文鉴二十一卷　宋陈鉴编

两京新记一卷　唐韦述撰　佚存丛书本　粤雅堂本　湖北书局巾箱本
南菁札记本

燕喜词一卷　宋曹冠撰　别下斋刻本　四印斋刻本

南华真经注疏三十五卷　唐成元英撰　古佚丛书本

萧冰厓诗集三卷　宋萧立之

徐文清公家传一卷　蔡朱元龙等同撰

铁厓赋稿二卷　元杨维桢撰

日湖渔唱一卷　宋陈允平撰　词学丛书本　粤雅堂本

重编海琼白玉蟾文集六卷续集二卷　宋葛长庚撰　明刊本

说文解字补义十二卷　唐色希鲁

文馆词林四卷　宋许敬宗撰　佚存丛书本

图解素问要旨论　金刘守真撰

舆地纪胜二百卷　宋王象之撰　道光二十九年扬州岑氏刻本　咸丰五年仿宋刻本

元秘史十五卷　连筠簃刻本　光绪三十四年叶氏观古堂刻本　渐西村舍丛刻本

4. 已经影印出版的原稿本《宛委别藏》

书成于清嘉庆皇帝时的《宛委别藏》，长期以来深藏宫内，以原稿本形式一线单传，不利研究。为了使其化身百千，先是故宫博物院择其中40部，委托商务印书馆于民国二十四年（1935）影印出版，名曰《选印宛委别藏》。后来的整部《宛委别藏》，直至1981年方由台湾"商务印书馆"影印出版。这两个影印本，一选一全，均据"原写稿本"影印。而"原写稿本"所据之底本情况如何？抑或其所收诸书的其他传世的通行版本情况如何？"二礼选本"大致回答了这些问题。

5. 拟议中的影印出版通行本《宛委别藏》

编录本目，旨在以"二礼选本"为基础，将"二礼选本"收录的全部174种典籍，进一步比对遴选，试着编成一个通行本《宛委别藏》的版本目录。更有进者，若以此目为据，收录诸通行之本，适时予以出版。此虽属于第三次影印出版，然实则为第一次影印出版之通行本《宛委别藏》。

6. 遴选通行本《宛委别藏》目录编例

遴选通行本目录，仍以《宛委别藏》所收174种古籍为范围。悉遵《傅目》分类目录之顺序。将每一种古籍，列为一个条目，始1号，终174号。在每一个条目中，首载《傅目》，次列《袁目》，末录选本，行文用三段式表示：

首载《傅目》，按原式照录。包括分类、序号（始1号，终174号，每个序号代表一部书）、书名卷数、版本，以"《傅目》载"名之。

次列《袁目》，按原式照录。依次胪列其与《傅目》相同书的对应条目。唯因《袁目》所载的1号至174号的各书前后部居位置，与《傅目》略有不同，今以《傅目》为准，《袁目》前后稍作调整。据此可以获知：两者序号越近者，其分类越相近；两者序号越远者，其分类相差越远。凡《袁目》著录，而《傅目》实无其书，无法一一对应者，本拟目省略不录，如《读史管见》及《道德真经解义》。以"《袁目》载"名之。

末录选本。选本以"通行易得"为标准。本目所选之本，主要出自《傅目》《袁目》及《傅目》与《袁目》相同者，少数为获自"二礼选本"之外者，旨在梳理比对其版本之同异，择善而从。因书稀见，传本难觅，故其中选录了部分影印《宛委别藏》本。所选版本，均经笔者目验（除《汉文鉴》和《策要》二种外）。举凡分类异同、书名卷数、作者题名，以及拟选版本等，均予说明，以"《拟目》按"名之。

卷一　经部

易类

《傅目》载（下略）：1.周易新讲义十卷　日本国佚存丛书本

《袁目》载（下略）：1.周易新讲义十卷　宋龚原　影钞本　十行行二十字　佚存丛书本　粤雅堂本

《拟目》按：本目拟选日本宽政至文化间刻佚存丛书本，十行行二十字。

2.泰轩易传六卷　日本国佚存丛书本

2.泰轩易传六卷　宋李中正　佚存丛书本　十行行二十字　粤雅堂本

《拟目》按：本目拟选日本宽政至文化间刻佚存丛书本，十行行二十字。

3.周易经疑三卷

3.周易经疑三卷　元涂溍生　影钞元刊本　十三行行廿三字

《拟目》按：《傅目》未列版本。本目拟选清嘉庆间抄宛委别藏本（《续四库》第4册收录）。

书类

4.尚书要义三卷

4.尚书要义三卷卷七至卷九　宋魏了翁　影旧钞本　八行行廿一字　苏局刊二十卷本

《拟目》按：《傅目》未列版本。本目拟选清抄本（见《北京图书馆古籍善本书目》经部36页），九行行十八字。

诗类

5.诗义指南一卷　知不足斋丛书本

7.诗义指南一卷　宋段昌武　影钞本　九行行十八字　知不足斋本

《拟目》按：本目拟选清乾隆道光间长塘鲍氏刻知不足斋丛书本，九行行十八字。

6.诗说十二卷　汪士钟刻本

5.诗说十二卷　宋刘克　影宋钞本　九行行廿二字　汪氏仿宋刊本　缺卷第二第九第十

《拟目》按：本目拟选清道光八年（1828）汪氏艺芸书舍仿宋刻本，九行行廿二字。

7.诗传注疏三卷　知不足斋丛书本

6.诗传注疏三卷　宋谢枋得　影钞本　九行行廿一字　知不足斋本　光绪天津刻本　沈氏抱经堂丛刊本　叠山先生评注四种合刻本

《拟目》按：本目拟选清乾隆道光间长塘鲍氏刻知不足斋丛书本，九行行廿一字。

8.诗义集说四卷

8.诗义集说四卷　明孙鼎　影钞明刊本　十二行行廿四字

《拟目》按：《傅目》未列版本。本目拟选民国二十四年（1935）商务印书馆选印宛委别藏本　十二行行廿四字。

礼类

9.礼记要义三十三卷

9.礼记要义三十三卷　宋魏了翁　影钞宋刊本　九行行十八字　苏局刊本

《拟目》按:《傅目》未列版本。本目拟选宋淳祐十二年(1252)魏克愚徽州刻本(《续四库》第96册收录)。

春秋类

10.春秋集传十九

11.春秋集传十九卷残　宋张洽　元延祐甲寅临江路学刊本　九行行廿二字　八千卷楼钞本　存卷一之十七卷廿一之廿二

《拟目》按:《傅目》未列版本。本目拟选清嘉庆间抄宛委别藏本(《续四库》第133册收录)。

11.左氏摘奇十二卷

12.左氏摘奇十二卷　宋胡元质　影钞宋钞本　八行行十七字

《拟目》按:《傅目》未列版本。本目拟选国图藏清嘉庆间影宋抄本(《续四库》第118册收录),八行行十七字。

五经总义类

12.九经疑难四卷

13.九经疑难四卷　宋张文伯　影钞澹生堂钞本　十行行廿二字

《拟目》按:《傅目》未列版本。本目拟选国图藏明祁氏澹生堂抄本(《续四库》第171册收录),十行行廿二字。

四书类

13.四书笺义纂要十二卷纪遗一卷

14.四书笺义纂要十二卷大学论语孟子笺义纪遗一卷　宋赵惪　影钞元泰定刊本　十一行行廿二字至廿四字不等　守山阁本

《拟目》按:《傅目》未列版本。本目拟选清道光二十四年(1844)金山钱氏刻守山阁丛书本(《续四库》第159册收录)。

14.论语丛说三卷

16.论语丛说三卷　元许谦　影钞元刊本　十六行行廿六字

《拟目》按:《傅目》未列版本。本目拟选国图藏清抄本(《续四库》第153册收录),十六行行廿六字。

15.读中庸丛说二卷

17.读中庸丛说二卷　元许谦　影钞元刊本　十六行行廿六字

《拟目》按:《傅目》未列版本。本目拟选清嘉庆间影元抄本(《续四库》第159册收录),十六行行廿六字。

16.四书待问二十二卷

15.四书待问二十二卷　元萧谧　影钞元刊本　十四行行廿三字　碧琳琅馆本

《拟目》按:《傅目》未列版本。本目拟选国图藏清嘉庆间影元抄本(《续四库》第159册收录)。

乐类

17.琴操二卷　平津馆丛书本　读书斋丛书本　皆附补遗

80.琴操二卷　汉蔡邕　影钞惠栋手钞本　十行行十八字　读书斋本　平津馆本

《拟目》按:《袁目》入子部艺术类。本目拟选清嘉庆十一年(1806)孙氏刻平津馆丛书本,十一行行二十字。

18.乐书要录三卷　日本国佚存丛书本

18.乐书要录二卷　唐武则天　佚存丛书本　十行行二十字　湖北书局刻巾箱本

《拟目》按:本目拟选日本宽政至文化间刻佚存丛书本(全十卷,存卷五至卷七,《续四库》第113册收录),十行行二十字。

小学类·训诂之属

19.尔雅新义二十卷　粤雅堂丛书本　附宋大樽叙录

19.尔雅新义二十卷　宋陆佃　影钞宋刊本　十行行十九字　粤雅堂本　嘉庆三年三间草堂刻本

《拟目》按:本目拟选清嘉庆三年(1798)三间草堂刻本(《续四库》第185册收录),十行行二十字。

小学类·字书之属

20.说文解字补义十二卷　元至正刊本

170.说文解字补义十二卷　唐色希鲁

《拟目》按:《傅目》题"元包希鲁撰"。《袁目》中"包"误作"色","元"误作"唐",并将此书列入附录。本目拟选国图藏明刻本(《续四库》第202册收录),六行行字不等。

21.一切经音义二十五卷　庄炘校刊本　拜经堂丛书本　海山仙馆丛书本

102.一切经音义二十五卷　唐释元应　重刊释藏本(庄炘、钱坫、孙星衍同校本)　十二行行二十四字　海山仙馆本　杭州新校刻本　朝鲜影印本

《拟目》按:《袁目》入子部释家类。本目拟选清道光咸丰间番禺潘氏刊光绪补刊海山仙馆丛书本,九行行二十一字。

22.续复古编四卷

24.续复古编四卷　元曹本　影钞旧钞本　五行　光绪十五年姚觐元仿元刊本

《拟目》按:《傅目》未列版本。本目拟选清光绪十二年(1886)归安姚觐元影刻元刊本,五行行字不等。

小学类·韵书之属

23.集篆古文韵海五卷

20.集篆古文韵海五卷　宋杜从古　影钞旧钞本　八行　碧琳琅馆本

269

《拟目》按：《傅目》未列版本。本目拟选清嘉庆间抄宛委别藏本（《续四库》第236册收录），八行行字不等。

24.隶韵十卷　秦恩复刊本
22.隶韵十卷　宋刘球　影钞本　五行　清嘉庆十五年秦恩复校刊本　附翁方纲考证三卷
《拟目》按：本目拟选清嘉庆十五年（1810）江都秦恩复校刊本，附碑目一卷考证一卷，五行行字不等。

25.增广钟鼎篆韵七卷
23.钟鼎篆韵七卷　元杨𬭚　影钞本　七行行十二字
《拟目》按：《傅目》未列版本。元杨𬭚撰。本目拟选上图藏清抄本（《续四库》第237册收录），七行行字不等。

26.续古篆韵六卷　江宁陈氏刊本　右经部二十六种二百四十四卷
21.续古篆韵六卷　元吾丘衍　影钞旧钞本　六行　道光六年独抱庐丛书本
《拟目》按：本目拟选清道光六年（1826）三山陈氏独抱庐刻本（《续四库》第237册收录），六行行字不等。

卷二　史部

编年类

27.资治通鉴释文三十卷　宋刊本　十万卷楼丛书本
26.资治通鉴释文三十卷　宋史炤　影钞影宋本　九行行廿一字　十万卷楼本　四部丛刊本　此书阮目未收
《拟目》按：本目拟选清光绪五年（1879）吴兴陆氏十万卷楼刻本，十二行行字不等。

28.编年通载四卷
37.编年通载四卷　宋章衡　影钞宋刊本　五行行十七字

《拟目》按：《傅目》未列版本。本目拟选清嘉庆间抄宛委别藏本（《续四库》第336册收录），五行行十七字。

纪事本末类

29.皇宋通鉴长篇纪事本末一百五十卷

25.皇宋通鉴长篇纪事本末一百五十卷　宋杨仲良　影旧钞本　十一行行廿二字　广雅局本

《拟目》按：《傅目》未列版本。本目拟选清嘉庆间抄宛委别藏本（《续四库》第387册收录），十一行行廿二字。

杂史类

《傅目》载：30.建炎笔录三卷　函海本

《拟目》按：《袁目》未收此书。宋赵鼎撰。本目拟选清乾隆李氏万卷楼刻函海本（《续四库》第387册收录），七行行廿字。

31.中兴两朝圣政六十四卷　宋刊巾箱本

27.中兴两朝圣政六十四卷　不著名氏　影钞宋刊本　十一行行二十字　三十至四十五缺卷

《拟目》按：原本著者题名"留正"。本目拟选清嘉庆间抄宛委别藏本（《续四库》第348册收录，三十至四十五缺卷），十一行行二十字。

32.元秘史十五卷　连筠簃丛书刻本

174.元秘史十五卷　连筠簃刻本　光绪三十四年叶氏观古堂刻本　渐西村舍丛刻本

《拟目》按：《袁目》将此书列入附录。本目拟选清光绪三十四年（1908）叶氏观古堂影刻元本（《续四库》第312册收录），十行行字不等。

33.皇元征缅录一卷　传望楼金弢编本　守山阁丛书本

29.皇元征缅录一卷　不著名氏　影钞本　九行行十九字　守山阁本

《拟目》按：本目拟选清道光二十四年（1844）金山钱氏刻守山阁丛书本，十一行行二十三字。

34.招捕综录一卷　守山阁丛书本
30.招捕综录一卷　不著名氏　影旧钞本　九行行十九字　守山阁本
《拟目》按：本目拟选清道光二十四年（1844）金山钱氏刻守山阁丛书本，十一行行二十三字。

诏令奏议类·奏议之属
35.陆宣公奏议注十五卷　元至正刊本　十万卷楼丛书本
31.唐陆宣公奏议注十五卷　唐陆贽　宋郎煜注　影钞元至正翠岩精舍重刊本　十二行行廿三字　十万卷楼本　淮南书局仿元本
《拟目》按：本目拟选清光绪十一年（1885）淮南书局仿元刻本，十行行二十字。

传记类·名人之属
36.诸葛武侯传一卷　明辨斋丛书本
35.诸葛武侯传一卷　宋张栻　影钞宋刊本　十行行十七字　十万卷楼本　孙廷翰仿宋刻大字本　明辨斋丛书本　续古逸丛书本
《拟目》按：本目拟选清同治二年（1863）长沙余氏刻明辨斋丛书本，九行行二十一字。

37.徐文清公家传一卷
166.徐文清公家传一卷　蔡朱元龙等同撰
《拟目》按：《傅目》未列版本。《袁目》将此书列入附录。《袁目》作者项误题"蔡朱元龙等同撰"，实为"（宋）朱元龙等同撰"。本目拟选明正德间刻本，九行行十八字。

38.运使复斋郭公言行录一卷
36.运使复斋郭公言行录一卷　元徐东　钞本　九行行十八字
《拟目》按：《傅目》未列版本。本目拟选国图藏元至顺刻本（《续四库》第550

册收录),九行行十八字。

载记类

39.九国志十二卷　传望楼金甬编本　守山阁丛书本　海山仙馆丛书本　粤雅堂丛书本

28.九国志十二卷　宋路振　影钞旧钞本　十一行行廿二字　海山仙馆本　粤雅堂本　龙氏活字本　守山阁本

《拟目》按:本目拟选清道光二十四年(1844)金山钱氏刻守山阁丛书本(《续四库》第333册收录),十一行行廿三字。

地理类·总志之属

40.舆地纪胜二百卷　伍崇曜刊本

173.舆地纪胜二百卷　宋王象之撰　道光二十九年扬州岑氏刻本　咸丰五年仿宋刻本

《拟目》按:《袁目》将此书列入附录。本目拟选清道光二十九年(1849)扬州岑氏惧盈斋刻本,十行行二十字。

地理类·都会郡县之属

41.两京新记一卷　日本国佚存丛书本　粤雅堂丛书本

162.两京新记一卷　唐韦述撰　佚存丛书本　粤雅堂本　湖北书局巾箱本　南菁札记本

《拟目》按:《袁目》将此书列入附录。本目拟选日本宽政至文化间刻佚存丛书本,十行行二十字。

42.淳祐临安志六卷

41.淳祐临安志六卷　宋施谔　影钞宋刊本　九行行二十字　武林掌故第四集本

《拟目》按:《傅目》未列版本。本目拟选清光绪七年(1881)钱塘丁氏刻武林掌故第四集本,十行行二十字。

43. 云间志三卷

42. 云间志三卷　宋杨潜　影钞本　十行行二十字　观自得斋本

《拟目》按：《傅目》未列版本。本目拟选北大藏明抄本（《续四库》第 687 册收录），九行行二十字。

44. 嘉定镇江志二十二卷　丹徒包氏刊本

39. 嘉定镇江志二十二卷　宋卢宪　校定旧钞本　十二行行廿四字　八千卷楼影宋钞本　道光辛丑丹徒包景维刊本　光绪丙午丹徒朱小楼重刻本

《拟目》按：本目拟选清宣统二年（1910）金陵刻横山草堂丛书本，十行行二十一字。

45. 玉峰志三卷玉峰续志一卷

43. 玉峰志三卷续志一卷　宋凌万顷　边实　影钞本　九行行二十字　镇洋缪朝荃东仓书库刻本

《拟目》按：《傅目》未列版本。本目拟选国图藏清黄氏士礼居抄本（《续四库》第 696 册收录），十二行行十五字。

46. 至顺镇江志二十一卷　丹徒包氏刊本

40. 至顺镇江志二十一卷　元俞希鲁　校定旧钞本　十二行行廿四字　八千卷楼影元钞本　丹徒包良臣刻本

《拟目》按：附校勘记二卷。本目拟选民国十二年（1923）如皋冒氏刻本，十行行二十一字。

47. 昆山郡志六卷

44. 昆山郡志六卷　宋杨谌　影钞本　八行行十八字　观自得斋本　镇洋缪朝荃刻本　嘉定钱氏刻本

《拟目》按：《傅目》未列版本。本目拟选清光绪二十年（1894）观自得斋刻本，十行行二十一字。

48. 重修琴川志十五卷

45.重修琴川志十五卷　元卢镇　影钞汲古阁旧校本　九行行十八字　元至正刊本　清嘉庆张氏金吾编本

《拟目》按:《傅目》未列版本。(宋)孙应时纂修,(元)卢镇增修。本目拟选国图藏清道光三年(1823)瞿氏恬裕斋影元抄本(《续四库》第 698 册收录),十二行行廿四字。

地理类·山水之属

49.南岳总胜集三卷

47.南岳总胜集三卷　宋陈田夫　影钞明影宋本　十行行廿一字　嘉庆壬戌唐仲冕刻本　丽楼丛书本

《拟目》按:《傅目》未列版本。本目拟选清嘉庆间抄宛委别藏本(《续四库》第 725 册收录),十行行廿一字。

地理类·杂记之属

50.莆阳比事七卷　明林文豪刊本

46.莆阳比事七卷　宋李俊甫　影钞明林兆珂翻刻宋本　八行行二十字

《拟目》按:本目拟选清嘉庆间抄宛委别藏本(《续四库》第 734 册收录),八行行二十字。

地理类·游记之属

51.游志续编二卷

48.游志续编二卷　元陶宗仪　影钞本　十行行廿一字　八千卷楼本　新阳赵氏高斋丛书本　武进陶氏用钱罄室手写影印本

《拟目》按:《傅目》未列版本。附前编目录一卷。本目拟选清抄本,十三行行廿三字。

地理类·外记之属

52.长春子游记一卷　连筠簃丛书本

49.长春子游记二卷　元李志常　影钞本　九行行廿一字　连筠簃本

《拟目》按:本目拟选清道光二十七年(1847)灵石杨氏刻连筠簃丛书本,十行

275

行廿三字。

职官类·官箴之属

53.臣轨二卷　日本国佚存丛书本　传望楼金㻞编本

52.臣轨二卷　唐武则天　佚存丛书本　十行行二十字　粤雅堂本　东方学会铅印帝范本

《拟目》按:本目拟选日本宽政至文化间刻佚存丛书本,十行行二十字。

政书类·通志之属

54.汉唐事笺十二卷后集八卷　李澋刊本　江西坊本　粤雅堂丛书续集本

97.汉事笺十二卷唐事笺八卷　元朱礼　影钞本　十一行行二十字　粤雅堂本

《拟目》按:《袁目》入子部杂家类。本目拟选清道光二年(1822)山阴李氏翻刻本,十一行行二十字。

政书类·仪志之属

55.太常因革礼一百卷

50.太常因革礼一百卷　宋欧阳修　影钞旧钞本　十一行行廿二字　碧琳琅馆本　广雅局本

《拟目》按:《傅目》未列版本。本目拟选清广雅书局刻本,十一行行廿四字。

政书类·法令之属

56.律文十二卷音义一卷

53.律文十二卷音义一卷　不著撰人名氏　音义宋孙奭等　影宋刊本　九行行十八字

《拟目》按:《傅目》未列版本。本目拟选清嘉庆间抄宛委别藏本,十二行行二十字。

57.五服图解一卷

10.五服图解一卷　元龚端礼　影钞元至治刊本　十四行行廿五字

《拟目》按：《傅目》未列版本。《袁目》入经部。本目拟选国图藏元杭州路儒学刻本(《续四库》第 95 册收录)，十四行行廿五字。

目录类

58.衢本郡斋读书志二十卷　　汪士钟刊本

54.郡斋读书志二十卷　　宋晁公武　　影宋钞本　　十行行廿一字　　嘉庆己卯汪士钟刻本

《拟目》按：本目拟选清嘉庆间吴门汪士钟艺芸书舍刻本，十行行廿一字。

史评类

59.通历七卷续五卷

38.通纪七卷续五卷　　唐马总　　影钞本　　十二行行二十字　　叶氏观古堂排印本

《拟目》按：《傅目》未列版本。(唐)马总撰，(宋)孙光宪续撰。本目拟选清嘉庆间抄宛委别藏本(《续四库》第 336 册收录)，十二行行二十字。

《傅目》载：60.辩诬笔录一卷　　函海本　　右史部三十四种七百五十九卷

《拟目》按：《袁目》无此书。(宋)赵鼎撰。本目拟选清抄本(见《北京图书馆古籍善本书目》史部 438 页)，八行行二十一字。

卷三　　子部

儒家类

61.孔丛子注七卷

57.孔丛子注七卷　　宋宋咸注　　影钞宋巾箱本　　八行行十四字　　光绪间海昌陈锡麒重刻本　　四部丛刊本

《拟目》按：《傅目》未列版本。本目拟选民国八年(1919)上海商务印书馆影印四部丛刊本，八行行十七字。

62.声隅子二卷　　知不足斋丛书本　　崇文书局本

84.声隅子二卷　　宋黄晞　　影钞宋刻本　　九行行二十一字　　知不足斋本

《拟目》按:《袁目》入艺术类。本目拟选清乾隆道光间长塘鲍氏刻知不足斋丛书本,九行行二十一字。

63.养正图解全卷
56.养正图解不分卷　明焦竑　光绪钞本　十二行行廿一字　武英殿本　此系光绪间补钞本。书中加一纸条"养正图解一部,原系宛委别藏之书,因于光绪三年皇太后传去,兹特敕重为缮写绘画,俾复旧观。但此部系仿照明本,故于抬格等处均一仍其体例,并将明史焦竑列传亦附录于后。光绪二十一年七月十三日御识并书"
《拟目》按:《傅目》未列版本。本目拟选清光绪二十一年(1895)武英殿刻本,十行行廿一字。

兵家类
64.孙子十家注十三卷　岱南阁丛书本
58.孙子十家注十三卷　宋吉天保　岱南阁本　十二行行廿四字　明嘉靖谈恺刊本　汉魏丛书本　浙江书局重刻孙氏本　日本刊本　品部丛刊本
《拟目》按:《袁目》题"品部丛刊本",当是"四部丛刊本"之误。本目拟选明万历二十年(1592)新安程氏刻汉魏丛书本,十二行行二十四字。

65.司马法直解一卷　武经直解本作三卷
61.司马法直解一卷　明刘寅　钞本　九行行二十字　武经直解本
《拟目》按:本目拟选民国影印明刊武经七书直解本,十行行二十字。

66.尉缭子直解五卷　武经直解本
60.尉缭子直解五卷　明刘寅　钞本　九行行二十字　明刊本　武经直解本
《拟目》按:本目拟选明初刻本,十行行二十字。

医家类
67.难经集注五卷　日本国佚存丛书本　守山阁丛书本
64.难经集注五卷　周秦越人　佚存丛书本　十行行二十字　借月山房本

四部丛刊本　守山阁本

《拟目》按：(明)王九思等撰,本目拟选日本宽政至文化间刻佚存丛书本,十行行二十字。

68.中藏经三卷　平津馆丛书本　古今医统正脉全书本作八卷
62.中藏经三卷　汉华陀　钞本　九行行二十字　平津馆本　医统本
《拟目》按：本目拟选清嘉庆十三年(1808)孙氏刻平津馆丛书本,十一行行二十字。

69.脉经十卷　古今医统正脉全书本　守山阁丛书本
65.脉经十卷　晋王叔和　影钞宋嘉定何大任刊本　十二行行二十字　医统本　日本刊本　光绪辛卯周氏刻本　守山阁本　借月山房本　明嘉靖刊本　宜都杨氏仿宋嘉定何大任刊本　四部丛刊本
《拟目》按：本目拟选明成化十年(1474)毕玉刻本,十四行行二十字。

70.千金宝要十七卷　平津馆丛书本作六卷
66.千金宝要十七卷　唐孙思邈　录宋郭思刻石本　十一行行二十字　平津馆本六卷　明隆庆六年耀州真人洞秦藩石刻本六卷
《拟目》按：本目拟选清嘉庆十三年(1808)孙氏刻平津馆丛书本,十一行行二十字。

71.玉函经一卷
63.玉函经一卷　唐杜光庭　影钞宋刻本　十一行行廿一字　随庵丛书本
《拟目》按：《傅目》未列版本。本目拟选清抄本,八行行二十字。

72.史载之方二卷　北宋刊本　十万卷楼丛书本
67.史载之方二卷　宋史载之　影钞北宋刊本　十一行行十七字　十万卷楼本
《拟目》按：本目拟选清光绪二年(1876)吴兴陆氏十万卷楼刻本,十一行行十七字。

73.类编朱氏集验医方十五卷

69.类编朱氏集验医方十五卷　宋朱佐　影钞本　十二行行廿二字

《拟目》按:《傅目》未列版本。本目拟选民国二十四年(1935)商务印书馆选印宛委别藏本　十二行行廿四字。

74.严氏明理论三卷后集一卷　古今医统正脉全书本

70.严氏明理论三卷后集一卷　宋严器之　影钞宋刊本　十行行十八字

《拟目》按:本目拟选民国二十四年(1935)商务印书馆选印宛委别藏本　十二行行廿四字。

75.图解素问要旨论八卷

172.图解素问要旨论　金刘守真撰

《拟目》按:《傅目》未列版本。《袁目》将此书列入附录。本目拟选民国二十四年(1935)商务印书馆选印宛委别藏本　十二行行廿四字。

76.陈氏小儿病源方论四卷

68.陈氏小儿病源方论四卷　金陈文中　影钞宋刊本　十一行行廿一字

《拟目》按:《傅目》未列版本。本目拟选民国二十四年(1935)商务印书馆选印宛委别藏本　十二行行廿四字。

天文算法类·推步之属

77.宝祐四年会天历一卷

71.宝祐四年会天历一卷　宋荆执礼　影钞曝书亭旧钞本

《拟目》按:《傅目》未列版本。本目拟选民国二十四年(1935)商务印书馆选印宛委别藏本　十二行行廿四字。

天文算法类·算书之属

78.杨氏算法三卷　宜稼堂丛书本作六卷　附宋景昌札记

72.杨氏算法三卷　宋杨辉　钞本　十六行行廿五字　宜稼堂七卷本　知不

足斋本

《拟目》按：本目拟选清道光二十二年（1842）刻宜稼堂丛书本（《续四库》第1042册著录），十一行行廿二字。

79.四元玉鉴三卷　罗士琳刊本增细草广为二十二卷
73.四元玉鉴三卷　元朱世杰　影钞旧钞本　十行行二十字　通行本　罗士琳观我生室刻细章本二十四卷　光绪乙亥长沙荷池精舍刻本　道光十七年甘泉易之瀚校刻本

《拟目》按：本目拟选清道光十六年（1836）刻本，八行行二十四字。

80.嘉量算经三卷
74.嘉量算经三卷　明朱载堉　钞本　八行行十七字

《拟目》按：《傅目》未列版本。本目拟选北师大藏明刻本（《续四库》第1044册收录），八行行十七字。

术数类·占卜之属

81.六壬大占一卷　传望楼金鹗编本
76.六壬大占一卷　宋祝泌　影钞宋刊本　十行行二十字　清隐山房丛书本

《拟目》按：《袁目》误题作者为"祝泌"，应为"祝秘"。本目拟选清光绪九年（1883）刻清隐山房丛书戊集本，十行行二十二字。

术数类·阴阳五行之属

82.五行大义五卷　日本国佚存丛书本　知不足斋丛书本
78.五行大义五卷　隋萧吉　佚存丛书本　十行行二十字　知不足斋本　嘉庆九年许宗彦刻本　常州先哲遗书本

《拟目》按：本目拟选清乾隆道光间长塘鲍氏刻知不足斋丛书本，九行行二十一字。

83.三术撮要一卷
77.三术撮要一卷　不著名氏　影钞影宋刊本　十行行十九字　十万卷楼本

宣统辛亥徐乃昌仿宋刊本

《拟目》按:《傅目》未列版本。本目拟选清光绪二年(1876)吴兴陆氏十万卷楼刻本,十行行十九字。

84.遁甲符应经三卷

59.遁甲符应经三卷　宋杨维德　钞本　十一行行廿二字

《拟目》按:《傅目》未列版本。本目拟选清嘉庆间抄宛委别藏本(《续四库》第1060册收录),十一行行廿二字。

艺术类·书画之属

85.梅花喜神谱二卷　知不足斋丛书本

82.梅花喜神谱二卷　宋宋伯仁　影钞宋刊本　知不足斋本　道光沈绮云刻本

《拟目》按:本目拟选清乾隆道光间长塘鲍氏刻知不足斋丛书本,行格字数不等。

86.书经补遗五卷

79.书经补遗五卷　元吕宗杰　影钞本　九行行二十字　涵芬楼秘笈本

《拟目》按:《傅目》未列版本。本目拟选民国影印涵芬楼秘笈本。

艺术类·杂技之属

87.汉官仪三卷

51.汉官仪三卷　宋刘攽　影钞影宋钞本　十行行十七字　十万卷楼本　道光四年鲍崇城仿宋本　续古逸丛书本

《拟目》按:《傅目》未列版本。《袁目》入史部。本目拟选民国十一年(1922)上海涵芬楼影印续古逸丛书本。

谱录类·草木禽鱼之属

88.膳夫经一卷　闾邱辨囿本

81.膳夫经一卷　唐杨煜　影钞旧钞本　十行行二十字　粤雅堂续谈助本

碧琳琅馆本　十万卷楼续谈助本　顾嗣立间邱辨囿本

《拟目》按:《袁目》误题作者为"杨煜",原本作者项题"杨晔"。本目拟选国图藏清初毛氏汲古阁抄本(《续四库》第1115册收录),十行行二十一字。

杂家类·杂考之属

89.书斋夜话四卷

86.书斋夜话四卷　宋俞玉　影钞本　十行行二十字

《拟目》按:《傅目》未列版本。本目拟选民国故宫博物院影印宛委别藏本(《景印文渊阁四库全书》第865册收录)。

90.为政善报十卷

83.为政善报十卷　宋叶留　影钞元刊本　九行行二十字

《拟目》按:《傅目》未列版本。本目拟选清嘉庆间抄宛委别藏本(《续四库》第753册收录)。

91.醉翁谈录五卷

89.醉翁谈录五卷　宋金盈之　钞本　十行行二十字　八千卷楼钞本八卷　碧琳琅馆本　适园丛书本

《拟目》按:《傅目》未列版本。本目拟选民国张钧衡刻适园丛书本,十一行行二十三字。

杂家类·杂说之属

92.松窗百说一卷　知不足斋丛书本

91.松窗百说一卷　宋李季可　影钞旧钞本　九行行二十一字　知不足斋本

《拟目》按:本目拟选清乾隆道光间长塘鲍氏刻知不足斋丛书本,九行行二十一字。

杂家类·杂纂之属

93.群书治要五十卷　日本国刊本　连筠簃丛书本

93.群书治要五十卷　唐魏徵等　佚存丛书本　九行行十八字　连筠簃本

四部丛刊本　粤雅堂本

《拟目》按:本目拟选清道光光绪间南海伍氏刻粤雅堂丛书本,九行行二十一字。

类书类

94.自号录一卷

96.自号录一卷　宋徐光溥　影明钞本　九行行二十字　十万卷楼本

《拟目》按:《傅目》未列版本。本目拟选清刻本,八行行字不等。

95.回溪史韵二十三卷

98.回溪史韵二十三卷　宋钱讽　影钞影宋本　十一行行二十字

《拟目》按:《傅目》未列版本。本目拟选清嘉庆间抄宛委别藏本(《续四库》第1216册收录),十一行行二十字。

96.历代蒙求一卷

99.历代蒙求一卷　元王芮　影钞述古堂藏元刊本　八行行十八字

《拟目》按:《傅目》未列版本。本目拟选上图藏清初毛氏汲古阁影元抄本(《续四库》第1218册收录),八行行十八字。

97.群书通要七十三卷

94.群书通要七十三卷　影钞元至正重刊本　十三行行二十四字

《拟目》按:《傅目》未列版本。本目拟选清嘉庆间抄宛委别藏本(《续四库》第1224册收录),十三行行二十四字。

98.群书类编故事二十四卷

95.群书类编故事二十四卷　元王莹　影钞元刊本　十三行行二十四字

《拟目》按:《傅目》未列版本。本目拟选清嘉庆间抄宛委别藏本(《续四库》第1224册收录),十三行行二十四字。

小说家类·杂事之属

99.续世说十二卷　守山阁丛书本　粤雅堂丛书续集本

100.续世说十二卷　宋孔平仲　影钞宋阮州刊本　十行行十八字　粤雅堂本　守山阁本

《拟目》按:本目拟选清道光光绪间南海伍氏刻粤雅堂丛书本,九行行二十一字。

100.续墨客挥犀十卷

92.续墨客挥犀十卷　宋彭乘　钞本　九行行十八字　古今说海本仅一卷　涵芬楼影印旧钞本　八千卷楼钞本十卷

《拟目》按:《傅目》未列版本。本目拟选明嘉靖二十三年(1544)陆楫俨山书院刻古今说海本(墨客挥犀一卷续墨客挥犀一卷),八行行十六字。

101.友会谈丛三卷

88.友会谈丛三卷　宋上官融　钞本　九行行二十一字　十万卷楼本

《拟目》按:《傅目》未列版本。本目拟选清顺治三年(1646)李际期宛委山堂刻本,八行行十八字。

小说家类·异闻之属

102.广黄帝本行记一卷　平津馆丛书本

33.广黄帝本行记一卷　唐王瓘　影旧钞本　九行行十八字　平津馆本

《拟目》按:《袁目》入史部。本目拟选清嘉庆十二年(1807)孙氏刻平津馆丛书本,十一行行二十字。

103.轩辕黄帝传一卷　平津馆丛书本

34.轩辕黄帝传一卷　不著名氏　影钞本　七行行十八字　平津馆本

《拟目》按:《袁目》入史部。本目拟选清嘉庆十二年(1807)孙氏刻平津馆丛书本,十一行行二十字。

104.三水小牍二卷　抱经堂汇刻本

90.三水小牍二卷　唐皇甫枚　影钞述古堂藏本　十行行十一字　抱经堂本　云自在龛本

《拟目》按：本目拟选清乾隆间余姚卢氏刻抱经堂丛书本，十行行二十一字。

105.夷坚甲志二十卷乙志二十卷丙志二十卷丁志二十卷　宋刊本　十万卷楼丛书本

101.夷坚甲志二十卷乙志二十卷丙志二十卷丁志二十卷　宋洪迈　影钞宋钞本　九行行十八字　十万卷楼本

《拟目》按：本目拟选清光绪十四年（1888）归安陆氏十万卷楼刻本，九行行十八字。

释家类

106.古清凉传二卷广凉传三卷续清凉传二卷　明洪武刊本

32.古清凉传二卷续清凉传二卷清广凉传三卷　唐释慧祥等　明刊黑口本　十一行行二十字　苏州蒋氏双唐碑馆刊本

《拟目》按：《袁目》入史部。本目拟选清吴县蒋氏双唐碑馆刻本，十一行行二十五字。

道家类

107.黄帝阴符经疏三卷　墨海金壶本　珠丛别录本

75.黄帝阴符经疏三卷　唐李荃　钞本　十行行二十字　湖北先正遗书本

《拟目》按：《袁目》入术数类。本目拟选民国十二年（1923）卢氏影印湖北先正遗书本，十一行行二十三字。

108.道德真经传四卷

104.道德真经传四卷　唐陆希声　影钞道藏本　十一行行二十四字

《拟目》按：《傅目》未列版本。本目拟选清嘉庆间抄宛委别藏本（《续四库》第954册收录），十一行行二十四字。

109.道德经论兵要义四卷

106.道德经论兵要义四卷　唐王真　钞本　十行行十七字

《拟目》按:《傅目》未列版本。原本卷端书名题《道德经论兵要义述》。本目拟选民国涵芬楼影印明正统道藏本(《续四库》第954册收录),十行行十七字。

110.道德真经集解八卷

105.道德真经集解八卷　宋张君相　录道藏本　九行行十七字　嘉业堂刻本

《拟目》按:《傅目》未列版本。本目拟选清吴兴刘氏刻嘉业堂丛书本,十一行行二十一字。

111.关尹子言外经旨三卷　守山阁丛书本

108.关尹子言外经旨三卷　宋陈显微　钞本　十三行行二十五字　光绪元年曹燿湘刊本

《拟目》按:选本卷端书名题《文始真经言外经旨》。本目拟选清道光二十四年(1844)金山钱氏刻守山阁丛书本,十一行行二十三字。

112.列子注八卷　秦恩复刊本

109.列子注八卷　宋卢重元　石研斋写刊本　十行行二十一字

《拟目》按:本目拟选清光绪二年(1876)浙江书局刻本,九行行二十一字。

113.南华真经注疏三十五卷

164.南华真经注疏三十五卷　唐成元英撰　古佚丛书本

《拟目》按:《傅目》未列版本。《袁目》将此书列入附录。本目拟选日本宽政至文化间刻佚存丛书本,十行行二十字。

114.通玄真经注十二卷　右子部五十四种五百一十二卷

103.通玄真经注十二卷　唐徐灵府　钞本　十行行十七字　铁华馆本　续古逸丛书本

《拟目》按:《傅目》未列版本。本目拟选清光绪间长洲蒋氏刻铁华馆丛书本,十二行行二十三字。

卷四 集部

楚辞类

115.离骚集传一卷　知不足斋丛书本

110.离骚集传一卷　宋钱杲之　影钞宋刊本　九行行十八字　知不足斋本　龙威秘书本　崇文局本　徐氏随庵丛书仿宋刻本

《拟目》按:本目拟选清乾隆道光间长塘鲍氏刻知不足斋丛书本,九行行二十一字。

别集类

116.陆士衡文集十卷

113.陆士衡文集十卷　晋陆机　影钞徐民瞻刊本　十一行行二十一字　明正德覆宋刊本　明刊汉魏二十一名家本　百三家集本仅二卷　小万卷楼本　四部丛刊本

《拟目》按:《傅目》未列版本。本目拟选民国八年(1919)上海商务印书馆影印四部丛刊本。

117.陶靖节诗注四卷　愚谷丛书本　会稽章氏翻刻本

111.陶靖节诗注四卷　宋汤汉　钞本　十行行二十字　拜经楼本　光绪乙酉会稽章氏重刻吴本

《拟目》按:本目拟选清光绪十一年(1885)会稽章氏重刻吴本,十行行二十字。

118.支遁集二卷　明嘉靖刊本　释寒石刊本

112.支遁集二卷　晋释支遁　影钞汲古阁旧校本　十行行十八字　清初刊本　邵武徐氏丛书本

《拟目》按:本目拟选清刻邵武徐氏丛书本,九行行二十二字。

119.华阳陶隐居集二卷

114.华阳陶隐居集二卷　梁陶宏景　录道藏本　十行行十七字　明刊二十

一名家本　百三家集本仅一卷　观古堂本

《拟目》按:《傅目》未列版本。本目拟选明万历汪氏刻本,十行行十七字。

120.岑嘉州集八卷

115.岑嘉州集八卷　唐岑参　钞本　十行行十八字　明正德照相刊本　正德沈恩蜀刻四卷本　明东壁图书府刊本　八千卷楼钞本　光绪甲申同文书局石印四唐人集本　四部丛刊本

《拟目》按:《傅目》未列版本。本目拟选民国八年(1919)上海商务印书馆影印四部丛刊本,十行行十七字。

121.钓矶文集五卷

116.钓矶文集五卷　唐徐寅　影钞述古堂藏宋本二　八行行十九字　丁氏钞文集十卷本　席氏刊诗三卷本

《拟目》按:《傅目》未列版本。本目拟选民国二十五年(1936)商务印书馆《四部丛刊三编》影印清钱曾述古堂抄本(《续四库》第1313册收录),十一行行二十字。

122.逸书五卷　拜经楼刊本

87.逸书五卷　唐罗隐　影旧钞本　十行行二十字　式训堂本　拜经楼刻本

《拟目》按:《袁目》入子部杂家类。本目拟选清嘉庆十二年(1807)刻本(《续四库》第1122册收录),十行行二十字。

123.晁具茨集十五卷　明嘉靖刊本　绿筠堂刊本　晁氏丛书本　海山仙馆丛书本

127.晁具茨集十五卷　宋晁冲之　钞本　八行行十七字　海山仙馆本　晁氏从书本　同治戊辰重刻宋绍兴巾箱本

《拟目》按:《袁目》误题"晁氏从书本",应为"晁氏丛书本"。本目拟选清道光咸丰间番禺潘氏刻海山仙馆丛书本,九行行二十一字。

124.斜川集六卷　赵怀玉刊本附补遗续抄　知不足斋丛书本并入各卷　三

苏全集本

126.斜川集六卷　宋苏过　影钞旧钞本　十行行二十一字　知不足斋本　赵怀玉刻本　眉山祠堂三苏集本

《拟目》按:本目拟选清乾隆道光间长塘鲍氏刻知不足斋丛书本,九行行二十一字。

125.增广笺注简斋诗集三十卷无住词一卷

123.增广笺注简斋诗集三十卷无注词一卷　宋陈与义　钞本　十行行十八字　瞿氏藏宋刊本　四部丛刊本　聚珍本十六卷无笺注　归安朱氏刻本

《拟目》按:《傅目》未列版本。本目拟选民国八年(1919)上海商务印书馆影印四部丛刊本,十行行十八字。

126.玉堂类稿二十卷西垣类稿二卷　日本国佚存丛书本附玉堂附录一卷

159.王堂类稿二十卷西垣类稿二卷　宋崔敦诗　影钞明活字本　十行行二十字　粤雅堂本　佚存丛书本

《拟目》按:《袁目》误题书名为《王堂类稿》。本目拟选日本宽政至文化间刻佚存丛书本,十行行二十字。

127.贤良进卷四卷

85.贤良进卷四卷　宋叶适　钞本　九行行二十二字　瑞安孙氏刻水心别集本

《拟目》按:《傅目》未列版本。《袁目》入子部杂家类。本目拟选清同治九年(1870)瑞安孙氏刻水心别集本,十三行行二十三字。

128.毅斋别录一卷

118.毅斋别录一卷　不著撰人名氏　钞本　九行行二十字

《拟目》按:《傅目》未列版本。本目拟选明正德刻本,十一行行二十字。

129.南海百咏一卷　琳琅秘室丛书本

121.南海百咏一卷　宋方信儒　钞本　九行行二十字　琳琅秘室本　光绪

八年学海堂重刊本

《拟目》按：本目拟选清抄本（见《北京图书馆古籍善本书目》集部 2219 页），九行行二十字。

130.平安悔稿十二卷

124.平安悔稿十二卷　宋项安世　影旧钞本　十行行二十一字　河北省立图书馆藏旧钞本八卷

《拟目》按：《傅目》未列版本。本目拟选清抄本（见《北京图书馆古籍善本书目》集部 2205 页），八行行二十一字。

131.史咏集二卷

120.史咏诗集二卷　宋徐钧　钞本　八行行二十一字

《拟目》按：《傅目》未列版本。本目拟选清抄本（南京图书馆藏书），八行行二十一字。

132.古逸民先生集三卷

122.古逸民先生集三卷　宋汪炎昶　钞本　十行行二十一字　八千卷楼钞本

《拟目》按：《傅目》未列版本。本目拟选清嘉庆间抄宛委别藏本（《续四库》第 1321 册收录）。

133.萧冰崖诗集三卷

165.萧冰崖诗集三卷　宋萧立之

《拟目》按：《傅目》未列版本。《袁目》将此书列入附录。本目拟选明弘治十八年（1505）萧敏刻本（见《北京图书馆古籍善本书目》集部 2232 页），十行行十六字。

134.重编海琼白玉蟾文集六卷续集二卷

169.重编海琼白玉蟾文集六卷续集二卷　宋葛长庚撰　明刊本

《拟目》按：《傅目》未列版本。《袁目》将此书列入附录。本目拟选明正统七年(1442)宁藩朱权刊本(见《北京图书馆古籍善本书目》集部 2213 页),十二行行二十一字。

135.桐江集八卷

129.桐江集八卷　元方回　钞本　十行行二十一字　八千卷楼钞本

《拟目》按:《傅目》未列版本。本目拟选清康熙三十三年(1694)长洲顾氏秀野草堂刻本,十三行行二十三字。

136.贞一斋诗文稿二卷

134.贞一斋诗文稿二卷　元朱思本　影钞丛书堂钞本　九行行二十字

《拟目》按:《傅目》未列版本。本目拟选清嘉庆间抄宛委别藏本(《续四库》第 1323 册收录)。

137.东皋诗集五卷

133.东皋诗集五卷　元马玉麟　钞本　十二行行二十四字　明弘治刊本

《拟目》按:《傅目》未列版本。本目拟选清嘉庆间抄宛委别藏本(《续四库》第 1324 册收录)。

138.梅花百咏一卷

137.梅花百咏一卷　元韦珪　影钞元刊本　九行行十六字　四库收者为释明本著元刊本

《拟目》按:《傅目》未列版本。本目拟选国图藏元至正刻本(《续四库》第 1325 册收录)。

139.蚁术诗选八卷

146.蚁术诗选八卷　元邵亨贞　钞本　十一行行二十一字

《拟目》按:《傅目》未列版本。本目拟选国图藏明好德轩刻本(《续四库》第 1324 册收录)。

140.玉山璞稿二卷　读画斋丛书本

132.玉山璞稿二卷　元顾英　钞本　九行行二十一字　读画斋本　元人十集本　四库一卷本　读画斋本一卷附逸稿四卷附录一卷

《拟目》按:本目拟选清抄本(见《北京图书馆古籍善本书目》集部2294页),十二行行二十四字。

141.铁厓赋稿二卷
167.铁厓赋稿二卷　元杨维桢撰

《拟目》按:《傅目》未列版本。《袁目》将此书列入附录。本目拟选上图藏劳权家抄本(《续四库》第1325册收录)。

142.王徵士诗集八卷
131.王徵士诗集八卷　元王沂　钞本　十行行二十一字

《拟目》按:《傅目》未列版本。本目拟选民国二十四年(1935)商务印书馆选印宛委别藏本,十二行行廿四字。

143.松雨轩诗集八卷
130.松雪轩诗集八卷　元平显　影钞明刻本　十行行二十字　武林先哲遗书本附补遗一卷附录一卷

《拟目》按:《傅目》未列版本。《袁目》误题书名为《松雪轩诗集》。本目拟选清光绪二十年(1894)钱塘丁氏嘉惠堂刻本,十一行行二十一字。

144.慎斋集四卷
138.慎斋集四卷　明蒋主忠　钞本　十行行二十一字

《拟目》按:《傅目》未列版本。本目拟选民国二十四年(1935)商务印书馆选印宛委别藏本,十二行行廿四字。

总集类

145.文馆词林四卷　日本国佚存丛书本　粤雅堂丛书本
171.文馆词林四卷　宋许敬宗撰　佚存丛书本　粤雅堂丛书本

《拟目》按:《袁目》将此书列入附录。本目拟选日本宽政至文化间刻佚存丛书本,十行行二十字。

146.观澜集注三十卷
145.观澜集注三十二卷(东莱集注类编观澜文集甲集三十卷乙集七卷)　宋林之奇　影钞宋本　十一行行十九字　方功惠仿宋刊本
《拟目》按:《傅目》未列版本。本目拟选清光绪十年(1884)方功惠碧琳琅馆仿宋刊本,十一行行十九字。

147.汉文鉴二十一卷　明刊本
161.汉文鉴二十一卷　宋陈鉴编
《拟目》按:《袁目》将此书列入附录。底本未见,待访。

148.东汉文鉴二十卷　明刊本
139.东汉文鉴二十卷　宋陈鉴　影钞宋巾箱本　九行行十八字
《拟目》按:本目拟选明嘉靖二年(1523)刘弘毅慎独斋刻本(见《北京图书馆古籍善本书目》集部2779页),十行行二十一字。

149.分类唐歌诗残本十一卷
141.分类唐歌诗残本十一卷　宋赵孟奎　影钞绛云楼藏本　十行行十八字
《拟目》按:《傅目》未列版本。本目拟选清抄本(见《北京图书馆古籍善本书目》集部2785页),十行行十八字。

150.分门纂类唐宋时贤千家诗选二十二卷　楝亭十二种本
142.分门类纂唐宋时贤千家诗选二十二卷　宋刘克庄　钞本　十一行行二十一字　楝亭十二种本
《拟目》按:本目拟选清康熙四十五年(1706)扬州诗局刻楝亭藏书十二种本,十一行行二十一字。

151.注解章泉涧泉二先生选唐诗五卷
140.注解章泉涧泉二先生选唐诗五卷　宋谢枋得　钞本　八行行十六字

294

叠山先生评注四种合刻本

《拟目》按:《傅目》未列版本。本目拟选清光绪二十一年(1895)桂垣书局刻本,八行行二十字。

152.洞霄诗集十四卷　知不足斋丛书本
143.洞霄诗集十四卷　宋孟宗宝　影钞旧钞本　九行行二十字　方功惠仿宋刊本

《拟目》按:本目拟选清乾隆刻本,九行行二十字。

153.诗苑众芳一卷
148.诗苑众芳一卷　影钞元钞本　九行行十五字　十万卷楼丛书本

《拟目》按:《傅目》未列版本。本目拟选清光绪中归安陆氏刻十万卷楼丛书本,九行行十八字。

154.策学统宗前编五卷
144.策学统宗前编五卷　影钞元刊本　十一行行二十一字

《拟目》按:《傅目》未列版本。民国二十四年(1935)商务印书馆选印宛委别藏本,十一行行二十一字。

155.策要六卷
135.策要六卷　元梁寅　钞本　十四行行二十二字

《拟目》按:《傅目》未列版本。底本未见,待访。

156.编类运使复斋郭公敏行录
136.编类运使复斋郭公敏行录　不著撰人名氏　钞本　九行行二十字

《拟目》按:《傅目》未列版本。本目拟选国图藏元至顺刻本(《续四库》第550册收录)。

157.元风雅三十卷　元刊本
149.元风雅三十卷　元蒋易　钞本　十行行十八字　四库所收为二十四卷

四部丛刊影元本

《拟目》按:本目拟选国图藏元建阳张氏梅溪书院刻本(《续四库》第 1622 册收录)。

158.元赋青云梯三卷
150.元赋青云梯三卷　影钞元钞本　十行行二十八字
《拟目》按:《傅目》未列版本。本目拟选民国二十四年(1935)商务印书馆选印宛委别藏本,十二行行廿四字。

诗文评类
159.声律关键八卷
151.声律关键八卷　宋郑起潜　钞本　十五行行三十三字
《拟目》按:《傅目》未列版本。本目拟选清嘉庆间抄宛委别藏本(《续四库》第 1717 册收录)。

160.云庄四六余话一卷　传望楼金罍编本　读画斋丛书本
152.云庄四六余话一卷　宋杨囷道　影钞宋刊本　十一行行十九字　读画斋丛书本
《拟目》按:《袁目》误题作者名"杨囷道",原本作者题名"杨囷道"。本目拟选清嘉庆四年(1799)铜川顾氏刻读画斋丛书本,九行行十九字。

161.梅磵诗话三卷　读画斋丛书本
153.梅磵诗话三卷　宋韦居安　钞本　九行行二十一字　读画斋本　历代诗话续编本
《拟目》按:本目拟选民国中无锡丁氏铅印历代诗话续编本。

词曲类·词集之属
162.详注周美成片玉词十卷
119.详注周美成片玉词十卷　宋周邦彦　钞本　十行行十七字
《拟目》按:《傅目》未列版本。《袁目》入别集类。本目拟选国图藏宋刻本

(《续四库》第 1722 册收录)。

163.王周士词一卷

155.王周士词一卷　宋王以凝　影钞汲古阁旧钞本　十行行十八字　八千卷楼钞本　归安朱氏刻本

《拟目》按:《傅目》未列版本。本目拟选清刻本,十一行行二十一字。

164.樵歌三卷

125.樵歌三卷　宋朱敦儒　影钞汲古阁旧校本　十行行二十一字　归安朱氏刻本　四印斋刻本

《拟目》按:《傅目》未列版本。《袁目》入别集类。本目拟选清嘉庆间抄宛委别藏本(《续四库》第 1722 册收录)。

165.燕喜词一卷

163.燕喜词一卷　宋曹冠撰　别下斋刻本　四印斋刻本

《拟目》按:《傅目》未列版本。《袁目》将此书列入附录。本目拟选清抄本(见《北京图书馆古籍善本书目》集部 2956 页),八行行二十一字。

166.日湖渔唱一卷　词学丛书本有补遗续补遗　粤雅堂丛书本同

168.日湖渔唱一卷　宋陈允平撰　词学丛书本　粤雅堂本

《拟目》按:《袁目》将此书列入附录。本目拟选清同治十年(1871)刘履芬抄本,九行行二十一字。

167.蘋洲渔笛谱二卷　知不足斋丛书本

117.蘋洲渔笛谱二卷　宋周密　影钞知不足斋旧钞本　九行行十七字　知不足斋本

《拟目》按:《袁目》入别集类。本目拟选清乾隆道光间长塘鲍氏刻知不足斋丛书本,九行行十七字。

168.遗山乐府五卷

128.遗山乐府五卷　金元好问　影钞旧钞本　十行行二十一字　河北省立图书馆藏旧钞本　归安朱氏刻本　元遗山全集本　新乐府四卷

《拟目》按：《傅目》未列版本。《袁目》入别集类。本目拟选清光绪七年(1881)读书山房刻本，十行行二十二字。

词曲类·词选之属

169.阳春白雪八卷外集一卷　词学丛书本　粤雅堂丛书本

156.阳春白雪八卷外集一卷　宋赵闻礼　影钞旧钞本　十行行二十字　词学丛书本　瞿氏清吟阁刻本　粤雅堂重刻秦氏本

《拟目》按：本目拟选清享帚精舍刻词学丛书本，十行行二十字。

170.蚁术词选四卷

157.蚁术词选四卷　宋邵亨贞　影钞旧钞本　十一行行二十一字　况周仪刊本　王鹏运刻本　四印斋本

《拟目》按：《傅目》未列版本。本目拟选清嘉庆间抄宛委别藏本(《续四库》第1723册收录)。

171.名儒草堂诗余三卷　词学丛书本　读画斋丛书本　粤雅堂丛书本

147.名儒草堂诗余三卷　钞本　九行行十六字　词学丛书本　读画斋本　粤雅堂本

《拟目》按：本目拟选清嘉庆四年(1799)铜川顾氏刻读画斋丛书本，九行行十八字。

172.名家词十卷　侯氏原刊本

160.名家词十卷　清侯文灿　钞本　九行行二十一字　粟香室丛书本　康熙侯氏原刊本

《拟目》按：本目拟选清江阴金氏刻粟香室丛书本，九行行二十一字。

词曲类·词话之属

173.词源二卷　词学丛书本　守山阁丛书本　粤雅堂丛书本

298

154.词源二卷　宋张炎　影钞宋刊本　十行行二十一字　词学丛书本　守山阁本　榆园丛刻本　粤雅堂本

《拟目》按:本目拟选清光绪八年(1882)娱园刻本,十二行行二十三字。

词曲类·南北曲之属

174.新增词林要韵一卷　词学丛书本　粤雅堂丛书本　右集部六十种内一种无卷数四百二十九卷

158.新增词林要韵一卷　不著撰人名氏　钞本　八行行十六字　词学丛书本　粤雅堂本　随庵丛书影宋本

《拟目》按:《傅目》至此174号止,其卷前分类目录中题曰"共一百七十四种"。本目拟选清享帚精舍刻词学丛书本,十行行二十字。

(作者:李国庆,天津图书馆历史文献部主任、研究馆员)

浅谈古籍再生性保护成果的应用

——以"华严阁毛晋父子校刻佛典研究"为例

胡艳杰

  古籍再生,可以是制作缩微胶片、数字化,也可以是影印出版,而古籍影印出版这种传统的古籍再生方式,使深藏于各藏书单位的古籍化身千百,为读者所用。这不仅保护了原版古籍,而且为研究者的研究、使用提供了极大的方便。

  近年来,随着影印技术的不断发展,一批大型影印古籍得以出版,有的按专题,如方志、宝卷、家谱、日记、别集、家集、诗集、题跋等;有的按馆藏,如《上海图书馆藏珍稀家谱丛刊》《北京大学图书馆藏稀见方志丛刊》;等等。这种专题化、类型化、大部头的古籍影印出版,与单独一部古籍胶片化、数字化、纸质化,只是载体、介质发生转移、变化不同。首先,它们从不同角度全方位地开发了古籍资源,并且影印古籍在各大藏书单位一般为开架阅览,因此从阅读、利用角度讲,更为直观,更容易获取,在一定程度上解决了古籍"藏与用"的历史矛盾。其次,古籍影印出版本身就具有一定的学术价值与意义,可为研究者提供许多新的研究视角与课题。三是古籍在其影印出版过程中,经过编辑的版本甄别、收集、整理过程,在一定程度上解决了研究者因为资料不足等原因造成的研究范围狭窄、研究内容具有局限性等问题。四是影印古籍除不具有原版古籍的文物价值外,其史料价值、文献价值与原版古籍是相同的,是可靠的一手资料,可为研究者节省查找资料的时间、精力、物力、财力。

  作为古籍再生性保护的重要成果,影印古籍的这些特点为我们的研究提供了有力的帮助。本文以《(重辑)嘉兴藏》这一重大影印出版成果在"华严阁毛晋父子校刻佛典研究"中的应用为例,将在毛晋父子华严阁刻经情况研究、整理《毛晋父子校刻佛典目录》、编撰《毛晋父子校刻佛典图录及书志》三个方面,使用《(重辑)嘉兴藏》的情况及其在研究过程中所起到的重要作用加以总结分析。

一、《(重辑)嘉兴藏》在研究方法上的作用——为微观研究提供一手可靠材料

自明崇祯十五年(1642)四月(孟夏)至十七年(1644)十二月(季冬),在这近三年时间里,毛晋以"华严阁"名义,大规模地集中刻校了《嘉兴藏》(又名《径山藏》)。他在常熟隐湖(东湖)七星桥西专设刻经坊,招书手、刻工等各类人员,大量校刻佛典。

以《(重辑)嘉兴藏》及台湾藏《嘉兴藏》统计,在近三年内毛晋父子所刻校佛典共277种,有牌记者269种,共有刻书牌记271个。毛晋华严阁所刻佛经,卷末有刻书牌记。这些牌记具有较为统一的雕版风格,一般分为上、下两栏,上栏大字,五行,记录捐资者籍贯姓名、经名、校对者姓名、刻经时间、刻经地点;下栏小字双行,五行,记录经文卷数、字数、写银、刻银、板数、工价、写板者姓名、刻字者姓名,是一份较为详细的刻书资料。以此为依据,可对毛晋父子校刻佛典全貌进行微观统计与分析。

1.刻经时间及数量统计

(1)崇祯壬午(十五年,1642)共刻经117种,具体如下:

四月(孟夏),5种;五月(仲夏),22种;七月(孟秋),24种;八月(仲秋),9种;九月(季秋),17种;十月(孟冬),29种;十一月(仲冬),11种。

(2)崇祯癸未(十六年,1643)共刻经104种,具体如下:

一月(孟春),1种;二月(仲春),3种;四月(孟夏),5种;五月(仲夏),2种;七月(孟秋),12种;八月(仲秋),4种;九月(季秋),7种;十月(孟冬),44种;十一月(仲冬),25种;十二月(季冬),1种。

(3)崇祯甲申(十七年,1644)共刻经56种,具体如下:

一月(孟春),3种;二月(仲春),8种;四月(孟夏),1种;五月(仲夏),1种;八月(仲秋),27种;九月(季秋),9种;十月(孟冬),1种;十二月(季冬),5种;不知月份者,1种。

2.捐资者情况统计

(1)见于牌记的捐资者40人,捐资者及捐刻数量如下:萧士玮(72种,以下

括号内数字皆省略"种"字)、毛晋(60,其中署名"常熟信士毛凤苞"者56种,署名"常熟信士毛晋"者4种)、杨仁愿(46)、郭承昊(20)、萧祚胤(17)、张玮(10)、萧士玮(6)、萧士珂(5)、杨彝同室吴氏(5)、毛衮(3)、毛表(2)、詹兆恒(2),此外范景文、高孟恕、戈门周氏、李伦、李如科、李氏、刘标、马宏道、毛褒、毛扆、潘守诚、潘以伦、施于民、萧海筹、徐天绅、严氏、杨遇起、于国辅、邹骏各捐1种,殷时衡与孙房、郁慈明同室贺氏上宁、俞天来与王咸、陆贻忠与陆贻恕各同捐1种。

在华严阁刻经捐俸、捐资最多者,是泰和萧士玮(字伯玉),他与毛晋关系尤为密切,曾为其《津逮秘书》撰总序,且为其母撰《毛母戈孺人墓志铭》;其次是毛晋本人和杨仁愿。

(2)见于牌记的捐资者籍贯有11个,具体捐资者籍贯统计如下:常熟:16人,捐80种,包括毛凤苞(毛晋)、毛衮、毛表、毛褒、毛扆、杨彝、吴氏、戈门周氏、李氏、马宏道、施于民、徐天绅、严氏、邹骏、陆贻忠、陆贻恕;泰和:7人,捐167种,包括萧士玮、杨仁愿、郭承昊、萧祚胤、萧士瑀、萧士珂、萧海筹;长洲:6人,捐4种,包括殷时衡、孙房、俞天来、王咸、李伦、李如科;江宁:2人,捐2种,刘标、杨遇起;句容:2人,捐2种,潘守诚、潘以伦;武进:1人,捐10种,张玮;永丰:1人,捐2种,詹兆恒;河间:1人,捐1种,范景文;溧水:1人,捐1种,高孟恕;南沙:2人,捐1种,郁慈明、贺氏上宁;上元:1人,捐1种,于国辅。

3.校对者统计

见于牌记的校对者共有7人,具体情况统计如下:释道源(199)、毛晋(188)、戈汕(81)、郁慈明(35)、殷时衡(31)、孙房(4)、王咸(1)。华严阁每刻一经均有同对二人,参加校对者释道源、戈汕,前者系毛晋密友,后者系其舅父。其他如殷时衡、郁慈明、孙房、王咸等,亦均系在汲古阁校书之友。毛晋、戈汕、殷时衡、郁慈明,作为校对者其名前署地为"东湖"(戈汕有一处署"海隅"),从一侧面反映毛晋华严阁刻佛经处集中于东湖(按:此处数据据271块牌记统计,每块牌记记录校对者2人。此处统计数据缺少3人次,其中《佛说四谛经》牌记模糊,缺校对者2人次;《大乘唯识论》牌记模糊,缺校对者1人次)。

4.写工统计

(1)见于牌记的写工共有18人,罗章、罗璋为同一人。写工姓名及写经数量如下:黄铭(76)、罗章(29)、徐大任(27)、王蕰(26)、于起龙(19)、陈兆熊(18)、于从龙(14)、章流(10)、黄铉(9)、孙可俭(5)、尤在一(5)、李文卿(4)、刘承愈

(4)、魏邦泰(3)、魏邦定(2)、黄九玉(1)、寂灭(1)、罗万腾(1)、罗璋(1)。

(2)写工籍贯、人数及写经数量统计：上元:7人,写经109种,包括罗章(罗璋)、王滤、于起龙、陈兆熊、于从龙、黄九玉、罗万腾;溧水:3人,写经9种,包括孙可俭、魏邦泰、魏邦定;长洲:2人,写经35种,包括徐大任、章流(另署"海隅徐大任""吴县章流",详下);江宁:2人,写经85种,包括黄铭、黄铉;常熟:1人,写经4种,刘乘愈;东吴:1人,写经5种,尤在一;白门:1人,写经4种,李文卿;海虞:1人,写经1种,徐大任;吴县:1人,写经1种,章流;中山:1人,写经1种,魏邦泰。另寂灭名字前贯以"佛弟子",不署籍贯(按:此处数据据255块牌记统计,其余16块牌记中,3块模糊,13块未署写工姓名,详见附录)。

5.刻工统计

(1)见于牌记的刻工共有8人,其中潘守诚、潘守成、潘守城当为同一人,他也是见于牌记的刻工中唯一一位曾经捐资刻经的。刻工姓名及刻书数量如下：潘守诚(151)、李如科(78)、杨可浍(46)、李焕(3)、范应时(2)、徐应鸿(16)、潘以铉(3)、濮承烈(3)、潘守成(1)、潘守城(1)。二至三名刻工同刻者37处,其中二人同刻者36部,均为潘守诚、李如科;三人同刻者1部,潘守诚、李如科、濮承烈。

(2)刻工籍贯、人数及刻经数量统计：句容:4人,潘守诚(潘守成、潘守城)、李焕、潘以铉、濮承烈,刻经162种;溧水:2人,徐应鸿、杨可浍,刻经62种;长洲:1人,李如科,刻经78种;江宁:1人,范应时,刻经2种(按:此处数据据266块牌记统计,另4块牌记模糊,1块牌记未署刻工信息,刻经人次总数为304)。

6.刻经费用、用板数量与字数统计

华严阁刻经牌记下栏详细记录了刻书各个环节的费用,写银、刻银、工价银、用板数量、刻经字数统计如下：

(1)写银:126两7钱7分9厘。

(2)刻银:1105两4分6厘5毫。

(3)工价银:189两9钱8分。

(4)用板数量:共计4375块(按:《萨婆多部毗尼摩得勒伽十卷》牌记未记用板数量,但云"计板工价银四两七钱二分",按每块板4分推算,用板数量为118块;《佛说四谛经》根据字数,用板数以6块计算)。通过华严阁刻经牌记中记录的"板某块",与经书页数相比较,得知华严阁刻经板为双面雕版,一块板刻佛经

2页,牌记不占板数。如《四分僧羯磨》五卷,牌记云用板56块,据书统计:卷一26页(13块板),卷二24页(12块板),卷三28页(14块板),卷四12页(6块板),卷五21页(11块板),共111页,2页1板,合计56块,与牌记所记数量同。

(5)刻经字数:三年内,毛晋父子组织人员共刻经3400907个字。

根据牌记信息统计,写工平均每字0.05厘,刻工平均每字约0.34厘(这与清代徐康《前尘梦影录》记载"毛氏广招刻工,以《十三经》《十七史》为主,其时银串每两不及七百文,三分银刻一百字,则每百字仅二十文矣"相印证),每字刻书价格约是写书价格的7倍,工价银以板块数量为计量单位,每块板工价银4分或5分(多为4分)。这些史料可为研究明代江苏地区的微观经济提供翔实的资料。

二、《(重辑)嘉兴藏》在目录整理方面的作用——进一步完善《毛晋父子校刻佛典目录》

关于毛晋刻书,早有《汲古阁刻书目》,著录汲古阁刻书600余种,但在这600余种中并不包括以"华严阁"名义校刻的佛经。在研究整理毛晋父子校刻佛经目录方面,尤其是参与刊刻《嘉兴藏》的情况,在2012年之前,所使用的资料来源主要有三种:一是台湾《"国家图书馆"善本书志初稿》(以下简称《善本书志》),其中较为详细地记录了台湾藏《嘉兴藏》的情况,并将牌记内容全部照录下来(偶有省略);二是《故宫目》,即章宏伟老师整理的故宫藏《嘉兴藏》资料,亦记录牌记内容;三是《孔毅目》,即孔毅参照潘天祯先生研究苏州西园寺藏《嘉兴藏》时的日记,加之其翻阅故宫藏本的卡片,整理出的毛晋校刻佛经目录。在无法直接查阅全部《嘉兴藏》的时候,这些研究成果为深入、系统地研究这一课题奠定了基础。2011年,我与郑伟章、章宏伟老师合撰的《毛晋父子校刻佛典书目考》(以下简称《书目考》)一文,在《版本目录学研究》第三辑上发表,文中引用了这三种资料中关于毛晋父子校刻佛典书目的信息,在无法查对原书,且某种佛经只见于一种资料著录时,为保证资料的完整性,在文中直接使用了这些二手资料,其中部分内容,如捐资、校对、刻书人及刻书时间等还不够详尽。整理《(重辑)嘉兴藏》中毛晋父子校刻佛经牌记资料,有些可用于增补、修订《书目考》之不足,进一步完善《毛晋父子校刻佛典目录》。具体情况如下:

1.增补书目

《(重辑)嘉兴藏》中,有2种佛经在以上三种资料中均未见著录,刻于明崇祯十六年(癸未,1643)。

(1)《大乘集菩萨学论》二十五卷,(南朝宋)释法护译。卷末牌记上栏云:"泰和信士萧士瑀捐资刻《大乘集菩萨学论》,东湖信士殷时衡、毛晋同对,崇祯癸未仲秋虞山华严阁识。"下栏云:"论二十五卷,共字十万一千一百五十个,计写银四两零四分六厘,计刻银三十五两四钱零二厘,共板一百四十三块,计工价银七两一钱五分,常熟刘乘愈书,溧水杨可淦刻。"(135-002,转)(注:"135-002"为《(重辑)嘉兴藏》第135函第2册,千字文编号为"转",下同)

(2)《佛说圣法印经》一卷,(西晋)竺法护译。卷末牌记上栏云:"长洲信士俞天来、王咸全捐资刻《佛说圣法印经》全部,东塔寺释道源、东湖信士戈汕同对,崇祯癸未仲冬虞山华严阁识。"下栏云:"经一卷,共字七百八十三个,计写银三分一厘,计刻银二钱七分四厘,共板一块,计工价银四分,上元陈兆熊书,长洲李如科刻。"(066-002,庆九)按:《善本书志》子(四)原缺庆字号,未著录;《故宫目》未录。

2.补录信息

以上三种资料中仅有一种著录,但内容信息不完整,初期研究为保证毛晋刻经全貌,在《书目考》中存目备考。通过《(重辑)嘉兴藏》中收录的版本,可补充完善缺录信息,如:

(1)《金刚摧碎陀罗尼经》,杨仁愿捐资,释道源、毛晋对,癸未孟秋,徐大任书,徐应鸿刻(《孔毅目》125条,千字文编号"斯")。

《金刚摧碎陀罗尼经》一卷,(宋)释慈贤译。有牌记云:"泰和信官杨仁愿捐俸刻《金刚摧碎陀罗尼经》,东塔寺释道源、东湖信士毛晋同对,崇祯癸未孟秋虞山华严阁识。经一卷,共字一千三百九十二个,计写银五分六厘,计刻银四钱八分七厘,共板二块,计工价银八分,长洲徐大任书,溧水徐应鸿刻。"(076-008,斯)

(2)《不空罥索毗卢遮那佛大灌顶光真言》,按是书据《苏目》增,云毛晋对(《孔毅目》126条,千字文编号"斯")。

《不空罥索毗卢遮那佛大灌顶光真言》一卷,(唐)释不空译。有牌记云:"泰和信官杨仁愿捐俸刻《不空罥索大灌顶真言经》,东塔寺释道源、东湖信士毛晋同对,崇祯癸未孟秋虞山华严阁识。经一卷,共字九百五十八个,计写银三分九厘,计刻银三钱三分七厘,共板二块,计工价银八分,长洲徐大任书,溧水徐应鸿刻。"(076-008,斯)

3.订正讹误

《善本书志》著录刻经牌记时,相同内容会加以省略,并著录为"与前书同"。如:

(1)《佛说较量寿命经》一卷,(宋)释天息灾译。《善本书志》著录此经与《嗟韈曩法天子受三归依获免恶道经》同,为"壬午孟夏"。《故宫目》为"壬午孟秋"。但《书目考》据《善本书志》著录。查《(重辑)嘉兴藏》本,有牌记云:"武进信官张玮捐俸刻《佛说较量寿命经》全卷,东塔寺释道源、东湖信士毛晋同对,崇祯壬午孟秋虞山华严阁识。"(072-007,则)因此,此经应刻于"壬午孟秋",《善本书志》著录有误。

(2)《佛说大乘宝月童子问法经》一卷,(宋)释施护译。《善本书志》著录《妙臂菩萨所问经》四卷,刻书时间为"崇祯壬午仲夏",书号为09033.804,《大乘宝月童子问法经》《佛说莲华眼陀罗尼经》《佛说如意摩尼陀罗尼经》三经提要云"除书名、捐资者有改动,牌记同前书",《书目考》依《妙臂菩萨所问经》"崇祯壬午仲夏"著录。查《(重辑)嘉兴藏》本《佛说大乘宝月童子问法经》,有牌记云:"泰和信官萧士玮捐俸刻《佛说大乘宝月童子问法经》全部,东塔寺释道源、东湖信士毛晋同对,崇祯壬午季秋虞山华严阁识。"(072-008,则九)《善本书志》误,"仲夏"应为"季秋",《故宫目》亦为"季秋"。

4.解决阙疑

《嘉兴藏》中,存在一部经书具有两个牌记的情况,目前共发现2种。

(1)《大陀罗尼一字心咒经》一卷,不著译人。牌记内容除刻书时间一为"崇祯壬午(1642)孟冬虞山华严阁识",一为"崇祯癸未(1643)季秋虞山华严阁识",其余文字全部相同。

《(重辑)嘉兴藏》本牌记云:"泰和信官杨仁愿捐俸刻《大陀罗尼一字心咒经》全部,东塔寺释道源、东湖信士毛晋同对,崇祯壬午孟冬虞山华严阁识。经一卷,共字六千九百八十七个,计写银二钱八分,计刻银二两四钱四分,板十块,工价银四钱,上元罗章书,溧水徐应鸿刻。"(057-008,念十)

台湾藏本与故宫藏本牌记云:"泰和信官杨仁愿捐俸刻《大陀罗尼一字心咒经》全部,东塔寺释道源、东湖信士毛晋同对,崇祯癸未季秋虞山华严阁识。经一卷,共字六千九百八十七个,计写银二钱八分,计刻银二两四钱四分,板十块,工价银四钱,上元罗章书,溧水徐应鸿刻。"(167页·539,念十;故宫57·541)

《（重辑）嘉兴藏》本《大陀罗尼一字心咒经》牌记　　台湾藏《大陀罗尼一字心咒经》牌记

　　看到《（重辑）嘉兴藏》本牌记内容，起初以为《善本书志》《故宫目》在著录时或因疏忽录错刊刻时间，但仔细琢磨，这种可能性较小。经过几番周折，得到台湾藏本牌记，确为"崇祯癸未季秋虞山华严阁识"。进一步确认，毛晋在刊刻《大陀罗尼一字心咒经》时，有两块牌记。台湾、故宫所藏底本相同，而《（重辑）嘉兴藏》本与其不同。

　　（2）《般若灯论》十五卷，（唐）释波罗颇迦罗蜜多罗译。卷十、卷十五末分别有刻经牌记，内容不同。

　　在编纂《书目考》一文时，"《般若灯论》十五卷"一条，《善本书志》364·1128著录，为"明崇祯癸未（十六年，1643）松江徐尔铉等刊"，非毛晋华严阁刻经。《故宫目》著录卷十末牌记全文，卷十五末无牌记，依据《故宫目》著录。整理《（重辑）嘉兴藏》本发现卷十、卷十五末分别有牌记，具体内容如下：

　　卷十末牌记："泰和信士萧祚胤捐资刻《般若灯论》全卷，东湖信士郁慈明、毛晋同对，崇祯甲申孟冬虞山华严阁识。经十卷，共字七万一千六百六十五个，计写银二两八钱六分七厘，计刻银二十五两八分三厘，共板一百零六块，计工价银

四两二钱四分,海虞徐大任书,句容潘守诚、长洲李如科同刻。"(109-002,恻一至造五)

卷十五末牌记云:"泰和信官萧祚胤捐资刻《般若灯论》,东湖信士殷时衡、毛晋同对,崇祯癸未孟冬虞山华严阁识。论十五卷,共字十一万六千六百五十五,计写银四两六钱六分六厘,计刻银四十两零八钱三分,共板一百六十五块,计工价银八两二钱五分,佛奴刘乘愈书,溧水杨可浍刻。"(109-003,恻一至造五)

三、《(重辑)嘉兴藏》在图录编纂方面的作用——提供大量图版资料

《嘉兴藏》是存世的一部内容最为丰富、规模最为巨大的汉文佛典,其刊刻时间从明末至清嘉庆年间,前后历时200余年,囊括了印度佛教经典以及我国本土僧人和佛学家的著述。

《嘉兴藏》的刊刻问题,很早就引起了古籍整理、研究者的注意,如杨玉良、章宏伟等先后对故宫藏《嘉兴藏》进行了整理、研究。在研究毛晋刻书时,华严阁刻佛经也是研究者们的重点研究部分,潘天帧先生曾对苏州西园寺藏《嘉兴藏》进行了记录、整理。《嘉兴藏》初期的研究者有幸翻阅原版藏经,藏书单位以外的其他研究者则很难直接大量地翻阅原书,即使是20世纪90年代孔毅在研究毛晋刻书时,也只是翻阅了故宫藏《嘉兴藏》卡片著录信息,并参照潘天帧先生的研究笔记,进行研究。而《(重辑)嘉兴藏》的出版,则为研究者一览《嘉兴藏》全貌提供了机会,有利于推进这一课题的深入研究。只有翻阅了原书,才能解决心中的诸多疑虑。在进一步整理《书目考》发现了上述问题时,我向郑伟章老师说明相关情况,郑老师建议我整理出版《毛晋父子校刻佛典图录及书志》一书,对毛晋父子校刻佛典这一问题进行穷尽式的研究。

在整理图录过程中,《(重辑)嘉兴藏》的用途主要有以下几个方面:一是提供牌记、卷端书影。按照《毛晋父子校刻佛典目录》从中辑录出华严阁刻经牌记256张(其余16张为台湾藏本),这为研究整理工作提供了极大的方便,节省了大量的时间、经费。二是提供详尽准确的著录信息,包括书名、卷数、译者等。三是根据牌记书影,整理出华严阁刻经牌记的全部内容,形成较为完整的书志信息。四是为研究者提供除故宫、台湾之外的一个新的版本信息,可为进一步研究故宫、台湾藏本以及《(重辑)嘉兴藏》中所用底本之间的版本差别及相互关系提供

参考。一种情况是《(重辑)嘉兴藏》所使用底本来源广泛,有些在故宫、台湾藏本中皆无牌记,而《(重辑)嘉兴藏》中所收底本有牌记,如前所述《大乘集菩萨学论》《佛说圣法印经》以及《般若灯论》卷十五末的牌记。一种情况是故宫、台湾藏本中均有牌记,而《(重辑)嘉兴藏》所用底本为其他馆藏底本,如《大陀罗尼一字心咒经》,牌记内容与台湾、故宫藏本不同。"图录"中两个牌记同时收录,按照刻经时间先后排序,供其他研究者参考。一种情况是《(重辑)嘉兴藏》使用底本有某馆藏水印,如《究竟一乘宝性论》五卷,(北魏)释勒那摩提译,性四至性八,为云南图书馆藏本,图录使用其作为书影,可为研究《嘉兴藏》者提供不同版本的参考。《毛晋父子校刻佛典图录及书志》一书的产生,也只有在《(重辑)嘉兴藏》出版之后,才可能在较短时间内,完成这一近乎穷尽式的研究。

结语

我们在全面开展古籍保护工作,按步骤实施保护计划的同时,对古籍再生性保护成果的研究、利用、开发,对其中所蕴含的知识的挖掘、重组,也是我们所需要关注的一项重要工作,是我们做好古籍再生性保护工作的基础。

附录:目录

1.右绕佛塔功德经一卷(景五)

2.嗟韈曩法天子受三归依获免恶道经一卷(则一)(按:二名刻工)

3.守护国界主施罗尼经十卷(则一)

4.佛说决定义经一卷(薄五)

5.仁王护国般若经疏五卷(韩一至韩五)

6.七佛所说神咒经四卷(羊一至羊四)(按:二名刻工)

7.僧伽咤经三卷(羊六至羊八)(按:二名刻工)

8.佛为海龙王说法印经一卷(景五)

9.佛说妙色王因缘经一卷(景五)

10.师子素驮娑王断肉经一卷(景五)

11.差摩婆帝受记经一卷(景五)

12.师子庄严王菩萨请问经 六经同卷一卷(景五)

13.佛说三品弟子经一卷(景十)

14.佛说四辈经一卷(景十)
15.佛说当来变经一卷(景十)(按:二名刻工)
16.佛说法灭尽经一卷(景十)(按:二名刻工)
17.佛说甚深大回向经一卷(景十)
18.天王太子辟罗经　七经同卷一卷(景十)(按:二名刻工)
19.阴持入经二卷(竭四至竭五)
20.佛说因缘僧护经一卷(竭五)
21.妙臂菩萨所问经四卷(则七至则八)
22.大正句王经二卷(深一)
23.佛说秘密三昧大教王经四卷(渊一至渊四)(按:二名刻工)
24.佛说金刚手菩萨降服一切部多大教王经三卷(渊八至渊十)
25.佛说无二平等最上瑜伽大教王经六卷(渊五至渊七)(按:二名刻工)
26.佛说最上秘密那拿天经三卷(澄十)
27.佛说仁王护国般若波罗蜜经疏神宝记四卷(韩六至韩九)(按:二名刻工)
28.佛说梵志阿颰经一卷(善一)
29.佛说寂志果经一卷(善二)
30.阿难问事佛吉凶经全部(庆一)
31.佛说轮转五道罪福报经(当五)
32.佛说五无反复经(当五)
33.佛说佛大僧大经(当五)(按:二名刻工)
34.佛说耶只经一卷(当十)
35.佛说末罗王经一卷(当十)
36.佛说摩达国王经一卷(当十)
37.佛说旃陀越国王经一卷(当十)
38.佛说五王经一卷(当十)
39.佛说出家功德经一卷(当十)
40.佛说旃檀树经一卷(当十)
41.佛说颇多和多耆经一卷(当十)
42.佛说较量寿命经一卷(则一)
43.佛说摩利支天陀罗尼咒经一卷(尽八)

44.佛说毗沙门天王经一卷(尽八)

45.佛说延寿妙门陀罗尼经一卷(深四)

46.佛说息除贼难陀罗尼经一卷(深四)

47.佛说法身经一卷(深四)

48.信佛功德经一卷(深四)

49.佛说四谛经一卷(善四)(按:牌记文字模糊,不知校对者等信息,写银、刻银、工价银、板数为估算值)

50.佛说恒水经一卷(善四)

51.佛说瞻婆比丘经一卷(善四)

52.佛说本相倚致经一卷(善四)

53.佛说顶生王故事经一卷(善四)

54.佛说文陀竭王经一卷(善四)

55.佛说七处三观经二卷(庆七至庆八)

56.分别善恶报应经二卷(竭十至竭十一)

57.毗婆尸佛经二卷(尽九)

58.摩登伽经一卷(庆二)

59.胜军化世百喻伽他经一卷(则六)

60.六道伽陀经一卷(则六)

61.佛说苾刍五百法经一卷(则九)

62.佛说苾刍迦尸迦十法经一卷(则九)

63.大乘宝月童子问法经一卷(则九)

64.佛说莲华眼陀罗尼经一卷(则九)(按:二名刻工)

65.佛说观想佛母般若波罗蜜多菩萨经一卷(则九)

66.佛说如意摩尼陀罗尼经一卷(则九)

67.佛说护国经一卷(薄五)

68.佛说分别布施经一卷(薄六)

69.佛说分别缘生经一卷(薄六)

70.佛说法印经一卷(薄六)

71.佛说圣佛母般若波罗密多经一卷(薄七)(按:二名刻工)

72.佛说法乘义决定经三卷(之九)

73.大般涅盘经论一卷(颠九)

74.佛说海龙王经四卷(景一至景四)

75.牟梨曼陀罗咒经二卷(念七至念八)

76.大陀罗尼末法中一字心咒经一卷(念十)(按:此经二块牌记,此为1642年刻本,另见142条)

77.佛说尊上经一卷(善六)

78.佛说鹦鹉经一卷(善六)

79.佛说兜调经一卷(善六)

80.佛说意经一卷(善六)

81.佛说应法经一卷(善六)

82.佛说波斯匿王太后崩尘土坌身经一卷(善七)

83.须摩提女经一卷(善七)

84.佛说三摩竭经一卷(善八)

85.佛说婆罗门避死经一卷(善八)

86.佛说鸯崛摩经一卷(善八)

87.佛说鸯崛髻经一卷(善九)

88.佛说力士移山经一卷(善九)

89.佛说四未曾有法经一卷(善九)(按:二名刻工)

90.禅秘要法经三卷(竭一至竭三)

91.佛顶放无垢光明入普门观察一切如来心陀罗尼经二卷(忠一)

92.法集名数经一卷(则三)

93.圣多罗菩萨一百八名陀罗尼经一卷(则三)

94.十二缘生祥瑞经二卷(则四)

95.佛说大摩里支菩萨经七卷(尽三至尽六)

96.佛说长者施报经一卷(尽八)

97.佛母宝德藏般若波罗蜜经三卷(临一)

98.佛说频婆娑罗王经一卷(临十)

99.佛说人仙经一卷(临十)

100.佛说旧城喻经一卷(临十)(按:二名刻工)

101.佛说信解智力经一卷(临十)

102.佛说最上根本大乐金刚不空三昧大教王经七卷(澄三至澄九)

103.施食获五福报经一卷(善)

104.频毗娑罗王诣佛供养经一卷(善八)

105.佛说长者子六过出家经一卷(善八)

106.佛说舍利弗目犍连游四衢经一卷(善九)(按:二名刻工)

107.沙弥罗经一卷(庆二)

108.玉耶经一卷(庆二)

109.玉耶女经一卷(庆二)

110.阿遬达经一卷(庆二)

111.摩邓女经一卷(庆二)

112.摩登女解形中六事经一卷(庆二)

113.舍头谏经一卷(庆五)

114.唯识二十论一卷(静二)

115.十八空论一卷(造七)

116.中边分别论二卷(情六至情七)

117.出三藏记集十七集(户一至户十、封一至封七)

118.十二门论一卷(造六)

119.金刚针论一卷(星二)

120.菩提心离相论一卷(星二)

121.大乘破有论 三论同卷一卷(星二)

122.禅法要解经二卷(集九至集十)

123.摄大乘论本三卷(静三至静五)

124.方便心论一卷(逸五)

125.佛说贤者五福德经一卷(当七)(按:二名刻工)

126.天请问经一卷(当七)(按:二名刻工)

127.佛说护净经一卷(当七)(按:二名刻工)

128.佛说木槵经一卷(当七)(按:二名刻工)

129.佛说无上处经一卷(当七)(按:二名刻工)

130.卢至长者因缘经一卷(当七)(按:二名刻工)

131.妙法圣念处经八卷(忠五至忠八)(按:二名刻工)

132. 佛说身毛喜竖经三卷(夙十)
133. 瑜伽集要救阿难陀罗尼焰口轨仪经一卷(斯二)(按:二名刻工)
134. 金刚摧碎陀罗尼一卷(斯二)
135. 不空罥索毗卢遮那佛大灌顶光真言经一卷(斯八)
136. 佛说大白伞盖总持陀罗尼经(之十)
137. 金刚峰楼阁一切瑜伽只经二卷(取一至取二)
138. 大丈夫论二卷(静四至静五)
139. 大乘集菩萨学论二十五卷(转一至转十、疑一)
140. 集诸法宝最上义论二卷(星一)
141. 佛说甘露经陀罗尼一卷(念十)
142. 大陀罗尼末法中一字心咒经一卷(念十)(按:此经二块牌记,此为1643年刻本,另见76条)
143. 佛说金刚场庄严般若波罗密多教中一分一卷(夙四)
144. 佛说妙吉祥最胜根本大教经三卷(取三至取四)
145. 妙吉祥平等秘密最上观门大放王经五卷(取五至取八)
146. 取因假设论一卷(匪十)
147. 观总相论颂一卷(匪十)
148. 一字佛顶轮王经六卷(克一至克六)
149. 金刚顶瑜伽中略出念诵经四卷(念一至念四)
150. 金刚顶经曼殊室利菩萨五字心陀罗尼品一卷(念九)
151. 观自在如意轮菩萨瑜伽法要一卷(念九)
152. 佛说救面然饿鬼陀罗尼神咒经一卷(念十)
153. 佛般泥洹经二卷(福七至福八)
154. 慢法经一卷(庆一)(按:二名刻工)
155. 阿难含别经一卷(庆一)
156. 大寒林圣难拏陀罗尼经一卷(忠四)
157. 佛说诸行有为经一卷(忠四)(按:三名刻工)
158. 息除中夭陀罗尼经一卷(忠四)
159. 一切如来正法秘密箧印心陀罗尼经一卷(忠四)
160. 赞扬圣德多罗菩萨一百八名经一卷(则五)

161. 圣观自在菩萨一百八名经一卷(则五)

162. 外道问圣大乘法无我义经一卷(则五)

163. 佛说俱枳罗陀罗尼经一卷(临八)(按:二名刻工)

164. 佛说息诤因缘经一卷(凤四)

165. 佛说初分说经二卷(凤五)

166. 佛说灌顶王喻经一卷(凤六)

167. 佛说医喻经一卷(凤六)

168. 佛说福力太子因缘经三卷(凤九)

169. 叶衣观自在菩萨经一卷(清十)

170. 毗沙门天王经一卷(清十)

171. 佛说大乘随转宣说诸法经三卷(之四)

172. 出生一切如来法眼遍照大力明王经二卷(流一)

173. 佛说瑜伽大教王经五卷(流六至流十)

174. 普遍光明焰鬘清净炽盛如意宝印心无能胜大明王随求陀罗尼经二卷(取九至取十)

175. 金刚恐怖集会方广轨仪观自在菩萨三世最胜心明王大威鸠枢瑟摩明王经三卷(止三)

176. 大方广菩萨藏文殊师利根本仪轨经二十卷(若一至若十)

177. 佛说持明藏瑜伽大教尊那菩萨大明成就议轨经四卷(思一至思二)

178. 佛说金刚香菩萨大明成就议轨经三卷(思三至思四)

179. 金刚萨埵说频那夜迦天成就议轨经四卷(思五至思六)

180. 佛说幻化纲大瑜伽教十忿拿明王大明观想议轨经一卷(思十)

181. 五分比丘尼戒本一卷(外六)

182. 波罗提木叉僧祇戒本一卷(外七)

183. 十诵律比丘戒本一卷(外八)

184. 十诵律比丘尼戒本一卷(外九)

185. 昙无德律部杂羯磨二卷(受一至受二)

186. 般若灯论十五卷(侧一至造五)(按:此经二牌记,此为卷十五末牌记,刻经时间为1643年,另见265条)

187. 究竟一乘宝性论五卷(性四至性八)(按:此经牌记未署写工、刻工姓名)

315

188.大乘掌珍论二卷(性九至性十)(按:此经牌记未署写工、刻工姓名)

189.大宗地玄文本论四卷(疑二至疑五)

190.苏悉地羯罗经四卷(克七至克十)

191.五母子经(庆一)

192.佛说大爱道盘涅般经一卷(庆九)

193.佛母般泥涅经一卷(庆九)

194.佛说圣法印经一卷(庆九)

195.毗俱胝菩萨一百八名经一卷(则五)

196.佛说消除一切灾障宝髻陀罗尼经一卷(临八)(按:二名刻工)

197.佛说妙色陀罗尼经一卷(临八)

198.佛说栴檀香身陀罗尼经一卷(临八)

199.佛说钵兰那赊嚩哩大陀罗尼经一卷(临八)

200.佛说宿命智陀罗尼经一卷(临八)

201.佛说慈氏菩萨誓愿陀罗尼经一卷(临八)(按:二名刻工)

202.佛说灭除五逆罪大陀罗尼经一卷(临八)(按:二名刻工)

203.佛说无量功德陀罗尼经一卷(临八)

204.佛说十八臂陀罗尼经一卷(临八)

205.佛说洛叉陀罗尼经一卷(临八)

206.佛说辟除诸恶陀罗尼经一卷(临八)

207.佛说无畏授所问大乘经三卷(凤六)

208.佛说月喻经一卷(凤六)

209.佛说顶生王因缘经六卷(之二至之三)

210.普贤菩萨行愿赞一卷(唱十)

211.五分戒本一卷(外五)

212.十诵羯磨比丘要用一卷(受四)

213.涅盘经本有今无偈论一卷(颠九)(按:此经牌记未署写工、刻工姓名)

214.决定藏论三卷(性一至性三)(按:此经牌记未署写工姓名)

215.四分僧羯磨五卷(卑五至卑十)

216.大乘楞伽经唯识论一卷(静一)

217.入大乘论二卷(静六至静七)(按:此经牌记未署写工姓名)

316

218.掌中论一卷(逸四)(按:此经牌记未署写工姓名)
219.佛说一切如来金刚三业最上秘密大教王经七卷(息一至息七)
220.根本说一切有部百一羯磨十卷(和一至和十)
221.大乘阿毗达磨集论七卷(退一至退七)(按:此经牌记未署写工姓名)
222.无量寿经优波提舍一卷(颠八)(按:此经牌记未署写工姓名)
223.遗教经论一卷(颠十)(按:此经牌记未署写工姓名)
224.佛性论四卷(匪一至匪四)
225.顺中论二卷(情一至情二)(按:此经牌记未署写工姓名)
226.百字论一卷(逸四)(按:此经牌记未署写工姓名)
227.宝髻经四法优波提舍一卷(静三)(按:此经牌记未署写工姓名)
228.根本萨婆多部律摄十四卷(尊一至尊十、卑一至卑四)
229.底哩三昧耶不动尊威怒王使者念诵法一卷(言二)
230.七佛赞呗伽陀一卷(言五)(按:二名刻工)
231.佛三身赞一卷(言五)
232.御制释迦牟尼佛赞一卷(言五)
233.佛一百八名赞经一卷(言五)(按:二名刻工)
234.御制救度佛母赞一卷(言五)
235.圣救度佛母二十一种礼赞经一卷(言五)
236.佛说一切如来顶轮王一百八名赞经一卷(言五)
237.赞法界颂一卷(言六)
238.八大灵塔梵赞一卷(言六)(按:二名刻工)
239.三身梵赞一卷(言六)
240.大明太宗文皇帝御制文殊赞一卷(言六)(按:二名刻工)
241.佛说文殊师利一百八名梵赞一卷(言六)
242.曼殊室利菩萨吉祥伽陀一卷(言六)
243.圣金刚手菩萨一百八名梵赞一卷(言六)
244.萨婆多部毗尼摩得勒伽十卷(下一至下十)
245.根本说一切有部尼陀那五卷目得迦五卷(睦一至睦十)
246.成唯识宝生论五卷(沛一至沛四)
247.十二因缘论一卷(沛五)

248.壹轮卢迦论一卷(沛五)

249.大乘百法门论一卷(沛五)(按:二名刻工)

250.转识论一卷(沛五)

251.唯识三十论一卷(沛六)

252.显识论一卷(沛六)

253.发菩提心论二卷(沛七至沛八)

254.三无性论二卷(沛八至沛十)

255.解拳论一卷(逸四)

256.大乘庄严经论十三卷(次一至次十、弗一至弗三)(按:二名刻工)

257.王法正理论一卷(退八)

258.瑜伽师地论释二卷(退九)

259.显扬圣教论颂一卷(退十)

260.能断金刚般若波罗密多经论释三卷(亏一至亏二)

261.略明般若末后一颂赞述 附前论下卷一卷(亏二)(按:二名刻工)

262.妙法莲华经优波提舍二卷(亏三至亏四)

263.妙法莲华经论优波提舍二卷(亏五至亏六)

264.大宝积经论四卷(亏七至亏十)

265.般若灯论十五卷(恻一至恻十、造一至造五)(按:此经二名刻工、二块牌记,此为1644年刻本,另见186条)

266.佛说大悲空智金刚大教王议轨经五卷(思七至思九)

267.圣迦柅忿拿金刚童子菩萨成就议轨经一卷(言三)

268.大沙门百一羯磨法一卷(外十)

269.业成就论一卷(匪六)

270.手杖论一卷(匪九)

271.大乘唯实论一卷(静二)(按:此经牌记模糊,写工、刻工信息无法辨识)

(作者:胡艳杰,天津图书馆历史文献部馆员)

中国古籍特藏资源数字化述略*

曹菁菁

数字图书馆和大型电子资料库的开发和建设,近年来业已成为世界各国大型图书馆及学术研究机构的一个重要发展趋势。其中,古籍资源的数字化得到了跨国界的、跨学科的一致重视。并且,伴随着技术的不断改进及一些重要数字化产品的相继发行,数字化的古籍资源在学术研究和文化教育中的利用不断扩展。在这个新领域的较量当中,质量和速度一样重要。

本文拟从当前国际范围内中国古籍资源数字化的发展状况及趋势上进行分析,力求找出科学发展古籍资源数字化的有效途径。本文所提出的"中国古籍特藏资源",包括汉文古籍、少数民族文字古文献、金石拓片、敦煌遗书以及近现代名家手稿、新善本、舆图、老照片、年画、宣传画等特藏,同时还包括殷墟甲骨。

一、国际范围内中文古籍资源数字化项目简介

中国古籍的收藏并非仅限于中国大陆地区。日本、韩国等东亚国家,以美国、加拿大为代表的北美地区,欧洲各国及澳大利亚都有收藏中国古籍的重要单位。近年来,这些收藏单位都开展了规模不一、程度不同的古籍资源数字化工作。

(一)美国中国古籍数字化重要项目概述

1.美国国会图书馆在线目录(Library of Congress Online Catalog):包括中文古

---

* 此文为国家社科基金重大项目"中国古籍数字化工程研究"研究成果。

籍75万多册,其中有宋元明清善本、珍本资料。该系统提供浏览检索、高级检索以及关键词检索功能,浏览检索可以按题名、作者、主题、分类号、标准号等进行检索,用户检索中文资料时需要用汉语拼音输入检索条件,数据结果以英文形式展现。

2. 加州大学伯克利分校东亚图书馆"拓片古籍数字化计划":加州大学伯克利分校东亚图书馆藏有丰富的中、日、韩历史文献。截至目前,该项目已完成200多部古籍的数字化并进行发布,平台具有目录检索和关键词检索功能,可进行在线阅读。

3. 中华古籍善本国际联合书目系统(国家图书馆与普林斯顿等大学合作):该系统由中文善本书国际联合目录项目演变而成,于2010年5月20日正式开通,收录了清乾隆六十年(1795)以前在中国印刷或抄写的中文古籍。著录内容包含著录编号、题名、责任者、版本类型、版本信息、装帧形式、载体形态、行款版式、存卷及补配情况、题跋钤印、附注、四部分类、收藏单位和典藏号等14项信息。

4. 哈佛大学哈佛燕京图书馆藏中文善本古籍特藏资源库(国家图书馆与哈佛大学图书馆合作):该资源库计划完成哈佛燕京图书馆的中文善本和齐如山专藏共计4210种古籍的数字化工作。首批发布资源204种,平台支持简体中文、繁体中文、汉语拼音检索,系统设置了题名、责任者、出版时间、出版地、出版者5个检索字段,可阅览全文影像。

(二)欧洲中国古籍数字化重要项目概述

1. 大英中国古籍联合目录(UK UNION CATALOGUE OF CHINESE BOOKS):1980年始,大英图书馆采用机读编目格式标准(MARC)建立"古籍简明标题目录",主要收录15世纪用活版印刷的文献题录,同时收录部分中文古籍书目。后来,大英图书馆联合牛津大学、剑桥大学等6所大学、研究所建成大英中国古籍联合目录,该联合目录包括大英图书馆藏有的中国古籍6万多种及其他单位所藏的中文古籍,提供按关键词、作者、日期、图书馆等进行检索的功能,用户可输入中文或汉语拼音来查询书目,所得信息也以中文显示。

2. 国际敦煌项目(IDP,国家图书馆参与):该项目是由大英图书馆发起的一个具有开创性的国际合作项目,目的是使敦煌及丝绸之路东段相关遗址出土的资源能在互联网上发布,供用户使用。参与机构有中国国家图书馆、俄罗斯圣彼得堡东方学研究所、德国柏林勃兰登堡科学与人文科学院、法国国家图书馆、匈牙利科学院图书馆等。经过多年的努力,该项目在敦煌文献的保存与修复、数字化建设以及资源共享方面取得了突出的成就,并建立了专题数据库对数字化的资源进行发布。目前世界各地的用户可通过该数据库检索浏览41.7万余幅的绘画、文物图片、历史照片。

(三)日本中国古籍数字化重要项目概述

1.最大的汉籍联合目录数字化系统——"全国汉籍数据库"检索系统(全國漢籍データベース):该系统旨在网罗日本国内的公立和私立图书馆、大学图书馆、科研单位等相关机构所典藏的汉籍书目,从而为读者提供统一、便捷的书目检索服务。它是日本目前参与机构最多、搜索范围最广的汉籍数据库系统。截至2012年,多达35家收藏单位的62万条数据进入该系统,并主要由京都大学人文科学研究所附属东亚人文情报学研究中心承担运营与管理工作。

2.东京大学东洋文化研究所所藏汉籍善本全文影像资料库:该研究所藏有大量中文典籍,包括原"东方文化学院"藏书、大木文库、仓石文库等,总数量有十万册,且有相当多的善本。该库主要收录了该研究所收藏的4630种古籍的全文影像数据,可以全文浏览。其所收录的以明清时期古籍为主。具有以下检索功能:基本检索、进阶检索、分类检索、浏览检索。基本检索即在文本框中输入关键词后在整个资料库中检索。

3.日本国立国会图书馆"古典籍资料"数据库:该平台收录了日本国立国会图书馆古典籍资料室所藏的古籍,包括江户时代以前的"和古书",以及清朝以前的汉文古籍,共94111种。这些古籍基本为汉文文献,目前都已经数字化,可在"古典籍资料"数据库中检索并阅读影像数据。但是,部分书籍的数字化数据只有到馆方能阅览。

(四)中国台湾地区重要中国古籍数字化项目概述

台湾"中央研究院"是古籍数字化的重镇,其资源的影像效果和元数据信息质量较高,但不提供免费服务。其重要古籍藏品数字化项目有:

1.文物图像研究室:含简帛金石数据库、居延汉简补编图像、汉画论文目录、武氏祠画像数据库、安丘董家庄汉墓画像系统、番社采风图。以上数据库皆可全文检索,部分数据库且可检索图像。

2.史语所藏内阁大库档案:史语所所收藏的内阁大库档案是清宣统元年

(1909)整修大库时由其中移出的一部分,包括诏令、题奏、移会、贺表、三法司案卷、实录稿本及各种黄册、簿册等,每件档案依序列出事由、时间、职官、册别件号、登录号、文件别、备注等项。

3.瀚典全文检索系统:完成二十五史、十三经、诸子、古籍十八种、古籍三十四种、大正藏(部分)等文献的数字化工作,并以上述名称归类建档。后增加上古汉语语料库摘要、台湾方志与文献、《清代经世文编》及续编、《中华民国史事日志》等专业研究资料。该所决定将数据库全部打散、重整,将所有数字化文献依其内容性质归并为"史书""经书与子书""宗教文献""医药文献""文学与文集""政书、类书与史料汇编"六大类。

4.傅斯年图书馆善本书目全文资料库:该馆藏有 44000 册善本书、38000 余件金石拓片、1 万余件汉简。部分馆藏已可以上线浏览影像,但需要授权。

(五)国内重要中国古籍数字化项目概述

很多古籍重点收藏单位都建设了自己的数据库,但是其规模较小,所提供的文献服务也非常有限。其中较有规模的大型数据库有:

1.国家图书馆数字资源:古籍特藏的所有目录检索(在 OPAC 系统中实现),以及宋元善本、甲骨世界、碑帖精华、方志、家谱等数据库。

善本古籍:提供 241 种古籍的在线阅览。

甲骨世界:提供甲骨实物影像 3500 种、15000 余拍。

碑帖精华:提供馆藏石刻资源 19000 余条,影像 25000 余幅。

数字方志:提供 6868 种、230 万筒子页的方志文献全文影像浏览。

中华寻根网:提供 2356 种、250 万筒子页的家谱文献全文影像浏览。

此外,年画数据库有影像资源 400 张,老照片数据库有影像约 7000 拍等。

2.中国基本古籍库:中国基本古籍库是中国文化的基本文献数字化的宏伟工程,先后被列为北京大学重点科研项目、全国高校古委会直接资助项目和国家重点电子出版物"十五"规划项目。共收录自先秦至民国历代典籍,每种均制成数码全文,并附所据版本及其他重要版本之原版影像,总计收书 1 万种、17 万卷。

3.北京书同文数字化技术有限公司:《四库全书》《四部丛刊》全文检索系统。

4.北京爱如生数字化技术研究中心:主要产品有中国基本古籍库、中国近代报刊库、域外涉华文献库、中国方志库、中国谱牒库、中国金石库、中国丛书库、中国类书库、中国辞书库、中国经典库、中国史学库、中国俗文库、历代别集库、敦煌文献库、明清档案库等。

书同文及爱如生公司出版的这些古籍数据库,均可以实现全文检索,但是他们的数字化来源都是已经出版的古籍或者古籍目录,而非古籍本身。

二、国际范围内古籍资源数字化项目类型分析

(一)古籍数字化的对象范围(以古籍类型为中心)

1. 汉文古籍:几乎所有的相关收藏单位都已经开始或完成了各自汉文古籍藏品基本信息的数字化工作,但是信息的公布和利用还有待进一步的发展。关于汉文古籍的各种数字化成果最为丰富,数字化程度也最为深入。可以说,汉文古籍的数字化引领着整个古籍数字化领域发展的方向。在这一领域,走在前列的几个代表性成果有:"中国历代典籍总目"(中国国家图书馆)、中华古籍善本国际联合书目系统(待发布,中国国家图书馆)、香港大学冯平山图书馆藏善本书录(中国香港大学)等。

2. 少数民族文字古文献:这类古籍的数字化处于起步阶段。由于大多数少数民族语言文字的计算机国际编码尚未开发,多种民族文字还无法显示,更无法在一个操作平台上进行信息处理。这使少数民族文字古文献的数字化受到很大的限制。当前这类资源的数字化成果主要是两种:一是原物影像辅以汉文信息,如满文文献[1];另外一种是用特殊的数据库收纳数字化资源,但兼容性和扩展性都很有限,有很多技术问题需要解决,例如,蒙古文文献[2]的数字化成果。

3. 金石拓片:这类古籍的数字化尚未全数完成。从已经公布的数字化信息来看,中国大陆和台湾地区在此领域走在了前沿。而大陆地区已经取得了国际上公认的成果,如中国国家图书馆网络在线的"碑帖精华"和北京书同文数字化技术有限公司出版的光盘版《历代石刻史料汇编》。

4. 舆图:各收藏单位舆图藏品的数字化或正在进行中,或尚未启动,也属于开发潜力很大的一种古籍资源。这类资源的数字化程度并没有落后于汉文古籍,在大多数收藏单位还停留在基本信息采集阶段的时候,复旦大学历史地理研究

---

[1] 中央民族大学的"满蒙文数据库"现阶段以满文文献居多,它的主体是一个影像数据库,但需要用汉文进行检索。现在该数据库只能在中央民族大学局域网中使用。

[2] 内蒙古大学图书馆建立了"中国蒙古文书目数据库",该数据库把蒙古文 WPS OFFICE 输入法成功地衔接在汉文图书馆软件上,以实现终端机的检索功能。该数据库只能在本图书馆局域网上使用。

中心、美国哈佛燕京学社、澳大利亚格林菲斯大学亚洲空间数据中心等机构合作开发的"中国历史地理信息系统"已经在历史地理信息处理方面占领了制高点。

5.老照片、年画、宣传画:这类资源的数字化出现了明显的地域不平衡性。收藏量巨大的中国地区还处在藏品信息的初步处理阶段,但是欧洲地区不但已经基本完成了藏品信息的数字化,而且已经有了成熟的数字化成果。如英国伦敦亚非学院的"Internet Mission Photography Archive"以及荷兰国际社会史研究所(IISG)的"Soviet, Cuban and Chinese Posters"。

6.中国境内发现的外族遗文:这类资源主要包含在西域文献资料中。敦煌文献资料的数字化项目"国际敦煌学项目(IDP)"是目前比较成熟的一个数字化成果,在数字化的技术和质量上都属于高水平。中国国家图书馆是该项目的主要参与者。

7.甲骨:甲骨的几大主要公立收藏单位都在进行藏品的数字化。其中,只有中国国家图书馆、香港大学等少数单位对外公布了自己的数字化成果。

(二)古籍资源数字化产品的几个类型

(1)编目型数字化产品:以最基础的藏品信息数字化为代表,辅以影像数据。

(2)提要型数字化产品:在编目型数字化成果上加入藏品深度标引信息以及相关研究信息的数字化产品。

(3)全文型数字化产品:提供古籍内容的全文内容,并有简单的节点浏览以及关键词搜索功能。

(4)智能型的数字化产品(含校勘、辑佚、索引、系年、标点等知识重组功能)工具,例如"全宋诗分析系统"中的智能格律标定工具,"全球寻根网"项目中的五服图自动生成工具,"资治通鉴分析系统"中的人物、职官、地理、事件的聚类工具,"中国文学史研读系统"中的知识自动推送功能。

(三)古籍资源数字化的几个层次

1.藏品基础编目信息的数字化(含元数据的处理)。2.藏品影像数据的采集和处理。3.藏品全文的数字化。4.藏品信息的深层次标引。5.古籍资源数据内部的整理和系联(即知识本体和知识模型的建立)。6.古籍研究成果的数字化以及与古籍资源的系联。

(四)古籍资源数字化的几个趋势

1.国际上各收藏单位的数字化编目信息有整合的趋势。当前国家图书馆的

"中华古籍善本国际联合书目系统"将整合中美26家收藏单位、东京大学东洋文化研究所等单位的书目数据就是一个案例。

2.影像信息成为藏品数字化最基础的信息之一。如何在保护知识产权的基础上让影像信息的获取更便捷、保存更持久,成为一个重要问题。

3.藏品信息深层次标引成为大势所趋。藏品信息深层次标引及发布是不可扭转的趋势,香港大学冯平山图书馆藏善本书录所提供的例子将成为以后藏品信息数字化的入门要求。古籍普查平台的登录项目同样具有深入标引的功能,期待未来入库的书目数据能够成为最新、最详备的古籍目录标准。在书目数据之上,全文数据的深入标引也必然提上古籍资源数字化的日程。

4.知识模型已被前沿的数字化成果引入。中国历史地理信息系统(CHGIS)等嵌入知识模型的数字化成果代表着当前古籍资源数字化的最新成就,也代表着将来发展的方向。更加全面、详备的古籍资源知识模型首先需要综合既有的各类古籍工具书和检索工具,制定关于全文的深入标引相关标准,以实现统合各类古籍资源文本的功能。

5.普及性的数字化古籍资源成为一个新的发展领域。如何向全世界受众提供普及性的古籍数字化资源是新出现的课题。中国国家图书馆的"华夏记忆"和"世界图书馆"正在进行这方面的探索。

(五)古籍资源数字化发展的不足

1.对于数字化内涵的认识不同,各单位的需求与应用也有差异。对于图书馆用户而言,文献数字化的服务水平有三个层次:第一层次是数据服务,即将文献的目录、影像或全文按照一定顺序提供给读者;第二层次是知识服务,利用科学的、便于应用的知识管理体系将文献内容中的各类关键词加以统合、关联,把分散于不同媒介、深藏于文献内部的知识直接呈现给读者;第三层次是知识服务及方法服务,即在提供知识服务的同时为读者提供快捷、正确的获取某类知识的方法。文献数字化的发展是从第一层次向第三层次演进的过程,不同的单位基于自身发展方向和应用需求的不同,可以确定不同的层次作为主要目标,但是作为国家图书馆,显然应该以第三层次的服务水平为目标。

2.数字化编目标准不统一。由于古籍编目缺乏统一的国际标准,加之相关工作人员知识背景、学术认知、语言的差异,造成了数字化编目标准不统一的情况。目前,藏品的数字化编目存在如下主要缺陷:①缺少统一标准的编目规则;②缺乏严格的规范控制；③语言转换之间，术语难以划一；④缺少必要的知识管理体系，目录信息如同散沙，难以整合和重组。这些缺陷导致著录信息混乱，相互转化困难，为古籍资源的国际化整合造成了很多障碍。

3.信息提供不足。与到馆看原书相比，数字资源存在诸多的信息缺失，这主要是古籍信息深层次标引工作没有深入开展造成的。藏品的各种深层次信息如子目、版本类型、刻印类别、批校题跋、钤印、插图、刻工、分类、地理等信息都应该在数字化古籍中得到立体体现。这项任务仍然任重道远。

4.整体来看，古籍资源数字化水平仍然较低。当前古籍资源数字化的成果主要分为书目数据数字化和古籍全文数据库两种，水平都处于初级阶段，有待于项目设计和技术升级的双重扩展。这两种成果的局限如下：①各大收藏单位的古籍书目数据处理一般都停留在卡片格式转化为机读格式的层面，存在很多问题：缺少目录组织，难于按类别查询；缺乏严格的规范控制，不利于书目信息的汇集、区分和引导；缺乏层级划分，各种书目信息混杂于一个层面，不利于准确检索。②现有的古籍全文数据库主要停留在未加整理和标引的全文数据库基础之上，不但通用性差，不方便用户在同一界面检索，而且只能实现字词的简单检索，不能实现高级检索；知识关联和参照功能无法实现。

5.技术应用上存在缺陷和鸿沟。各大收藏单位在实现数字化时采用不同的软件技术支持，这对资源共享很不利。此外，一些先进技术没有很好地应用于古籍资源的数字化，导致数字化的进程受到阻碍。

三、中国古籍资源数字化的不足与发展方向

古籍资源的数字化是数字时代任何一个古籍收藏单位都不可能回避的历史主潮流。在这场变革的潮流中，谁占领先机，谁才能在这个新兴领域中立于中流砥柱的地位，才能在将来的发展中掌握话语权，才能在世界范围内的图书馆界树立良好的国际声誉。

在信息处理方面，我们必须引入计算语言学、人工智能学等方面的最新研究理论与成果，力争突破西方国家对于信息处理技术的垄断，自主研发适合多语言的强大的信息处理工具，更加广泛和深入地统合古籍资源，将图书馆真正建设为信息枢纽。

（一）中国古籍资源数字化工作的主要不足

1.古籍资源数字化程度还处于低层次的水平。我们的古籍尚未完全数字化。在已经完成的古籍数字化资源中，低层次的藏品书目信息数据占绝大多数，影像数据的采集远远没有跟上藏品书目信息的进展。

2.缺乏普遍适应的标准。编目、影像采集、数据整合、项目流程等各方面都缺乏普遍适应的标准，不利于将来古籍资源数字化工作的开展。

3.藏品深度标引差，数据缺乏深层次处理。要创建高端产品，要树立标杆性典范，就必须对古籍资源进行"深加工"，要在数字化工作中做到"知识挖掘"，要升级古籍数字化资源的知识服务和方法服务。与数字化产品开发的积极劲头相比，已开发产品在后续发展和提升上十分乏力，产品的完善性与可持续发展没有得到应有的重视。

4.技术滞后。到目前为止，我们的数据标引、数据格式转换竟然还处在手工阶段，这在相关技术已经成熟的大环境下是十分不合理的现象。另外，数字化新馆建成后，"碑帖精华"数据库的功能竟然萎缩，这也是非常不合理的。技术不应该成为限制数字化工作开展的因素。

（二）古籍资源数字化建设发展方向

1.统一国际适用的古籍资源数字化标准①

目前来看，国内外中文古籍资源有横向整合的大趋势，然而由于技术以及文化传统的不同，数字化数据也出现了各种差异。但是数字资源共享的前提是，必须存在共享的资源以及可执行的统一标准，这一工作在目前的部分合作项目中已经开展。从目前的经验来说，针对古籍的对象数据以及元数据的整合，需要从以下几个方面进一步思考数字化标准的问题：

（1）制定国际适用的编目标准。

（2）制定元数据采集、整理标准。

（3）制定有效可行的影像数据处理标准。

（4）探讨多语言术语对译的标准化。

（5）制定项目建设的标准流程。

---

① 关于古籍数字化标准体系建立的现状，可以参考张文亮、尚奋宇：《我国古籍数字化标准体系现状调查及优化策略》，《国家图书馆学刊》2015年第6期。

2.引入新技术,深入挖掘、科学揭示古籍数字化资源

功能开发是数字资源建设与整合的一项重要工作,功能的优劣直接体现了服务质量的高低。综观国际上的中华古籍数字资源整合平台,普遍存在对古籍数字资源开发深度不够的问题。要解决这一问题,必须从以下方面重新思考:

(1)如何快速有效地进行海量数据的标引。

(2)如何在数据转换和处理中引入人工智能技术。

(3)如何提高检索效率和准确性。

(4)如何提供智能化的检索服务。

(5)如何提供智能分析服务,如错误校勘、古籍内容关联等。

(6)如何提供个性化的信息服务,如偏好分析、内容解析等。

目前,可以提升古籍数字化服务的手段就是建设智能古籍数据库。与提供一般的影像资料阅览的数据库不同,智能古籍数据库可以在全文检索的基础上提供智能知识检索。然而,这种服务对技术的要求很高,必须达到深层的数字,包括古籍著录、元数据标准、古籍内部知识元、知识元逻辑联系等各方面的标引[1]。对海量古籍数据进行精准的标引,需要引入诸如双层PDF[2]、语义自动切分、语义网建设等信息技术领域的新技术。

古籍资源的数据库化,难臻完善之境。如今,无论理论和实践,都是刚刚起步,需要思考和研究的问题还有很多。但最终建设高质量图像数据及高质量语义标引的古籍数据库,以实现智能知识检索功能,将是中文古籍数字化未来的愿景。

(作者:曹菁菁,国家图书馆副研究馆员)

---

[1] 关于智能古籍数据库的发展问题,可参考马创新、曲维光、陈小荷:《中文古籍数字化的开发层次和发展趋势》,《图书馆》2014年第2期;孙显斌、李伟:《古籍数据库化工作浅谈》,《图书馆理论与实践》2012年第8期。

[2] 章杰鑫、潘悟云:《古籍数字化技术的新思路》,《语言研究》2014年第1期。

我国古籍保护标准体系建设的成果与思考

赵文友

标准是"为了在一定范围内获得最佳秩序,经协商一致制定并由公认机构批准,共同使用的和重复使用的一种规范性文件"[①]。古籍保护工作不仅是一项专业性、技术性很强的工作,更是一项科学系统的工作,只有向着科学化、规范化与标准化的方向发展,才能适应古籍保护的发展需求。在全国范围内实施古籍保护工作的统一标准和规范化操作,是古籍文献得以妥善保存和科学利用的根本办法。

一、我国古籍保护标准化建设的成果

目前,我国古籍保护相关标准的组成主要包括国家标准和行业标准两个方面,其中,现行行业标准4项,立项制定中1项;现行国家标准7项,立项制定中7项(详见附表1、2)。

附表1:古籍保护相关标准成果

标准编号	标准名称	发布部门	实施日期	状态
GB 3792.7—1987	古籍著录规则	国家标准局	1987-10-1	作废
GB 7517—1987	缩微摄影技术 在16mm卷片上拍摄线装古籍的规定	国家标准局	1987-12-1	作废

---

① GB/T 2000.1—2002《标准化工作指南 第1部分》。

续表

标准编号	标准名称	发布部门	实施日期	状态
GB 7518—1987	缩微摄影技术 在35mm卷片上拍摄线装古籍的规定	国家标准局	1987-12-1	作废
WH/T 14-2001	古籍修复技术规范与质量标准	文化部	2001-6-1	作废
GB/T 7517—2004	缩微摄影技术 在16mm卷片上拍摄古籍的规定	国家质检总局、国家标准委	2004-12-1	现行
GB/T 7518—2005	缩微摄影技术 在35mm卷片上拍摄古籍的规定	国家质检总局、国家标准委	2005-10-1	现行
	国家职业标准·文献修复师（试行）	劳动和社会保障部、文化部	2004-7-27	试行
WH/T 20—2006	古籍定级标准	文化部	2006-9-1	作废
WH/T 21—2006	古籍普查规范	文化部	2006-9-1	现行
WH/T 22—2006	古籍特藏破损定级标准	文化部	2006-9-1	现行
WH/T 23—2006	古籍修复技术规范与质量要求	文化部	2006-9-1	作废
WH/T 24—2006	图书馆古籍特藏书库基本要求	文化部	2006-9-1	作废
GB/T 21712—2008	古籍修复技术规范与质量要求	国家质检总局、国家标准委	2008-7-1	现行
GB/T 3792.7—2008	古籍著录规则	国家质检总局、国家标准委	2009-1-1	现行
WH/T 66—2014	古籍元数据规范	文化部	2014-4-1	现行
GB/T 30227—2013	图书馆古籍书库基本要求	国家质检总局、国家标准委	2014-12-1	现行
CY/T 124—2015	学术出版规范 古籍整理	国家新闻出版广电总局	2015-1-29	现行
GB/T 31076.1—2014	汉文古籍特藏藏品定级 第1部分：古籍	国家质检总局、国家标准委	2015-7-1	现行

附表 2:已立项古籍保护相关标准

标准类型	标准名称	备注
GB/T	汉文古籍特藏藏品定级 第 2 部分:简帛古籍	2014 年在国家标准委立项,正在制定中
GB/T	汉文古籍特藏藏品定级 第 3 部分:敦煌遗书	2014 年在国家标准委立项,正在制定中
GB/T	汉文古籍特藏藏品定级 第 4 部分:佛教古籍	2014 年在国家标准委立项,正在制定中
GB/T	汉文古籍特藏藏品定级 第 5 部分:碑帖拓本	2014 年在国家标准委立项,正在制定中
GB/T	汉文古籍特藏藏品定级 第 6 部分:古地图	2014 年在国家标准委立项,正在制定中
GB/T	少数民族文字古籍定级标准	2014 年在国家标准委立项,正在制定中
GB/T	古籍函套技术要求	2014 年在国家标准委立项,正在制定中
WH/T	拓片修复技术规范与质量要求	2014 年在文化部立项,正在制定中

统计发现,我国古籍保护相关标准规范的制定在 2006 年之后取得了较快的发展,这主要得益于"中华古籍保护计划"的实施。2006 年,为顺利实施"中华古籍保护计划",受文化部委托,国家图书馆联合上海图书馆、首都图书馆、天津图书馆等多家单位制定了《古籍定级标准》《古籍普查规范》《古籍特藏破损定级标准》《古籍修复技术规范与质量要求》《图书馆古籍特藏书库基本要求》等五项基本标准。这五项标准为文化部行业标准,其内容涉及古籍定级、普查、破损定级、修复、书库建设等方面,涵盖了当时"中华古籍保护计划"的主要工作内容,对该计划的顺利推进发挥了强有力的指导和规范作用。

2007 年"中华古籍保护计划"正式实施以后,古籍保护标准规范工作朝着更广和更高的方向不断推进。特别是在实践的基础上,将试行成熟的行业标准逐步升格为国家标准,取得了一系列成果,其中尤以《古籍修复技术规范与质量要求》《图书馆古籍特藏书库基本要求》《汉文古籍特藏藏品定级 第 1 部分:古籍》三项国家标准的正式发布为代表。

(一)《古籍修复技术规范与质量要求(GB/T 21712—2008)》

该标准是第一项针对古籍修复操作方法、修复流程、修复质量而制定的国家标准,是在原文化行业标准WH/T 14—2001的基础上修订而成的,对不同版本、不同装订形式的古籍的修复方法、修复材料的选择、托补技术、干燥、裁切、装订、修复技术质量、修复后古籍外观等都做了规定,其最大特点是对过去凭经验操作的修复过程和方法做了一定程度的规范,对修复质量有了量化的规定,尤其对中国古籍一些特殊版本的修复和装订进行了较为详细的描述,为开展大规模古籍修复工作提供了重要参考。

(二)《图书馆古籍特藏书库基本要求(GB/T 30227—2013)》

该标准是在原文化行业标准WH/T 24—2006的基础上,借鉴国内外相关行业最新研究成果并结合我国国情制定的。该标准在"以防为主,防患于未然"的基本原则指导下,本着根据损毁原因确定保护条件、适当考虑经济和技术发展水平的原则编制而成,分别对图书馆古籍书库的温湿度要求、空气净化与通风要求、照明和防紫外线要求,以及书库的建筑、消防、安防、防霉、防虫、防鼠、装具等与古籍保护和安全相关的基本条件都做了科学、细致的规定,可操作性强。该标准的发布实施,对于指导各古籍收藏单位改善存藏环境,规范书库基本建设,夯实古籍保护基础,不断推动古籍保护工作走向规范化、科学化具有重要意义。

(三)《汉文古籍特藏藏品定级 第1部分:古籍(GB/T 31076.1—2014)》

《汉文古籍特藏藏品定级》系列国家标准共包括古籍、简帛古籍、敦煌遗书、佛教古籍、碑帖拓本、古地图等6部分。其中,由国家古籍保护中心组织全国10余家单位共同制定的《汉文古籍特藏藏品定级 第1部分:古籍(GB/T 31076.1—2014)》已于2014年12月正式发布。该标准是在文化部行业标准《古籍定级标准(WH/T 20—2006)》的基础上,参照中华人民共和国文化部2001年第19号令发布的《文物藏品定级标准》和《一级文物定级标准举例》中有关善本古籍藏品定级的相关精神,结合编纂《中国古籍善本书目》时提出的鉴别古籍善本的"三性原则",以及列举的九项"善本收录条件"(习称"三性九条"),同时考虑中国现存古籍的实际情况,吸收全国古籍普查和《国家珍贵古籍名录》评审工作经验,历时三年多时间编制而成。该标准的发布与实施,将对指导全国古籍普查登记工作,实现古籍分类分级保护起到重要作用。

二、对我国古籍保护标准体系建设的思考

我国古籍保护工作虽然已经取得可喜的成绩,但是面临的形势和任务依然

不容乐观,特别是在古籍保护工作的标准化和规范化建设方面,仍然有许多艰巨的工作要做。下一步,我们应加强古籍保护标准体系的顶层规划与设计,借鉴国际经验,建立动态维护机制,不断完善档案标准体系内容。

(一)加快相关标准研制工作,努力填补标准空白

1. 完善古籍修复相关标准体系

目前的古籍修复国家标准相对比较粗略,仅仅是对大的原则和整体修复方法的规定,下一步应深入研究针对不同类型(如古地图、碑帖拓本、敦煌遗书等特殊文献)、不同文字(如藏文、满文、水文、蒙古文等)、不同载体、不同装帧形式等的古籍,制定更加细化完善的符合各类古籍文献特点的修复技术与质量要求。

古籍保护需要科学技术的支持,可以借鉴档案等纸质文献相对成熟的相关标准规范,加强古籍修复与科学技术的融合度,研制针对古籍特点的脱酸、消毒、杀虫、清洗的技术要求;同时,可针对古籍修复材料(如纸张、染色剂、糨糊等)、修复设备、修复工具等制定科学的质量要求。

另外,应注重加快古籍修复档案规范研制工作,制定科学化、统一性的古籍修复档案及管理细则,为今后开展规模化古籍修复工作奠定制度基础。

2. 古籍存藏环境和修复室标准规范建设

在古籍存藏环境要求方面,目前已颁布的《图书馆古籍书库基本要求(GB/T 30227—2013)》虽然对古籍书库做出了详细的规定,但面对国内数量众多的古籍收藏机构,特别是藏量较少、经费有限的单位,建立水平较高的古籍书库并不现实。因此,有必要进一步研制小微型书库的建设标准规范,在降低建设成本的基础上,更大范围地改善全国古籍存藏环境。在做好书库环境建设的同时,还可以研制包括书库建筑、书柜书架、函套装具、虫霉防治等在内的一般性技术要求。

文化部在2010年命名了12家国家级古籍修复中心,但一直没有发布正式的古籍修复室建设标准。可以在国家级古籍修复中心评定标准的基础上,研制《古籍修复室建设标准》,分级规范全国大、中、小型修复室建设,特别是指导一批古籍藏量较大的图书馆、中小型图书馆和社会力量建立层次不等的古籍修复室,以便更好地培养人才,开展古籍修复工作,带动全国古籍修复行业的健康发展。

3. 建立统一的古籍数字化标准规范

目前,在全国范围内尚未形成统一的强制性古籍数字化系列标准,许多单位、社会组织和项目组都根据自身特点制定各自的数据标准。例如,由科技部委

托国家科技图书文献中心协调中国科学院文献情报中心、中国科学技术信息研究所、国家图书馆、中国高等教育文献保障系统管理中心、北京大学图书馆、上海图书馆等 21 家单位联合进行的数字图书馆相关标准规范研究，其中直接与中文古籍有关的包括《舆图描述元数据著录规则》《舆图描述元数据规范》等 10 项规则。此外，该标准还针对不同的加工对象如拓片、舆图、字画、手稿、文牍、契约等纸质类古籍和甲骨、金石、竹简、陶器等具有三维造型的实物类古籍等，制定了不同的数字资源的加工标准和规范。但是这些标准规范并没有及时出台而成为正式的全国性统一标准，很大程度上制约了古籍数据库的资源共享。

日本在古籍数字化标准统一方面起步较早，特别是 2013 年日本国立国会图书馆出台的《古典籍、古文书、西洋珍本等的数字化指导方针 V1.0.1.0》，对古籍数字化内容的选择和处理、图像数据处理、设备和使用、图像数据的质量检查、特殊情况的处理等都做了十分详细的标准化规定，内容翔实，可操作性强。因此，我们应当站在保障国家文化资源安全的高度，依托国家文献战略储备库建设，在前期研究成果的基础上，整合现有标准，借鉴和引进国外相关标准，制定既符合古籍特点，又能够适应古籍数字化技术发展，具有科学性、前瞻性、统一性的古籍数字化系列国家标准规范。

4.制定古籍保护相关管理规范

古籍保护标准体系还应包括一些旨在规范行为、促进利用交流的综合性管理标准。目前，我国古籍收藏保护单位主要是各级各类图书馆、博物馆、寺庙、档案馆和出版社、私人藏书楼等，虽然这些单位在性质、功能、基础设施等方面存在差异，但在古籍收藏、管理、保护方面却可以有共同的操作规范。然而目前各单位在古籍的借阅、利用、复制、古籍管理人员的操作行为、读者的操作行为等方面仍然没有统一的规章可循，古籍管理工作的科学性、严谨性很难得到有效保证。因此，有必要建立一套全国统一的古籍管理工作规范，如古籍管理人员行为规范、特藏书库准入制度、古籍文献借阅规则、古籍文献复制规则、古籍文献出借和利用规则、古籍展览展示等规范，使古籍的管理、使用和监督三个方面都有明确统一的标准，从而形成古籍管理工作科学有效的系统机制，这对古籍的保护和科学利用具有十分重要的积极作用。

(二) 及时修订完善标准文本

随着技术发展与实践研究的深入，有些标准内容涉及的技术已过时或技术参数发生变化,需要及时进行调整;同时,在标准推广应用过程中,发现某些内容没有涉及,或内容有偏差、不完整,需要及时补充和完善。一般而言,标准超过5年应该修订一次,因此,对于已经实行多年的标准应当有计划地进行修订和完善。例如《古籍修复技术规范与质量要求(GB/T 21712—2008)》,已经发布8年,有必要根据实践情况进行一定的内容修订。

(三)注重标准的宣传贯彻和落实工作

标准正式发布之后,要真正发挥作用,离不开对标准的宣传与贯彻。可以组织编写有关标准的指南、手册及教材等标准化文献,为用户解难答疑,对已制定标准的执行起到支持作用;还可以通过组织专门的标准化培训班、开展各种类型的学术活动,深化理解,提高标准的推广、实施效果。

总之,标准的本质就在于统一,古籍保护工作的健康顺利发展需要标准体系的支撑。建立和完善古籍保护标准体系,要坚持整体性、动态性、协调性、目标性的原则,一方面要符合国家相关政策法规,另一方面要体现"集中统一"的管理原则,同时还要兼顾古籍保护标准体系内部之间的关系以及与其他领域标准的关系,结合古籍特点,梳理调顺现有标准,推进其贯彻和实施,完善古籍保护标准内容,在一个动态的过程中建立和发展具有中国特色的古籍保护的标准规范体系。

(作者:赵文友,北京师范大学古籍与传统文化研究院在读博士研究生,国家图书馆国家古籍保护中心办公室馆员)

参考文献:
[1]杜伟生.阐释《古籍修复技术规范与质量要求》[J].国家图书馆学刊,2006(3).
[2]李致忠.古籍定级标准释义[J].图书馆工作与研究,2008(1).
[3]姚俊元.关于制定古籍数字化标准的思考[J].图书理论与实践,2010(2).
[4]王阿陶,许卫红.古籍修复档案内容设置及其重要性探析[J].档案学通讯,2010(5).
[5]陈隆予.关于古籍保护工作标准化建设的探讨[J].河南图书馆学刊,2011(3).
[6]汤印华.对古籍保护修复工作标准化建设的思考[J].科技情报开发与经济,2014(2).
[7]张美芳,陈敏.我国古籍、档案修复技术标准体系建设研究[J].图书馆论坛,2014(12).
[8]张文亮,尚奋宇.我国古籍数字化标准体系现状调查及优化策略[J].国家图书馆学刊,2015(6).

海外古籍回归与利用的模式及思考

李 伟 马 静

中华文明历史悠久,源远流长,根据世界著名图书馆学家拉托雷特的研究,19世纪末,中国的图书文献已超过全球其他所有国家出版品的总数[①]。然而,由于天灾、战乱等原因,大量的中华古籍流散海外。据有关资料显示,中国流失日本的古籍至少有300万册;在美国,仅国会图书馆就藏有各类中国古籍4000余种,地方志约2000种[②]。尽管在国家政府及民间力量的努力下,已有约15万册流散海外的古籍重新回到了祖国的怀抱,但与流散文献的总量相比差距仍然巨大,海外中文古籍的回归工作任务十分艰巨。特别是近年来,随着我国综合国力的不断增强,海外中文古籍的回归和追讨工作呈现出了一系列新的变化和趋势:一方面海外古籍市场价格高企,卖家漫天索价,为海外古籍的实体回归造成了一定困难;但另一方面,数字技术的发展为古籍数字化回归与利用提供了新的渠道。上述变化迫使我国图书情报机构在相关工作中必须因时因事,创新工作方法,转变工作思路,更加灵活多样地应对新的形势和挑战。

一、海外古籍回归与利用的变化及趋势

（一）从唯所有权向重使用权的转变

传统观念中,海外古籍的回归即意味着物归原主。换言之,只有通过依法追

---

① 王云庆:《略述流散海外的中国古代图书文献》,《图书馆建设》1992年第1期。
② 潘德利、胡万德:《流散海外古籍文献回归策略研究》,《图书情报工作》2009年第4期。

索、竞拍回购、低价赎回等手段使实体古籍的物权成功发生变更才可称之为回归。诚然,上述原生性回归方式从根本上解决了文献的归属问题,并在法理上受到1989年《关于禁止和防止非法进出口文化财产和非法转让其所有权的方法公约》和1995年《关于被盗或非法出口文物的公约》的支持,且我国政府为支持古籍的回归工作还设置了专项基金进行抢救回购,通过竞拍等市场渠道回购海外古籍文献。然而,在实际操作上此种回归方式却往往因代价过高而导致成功率低下。近年来,随着数字技术的发展,数字化高清照排、无损远程传输等手段越来越多地被相关收藏机构使用,使得流散海外的珍本、善本、孤本通过数字化形式回归祖国成为了可能。例如,日本国会图书馆的中国古籍数字化开放获取项目可以向用户提供41级缩放,其影像质量足以满足各种专业学术要求[①]。这种再生性回归方式实现了古籍所有权和使用权的剥离,能够在搁置历史争议,回避现实分歧的前提下实现合理使用古籍资源的目的。目前,这种着眼文献使用权的联合影印出版、珍贵古籍再造、古籍数字化平台建设等再生性回归手段已经逐渐成为海外古籍回归的主流模式。

(二)从单边转让向双边合作的转变

以往的海外古籍回归更加关注文献资源的开放与转让,双方合作形式单调,内容单一,对合作外延缺乏拓展。由于双方互利共赢的基础薄弱,合作往往呈现出扁平化、功利化、不可持续等明显的单边特性。近年来,随着我国海外古籍回归工作的不断深入,海内外图书情报机构间的相关合作呈现出了更强的灵活性和延展性。除旨在促成海外古籍通过多种渠道、手段回归的努力外,我国部分图书馆还主动承担起了协助海外中华古籍收藏单位整理文献、编目揭示、保护修复、编制题录等工作,形成了内容丰富、形式多样的双边合作模式。如中华古籍善本国际联合书目系统,即是在中美两国的联合倡议下,联合包括中国7家图书馆在内的全球30余家图书情报机构,对北美中文善本藏书和中国图书馆的部分藏书共约2万条数据进行了著录,后又在中国的主导和努力下完成了部分书影的数字化扫描和数据挂接工作。上述工作使参与合作的机构均获得了益处,树立了我国在海外中文古籍国际合作方面的良好形象,也为我国相关工作进一步的推进奠定了良好的行业基础。

---

① 彭聪:《日本收藏的我国古籍数字化开放获取文献资源研究》,《办公室业务》2014年第10期。

(三)从以点带面向全面普查的转变

从微观上看,海外古籍回归是相关单位间围绕具体议题展开的点对点的合作,其合作常常是以东亚研究重镇的图书情报机构、海外久负盛名的汉学藏书家,或流散海外的具体古籍为线索,以一事一办的方式策划项目,独立推进合作。客观地讲,这种模式在海外古籍回归工作的初期确实起到了较好的效果,以点带面地促进了相关工作的开展。但从整体上看,上述合作方式缺乏系统性和全局性,无以窥见海外流散古籍的全貌,不利于回归工作的长期开展。因此,自2010年海外古籍回归工程启动伊始,文化部即提出了海外古籍回归要采取多种形式,开展海外中文古籍普查寻访、登记,开展古籍普查平台海外部分调研的工作思路[1]。正确的政策指导和科学的普查手段对现阶段我国海外古籍的回归工作提供了有力的制度保障和信息支持。

二、海外古籍回归与利用的模式

(一)以海外古籍普查为抓手

为了科学调查散落在海外的中华古籍存藏情况,通过与海外各存藏单位合作并协助其开展馆藏珍善古籍的数字化,使古籍以数字化形式回归祖国,进而为文献利用和学术研究提供便利,实现中华优秀传统文化典籍的传承,2015年,国家图书馆启动了"海外中华古籍调查暨数字化合作项目",并成立"海外中华古籍调查暨数字化合作项目领导小组"。当年国家图书馆"海外中华古籍数据库"已累计完成数据登记约10万条,预计2016年将再完成不少于20万条数据的登记著录工作,基本形成数据库规模。国家图书馆还拟采购海外已有的中文古籍数据库以及书目、书志、图录等工具书,以期为数据库的快速建设提供完备的资源支撑。

此外,国家文物局委托国家古籍保护中心承担"海外中华珍贵古籍调查项目",该项目最终成果为"海外中华珍贵古籍信息数据库",该项目预计完成近一万部海外中华珍贵古籍的录入,进而较为全面地掌握海外中华珍贵古籍的存藏情况。此项目由相关专家负责选目和数据审核,国家古籍保护中心办公室负责数据录入和整理。

---

[1] 《我国将启动海外古籍回归工程》(http://news.xinhuanet.com/ziliao/2010-02/03/content_12922829.htm)。

（二）以古籍数字化回归为手段

国家图书馆积极与海外机构联络、商谈，最终促成英国牛津大学博德利图书馆所藏 19 册《永乐大典》、法国国家图书馆所藏《圆明园四十景图》等珍贵典籍的数字化回归。

2012 年，国家图书馆与牛津大学博德利图书馆签署了合作备忘录，在此基础上，双方在推进中文古籍善本的保存、保护与利用，推进人类文明的传承与共享上都做了大量工作。经过双方共同努力，2015 年博德利图书馆将馆藏 19 册《永乐大典》的数字化高清硬盘赠送给国家图书馆，以支持我国的古籍数字化出版项目。

2015 年，法国国家图书馆馆长布鲁诺·拉辛率代表团访问国家图书馆，两馆签署《中国国家图书馆与法国国家图书馆合作协议》，拉辛代表法国国家图书馆向中国国家图书馆捐赠了《圆明园四十景图》的数字版本。《圆明园四十景图》是清乾隆元年（1736）由宫廷画师沈源、唐岱依据圆明园实景绘制而成，现藏于法国国家图书馆。两馆商定在《圆明园四十景图》数字版本的基础上，进一步加强双方的合作，选择法方馆藏中华珍贵古籍进行数字化和出版回归。

（三）以古籍合作出版为主要成果

目前，国家图书馆出版社已与英国国家图书馆、阿伯丁大学图书馆及美国亨廷顿图书馆等机构达成出版意向，并获得相关文献的高清电子版，将于 2016 年内完成上述机构存藏《永乐大典》的出版工作；与伦敦大学亚非学院图书馆、剑桥大学图书馆、爱尔兰切斯特比特博物馆以及德国国家图书馆等单位联系，推动促成上述机构《永乐大典》的合作出版。另外，在中国驻日使馆文化处的协助下，国家古籍保护中心与日本国立国会图书馆、京都大学图书馆等日本藏《永乐大典》机构取得联系，并已初步达成日本图书馆藏《永乐大典》的合作出版意向。

启动"海外中华古籍珍本丛刊""海外中华古籍书目书志丛刊"等出版项目，出版《宋游似藏兰亭本》《西班牙藏中文古籍目录》《文求堂书目》《美国普林斯顿大学东亚图书馆藏中文古籍书目》《美国哈佛大学哈佛燕京图书馆藏善本方志书志》等古籍。目前，国家图书馆出版社已与哈佛燕京图书馆达成该馆经、史部分珍本丛刊出版协议，并争取与第三方合作出版其余子、集部分珍本丛刊。

国家图书馆与藏有全本《思溪藏》的日本岩屋寺取得联系并达成一致,由日本国际佛教学大学院数字化上述文献,并将其数字化版本提供给中方,授权中方将上述高清资源出版。目前,国家图书馆藏《思溪藏》总数不到 4600 册,残缺尚多,通过出版补缺工作,现已数字化补充 1000 册《思溪藏》,使国图藏《思溪藏》接近补全。

三、海外古籍回归与利用的思考

本质上,海外古籍回归与利用是以文献收藏机构为行为主体、以平等互利为基本准则的国际交流与合作。因此在推进相关工作、策划合作项目时,除应做到详尽考虑业务范畴内的各项因素外,还要从构建回归模式、营造合作氛围的高度出发,将"3C"原则即关注力(Concentration)、合作(Cooperation)、贡献度(Contribution)作为海外古籍回归的行动指南。

(一)吸引海内外业界的关注力(Concentration)

要重视做好海外古籍回归与利用成功案例的对外宣传工作,善于制造议题,讲好故事,推广成功经验,对外形成示范效应。实际上,国内不少机构已经意识到了吸引海内外业界关注力的重要性,并有意识地利用各种国际化平台,向国外介绍我国海外古籍回归的项目进展和政策经验。在 2015 年美国东亚图书馆年会上,国家图书馆便代表我国做了题为《海外中华古籍调查暨数字化合作项目》的主旨报告,向参会的北美图书馆界同人详细介绍了该项目的实施情况,提升了该项目在北美图书馆界的知名度,为今后合作做好了铺垫。

此外,近代中国因遭受侵略殖民而造成大量珍贵古籍流散海外,上述文献一旦通过合作方式成功回归祖国,对凝聚国民爱国主义情感亦具有十分重要的现实意义。中法两国国家图书馆合作完成《圆明园四十景图》数字化回归后,国家典籍博物馆即策划举办了"三山五园文化巡展——圆明园四十景图文化展",该展览对外免费开放后引起了社会各界的热烈反响,不仅体现了展品的学术价值、艺术价值和文化价值,更凸显了回归工作的社会教育意义,提升了中华民族的自豪感。

(二)加强海内外收藏机构的合作(Cooperation)

近年来,传统文化传播与继承越来越受到世界各国政府的重视,社会公众亦对古籍的保护与开发寄予了较高的期待。在此背景下,中、美、欧、日、韩等国政府均制定了明确的古籍保护战略和发展规划。如：2007年，中国政府宣布开始全面实施"中华古籍保护计划"，建立中华古籍联合目录和古籍数字资源库，编纂完成《国家珍贵古籍名录》；美国政府推出了"维护美国计划"和"挽救美国财富计划"；欧盟在制订其科技发展第六框架计划时，明确指出应加大文化遗产保护及其相关研究的支持力度，并将其视为增强经济实力和凝聚力的战略重点；法国政府出资推出的"国家文化遗产（科技）研究计划"集合了53家专业研究机构，推进相关科技项目攻关；意大利政府投入3亿欧元，推动实施国家大学科研部遗产保护研究3年计划（2003—2005年），64个与文化遗产相关的研究机构参与其中；日本和韩国也陆续推出了"文化立国"计划[1]，有针对性地对与古籍相关的工作进行政策指导和财政帮扶。由此可见，各国在古籍保护与开发方面均有较强的政策性倾向，这也为双边或多边的文化合作创造了良好的氛围，海内外收藏机构可根据自身的需求和专长，各取所需，互惠互利，营造国际古籍回归与利用的共赢局面。

（三）提升我国在海外古籍领域的贡献度（Contribution）

充分发挥我国在中文古籍版本研究和古籍保护领域的科研优势，努力提升中国在海外中文古籍研究与合作中的贡献度，确立一批学术机构在海外图书馆界的引领地位，实现以帮扶共建换取资源回归的新模式。例如英国国家图书馆是欧洲汉学研究的重镇，藏有大量珍贵的中文古籍，但由于古籍特有的语言及版本属性，英方难于依靠自身人力完成相关文献的编目和资源揭示工作。为了解决上述困难，国家图书馆提出以联合编纂馆藏中文古籍目录的方式协助对方进行文献整理和资源建设工作；作为对中方的回报，英方同意围绕两馆中文古籍编目、出版、数据利用等签订一揽子合作协议，授权国家图书馆出版社出版《英国国家图书馆中文古籍书目》《英国国家图书馆藏古籍珍本丛刊》等成果，并将推进馆藏《永乐大典》的数字化回归工作。

除此之外，为了提高古籍数字化建设的标准化水平，促进海外中文古籍数字资源的共建共享，自2008年起，国家图书馆还陆续制定并推出了《汉字属性字典》《古籍用字规范、生僻字与避讳字处理规范》《中文文献全文版式还原与全文

---

[1] 田丰：《浅谈古籍保护工作的国际化》，《图书馆工作与研究》2010年第8期。

输入 XML 规范》等 20 个具备前瞻性和前沿性的标准规范[1],解决了因古籍版本、用字复杂而导致的数字资源描述不统一的难题,体现了中国在国际中文古籍资源建设与利用工作中的责任与担当。

(作者:李伟,国家图书馆外文采编部馆员;马静,国家图书馆国际交流处研究馆员)

---

[1] 龙伟、朱云:《中华古籍数字化国际合作及实践探讨》,《图书馆工作与研究》2013 年第 7 期。

北京师范大学图书馆藏古籍的源流、特色及整理出版情况

程仁桃　杨　健

北京师范大学图书馆是 2008 年 4 月国务院批准公布的首批全国古籍重点保护单位之一，馆藏古籍达 40 万册，善本约占 10%，馆藏古籍无论数量还是质量在全国高等院校图书馆中均名列前茅。

一、藏书来源

启功先生《北京师范大学图书馆概况》(1989)言本校图书馆"聚合旧师大、旧女师大、旧辅大所藏"①。其中"旧师大"指 1952 年全国高校院系调整前的北京师范大学，其前身是清光绪二十八年(1902)京师大学堂所设的师范馆，1908 年独立设校，改名为京师优级师范学堂。根据 1931 年国立北平师范大学《中文图书登录本》的统计，京师优级师范学堂图书室藏有"中文旧籍"(指线装书)300 种 12820 册，这是"旧师大"历史上最早的古籍收藏，这些书部分钤"京师优级师范学堂藏书之章"或"京师优级师范学堂所藏图书"，以官刻本居多。1931 年 3 月，北平师范大学图书馆续增线装古籍至 32000 多册。"旧女师大"指国立北平女子师范学院，初创于 1908 年的京师女子师范学堂，1931 年与北平师大合并前，其所藏线装古籍达 1540 部，21502 多册。合并后，女师图书馆改为国立北平师范大学的文学院分馆，馆址仍设于女师的旧址(即石附马大街)。另查 1946 年《国立北平师范学院图书馆登记簿》，其图书来源一栏，仍载有"女师大"。此"女师大"应

---

① 《启功全集》第四卷，第 214 页，北京师范大学出版社，2010 年。

指日伪统治时期由原北平大学女子文理学院改组而成的伪国立北京女子师范学院(后与伪北京师范学院合并成伪国立北京师范大学),其藏书主体部分即为原女子文理学院的藏书,而女子文理学院前身又为1925年成立的北京女子大学①。由于北平大学女子文理学院图书馆藏书目录及其登记簿佚失,我们无法确切统计其藏书的数量,仅能根据登录号的数字(每部书一个登录号,用阿拉伯数字),估计北平大学女子文理学院藏有古籍近5000部,加之后来日伪时期所购,应该在6000部以上,约八九万册。

1947年,国立北平师范学院决议购入本校已故教授高步瀛藏书17288册。是为民国期间图书馆最大宗的古籍购藏。高步瀛(1873—1940),字阆仙,河北霸县(今霸州市)人。清光绪二十年(1894)举人。学问渊深,一生致力于古诗文的注疏,有《古文辞类纂笺》和《文选李注义疏》等著述数十种。长期在北平师大、北平女师任教,北平沦陷时,拒受伪命,改任辅仁大学教授。1940年以忧国病逝于北平。高步瀛节衣缩食,所获薪金多用于购书,数十年间积书盈屋,其中不乏明清善本及高氏精抄批校本。1947年,国立北平师范学院联系高步瀛次女高立芳,购入高氏全部藏书。

辅仁大学的前身为1925年成立于"北京公教大学附属辅仁社",1929年经国民政府教育部正式立案,成立"私立北平辅仁大学"。建校之初,图书资料匮乏,时任教育部部长的马叙伦慨然将其私藏天马山房藏书18296册让渡于辅大图书馆。马叙伦精研文字之学,又好词集,故其藏书以清人词集及清代《说文》学著述最为丰富。1948年,辅大图书馆又以黄金65两购入陈氏根香庐②旧藏古籍14149册,其中多为方志,为以后图书馆发展古籍地方志特色收藏奠定了基础。1952年院系调整前,辅大图书馆所藏古籍亦在6000部以上。

1952年北平师范大学与辅仁大学等高校合并后,新的北京师范大学图书馆古籍藏量达26万册,在高校图书馆中名列前茅。

---

① 1925年1月,女师大学生因不满校长杨荫榆的专横,要求杨荫榆去职。1925年8月,教育部以北京女子师范大学闹学潮为借口,予以解散并封闭其校舍,并另组建北平女子大学,即在女师大原校址,招收新生。鲁迅、许寿裳等人成立了"女师大校务委员会",对学生表示支持,被迫离校的女师大同学,经过联系最后在宗帽胡同租房上课。同年12月,临时政府令《国立北京女子大学及国立北京女子师范大学均着继续兴办》

② 陈氏根香庐,疑即陈莲痕藏书室名。陈莲痕,民国文人,著有《顺治出家》《乾隆休妻》《京华春梦录》等小说。其藏书印有"莲痕四十后所得""根香庐珍藏"。

1956年至1962年间,随着政府加大对文教事业的投入,图书经费充裕,图书馆乃大力收集古籍珍本,除在北京的中国书店及各私营旧书店采购外,还曾派人远赴上海、扬州、合肥、泰州、南京等地选购,是为图书馆历史上著名的"三下江南采书"。馆藏中的宋元本如元大德刻本《南史》、元至大刻本《六书统》及《六书统溯源》、元天历元年郑明德宅刻重修本《礼记集说》、元至正德星书堂刻本《书集传》、元刻明修本《附释音周礼注释》等,均于其时从中国书店购入;宋刻元明递修本《西山先生真文忠公读书记》及嘉业堂旧藏元大德本《隋书》《通志》等购于上海古籍书店;王筠手稿本《说文释例》购自扬州古旧书店。

1978年后,图书馆拓宽采选渠道,通过与旧书店交换复本、接受捐赠等形式,丰富馆藏古籍品种。先后有张次溪藏书2600多种,孙梃兰枝馆藏清集70多种,外交部副部长陈家康及本校刘乃和教授、刘盼遂教授藏书各数百种汇入馆藏古籍。20世纪90年代开始,由于古籍拍卖兴起,古籍的价格陡然飙升,旧书店收购古书的路子几近断绝,图书馆开始决定将古籍采选的渠道重点锁定在古籍拍卖市场。通过几年的竞拍,共收获古籍等珍贵文献2400多册,其中包括唐写经《胜天王般若波罗蜜经》以及宋刻《崇宁藏》《毗卢藏》《思溪资福藏》零种等。

二、藏书特色

馆藏古籍以教育文献、地方志、清人词集及词学著作、俗文学等较有特色。

(一) 教育文献

北京师范大学以教师教育、教育科学为主要办学特色,相应地,图书馆对于教育文献有着系统的收藏,古籍亦然。馆藏对于古代教育文献如科考条例、题名录、书院学校志、蒙学读物以及清末反映教育改革的文件、章程、法令、法规及近代教科书等皆尽力收罗。以书院资料为例,馆藏数十种书院学校志中,不乏珍稀品种,如《义首书院记略》《东山书院志略》《士乡书院志》《桐乡书院志》《瀛山书院志》《西山书院学范》《汉口紫阳书院志略》《诗山书院志》《双桂书院志略》《彝山书院志》《正本学校志》等。以蒙学读物为例,除习见的《三字经》《百家姓》《千字文》及各类孝图、《蒙求》注释本、类蒙求、逸闻故事、古文读本外,还有在下层社会流行的各种"杂字"。这些"杂字"汇辑各类常用字,编成韵语,以便初学者记诵,其中包含不少民间的俗语、俚语、警句等,真实地反映了下层民众的生活方式和人生态度。我馆有不同品种的"杂字"300多种(李国庆《蒙学读物杂字初探》一文,言其经眼的"杂字"为161种),从时间上涵盖了从明万历直至民国时期,从形式上包括了三言杂字、四言杂字、五言杂字、六言杂字、七言杂字、混合句式杂字、汉字与少数民族文字合编的异文合璧杂字,从编纂地区上包括了北京、天津、上海、浙江、山东、山西、安徽等地。以清末教科书为例,我馆与人民教育出版社、上海辞书出版社、华东师范大学图书馆同为清末教科书的重要收藏单位。

(二)地方志

1948年,辅仁大学图书馆购入陈氏根香庐旧藏古籍14149册,这批书以地方志为主,据《辅仁大学图书馆登记簿》(1948)记载:"自19751至21283号,共价值黄金六十五两",19751、21283是登录的流水号,因每种书给一个登录号,可知这批书共1533种,除去山水志、专志、杂志、游记、外纪等类别258种,地方志约有1275种。这批方志不仅数量大,而且质量上乘,内含明刻方志7种:《[嘉靖]河州志》《[万历]彰德府志》《[万历]汶上县志》《[万历]青州府志》《[万历]华阴县志》《[万历]昆山县志》《云南志略》。陈氏这批方志中,有不少是我馆独有的孤本,如清咸丰刊本《[咸丰]崇义县续志》、清道光刊本《[嘉庆]蛤仔难纪略》、民国油印本《[民国]古北口志》、稿本《[康熙]碾伯所志》、胡子正稿本《[民国]杏花村续志》、清姚彦渠稿本《菱湖志》等。据《中国地方志联合目录》著录,明嘉靖二十五年(1546)刊本《[嘉靖]河州志》,亦仅本馆和北大图书馆收藏。

陈氏这批方志为以后图书馆发展古籍地方志特色收藏奠定了基础。1959年底,李石涵副馆长编订《北京师范大学图书馆收藏地方志目录》,收录馆藏地方志已达2000多种,是时图书馆地方志的馆藏量已颇为可观。后又经多方搜集、购买,图书馆现藏地方志总数达3000余种,包括省志82种、府志186种、州志215种、县志1800余种,另有乡、镇、卫、所志等,数量占全国现存方志总量的三分之一以上[①]。

在馆藏方志中,有不少具有较高学术价值和文物价值的善本。如清道光二十八年(1848)丁寿微抄校本《山阳志遗》,保持了原稿本的本来面貌,在诸多的抄本中是较早而颇具文献校勘价值的善本,可与一般通行的淮安志局本对校。《藏纪概》是清代西藏地方志最早成书者,此书成书后,长期以抄本流传,20世纪70

---

① 据《中国地方志联合目录》(中国科学院北京天文台主编,中华书局1985年出版)的统计,我国现存方志8200余种,10万余卷。

年代末才以油印本广为流传。《志例琐谈》系晚清知名学者、方志学名家黄彭年的手稿。该书撰成于清同治八年(1869),由于种种原因未能公开流传,民国间由其孙黄襄成装帧成册。黄襄成扉页题识曰:"盖综览十七省志例而加之论断,以征世得失,故曰琐谈。"黄氏在该书中的修志主张在他日后纂修《畿辅通志》的过程中有所体现。此稿本对于研究黄彭年的方志学思想有重要的参考价值。

(三)清人词集及词学著作

北师大图书馆馆藏清人词集以天马山房所藏清词别集为基础,并扩充收藏清词总集、清人词学著作等形成馆藏古籍特色之一。伦明《辛亥以来藏书纪事诗》言马氏藏书中"近代人词集,多至数百册"。今检马叙伦《天马山房书目·寒香宦所藏清人词目》,共收清人(其入民国而仕于清者亦属之)词集347部(有少量复本)。其中康熙刻本《珂雪词》《蓼花词》《扶荔词》《清涛词》,乾隆刻本《响山词》,嘉庆刻本《银藤花馆词》《宝晋砖室词集》,道光刻本《二波轩词选》《蝶花楼词钞》《槿村樵唱》,及抄、稿本《思贤阁词草》《红芜词钞》《苹花词》《聚学轩词稿录》等均为极罕传之本。经聚合北师大及女师大馆藏,又历数十年之穷搜博采,现馆藏清词已达600多种。吴熊和、严迪昌等编《清词别集知见目录汇编——见存书目》云北京师范大学"亦庋藏甚富",该书著录北京师范大学馆藏清词凡607种,居高校图书馆之首。

馆藏所收清人词学著作以秦巘辑《词系》最为有名,秦巘为嘉道间著名藏书家秦恩复子,是书以万树《词律》为蓝本,"于其缺者增之,讹者正之",援据广博,校订谨严。凡收词调共1029个,词体约2200余体,较《词律》多出近一倍。在近代词学大家夏承焘的《天风阁学词日记》中,关于他与友人寻找《词系》稿本、接洽书局整理付印的日记即达20多则。1983年,著名词学家唐圭璋先生从我馆《中文古籍善本书目》中发现这部仅存的未刊稿。

(四)俗文学

馆藏俗文学包含通俗小说、传奇、杂剧及地方戏文唱本等。馆藏中较为系统入藏的一批小说为1948年辅仁大学图书馆入藏的近百种小说①,其余大部分的小说及戏曲类古籍为院校合并后陆续购入。然积微成著,数十年间累聚通俗小说数百种,其中的珍、善本如明刻本《新镌东西晋演义》《新镌批评出相韩湘子》

---

① 这批小说中十数部钤有"英千里印",颇疑其为辅仁大学教授兼教务长英千里的旧藏。

《新镌全像通俗演义隋炀帝艳史》《新刻全像三宝太监西洋记通俗演义》,清初刻本《李卓吾先生批评三国志真本》《三国志像》,清康熙刻本《第一奇书全像金瓶梅》《女仙外史》,"程乙本"《红楼梦》,抄本《镌于少保萃忠传》《七峰遗编》《海角遗篇》等①。馆藏杂剧中亦不乏珍本,如明凌濛初刻朱墨套印本《琵琶记》,前有插图二十幅,点画工致,为凌刻插图本之冠。明崇祯本《怀远堂批点燕子笺》《白雪斋选订乐府吴骚合编》,其版画均名手项南洲操刀,刻画传神。其他可称道者,如明刻本《三先生合评元本北西厢》《四声猿》《玉茗堂四种传奇》《牡丹亭还魂记》《东郭记》,清康熙刻本《扬州梦》,乾隆刻本《旗亭记》《玉门关》等。各地的唱本戏文,除习见的宝卷、鼓词、江浙的弹词外,还有清末民初刻印的广东的木鱼书、潮州歌册、湖南唱本及河南小调、戏文等。如潮州歌册馆藏凡两部,逾600册,剔除复本后,共227种;湖南唱本共3部,470多册,剔除复本后,共有弹词、山歌、小调等136种,以长沙弹词(区别于江浙地区的弹词)为主。

三、馆藏古籍的整理出版

我馆历来十分重视馆藏古籍的整理和研究工作。自20世纪50年代开始,对馆藏古籍进行了编目及整理出版,成就斐然。兹列举成果如下:

(一)目录、图录

如前述,1959年底,李石涵副馆长编订了《北京师范大学图书馆收藏地方志目录》,收录馆藏方志2000多种。1962年,赵进修主持编纂了《北京师范大学图书馆中文古籍书目》,收录本馆所藏除地方志外的古籍14200种。此书于1983年重印。1982年,我馆以上报《中国古籍善本书目》的1500余种古籍为基础,编印了《北京师范大学图书馆中文古籍善本书目》。以上三种书目均为内部出版物。2000年开始,图书馆参照《中国古籍善本书目》收录"善本""三性九条"的标准,对馆藏古籍进行全面筛选,编订了《北京师范大学图书馆古籍善本书目》,收录本馆所藏善本3281种。此书由北京图书馆出版社于2002年7月正式出版。2011年根据国家古籍定级标准,编订出版《北京师范大学图书馆藏古籍珍品鉴赏·定级图录》,收录了本馆馆藏古籍珍品103种。

---

① 参见张俊:《馆藏明清小说一瞥》,收入北京师范大学图书馆编:《百年情结——"我与北师大图书馆"征文文集》,第108~110页,北京师范大学出版社,2002年。

(二)校点出版

1987—1990年整理出版了《清代名人书札》上、中、下三册,共收录图书馆藏清代名人书札一千余通,本书除收录原书札图版外,还进行了点校释文,由北京师范大学出版社正式出版;2009年该书出版了修订本。1992年开始,由天池副馆长主持,对馆藏通俗小说珍本进行了整理点校,并由北京师范大学出版社出版了《北京师范大学图书馆馆藏珍稀小说选刊》,收录《补红楼梦》《风月缘》等明清小说珍本10种,次年又出版了《北京师范大学图书馆馆藏才子佳人小说选刊》和《北京师范大学图书馆馆藏白话公案侠义小说选刊》,各收录小说10种。

(三)影印出版

单刻本的影印:1992年,影印出版清康熙刻本《张竹坡批评第一奇书金瓶梅》(北京师范大学出版社),1993年,影印出版清乾隆原刻本《郑板桥集》(北京师范大学出版社),2002年,影印出版《北京师范大学藏脂砚斋重评石头记》(北京图书馆出版社),2007年,影印出版《北京师范大学图书馆藏马叙伦手批〈说文解字〉》(线装书局)、明吴兴凌氏朱墨套印本《琵琶记》(北京图书馆出版社),2015年,影印出版《多彩笔批注汲古阁本〈说文解字〉》(线装书局)。这些单刻本均为文献价值高的版本。

除对有价值的单刻本进行影印外,我馆还编纂出版了多部大型影印古籍丛刊,包括:2007年,影印出版了《北京师范大学图书馆藏稀见方志丛刊》(北京图书馆出版社),精选本馆所藏稀见地方志39种;2007年,影印出版《北京师范大学图书馆藏稀见清人别集丛刊》(广西师范大学出版社),收清人别集138种,所收文集均为1949年以来中国大陆及台港地区从未正式影印、排印过的,具有较高的文献价值;2009年,影印出版《清末民国古籍书目题跋七种》(国家图书馆出版社)、《北京师范大学图书馆藏稀见方志丛刊续编》(学苑出版社),后者收录我馆珍稀方志32种;2010年,影印出版《北京师范大学图书馆藏明刻孤本秘笈丛刊》(广西师范大学出版社),收录馆藏珍本古籍40种;2011年,影印出版《北京师范大学图书馆藏稿抄本丛刊》(国家图书馆出版社),共收录稿抄本37种,其中稿本18种,抄本19种;2014年,影印出版《清代闺秀集丛刊》(国家图书馆出版社),共收录本馆及其他馆所藏清代妇女诗文集403种,是迄今为止规模最大的古代女性著作整理丛刊。

(作者:程仁桃,北京师范大学图书馆副研究馆员;杨健,北京师范大学图书馆研究馆员)

孔府文物档案馆藏古籍的来源、特色及整理情况

张丽华 孔 燕

2012年10月,根据上级主管部门下发的《国务院关于开展第一次全国可移动文物普查的通知》(国发〔2012〕54号),孔府文物档案馆作为济宁地区文物普查重点单位之一,以积极的态度投入到这项浩大的工程当中。截至2015年12月,基本完成馆藏文物普查工作,为每一件文物制定了一个"身份证"。在众多馆藏文物中,古籍是重中之重。孔府文物档案馆所藏古籍6400余部,共计40000余册,其中有13部入选《国家珍贵古籍名录》,47部入选《山东省珍贵古籍名录》。馆藏古籍以明、清、民国时期刻本以及民国时期和外国平装图书为主,是研究明、清、民国时期孔府藏书的第一手资料,具有较高的文献价值和学术价值。但因所藏文物的特殊性,本馆古籍鲜为人知。此次我们以文物普查为契机,对本馆所藏古籍的来源、特色及整理情况做了初步梳理,以便业界学者对本馆所藏古籍图书有一个全面直观的了解。

一、孔府文物档案馆藏古籍的来源

孔府文物档案馆所收藏的古籍主要来自孔府私家藏书,且具有延续性。孔子序《书》、删《诗》、定《礼》、作《春秋》,可说是最早的古籍整理活动。孔子去世后,他的弟子把他生前用的书籍保存下来,也可以说开了孔府私家藏书的先河。秦始皇焚书,孔鲋把经书藏于孔子旧宅墙壁中而得以保存。此后历代衍圣公更是致力于搜集书籍,藏书日益丰富。细分孔府私家藏书的来源,主要有以下几种:

一是历朝历代的御赐书籍。在封建社会,不管朝代如何更迭,衍圣公的袭封从未中断,历代皇帝均给予孔府极高的待遇。历代衍圣公进京觐见,都会带回御赐书籍字画。孔庙中的奎文阁就是专门用来存放这些御赐书籍字画的地方。奎文阁廊下有一石碑,刻有明代弘治年间李东阳撰《奎文阁赋》,详细记载了藏书始末。文中称:"阙里宣圣庙,旧有奎文阁,以贮古今图籍。"并设有典籍一职,专门管理阁中图书。明正德皇帝命礼部颁赐御书,以示尊儒重道之意。清代雍正皇帝赐给孔传铎"御定书籍二十七种,万有余卷"①。有清一代,康熙、乾隆皇帝驻跸曲阜期间,御赐给孔府的书籍、字画、器物不计其数。由于孔府藏书丰富,因此当乾隆年间清廷开四库馆征访天下好书时,孔府进呈图书达47种,其中有26种著录于《四库全书总目》。至今本馆中仍保存着盖有征书印章的古籍,这些就是当年进呈四库馆后又被送还的古籍。

二是各地进献、赠送及孔府自行购买的图书。据文献记载,明弘治十三年(1500),孔庙遭遇大火,唯奎文阁存。后重建新阁,建成之后,巡抚都御史徐源购书数百卷,交给衍圣公孔闻韶,四方藩郡纷纷献书,藏书日益丰富。孔庙有正德十五年(1520)《奎文阁重置书籍记》碑,据其碑文记载:"曲阜城外,旧有奎文阁,阁中之书,天下莫备焉。"可惜的是"盗入山东,焚毁殆尽"。正德皇帝曾御赐书籍,但主要是四书五经、《性理大全》与《通鉴纲目》这一类正统之书,种类十分单一。衍圣公孔闻韶极力奔走游说,大力购进书籍,以至三氏学②和县学诸生皆动容:"今而后吾无忧乎书,忧夫读之者有未勤耳。"藏书得到极大丰富。

馆内还收藏有不少民国时期书籍,部分书籍是在印成之后赠送给孔府留存的,其中既有单位赠送,也有个人赠送。单位赠送如商务印书馆赠书、北京道德学社赠书、山东省立图书馆赠书等。个人赠书如民国二十五年(1936)铅印本《英文三用术本》,版权页有钢笔题"孔德成校长先生　著者赠"字样。《远明文集》封面题"式如仁弟订正　兄士焕持赠",是赠给孔府管家孔令誉的。此外,还有部分是孔府购买的书籍。比如孔德成的老师王毓华先生毕业于山东法政学堂,因

---

① 《孔子世家谱》初集卷三之"大宗户",第107页,"孔子文化大全"丛书,山东友谊书社,1990年。
② 宋哲宗元祐元年(1086)十月于宣圣庙内设立庙学机构,并设置教授一员以教谕本家子弟,明确了庙学为孔氏家学。又规定乡邻愿入学者可以旁听,于是添入颜、孟二氏子孙共同学习。明太祖洪武元年(1368)改庙学为"三氏子孙教授司",明宪宗成化元年(1465)"颁给三氏学官印",始正式命名三氏学。明神宗万历十五年(1587)添入嘉祥曾氏子孙,改名四氏学。衍圣公孔闻韶生于明成化年间,所以称该庙学机构为三氏学。

此孔府也购进不少法律书籍,如《山东法政学堂讲义》等。

三是孔府家刻本,这是馆藏古籍的重要组成部分。孔府家刻本也是历代藏书家的收藏重点之一,因其不惜工料,请良工,用好墨,又因其关系到家族荣誉,比起坊刻本,优点不言而喻。山东省图书馆历史文献部副主任唐桂艳曾在其著作《清代山东刻书史》中做过统计,有清一代孔氏刻书共计124种,是当时山东地区刻书最多的家族,在山东乃至全国都产生了很大影响。有些书现在已经比较稀见。孔府的刻书活动多由衍圣公主持,孔氏子弟参与编选、校正,刻书质量上乘,纸墨精良。从内容上看,多为历代衍圣公及孔氏族人撰写或编选之书,如孔庆镕的《铁山园诗集》、孔尚任的《桃花扇》等,尤其是著名藏书家孔继涵所刻《微波榭丛书》受到学术界的极大推崇。也有为彰显家族历史及荣誉而刻的书,如《孔子世家谱》《幸鲁盛典》等。也有专门为保存友人著作而编选刊刻之书,如《往深斋集》的作者顾彩,曾被衍圣公府延为西宾。顾彩一生困顿,著作颇多但无力刊刻流传。孔毓圻十分欣赏顾彩的才华,把他的著作全部付梓流传,留下一段士林佳话。这些家刻本作为地方文献的重要组成部分,也是研究孔府政治、经济文化活动的重要依据,学术价值颇高。

四是社会征集图书。馆藏部分古籍是通过社会征集而来,但所占比例极小。这些古籍大都是周遭县乡的村民家藏,经过政府动员捐献给档案馆保存。如清刻本《禅门日诵》,封面有手书"十一月犁园乡杨柳庄马景芝捐献"字样,是一个名叫马景芝的人捐献的。

二、孔府文物档案馆藏古籍的特色

本馆所藏古籍主要是孔府旧藏图书,因此具有十分明显的私家藏书特色。又因孔府袭封延续近千年,因此所藏图书也是各个时代不断积累下来的,具有显著的时代特色。总体来讲,本馆所藏民国时期以前的书籍主要以四书五经为主。民国时期,孔府也受到时代大潮冲击,因此,这时候的新学书籍较多。具体而言,本馆藏书主要有以下特色:

一是馆藏宋元刻本十分珍贵。宋元刻本印刷精美,纸张精良,字体悦目,历来受到藏书家的青睐,甚至秘不示人。此类古籍即使在全国范围内亦十分稀见,具有极其重要的学术价值和文物价值,堪称镇馆之宝。如宋刻本《皇朝仕学规范》四十卷,元刻本《新刊音点性理群书句解后集》二十二卷,元大德饶州路儒学刻明正德嘉靖递修本《隋书》八十五卷等。

二是馆藏稿抄本以及未刊稿本质量较高,其中不乏名家著作。尤其是稿抄本,作者多是衍圣公及其族人,这部分古籍数量少、质量高,有的甚至是孤本。如清抄本《安怀堂全集》六卷,(清)孔传铎撰;清抄本《春秋三传合纂》十二卷,(清)孔传铎编纂;清抄本《孔丛伯说经五稿》三十七卷,(清)孔广林撰。馆藏《孔广森稿本》还被收入《中国古籍善本书目》。这些抄本、稿本保存完好,是研究孔氏家族文化活动的重要资料。

三是馆藏孔氏族人自著自刻书籍数量较多,特别是刻印较少、流传不广的版本。如清道光刻本《阙里孔氏诗抄》十四卷,(清)孔宪彝纂辑;清乾隆五十二年(1787)刻本《鼻轩孔氏所著书》六十卷;清道光刻本《曲阜诗钞》八卷,(清)孔宪彝纂辑,(清)孔宪庚参校。这类书不仅著者是孔氏族人,参与审阅、修订、校刊的也多是孔氏子弟,可以看出孔府作为书香世家对传统文化的重视。

四是馆藏古籍具有鲜明的时代特色。孔府历来以诗书传家,十分重视子女的教育,形成了极其浓厚的家庭教育氛围。不论是作诗、绘画还是书法、音乐,都是历代衍圣公必备的基本修养。即使是孔府中的女眷,亦能接受最顶端的教育。因此,馆内保存有不少教授女子如何写信、作诗甚至弹古琴、下围棋的书籍。近代以来,除学习传统文化之外,新学书籍更是必不可少,孔氏子弟也在根据时代的发展接受最新潮的思想。最后一代衍圣公孔德成的母亲陶氏十分重视孔德成的教育,找来王毓华教授四书五经、书法、算术,还专门延请老师教授英文、地理、化学等现代学科。馆内至今藏有《新学制高级小学英语教科书》《开明第三英文读本》《新制初中英文法教科书》等书籍,应是孔德成幼年时所用课本。

本次普查还第一次对馆藏外国书籍进行了编目整理,这类书籍主要以英文原版书、朝鲜刻本、日本刻本及铅印本为主,虽然数量不多,但是体现了民国时期孔府在西学东渐和复杂的政治背景下所经受的文化碰撞。从某些藏书我们甚至可以看出在那个云谲波诡的动乱时期孔府及孔德成的艰难处境,比如日本昭和十五年(1940)印刷的《孔孟圣迹图鉴》以及次年印刷的《和汉二十四孝图说》,这两套书均由日本情报人员马场村吉编著,由山东文化研究会发行,应是马场村吉送给孔府的礼物。1926年,马场村吉来到山东之后,长期对孔、孟、颜、曾四氏后裔进行拉拢和游说,还曾试图邀请孔德成参加日本孔庙落成典礼,其居心十分险恶。他创立的山东文化研究会,旨在笼络知识分子为日本侵华服务,相继出版了

《山东文化丛书》《济南读本》等书籍,这些都是文化侵略的实证。

三、孔府文物档案馆藏古籍的整理

1948年曲阜解放后,为了更好地保护孔府、孔庙遗留下来的历代珍贵文物,曲阜市成立了文物管理委员会,聚集了一批专家专门从事文物保护与文物整理工作。其中古籍的整理与保护更是重中之重。起初,因为条件有限,大批文物只能存放在孔府前堂楼内。1992年,设计建成孔府文物档案馆,保存条件有了极大改善,所有文物全部移入馆中库房妥善管理,不仅恒温、恒湿,而且防火、防盗,真正做到了把文物安全放在第一位。2007年,孔府文物档案馆成立古籍小组,开始有专人从事古籍保护工作。2009年,孔府文物档案馆入选第二批全国古籍重点保护单位,同时被评为山东省古籍重点保护单位。2015年,被评为山东省古籍保护工作先进单位。随着时代的发展和文物保护意识的加强,古籍整理工作也迎来了春天。曲阜市文管会开始派出相关工作人员参加古籍版本鉴定、古籍编目等关于古籍整理的培训活动,有效提高了从业人员的业务水平,古籍整理工作逐渐走上正轨。

孔府文物档案馆利用古籍编目卡对馆藏古籍逐一登记。古籍编目卡的著录项包括书名、作者、版本、版式、装帧、保存情况、批校题跋等十三项,每一项下面又分成六七个小项,包含了古籍的全部基本信息。为了尽量减少对文物的二次伤害,工作人员进入库房前,必须换上工作服,戴上口罩、手套。同时定期除尘,所有文物轻拿轻放,小心翻页。即便如此,有的工作人员还是会产生过敏现象。馆里的同志们克服种种困难,不断提高自己的业务水平,逐渐建立和完善了古籍整理的基础。2015年,馆里专门为每一部古籍定做了函套,古籍全部换上了新装,保存条件得到进一步提高。

通过第一次可移动文物普查,孔府文物档案馆完成了对馆藏古籍的整理、编目与登录工作,完善了古籍的基本信息,采集到了影像数据,摸清了家底,为下一步古籍图书的保护与利用打下了坚实的基础。

(作者:张丽华,曲阜市文物管理委员会助理馆员;孔燕,曲阜市文物管理委员会助理馆员)

征稿启事

由国家古籍保护中心主办、大象出版社出版的《古籍保护研究》，在全面实施"中华古籍保护计划"的背景下，在图书馆古籍界同人的关注和支持下，于2015年底正式创办出版。编纂本书旨在推行"中华古籍保护计划"，为古籍工作者搭建一个交流古籍保护工作与业务研究成果的平台，广泛宣传古籍保护工作重要意义，总结先进工作经验，及时发表古籍保护研究成果，推进并指导古籍保护工作向纵深发展。

本书定为每半年一辑，一年出版二辑，每辑在6月和12月出版。为推进工作、加强联谊，并适时举办作者学术研讨会，兹向古籍工作者正式约稿，并将有关要求公布如下，敬希大家赐文或者推荐佳作。

一、征稿范围：凡与"中华古籍保护计划"业务有关、属于"古籍保护"新的研究成果，均在征集范围。

二、基本要求：本书欢迎原创文章，立题有创意有新意，文风朴实严谨，所论内容言之有物。

三、篇幅一般限5000字以下。有关古籍保护方面的重要工作和重要研究成果及特邀稿件不受此限。

四、除特殊约稿外，一般只收电子文稿，邮件请发至 gjbhyj@163.com，标题请注明"《古籍保护研究》投稿"字样。

五、文章署名(包括笔名)置于标题下面正中。作者真实姓名、工作单位、联系地址、邮政编码、电子邮箱以及电话等信息，请附于文末，以便及时取得联系。

六、本书栏目设置附后,作者可有针对性地撰稿。作者还可根据自己文章的内容自荐适合之栏目。

七、一个月内未接到编辑部采用通知者,作者可另行处理来稿。请勿一稿多投,更不能将已发文章更换题目后再发。如有发现,将列入不良记录。若给本书造成不良影响,将谢绝继续投稿。

八、来稿一经刊用,即按出版社标准支付稿酬、寄赠样书两册。

九、编辑部地址:北京市海淀区中关村南大街33号国家古籍保护中心(邮编:100034)。

联系人:王红蕾　联系电话:010-88545903

《古籍保护研究》编辑部

2015年10月

附录:《古籍保护研究》栏目设置

1.本栏目依据"中华古籍保护计划"执行情况设置。

2.栏目共设十二个,全部涵盖古籍保护工作与研究所涉及的范围。

3.一至十二栏目的顺序如下,各期保持不变。

4.每期根据收文实际内容和数量,设定相关栏目。

一、古籍保护综述

二、古籍普查与编目

三、古籍定级与《名录》

四、古籍人才培养

五、古籍存藏环境

六、古籍修复

七、古籍再生性保护

八、古籍数字化建设

九、古籍标准规范化建设

十、少数民族古籍保护

十一、海外中华古籍保护

十二、古籍保护推广